『혼불』, 언어·문화·공간을 읽다

혼불

언어·문화·공간을 읽다

/김수연/김연화/김은정/엄숙희/장일구/정도미/정미선/조아름/진 주/최옥정/

전남대학교출판부

머리말

전남대학교 인문대1호관 202호, 근대문화유산으로 지정된 낡은 건물의 좁은 세미나실. 지난 가을 우리는 그 곳에서 '서사의 언어와 공간'에 대해 배우고 익혔으며 그 이론적 단서를 통해 소설 『혼불』을 읽고 해석하는 담론의 장을 펼쳐 즐거이 교유했다. 그 좁은 장소가 이내 드넓은 공간이 되었으며 서로의 생각을 나누어 모으는 문화적 수행의 장이 되었다. 한 학기 대학원 수업이라는 조건이 걸려 있기는 했지만, 우리는 『혼불』을 구심으로 한 공간적 사유와 문화적 실천을 제법 경험했다.

젊은 연구자들이 모처럼 얻었을 열린 사유의 여지를 기말 과제가 봉쇄하지 못하도록, 나는 일정한 분량이나 완결된 결과물을 요구하지 않고 여러 해석의 향배를 가늠한 바를 기술하도록 제안하였다. 그조차도 제출 여부에 괘념치 않을 듯이 말을 흘렸다. 그런데 학기말에 수확된 결실에 나는 자못 놀랐고 마음이 흔쾌했다. 성적에 관련된 과제물 파일이라며 의무로 저장하고 묻어 두자니 왠지 석연찮았다. 『혼불』에 관해 부끄럽지는 않을 만큼 연구한 나로서는 신예 연구자들의 혜안에 비친 『혼불』의 의미망이 대견하여 그냥 두기 아깝다는 생각이 들었던 것이다. 일견 성기고 맹랑해 보일지 모르지만 그만큼 신선한 감각과 시선으로 『혼불』을 읽은 결과들이 해석의 지평을 확장하는 계기가 되겠다는 기대감이 부풀었다. 우리 학과에서 수행 중인 BK21플러스 사업의 주제인 '지역어 기반 문화가치 창출'에 부응하여 최적의 서사 텍스트로 꼽을 만한 『혼불』의 가치를 정리하는 계기로 삼아도 좋으리라는 심산이 더해졌다. 여럿이서 쓴 단편을 모아 책으로 엮는 과정에서 신예 연구자들의 경험이 확장되는 것은 물론 단편적 논의로 닿기 어려운 해석의 지평에 이를 의미망을 짜서 『혼불』 연구의 장에 제시할 수 있으리라는 확신도 없지 않았다.

남의 시선에 떨라 조심스럽고 은밀하게 진행하려던 이 작업이 뜻하지 않게 알려진 통에, 의무감이 더해진 채 이 일을 일단락 짓지 않을 수 없게 되었다. 욕심이 아주 없었던 것은 아니지만 어떠한 조건에 얽매임 없이 순수한 학문적 열정으로 다지고 다져 결실을 내고자 했던 목표에 온전히 다다르지 못한 것 같아 아쉬움이 남는다. 처음 주저하는 태도를 보이며 부담감에 굳었던 신예 『혼불』 연구자들의 표정이 밝아지고 어깨가 한결 가벼워 보여 다행이다. 제법 의미심장한 일을 벌인 것 같아 내심 기쁘다. 저 젊고 참신한 연구자들이 나아갈 길이 그저 드넓고 자유로운 공간에 이어지기 바랄 따름이다.

삼복염천 아래 용봉골에서

여러 저자 가운데 장일구 적음

해제

이 책은 『혼불』의 언어를 통해 문화를, 『혼불』의 서사를 통해 공간을 읽어본 나름의 연구 성과를 묶어낸 결과이다. 『혼불』의 언어와 문화, 공간을 아우르는 연구는 만만치 않은 작업이었다. 『혼불』의 언어의 결들을 다 헤아리기에도 벅찼고 그런 언어들이 만들어낸 공간 또한 수많은 해석의 가능성을 내재하고 있어서 탐색자의 시선은 미로를 헤매는 것과도 같았다. 하지만 오직 언어로만 소통해야 하는 작가의 최대한 보여주며 말하고 싶은 욕망을 고스란히 보여주고 있는 소설 『혼불』은 연구자들의 인내력을 요하면서도 그런 시간들이 힘들지 않을 만큼 늘 새로운 해석의 욕구를 자극한다는 것을 다시 한 번 실감한 시간이었다. 그래서 글의 완성도를 높이기 위해 이뤄진 세미나에서 각각의 필자들은 잘 기획된 미로와 같은 『혼불』의 언어와 공간을 기꺼이 즐거운 마음으로 헤매며 성긴 생각들을 정리해 나갔을 거라 생각된다. 그런 과정 속에서 완성도를 높여 여기에 실린 글들 중에서는 어느 면에선 서로의 견해가 상충되는 부분들도 있다. 그처럼 『혼불』은 다양한 독해를 가능하게 하는 텍스트라는 점을 이해하면 좋겠고, 오히려 그런 다양한 시각들이 『혼불』 연구에 있어 해석의 지평을 여는 데 도움이 될 수 있다고 봐주면 좋겠다.

이 책은 총 2부로 구성되어 있다. 먼저 제1부는 『혼불』의 언어와 문화를 다룬 글로 구성되어 있다. 장일구는 <서사 언어의 문화 가치>에서 서사에서 언어가 중요한 구심을 이루는 매재와 기제라는 점에 주목하여 『혼불』의 언어 자질과 문화적 차원의 의미망을 탐색하고 있다. 문화 현장의 감각과 성원들의 의식을 밀도 있게 투영한 언어를 통해 서사언어의 문화적 가치를 명증하는 서사 텍스트의 자질을 『혼불』이 제안한다는 점은 물론, 『혼불』 자체가 문화 서사로서의 위상이 공고하다는 점을 밝히고 있다. 『혼불』을 통해 일상어와 문학언어의 경계를 해체하여 서사언어의 국면을 문화적 차원의 언어 수행으로 환류하는 서사의 문화 가치가 한층 진전된 지평에 이른다는 논지는 이 책의 구성상 중요한 거점을 이룬다.

진주의 <서사 언어의 겹 풀기>에서는 『혼불』이 탄생한 이래 여러 분야에서 이루어진 『혼불』의 논의들 중 언어적인 측면에서 『혼불』을 읽어낸 성과에 관심을 두고 있다. '언어는 정신의 지문指紋'이라던 작가가 『혼불』이라는 작품 속에 겹겹이 포개어 놓은 언어의 모습을 살펴보고, 기존 논의들을 검토하여 그동안의 연구 방향을 개괄하고 앞으로의 과제를 제시하고 있다. 이 장에서는 『혼불』에서 나타나는 언어적 특성을 '언어의 겹'이라 표현하고 있는데 이는 크게 둘로 나누어지는 언어 공동체에 따라 사용하는 언어구사 양상이 다른 것은 물론, 작가의 목소리가 드러나는 서술에서조차 언어의 모습이 사뭇 달리 나타나기 때문이다.

정미선의 <서사적 텍스트성의 중층>에서는 서사 텍스트에서의 언어 운용 국면에 관심하여, 『혼불』의 특징적 텍스트성이 형성되는 지점을 살펴보고 있다. 『혼불』 논의에 있어 텍스트성 개념의 적용은 단순히 텍스트 성립 조건의 요목들로 재단될 수 없는 다수의 결을 내포한다. 따라서 이 장은 서사론적 맥락에서 제안되는 텍스트성의 개념을 논의의 대안적 틀로 제안하여, 『혼불』의 담화 역학에 관여하는 핵심적 기제인 초점화의 복합적 양상을 분석하고 그로부터 구성되는 텍스트성의 의미망을 논의한다. 이로써 『혼불』의 텍스트성이 그 자체로 텍스트내적·텍스트외적 층위의 자장에서 언어의 적층 및 교호 관계의 구축을 통해 형성되는 중층적 복합체임을 드러낸다.

김연화는 <서사 축으로서 의례의 의미 읽기>에서 『혼불』에 드러나는 혼인 문화와 죽음 의례의 의미를 파악하고 있다. 『혼불』에서 혼인은 여러 가지 사건들을 연결 짓는 연결고리이자 인물들의 관계를 만들어내는 중심 축 중 하나로, 강모와 효원의 혼례는 관련 인물들의 삶을 불행으로 몰아가는 계기적 사건이 된다. 또한 의례 자체는 아니지만 죽음의 시작을 형상화·시각화하고 앞으로의 사건 전개에 큰 변화를 일으키게 되는 청암부인의 죽음이 나타나는 혼불의 모습, 그리고 자세히 서술되는 청암부인의 장례, 홍술의 투장 역시 인물들의 삶의 양상에 변화를 가져오면서 갈등을 심화시킨다. 이런 식으로 『혼불』에서는 서로 다른 두 영역들인 혼인 문화와 죽음 의례가 서로 맞물려 돌아가는 순환적 구조를 보여주면서 탄탄한 서사 전개를 이루어 혼인 문화와 죽음 의례의 의미가 『혼불』의 서사 구조를 파악함에 있어 그 중심을 이루고 있음을 밝히고 있다.

엄숙희는 <균열의 서사와 주체>에서 격변기의 사회상을 반영하듯 『혼불』이 기존 체제에 반해 일어나는 위반과 균열 그리고 봉합의 문제에 집중해 서사를 전개시키고 있는 점에 주목하고 있다. 『혼불』에서는 불안한 사회상을 반영하며 곳곳에서 균열이 감지된다. 아래에서는 기층민중들이 전복적 욕망을 드러내며 기존 질서의 의미와 가치를 전복해가고자 할 때, 위에서도 기득권의 수호보다는 새로운 사상의 조류를 받아들이며 적극적으로 변모해가는 젊은이들이 양반사회 내부에 균열을 일으킨다. 이렇게 『혼불』은 기존 공동체적 삶이 해체되어 가는 시기의 분열상을 서사 공간에서 재현하며, 사회체제에서 발생하는 균열과 위반 그리고 봉합의 문제를 얘기한다.

제2부에서는 『혼불』 속 공간을 읽고 있다. 조아름은 <여성(성)의 장소·공간 분화>에서 『혼불』을 '여성과 공간'의 관점에서 접근하고 있다. 여성에게 '집'은 일차적으로는 남성과의 관계맺음을 통해서 가능하다. 태어나서 혼인을 하기 전까지는 '아버지의 집'에서, 혼인을 한 후에는 '남편의 집'에서 그 삶을 꾸려가는 것이 일반적이다. 그러나 '집'을 '장소'에서 '공간'으로 확장시켜 가는 데에는 더 다양한 요소들이 작용한다. '장소'를 공유하고 있는 사람들과 주변의 상황들에 따라서 '장소'를 '공간'으로 확장시킬 수 있는 여부가 결정된다. 『혼불』에서 여성 인물들을 중심으로 이러한 변화 양상을 살펴보고 있다.

장일구의 <집의 공간적 의미망>에서는 『혼불』에 기술된 '집'의 공간 표상을 해석하고 있다. 집의 장소성과 무장소성에 관한 입론을 바탕으로, 작가의 단편소설에서 『혼불』에 이어지며 확산된 집의 의미망을 탐색한 것이 골자다. 안식할 만한 장소가 아닌 무장소로 변질된 집의 공간 표상이 『혼불』의 구심 가운데 하나를 점하고 있으며, 다채로운 그 표상들이 종내 '가와 가문'에 관한 이념적 표지로 전환되어 주제를 드러내는 기제로 작동한다는 점이 밝혀진다. 일개 집안의 문제는 과도기에 처한 민족 문제로 비약하는가 하면, 존재를 억압하는 가문 이데올로기의 문제로 변주된다는 것이다. 일견 그와 같은 관념적 사태를 구체적인 집의 형상을 통해 표상하는 데서 『혼불』 특유의 서사 전략과 미학을 확인할 수 있으며, 종내 문화지 규모의 서사로 각광 받는 이 소설의 본색을 이 장에서 재확인할 수 있다.

정도미의 <매안마을의 다층적 공간 표상>에서는 소설 속 공간은 단순히 공간적 배경으로만 기능하는 것이 아니라 인간의 삶과 밀접하게 연관을 맺고 작품의 의미를 다채롭게 구현시켜 나가는 터전 역할을 한다는 점에 주목하고 있다. 『혼불』에 나타나는 매안마을 역시 마찬가지이다. 매안마을은 각기 다른 인물들의 삶이 전개되고 다양한 사건이 발생하여 『혼불』의 대서사를 이끌어가는 근간으로 작용한다. 따라서 이 장에서는 인물들의 삶의 양상과 더불어 『혼불』 속 매안마을이 가지는 의미를 다시 한 번 되짚어보고 있다. 이때 매안마을은 단일한 공간이라 할지라도 층위 설정을 어떻게 하느냐에 따라 다층적 의미망을 가지게 된다. 그리고 각각 층위 설정을 달리 한 매안마을에서 진행되는 서사가 겹겹이 층을 이루어 『혼불』의 대서사를 이끌어나가는 데 기여하고 있음을 확인할 수 있다.

최옥정은 <인물의 뿌리 내리기 전략>에서 『혼불』 속 인물들 중 욕망의 양상이 비교적 뚜렷하다고 여겨지는 인물들을 대상으로 각 인물들의 욕망을 '뿌리 내리기' 전략으로 접근하고 있다. 특히 인물들의 욕망은 공간을 지향하는 형태로 드러나는 경우가 많았고, 다층적인 차원으로 인물 간의 욕망이 접합되는 양상에 초점을 두었다. 작품 속 등장인물들은 모두가 불안정한 상태로 출발하고 있으나, 소설이 전개됨에 따라 '뿌리 내리기'에 성공했다고 할 수 있을 정도로 삶에 대한 강한 의지를 보이는 인물이 있으며, 삶에 대한 의지나 욕망이 거의 드러나지 않아 실패로 평가해야 할 인물도 있다. 또한 성공과 실패를 평가하기 어려운 인물 유형도 존재한다는 것이다.

김은정의 <몸의 공간화 양상>에서는 소설에서의 공간적 배경이 단순한 물리적 배경의 역할을 넘어, 암묵적이고 치밀하게 문학적 요소로서 기여한다는 점에 주목하고 있다. 특히 『혼불』에 형상화된 공간적 요소는 서사를 이루는 데 있어 적지 않은 비중을 차지한다. 이 장에서 주목하는 『혼불』의 공간성은 그것을 드러내는 양상의 다양성에 있다. 그 중에서도 주인공들에 의해 직접 체화되는 공간은 하나의 상징성으로 재현되면서 이미 서사에 직접 참여하고 있다는 사실이다. 물론 여기서의 체화는 중심인물들의 신체 즉 '몸'을 통해 형상화된다. 이때 주체와 객체는 대립이 없는 상태가 되며, 이는 한편으로 주인공들이 처한 상황으로까지 변용된다. 이 장에서는 이러한 논의의 설득력을 담보하기 위해, 메를로-퐁티의 '세계-에로-존재'라는 개념에 기대어 논의를 전개하고 있다.

김수연은 <서사 공간의 해체 구도>에서 『혼불』의 주 무대인 매안마을의 공간성에 주목하고 있다. 『혼불』의 주요 배경으로 제시되는 매안마을은 지리적 조건으로 구조화되어 각기 다른 신분에 속하는 인물들의 지위를 드러내고 있다. 이러한 신분적 구분은 공간에 대한 경계 인식으로서 인물들의 의식 내부에도 확고하게 자리한다. 공간의 경계에 대한 인물들의 의식은 인물들이 가지는 욕망의 근원을 보여주며, 서사의 전개에 따라 인물들의 행위를 추진하는 배경이 되기도 한다. 인물들의 의식 내부에서 공간에 대한 경계가 해체되기 시작하면서 사건은 새로운 국면으로 들어선다고 볼 수 있다. 다시 말해, 『혼불』의 공간적 배경은 인물들의 욕망과 행위에 당위성을 부여하면서 작품의 주제의식 구현에 작용하고 있다는 것이다.

엄숙희는 <유동적 공간 경험과 인간의 욕망>에서 『혼불』의 문제적 인물들이 공간의 이동 속에서 경험하게 되는 욕망의 분화 과정에 주목하고 있다. 자신이 거주하게 된 공간에서 불화를 겪게 된 인물 그리고 거주 공간과의 불화로 공간의 확장을 꾀하고 있는 이들을 중심으로 공간 속에서의 그들의 갈등 양상과 욕망의 분화 양상을 살펴보고 있다. 그럼으로써 『혼불』 속 인물들이 공간과의 불화로 갈등하며 정주할 곳을 찾아 이주하게 되고, 그런 과정 속에서 분기되는 자신들의 욕망을 발견하며 주체를 정립해 가는 인간의 모습을 지니고 있음을 보여준다.

이상의 내용으로 이 책을 구성했지만 필자들의 입장에서는 『혼불』의 깊이를 제대로 헤아릴 수 없어 아쉬움이 많이 남는 작업이었다. 하지만 크게 욕심을 부리지 않았던 초심을 생각한다면 이런 연구 작업이 시발이 되어 『혼불』 연구의 확장을 꾀할 수 있었으면 하는 바람을 해본다. 사실 이 책에는 각각의 주제들이 표면적으로 얘기하고 있는 것 외에도 『혼불』을 이해할 수 있는 많은 단서가 들어있다. 언어와 공간, 그리고 문화를 읽어내는 과정은 한마디로 인간의 존재 방식 전반을 읽어내는 과정이기에 다양한 연구의 시각에 수렴될 수 있는 부분이 많다. 따라서 이 책의 성과들이 앞으로의 『혼불』 연구에서 언어와 공간의 의미를 탐색하는 방법론적 전망을 제시할 뿐만 아니라 이외의 다른 『혼불』 연구에도 도움이 되길 바란다.

2015년 여름

엄숙희

차례

2부 『혼불』의 서사를 통해 공간을 읽다

1부

『혼불』의 언어를 통해 문화를 읽다

서사 언어의 문화 가치

서사에서 언어의 쓰임새는 각별하다. 서사란 이야기를 통해 의사소통을 활성화하려는 인간 활동의 주요 국면이기 때문이다. 사람들은 삶의 대소사는 물론이거니와 감정과 생각을 이야기로 지어 이야기 나누어 소통에 부친다. 현실에서 취하였건 상상하여 가공하였건 이야기하기로 선택한 이야깃거리를 이야기하기 좋게 가공하여 구성진 언어로 표현함으로써 의사소통을 활성화하기까지, 서사 공정에서 언어는 가장 중요한 구심을 이루는 매재media이자 기제mechanism이다.

'이야기'는 그 말의 용례가 시사하듯이 이야기의 제재를 이르기도 하지만 이야기를 짓고 이야기로 표현하는 방식을 아울러 이르기도 한다. 무슨 이야기를 하는지도 관건이지만 어떻게 이야기하는지도 '이야기'에 대해 논급할 때 중요한 관건이다. 이때 '어떻게'의 층위에는 이야기의 표현만이 아니라 이야기의 수용에 관한 항이 상수로 대입된다. 어떻게 이야기해야 이야기의 의중을 잘 전할 수 있으며 어떻게 이야기해야 같은 이야기라도 더 흥미롭게 전할 수 있을지 등에 관한 심려가 개재되는 만큼, 이야기를 전하는 입장에는 늘 의사소통을 활성화하여 이야기의 효력을 최적화하려는 전략적 모색이 근저에 깔린다. 그래서 '이야기' 텍스트를 온전히 해석하기 위해서는 이야기의 관념적 실체에 상응하는 파불라fabula 층위에 국한되지 않고 이야기의 소통 국면에 상응하는 담론discourse 층위로 이해의 거점을 이동시켜야 한다. 이야기 텍스트를 '서사narrative' 개념에 대응시켜 논급하려는 서사론narratology에서 입론의 제일 거점이 바로 이야기를 통한 인간의 의사소통 공정processing에 있다는 점을 의식할 필요가 있으며, 서사의 층위 가운데 담론 층위의 역동적 양상을 고찰하는 데 거개의 논점이 수렴된다는 데 주목해 마땅하다.

이러한 맥락에서 이야기의 용례와 언어의 층위에 관한 이해의 전제를 전향함으로써 '서사언어'의 자질에 대해 논의할 수 있는 여지가 조성된다. 이야기의 장에서 펼쳐지는 말의 다채로운 향연과 그에 깃든 언어의 역동적 자질에 대해 고려하고서야, 의사소통의 한 방편으로서 세워진 서사언어에 대해 온전히 이해할 맥락을 세울 수 있는 것이다. 삶의 경험을 나누고 감정과 생각에 얽히고설킨 마음의 골을 맺고 푸는 데 관여된 서사언어의 역동적 작용 양태에 주목하고 보면 그 문화적 친연성을 엿볼 수 있다.[1] 이야기로 엮고 푸는 삶의 면면들을 돌이킬 때 서사의 문화적 기능을 재고할 지평이 열리는데, 일상의 담화에서 서사언어의 구심들을 구성하여 이를 거점으로 문화적 수행의 범주를 확산하고 문화 적층의 밀도를 더하는 인간의 예지를 재삼 주시하게 되는 것이다.

이야기는 문화의 동력원이자 문화적 수행의 주요 방편이면서 그 자체로서 문화적 결정結晶이다. 이야기의 소통을 원활하게 하려는 서사 공정의 매재이자 서사를 통해 창의되고 창출되는 언어의 새 국면들에 주목하는 것은, 인간 삶의 다면이 수렴되고 집산되는 문화장cultural fields에서 파생된 다면적이고 다층적인 가치를 고양하려는 모색과 조응한다. 서사는 언어를 통해 산출되고 언어의 용법 내에서 의미를 얻지만, 서사적 수행을 통해 안출된 서사언어가 일반 언어의 용례를 확장·재편하고 그 의미망을 확산시켜 문화장에 환류하는 공정의 구심에 있는 것 또한 사실이다.

서사언어와 일상어의 소통 함수

이야기에 쓰이는 언어라고 해서 일반적인 언어와 다를 바는 없다. 문학 장르 가운데 서사가 일상어를 통해 구현되는 특징을 지닌다는 것은 주지의 사실이다. 서사는 문학 고유의 언어가 별개로 독립된 영역에 구축되어 있다는 생각에 제동을 건다. '서사+언어' 항을 세울 때 우선 대입할 상수가 '일상'이다.

일상에서 쓰이는 언어는 언어 능력linguistic competence에 관여된 국면보다는 언어 수행linguistic performance에 관여된 면이 더 큰 '현상'이다. 일상적 언어는, 일정하게 조형되어 굳어진 언어적 실체에 걸친 면보다 역동적 상황에 부쳐지고 다변화될 가능성에 노출된 면에 대입되어, 다양한 담화 맥락과 조건에 조응된 언어 수행의 양태를 관건으로 한다. 서사는 이러한 언어의 수행적 국면과 일상어 담화의 양상에 관여된 언어 현상의 한 영역에 귀속된다.

기실 이야기를 '서사narrative' 범주에서 다루는 관점은, 이야기가 이야깃거리만으로 자명하게 이루어진다는 실체 개념을 전제하지 않고, 의사소통에 관여된 담론 차원에서 이루어지는 현상으로 보는 구성적 개념을 전제한 방법론적 입장에서 파생된다. 이야기는 자명하게 주어진 대상이나 독립적 노에마Noema가 아니다. 이 세상 어디에도 '이야기'라는 것 자체는 없다. 삶의 경험이나 생각과 감정 따위를 표현하여 수용자들의 반응을 부르는 담론적 효과가 드러나면서 이야기가 구성되는 현상이 있을 뿐이다. 이 현상은 고립된 화자만으로 이루어질 수 없고 듣거나 읽고 반응하는 청자나 독자가 참여함으로써만 이루어질 수 있다. 그래서 이야기는 대화의 장을 바탕으로 이루어질 수밖에 없다. 노래를 흥얼거리는 장면은 대수롭지 않으나 혼자서 이야기를 나누는 장면은 어색하다. 혼자서 이야기를 떠들어 댈 수는 없는 노릇인 것이다. 천상 서사는 '대화 장르'[2]이다.

소통의 장에 부쳐져 모종의 효력이나 의미를 산출하여 빚어지는 이야기를 '서사 현상'에 대입시킬 때의 관건은, 이야기가 오가는 과정에서 거래되는 문화적 약호code에 기반을 둔 언어 수행의 호혜적 공정에 있다. 이야기가, 표현되어 누군가에게 전해져 반응을 부름으로써 의미체가 되는 데 실패하여 소통에 부쳐지지 못한 채 추상적 이야깃거리인 파불라fabula 층위에 되돌려져서는 서사 현상에 회부될 수 없다. 이런 정황에서는 그 가치를 판정할 텍스트를 얻지 못한 터, 우리는 그에 대해 하릴없이 손 놓고 있어야 하는 난관에 봉착할 수밖에 없다. 이야기는 표현되어 텍스트 차원의 형태를 입을 때라야 성립될 수 있는 언어 현상의 일종이라는 점을 넘겨보아서 안 된다.

관념 영역에 형성된 이야깃거리는 언어를 통해 구현되면서 의미 있는 텍스트가 되고 소통에 부쳐질 서사 현상으로 드러난다. 소통이 활성화되기 위해서는 이야기를 전하는 데 쓰이는 언어가 일반적인 용례에서 크게 벗어남 없이 효과적으로 이야기를 구성하고 활발한 반응을 부르는 방향으로 쓰이는 편이 온당하다. 언중이 많이 모일수록 이야기의 장은 성황을 이루게 마련, 소통이 수월하게 이루어지게끔 언중들이 쓰기에 적절한 일상적 언어의 거래가 이루어지는 것은 수순이다. 서사는 일상어를 기조로 구성되는 언어의 향연이라 해도 좋을 것이다. 특히 '소설'은, 고전적 이야기로서나 근대적 양식으로서 구성된 이야기로서나 간에, 일상에서 쓰이는 언어를 통해 생각과 경험과 느낌을 나누어 삶의 장에 부치는 서사의 자질을 여실히 입증한다.

그 이야깃거리가 일상적 현실에 기반을 둔 경우라면 더욱 그러하지만, 허구적 판타지라도 이상을 품거나 꿈을 꾸는 이들의 일상을 투사한 것인지라, 사람들이 지어 나누는 이야기는 그 구성이나 방식면에서 일상적 언어 수행의 범위를 넘어서서는 소통에 부쳐질 수 없다. 서사의 관건은 이야기의 제재만 아니라 이야기의 구성과 담론을 아우른다는 사실에 재삼 유의해야 한다. 삶의 장에서 이야기가 일정한 의미를 확산시키는 계기가 되거나 일정한 기능을 담당한다면, 이는 관념 층위의 이야깃거리가 텍스트로 변환되어 드러남으로써 모종의 의미를 발현하고 사람들 사이에 모종의 담론적 효과를 발산하여 영향을 끼쳤다는 얘기다. 이야기는 의사소통 공정에 회부되어 유효한 의미를 창출할 때 서사적 자질을 획득하게 되는데, 주 동력 기제가 일상의 언어인 것이다.

다만 이야기가 삶의 전역에 걸친 일들을 다루며 특히 '소설novel'로 범주화되는 이야기 양식인 경우 삶의 대소사를 총체적 국면으로 비약하여 다루는 성향이 있으므로, 서사의 언어는 실제 담화 현장에서 통용되는 일상어라도 일회적 국면이나 특정 영역에 한정된 담화 양상만 채용하는 데 국한되지 않는다. 일상어로서 개연성 있는 언어 현상의 면면을 서사 담론으로 변환하여 의사소통 공정에 회부하고 일상적 언어 수행의 다면적이고 다층적인 양태를 다채롭게 구현함으로써, 같은 이야기라도 다른 의미와 효과를 산출할 수 있도록 운용하는 담론 회로를 작동시키는 것이다. 그래서인지 다 같이 쓰는 언어이면서도 서사에 채용된 언어의 면모가 사뭇 다른 형상인 듯한 인상을 불러일으키는가 하면, 서사언어 특유의 문체 감각이 돋보이는 것처럼 보이는 형국이 연출되곤 한다. 일견 서사언어가 문체적 변별 요소 두드러진 독립적 언어 운용의 미감에 맞닿아 있다는 식의 선입견도 이 때문에 비롯된 것일 테다.

기실 서사에 쓰이는 언어는 기본적으로 사회방언sociolect 차원에서 탐색될 사안이다. 요컨대 '작가'(구술가이든 기술가이든)에 상응하는 언어 계층class에서 통용되는 특유의 언어 수행 양상이 사회방언의 국면에 수렴되는 것이다. 그렇다고 작가 사회의 방언이, 일반적인 사회방언처럼 일정한 무리가 한정된 영역 내에서 공유하는 어휘나 특유의 어법 정도로 환산되는 것은 아니다. 이야기를 효과적으로 표현하여 이해를 원활하게 하고 의미를 산출하는 매재로서 순조롭게 작동하도록 서사 공정에 최적화된 언어의 양태는, 서사의 구성이나 문체 등을 일정한 방향으로 환원하여 정리할 수 없는 현황에 비견되게, 일정한 범주의 실체적 목록을 작성하거나 유형화를 꾀할 수 없을 만큼 각양을 이룰 터, 이는 개인방언idiolect에 근사할 수 있다. 여하튼 서사언어는 실체나 표준을 전제한 문법이나 언어 능력 면에서가 아니라, 화용적 조건과 구성적 개념을 전제한 방언이나 언어 수행 면에서 논의의 거점을 마련할 수 있는 사안이다.

이때 '방언'은 단순히 '지역'이라는 열성 인자를 안은 언어 유형으로 국한되어서 안 된다. 더욱이 이에 대한 입론이, '중앙'이라는 우성 개념을 앞세워 중심의 가치를 지대한 것으로 전제한 채 중심 이외의 전역을 주변적 가치로 몰아 폄훼하는 이념이 빚은 담론적 실천에 기울어서는 곤란하다. '방언'은 단지 일정한 영역이나 층을 한정하는 개념적 조작에 의한 '이름'이지 그 자체가 본질적 가치나 의미를 응축한 표상은 아니다. 특히 이를 '장소'로 구획된 특정 지역에서'만' 변함 없이 쓰이는 언어를 지시하는 기표에 획일적으로 대응시키는 전제는 위험하다. 방언은 지역에 따라 드러나는 언어 현상의 일면이지 그 자체로서 모종의 단자Monad적 경계가 자명하고 확고하게 주어진 본체가 아닌 것이다. '표준'이라는 규범적 조작을 통해 인위적으로 지어진 '표준어'라는 본체에 상대되는 술어로서 '방언'이 운위되곤 하는데, 이는 개념 범주상 대를 이룰 수 없는 조합을 바탕으로 한 만큼 논리적으로 부당하다. 표준어 권역에 해당하는 '지역'에서조차도 당해 언중들의 언어 수행 양상에 대해서는 표준어에 부응하는지 여하를 따져야 하는 만큼, '표준어 권역의 지역 방언'이 엄연한 현상으로 드러나고 있다는 점을 전제에서 빼놓아서는 안 된다. '중앙'이라는 이념적 개념을 덧붙여 '표준어=중앙어'라는 등식을 세울 경우는 더욱, 특정 권역 이외의 영역에 열성 인자를 부여하여 가치를 무화하려는 담론의 저변에 도사린 이념적 저의를 들추는 일이 요구된다. '지역'이 그러하듯이 '방언' 혹은 '지역어'는, 폐쇄적 이념의 온상인 '장소' 개념이 아닌, 인간의 자유를 향한 열린 심성을 투영한 '공간' 개념[3]을 맥락으로 그 방법론적 구심들을 구성해야 한다. 공간적 사유의 지평에서 '중앙/지역'의 이분법을 해체해 마땅한 것이다.

그러자면 서사에 채용된 지역어 혹은 방언의 효과에 대한 왜곡된 논의의 결과를 여실히 들추는 것이 우선이다. 이를테면 소설에서 방언을 활용하여 이야기의 토속적 정감과 향토적 색채를 더하여 작중 인물과 배경에 친근하게 다가서게 함으로써 몰입감을 높인다는 식의 논급이, 지역의 열성 인자를 부각한 이념적 전제들에서 비롯되었음을 갈파할 수 있다. 서사의 문체적 효과는 단순히 방언을 채용했다고 해서 인상적으로 산출되는 것이 아닐 뿐더러, 지역의 정서는 무조건 토속적이고 향토적이며 친근감을 유발한다는 식의 발상이 논리적으로 입증되지 않은 전제에서 비롯된다는 데 문제가 있는 것이다. 기술한 이야기 양식의 독보적 장르종인 '소설novel'에서 서사 담론의 주요 국면인 문체의 역학에 관여된 언어 자질에 대한 검토가 선행되어야 하는 것이다. 문체의 가치가 고평되곤 하는 『혼불』[4]의 문체 자질을 구성하고 있는 여러 요소 가운데 일상적 담화에 부가된 방언에 관련된 대목들을 예시 삼아 살펴보자.

> 마당에서 콩심이가 달랑거리며 뛰어가는 발자국 소리가 들려온다. 누렁이와 함께 뛰는지 무어라고 땍땍거린다. …(중략)…
>
> 고것은 안서방네에게 가끔씩 쥐어박히면서도 그 옆에 가서 쪼그리고 앉아, 이런저런 자잘구레한 이야기의 말 동무도 되어 주고 낫낫하게 잔심부름도 곧잘 하였다.
>
> "아이고, 이년아. 너는 무신 노무 목청이 그렇게 때까치맹이로 땍땍땍땍. 내 귀가 마대. 조신허게 가만 가만 좀 못허겄냐?"
>
> 안서방네는 콩심이의 주둥이를 향하여 주먹을 질러 보인다.
>
> 콩심이는 혓바닥을 날름하며 눈을 질끈 감는다. 알았다는 시늉이다.

> "너 이년, 이 댁으 청암마님이 어뜬 양반인지 알기나 허냐? 매급시 천방지축 팔랑거리고 댕기다가, 다리 몽생이 분질러질 중 알어라."
>
> "아앗따아, 워찌 고렇코롬 무선 양반이다요?"
>
> "이년. 이 주둥팽이, 어른이 무신 말을 허는디 그렇게 비얌 셋바닥 맹이로 날름 말을 받아먹냐? 그렇다먼 그렁갑다, 허고 속으로만 알어들을 일이제." (1권, 275쪽)

전라 남원 지역에 터 잡은 매안 이씨 양반가의 하인인 '안서방네'와 '콩심이' 사이에 벌어진 장면이다. 특히 둘 사이에 오가는 대화에 쓰인 방언이 도드라지는데, 음성상징어를 직접 발화하여 감각을 직서하는가 하면 욕설이라 해도 좋을 비속어를 적나라한 방언에 여과 없이 담아 담화의 현장감이 살아나는 대목이다. 둘의 처지에 비추어 보면 영락없이 벌어질 법한 일상적 담화의 실감이 구현되었다고 해도 좋을 것이다. 특히 구성진 서남 방언의 어감이 담화 상황의 개연성을 드높이는 작용을 하고 있다. 어휘는 물론이거니와 말을 맺는 어미나 선어말어미 등에서 문법적 변별이 선하게 기술되어 있어서 방언의 어감이 두드러지게 표출된 것이다. 게다가 '-의'를 굳이 '-으'라고 표기하여 서남 방언권 일부에서 보이는 특유의 음감을 표기에 반영하고 있어, 담화 상황에서 쓰이는 방언의 양태를 기술한 섬세함이 극화되었다고 할 수 있다.

흥미롭게도, 대화 당사자들의 발화만이 아니라, 이야기의 문맥을 형성하며 대화 상황을 서사 전개에 융해하는 역할을 하는 서술자의(서술자가 초점화된) 발화에 인물의 어투가 스며 든 서술상황이 드러난다. 이를테면 '달랑거리며 뛰어가는, 떽떽거린다, (어린 아이를 가리켜)

고것은, 쥐어박히면서도, 주둥이, 주먹을 질러 보인다, 혓바닥을 날름 하며' 등과 같이 서술자의 발화에서 상당수의 비속어가 드러나며, 방언으로도 분류되는 '낫낫하게'가 쓰이는 식으로, 인물의 담화에서 돋보이는 일상어의 요소가 서술에 적극 반영되는 국면에 방증이 더해진다.[5] 일견 서술자가 인물들과 근거리에서 그들의 행위를 관찰하여 서술하는 상황에서, 인물의 의식과 감각에 물든 나머지 서술자로서의 객관적 태도를 놓치고 표현마저 인물의 것을 따르는 식으로 전도된 서술상황이 펼쳐진 셈이다. 요컨대 서술자의 발화에 인물의 의식과 발화가 개입되어 서술상황의 불확정성이 더해짐으로써 서사의 역동성을 보조하는 터, 단순히 담화 현장의 실감을 구현하는 선에 국한된 문체 효과를 발하는 것이라고만 하기에는 석연찮다.

이러한 정황은 양반가 인물들 사이의 대화 상황을 기술한 대목을 보면 더 분명해진다.

> 효원은 숙인 이마를 더욱 깊이 수그렸다. 그네가 무슨 말을 할 수 있으랴. 그네 자신이 주도하여 하는 일이라면, 두부를 자르듯이 네모 반듯하게 경영하여 어여쁘게 할머님 앞에 놓아드릴 수도 있겠지만, 혼자 앉아 아무리 각골명심 새겨들어본들 무슨 하릴 있으리오.
>
> (할머님의 심경을 제 어찌 모르겠는가……. 하오나, 다만 헤아려 드리올 뿐 더 어찌지도 못하고, 제 몸으로 남의 인생 사는 것이 무슨 희롱인지 알 수 없습니다. 어인 운명이, 제가 바라는 대로 살지 못하고, 살라고 주어지는 것을 살아야 하는다. 여인이라 그러한가, 남들도 나 같은가. 만들고 고치고 소망하는 것이 모두 다 홀로 달을 바라봄과 같으니 손발이 있으면 무엇하고, 뜻이 있으면 무엇하겠는가.)
>
> 효원의 수그린 이마와 각이 진 어깨에 그 단단한 마음이 글자처

럼 드러나 보였는지 청암부인은 미소를 머금었다.

그리고 손부의 손을 따뜻하게 잡는다.

"…(중략)… 순리가 있는 것을. 허나, 나는 이렇게 하루가 다르게 늙어가고, 시절은 흉흉하여 앞날을 예측하기 어려운지라, 어린 너한테 과중한 짐을 부려 버리고자 이렇게 자꾸 다짐을 하는 것이니라."

청암부인은 쥐고 있는 효원의 손을 조용히 조용히 어루만지고만 있었다. 부인 손의 다순 온기가 효원에게로 번지며 스며드는 것을 효원은 느낀다. 그 온기 속에는 추상秋霜의 찬서리 기운도, 뇌정雷霆의 울음 소리도 아닌 그저 한 아낙의 간절한 심정만이 어려 있는 것 같았다. (1권, 274~275쪽)

이 대목은 앞서 인용한 '안서방네-콩심이 장면'의 바로 앞에 선 대목이다. 글이 끊김 없이 이어져 있는데도 두 장면의 담화 양상은 크게 차이 난다. 과연 위에서 '청암부인'과 '효원'이 주고받는 대화를 보면, 제법 수준 있는 교양이나 지식을 가진 이라야 구사할 수 있을 어휘가 등장하며, 대화에서뿐만 아니라 독백에서까지 종결법이나 존대법과 같은 문법 형식이 잘 유지되고 있음을 알 수 있다. 그런 가운데 방언의 흔적이 감지되지 않아 이채롭다. 양반가 인물이라도 방언 권역을 벗어나지 않은 이력에 비추어 보자면, 일상생활의 담화에서 방언을 전혀 쓰지 않을 뿐만 아니라 위와 같이 매우 규범적인 언어를 구사한다는 것은 실상과 동떨어진 서사적 설정이라고 할 수 있다.[6] 바로 이어진 '안서방네'와 '콩심이' 사이에 펼쳐진 담화의 실상과 극적인 대조를 보이는 셈이다.

이러한 대조 국면에 직면하여 서술자 발화 부분에 '효원'이나 '청암부인'의 어투가 배인다는 점을 재삼 돌이키게 된다. 이를테면

'두부를 자르듯이 네모 반듯하게 경영하여, 각골명심 새겨들어본들 무슨 하릴 있으리오, 추상秋霜의 찬서리 기운도 뇌정雷霆의 울음 소리도' 등과 같이 서술자의 발화에 해당하는 대목에 쓰인 언술이, 양반가 인물의 지적인 수준에 육박할 만한 어휘와 양반의 품과 격에 어울릴 법한 규범적 언어로 기술되어 있는 것이다.[7] 이를 별스럽지 않게 보아 넘겨 읽어가다가도 곧 이어진 대목에 구현된 언어의 양상을 보고서는 문체의 대조적 양상을 의식할 계기에 놓이게 된 셈이다.

인물의 지각과 담화 양상을 고스란히 기술한 대화 대목에서, 인물의 교양 수준이나 신분 계층과 같은 사회적 조건에서 비롯된 사회방언의 면모가 드러나는 것은 별스럽지 않다. 그런데 위에 인용한 두 대목에서는 인물의 사회적 조건의 차이에 따라 지역 방언 수준의 격차가 단적인 대조 양상으로 서술에 반영되어 있으며, 서술자의 발화에 상응하는 대목에서도 그러한 대조적 양상이 반영되어 있어서 심상치 않은 문체 효과를 자아내고 있기에 흘려 넘길 수만은 없는 것이다.

이렇듯 단적인 경우까지는 아니라도 『혼불』에서는 신분의 차이에 따라 방언 사용 여하를 조율하여 인물 형상figure의 단서로 설정하는 기조가 유지된다. 양반들의 담화와 민촌 거멍굴 사람들의 담화가 교차할 때 인물의 사회적 조건에 따라 일상적 담론의 양태가 달라지는 현상이, 이 소설의 문체와 관련하여 두드러진 변별 자질로 부상하는 것이다. 양반들의 규율 있고 정제된 담화가 진행되다가도, 상민·천민들의 담화가 전개되면 입심 좋은 패설이 구성지게 펼쳐진다. 양반가의 인물이라고 해서 여일한 담론 패턴을 보이는 것도 아니다.

'이기채'나 '이기표'가 구사하는 언어에 비해 그 부인네들이 구사하는 언어는 정제된 정도가 덜한 듯 조금 더 일상어의 실상에 가까운 양상을 띠어, 권위와 규율의 정도가 다른 인물 형상이 변별되는 효과를 발한다. 아버지 세대에 비해 '강모'나 '강태' 등이 구사하는 언어는 신교육을 받은 이들답게 빼어난 표준어의 양태에 육박한다. 지역 방언 면에서뿐만 아니라 사회방언 측면에서도 이념적 성향의 차이가 각 인물의 담화 양상에 투영되어 있다. 상민·천민이라도, 신분 질서의 전복을 꿈꾸는 '춘복이'가 쓰는 방언 양상은 '공배네'나 '옹구네'가 쓰는 방언 양상과 같지 않다. 그만큼 인물의 사회적 조건에 따른 담론 유형을 조율함으로써 인물 형상을 창출하여 서사 전개의 동력인 갈등 구도를 세우는 거점으로 삼는 전략이 서사 전반에 적중되고 있는 것이다.

이처럼 일상어의 실감을 구현하는 데서 나아가 그 실감의 차원을 재구성하여 인물과 사건의 표상적 의미를 부여한 담론 패턴으로 변환하여 서사 공정에 환류함으로써 『혼불』 문체의 동력이 발전된다. 삶의 여러 국면에서 경험의 폭과 깊이를 드러내는 담화 현장을 생생히 기술함으로써 구상具象을 짓는가 하면, 부조리한 세계의 단면을 비판하는 의식이나 거창한 세계관과 철리哲理를 기술하여 인간 정신의 관념 영역을 언어로 형상화하는 등, 다양한 서사언어의 양태가 어우러진 문체적 특질이 그러한 동력에서 추동된다. 고전이나 전적典籍의 일부를 전재하는가 하면, 인물 간의 입심 좋은 담화적 거래의 현장을 개연성 있게 구현하는 등, 삶의 전역에 산포된 언어 수행의 결실을 포괄하여 서사언어로 재구하여 제시함으로써 서사적 문화지 ethnography라 해도 좋을 이 소설의 위상이 더욱 선명해진다.[8] '표준어/방언' 이분법이나, 계층의 차이를 '고상한/비속한' 언어에 대입시켜 이원화하는 이념적 조작을 넘어선 담론의 효력을 고양하여, 서사언어의 문화적 가치에 대한 전향적 시각을 『혼불』이 제안한다고 해도 좋을 것이다.

서사적 은유의 문화적 감각

언어의 용례는 지시적 의미의 쓰임에만 국한되지 않는다. 기표와 기의를 지시적 관계로 환원할 수 없는 기호의 함의를 거점으로 하는 언어 수행의 국면은 비단 특정 영역에서만 발견되는 특수한 언어 현상이 아니다. 맥락적 의미는 물론 비유적 의미나 표상적 의미가 적용된 기호 관계가 언어 수행의 장에 편재한다.

통상 일상어와 변별되는 문학 언어 고유의 국면을 드러내는 표현 기교로 은유를 상정하고 이를 근거로 문학 텍스트의 변별 자질을 분석하려 하는데, 이는 문학 고유의 실체적 자질을 전제할 때 성립될 수 있는 방법적 전제다. 무엇보다 일상어의 자질을 일정하게 전제할 때라야 그에 대립된 자질들의 쌍을 추론하여 대입시킬 수 있다. 일상어와 변별되는 문학어의 자질을 전제할 수 있어야 하는 것도 마찬가지 맥락이다. 게다가 은유적 언어의 용례가 문학 텍스트의 특수한 경우에 국한되거나 문학 특유의 속성을 구현하는 수사적 기법으로만 적용되어야 그러한 전제가 온당하게 세워질 수 있다.

반면, 언어의 구성적 자질을 전제 삼는다면 일상어와 문학어의 변별을 자명한 것으로 용인할 수 없으며,[9] 은유가 문학에 한정된 특수한 언어 용례라고 단언할 수 없다. 일상어에 스민 은유의 편재성을 염두에 두고 은유적 인지 도식cognitive scheme의 활용을 통한 언어 수행의 다각적 국면에 주목[10]할 때 비로소 일상적 삶의 장에서 펼쳐지는 언어 현상을 온전히 기술할 수 있는 여지가 열린다. 은유는 일반적인 언어 운용과 차원 다른 표현 기교로서 문체적 변별 자질을 과시하는 수단으로 특수화된 범주에 환원되기보다, 삶의 문제를 성찰하고 해석하여 삶의 지평을 드넓히는 계기로 작용하여 문화적 자장 안에서 유효한 의미를 창출하는 기제로서 전제되는 편이 온당하다.[11] 은유는 그 자체의 실체적 도식이 있어서가 아니라 문화장에서 사람들의 생각과 삶의 지평을 넓혀 세계 기획에 동참하도록 사람들을 이끎으로써 창의를 돕는 기제로 작용하는 것이다. 이해와 표현, 표현과 이해의 환류를 통해 인식의 지평을 확장하는 해석학적 세계 기획 Entwurf von Welt의 주요 거점에 은유의 위상이 있다는 점을 통해 서사적 은유의 문화적 차원을 논급할 단서를 얻음 직하다.

이러한 은유에 관한 문화적 해석의 지평을 여실히 보여주는 텍스트가 『혼불』이다. 『혼불』에 드러난 삶의 면면과 문화장을 움직이는 담화에 편재한 은유 도식들을 통해 서사언어의 문화 가치에 관한 단서를 얻을 만한 것이다. 다음을 보자.

> 막바지로 공사가 치달아 마무리가 되려는데, 꼭 기다렸다는 듯이, 나라가 망했다, 하지 않는가. 나는 믿을 수가 없었네. 하늘과 땅이 합벽을 하고 맷돌을 갈아, 천지가 캄캄한 일이었지. 그런데 묘한 것은, 그 와중에서도 남모르게 벅찬 희망이 샘솟았다는 것이야.
>
> 맷돌질 해 보면, 왜, 우아랫짝이 맞물려 돌면서 곡식을 가루로 만들어 버리지만, 껍질도 벗겨지지 않은 채 통째로 빠져 나오는 놈이 있지 않던가? 신기하지. 꼭 그 통밀이나 통팥, 녹두같이 또글또글 살아서 튀어나온 희망, 그것이 저수지였어. (2권, 33쪽)

절체절명의 상황을 가리켜 '하늘이 무너져도 솟아날 구멍이 있다.'고 한다. 중력의 영향을 받는다고 땅으로 무너질 리 만무한 '하늘'이건만 그가 무너질 상황이라면 그만한 위기 상황도 없을 것이다. 하늘이 신격神格의 표상에 동원되는 용례를 같이 고려한다면 신의 영역이 무너진 꼴이니 사람이 기댈 수 있는 최후의 희망마저도 없어진 절대적 위기를 표현하기에 이만한 것을 찾기 힘들다. 그런 절망감은 무너진 더미에서 찾은 '구멍'마저도 희망의 단서로 받아들이게 할 만큼 절체의 것이다. 그 구멍을 찾은들 더미에서 빠져나올 수 있을지 미지수이며 빠져나온들 하늘이 없는 세상에서 살길을 찾을 수 있을지는 더 미지수이다. 그러니 이 경구는 뜻하는 바 큰 인생의 교훈을 전하는 말이지만 그만큼 피상적이어서 딱히 견주어 어울릴 만한 구체적 정황을 찾기는 어렵다. 다만 삶의 곳곳에서 위기 상황에 직면하여 절망하는 이들이 위기를 모면하려는 모색조차 하지 않고 주저앉고 만다면 짐짓 절체절명의 극한 상황에 내몰릴 수밖에 없다는 것을 모르는 바 아니니, 저 말은 피상적이기는 해도 누구나 수긍할 만한 금언이다. 막연한 희망이라도 품고 절망적 상황을 극복할 길을 모색하는 것이 온당한 자세라는 예지를 돌이켜 문화 성원들 사이에서 통용되었을 것이다. 실상에 근사한 상념이라면 직서直敍해도 좋겠지만 추상적 관념을 들추는 경구이니 은유로 지어진 것이다. 다만 경구를 통해서는, 새로운 상념을 창의하기보다, 누대로 전승되어 심상해진 이미지 도식에 상념을 대입시켜 유효한 의미를 얻는 식이어서, 은유적 창안으로 빚어지는 의미 확산의 여지를 살릴 수 없는 딜레마에 이른다.

통찰의 관건은 문화적 소통의 저변이 넓은 경구의 창안 방식이다. 빗대어 표현할 사물이나 현상, 관념 등을 발굴하고 표상을 통해 변주하여 은유적 언어에 담아 새로운 심상을 안출하는 이미지 혼성blend 공정[12]을 모색하는 것은 타당하다. 가령 위에 인용한 대목은, 곡물이 맷돌에도 갈리지 않고 통째로 튀어나오는 사례를 빗대어, 죽음에 이르는 절망 속에서도 살아남을 희망이 있다는 권면을 언술한 대목이다. 맷돌질 도중 발견한 '신기한' 현상에 착안하여 은유적 담론을 기술한 것이다. '하늘이 무너지다'는 '하늘과 땅이 합벽하다'로 변주되는데, 하늘이 무너져 내린 정도가 아니라 땅과 맞붙어 버린 터라 솟아날 구멍조차 아예 없으니 극한의 절망적 상황에 대한 은유가 창안된 셈이다. 합벽한 상황과 맷돌이 맞붙은 상황이 조응되어 절묘한 대를 이루는데, 익숙한 일상의 일에서 은유적 창안의 거점을 얻은 셈이다. 윗돌과 아랫돌 사이에서 맷돌질에 갈리는 '콩의 처지'라면 절명의 상황에 처한 처지를 빗대기에 더없이 좋은 설정이다. 윗돌에 난 아가리는 살아날 구멍이긴 커녕 도리어 맷돌질에 갈리러 드는 입구인 터라 '솟아날 구멍은 있다'는 발상이 맷돌질 은유에 이르러 무색해지고 만다. '하늘과 땅이 합벽하다' 도식이 '하늘·땅 합벽이 맷돌질하다' 도식으로 진전되어 절망감의 밀도를 심화한 은유적 심상이 창출된 것이다.[13]

관습적 은유에 해당하는 경구의 개념 함수는 위 대목에 이르러 해체되며 새로 창안된 이미지 도식을 통해 재구성된다. 맷돌이 물린 '틈'이 '솟아날 구멍'을 대체하면서 개념이 전이될 조건이 형성된다. '구멍'이 죽음에 이르는 절망적 상황에서 살아날 희망에 대응되는 매개체라면, '틈'은 갈린 것이 토출되는 경로인지라 절망의 종국에 이른 뒤의 세계로 난 절망에 대응되는 매개체이다. 그런데 실제 맷돌질 상황에서는 '맷돌질에도 갈리지 않고 튀어나올 틈은 있다'는 사실이 확인된다는 것이다. 극한적 절망의 틈으로 삶의 희망이 튀어 나오는 극적 반전을 입증할 만한 대견한 현상이 실로 드러나는 만큼, 은유 도식으로 환산된 역설적 이미지의 등식이 타당해지는 의미 맥락이 선연하다. '절망이 희망으로 전이'되는 극적 계기는 관념적 추정에서 비롯되지 않고 맷돌질이 이루어지는 문화장의 고찰이나 체험에서 비롯되는 만큼 은유 도식에 온당한 구체를 더한다. 심지어 '껍질도 벗겨지지 않은 채 통째로 빠져 나오는 놈'이 실로 있다니, 절망 속에서도 희망을 놓지 말라는 예지를 빗대어 담론한 서사적 은유가 구성되고 소통에 부쳐지는 공정을 통찰할 선연한 단서가 문화장에서 획득된 것이다. 처음 은유로 기획되었지만 관습적 은유로 '자동화'된 경구라도, 문화장에 대한 통찰과 문화적 체험을 통해 개념 사상 관계를 '낯설게' 구성하여 그 의미를 확장함으로써 은유의 생명력을 되살린 것은 분명 미덕이다.[14]

절망 가운데 희망을 찾으려는 모색을 투사한 은유는, 문화적 체험을 맥락으로 삶의 예지를 실생활에 대응시키는 사상寫像, mapping을 통해 의미 함수의 개연성이 더해져 인지 가능성이 높아진다. 이렇듯 '절망 속 희망'에 관한 은유는 일제 강점으로 시작된 절체절명의 위기 상황에서 '합벽'한 절망의 틈새로 튀어나온 희망으로 의미망이 확산되면서 그 드넓은 자장이 시사된다. 이러한 은유의 힘은 문화장의 체험과 문화에 대한 차원 다른 해석을 통해 얻어진 통찰력에서 비롯된 여지가 다분하다. 그 힘은 문화적 예지를 모아 전하여 이야기에 수렴시킴으로써 소통을 수월하게 하는 이미지 도식의 구성에도 작용한다. 문화 담론의 서사적 결정체로서 주목 받는 『혼불』의 동력이 이러한 은유의 문화적 구성 기제에서 발전되고 있다고 해도 좋을 것이다. 문화 현장에서 직접 체험한 바와 사상事象을 세심하게 관찰한 바에서 빚어낸 『혼불』의 은유는 삶의 위기 상황을 극복하려는 의지를 북돋우는 예지와 철리를 서사로 구현하도록 돕는 동력원이다.

이렇듯 『혼불』의 은유에 배인 문화적 자질은 문화에서 취한 소재를 임가공한 식이 아니라는 점에서 의미심장하다. 문화적 수행의 현장에 참여하여 현상을 세심하게 관찰하고 거기 깃든 삶의 예지를 섬세하게 통찰하여, 문화 현상의 원리에서 파생되는 미적 차원들을 서사적 형상의 편린들로 환원하고, 이들로써 담론의 결을 세공할 이야기 구성체를 산출한 것이다. 그래서 일상적 삶의 장에서 펼쳐져 낯익은 현상이나 대상이라도 『혼불』의 서사적 은유망에 포착되면 문예담론으로서의 구체를 얻어 미적 효과를 발산하는 공정에 부쳐진다. 이런 양상은 불필요하게 생경한 조어를 통해 이해를 곤란하게 하거나 감각의 자극이 넘칠 만큼 현란하게 꾸며져 오감을 지치게 하는 화사한 문장들과는 궤가 다르다. 얽히고설킨 수사로써 단선적 감각을 환기하는 데 그치지 않고 서사 공정의 맥을 따라 지속적인 감각과 사변의 여지를 조성하도록 조율된 은유의 차원 다른 구성태를 『혼불』에서 목도하게 된다.

『혼불』의 은유는 일반적인 서사에서처럼 보조 동력 기제 정도에 그치지 않고 또 하나의 주동력 기제로 작동한다. 삶에 편재한 은유적 개념 도식이 서사 공정에 채용됨으로써, 삶의 예지를 수용하여 삶을 진전시키는 동력으로 활용하는 성원들의 서사적 활동이 탄력을 받는다. 『혼불』은 상투적 표현과 상념을 뛰어넘은 거창한 사유의 응축태로서 삶의 장에 작용하여 문화의 해석과 적층에 기여하는 은유의 자질을 명증함으로써, 서사언어의 주요 구심에서 채용된 서사적 은유의 역학에 방증을 덧붙일 사례의 양과 질을 풍성하게 한다. 이로써 서사의 문화 가치를 추산하는 데 중요한 단서로 삼은 이 소설의 위상은 더욱 공고해진다.

서사언어의 미감과 문화 가치

'문화'는 삶의 총체적 방식이다.[15] 이는 생활의 장에서 펼쳐지는 삶의 여러 양태를 통어統御하는 방식들을 아우를 때 쓰는 개념으로 전제된다.[16] 그런데 '고급 문화, 문화 생활, 문화 산업' 등에서 쓰이는 '문화'의 개념이 혼선을 부른다. '문화 가치'처럼 더욱 고차원의 뜻을 안고 있는 어휘 조합에서라면 '문화'에 대한 이해의 맥락을 온전히 잡기 곤란한 측면이 있다. '문화'가 인간 삶의 장에서 상대화된 대상으로 분류되어 편향된 시각에 굳어지게 만들 우려가 커지는 것이다. 고급한 문화든 생활을 윤택하고 풍요롭게 하는 문화든 쓸모 있는 삶의 방식을 거래에 부쳐 얻는 문화든, '문화'는 인간이 요구하는 삶의 조건과 그가 처한 환경에 대응하여 조율한 삶의 방식이 수렴되는 토대이자 새로운 변화가 예비되는 구심이다.

문화는 인간 삶의 과정과 조응하여 드러나는 현상이지 고정된 실체가 아니다. 따라서 문화적 수행을 순조롭게 하고 그 결실의 적층을 가능하게 한 동력과 성원들의 요구에 부응한 문화적 가치의 국면을 해석하는 데 '문화' 입론이 파생되고 환류되는 구심점이 있다. 문화는 단지 인간이 요구하는 일부 영역에 국한되는 대상이 아니라, 인간이 사회적 관계망 속에서 더 나은 삶을 요구하여 지혜와 정보를 나누어 축적하려는 모색과 실천의 결실이다. 삶의 과정에서 격리된 영역에 있는 대상이 아니라 일상에 작용하는 기제이자 일상의 장에 해당한다. 그 기제가 활발히 작동함으로써 삶의 장이 활성화되어 문화장이 드넓어지는 데에는 구성원 상호 간의 소통 회로가 순조로이 작동하는 것이 관건인데, 인간의 물적·정신적 소산이 축적되어 양질의 문화적 소산으로 이어지기까지 언어 기제가 온전히 구동되어야 한다.

삶의 예지를 모으고 나누며 축적하여 삶의 장에 환류하는 문화 공정의 주요 동력이 이야기라는 점은 주지의 사실이다. 인간사를 이야기로 지어 나누고 맺힌 관계를 이야기로 풀며 삶의 예지를 이야기에 모으는 공정은 인간 삶의 확장을 돕는다. 언어가 문화 축적의 결정적 계기라는 사실을 더해 정리해 보자면, 이야기 곧 서사언어가 문화의 상수로 대입되어 의미의 자장이 커진다는 데 생각이 이른다. 서사와 언어를 조합한 항은 문화 공정의 가장 중요한 계기를 탐색하는 논항으로 상정될 터, 서사는 언어를 통해 산출되고 언어의 쓰임새 내에서 의미를 얻지만, 서사적 수행을 통해 안출된 '서사언어'는 일반 언어의 용례를 확산하고 그 의미망을 확장하여 문화의 장에 환류하는 공정의 구심에 있다. 서사언어의 문화적 자질은 이처럼 선연하다.

그러한 서사언어가 타 문화 영역에서 산출되는 언어적 소산과 변별되는 국면을 살필 여지가 이제 생긴다. 특히 문예 장르 범주로 인입된 서사를 통해 문화 성원들 사이에서 요구되는 특별한 가치에 주목할 필요가 있다. 같은 이야기라도 다 같은 이야기로 받아들이지 않는 서사 수용의 역학을 염두에 두고 보면 과연 아무리 일상적 이야기라도 늘상 벌어지는 일을 반복하거나 별 다를 바 없이 틀에 박힌 이야기에 귀 기울기 쉽지 않다. 정교한 이야기 구성과 함께, 흥미와 감흥을 불러일으키기에 적절한 이야기 방식을 다각적으로 창안하면서 서사에 관여된 문예 장르를 다변화해 온 인류 문화의 도정에서, 문예적 서사의 용도는 무엇보다 미적 가치의 창출에서 정점을 이룬다.

물론 제아무리 '아름다운' 서사언어라도 일반 언어와 마찬가지로 발신과 수신의 양단에 걸친 의사소통 회로에 부쳐질 때 성립되는 구성적 현상이다. 기표와 기의의 조합에서 파생된 언어의 기호적 자질이 의사소통 회로의 의미 작용을 통해서 관철되는 점은 '서사언어'에도 적용된다. 서사언어의 기조인 일상어의 활용은 물론이거니와 은유 언어나 작가 특유의 문체 감각이 배인 언어라도 표현 차원만으로 서사언어 현상이 완결될 수 없으며, 수신 편의 이해와 반응을 통해 의사소통이 일단락되고서야 비로소 서사언어 현상을 일별할 여지가 조성된다. 특히 언어를 통한 미감의 구현에 관해서라면 더욱, 적확한 소통의 담화적 정황에 대한 고려가 요구된다. 그러고서야 언어의 규범과 창의 사이의 변증법적 긴장을 통해 구현되는 서사언어의 문화 가치가 산출되는 공정의 맥을 짚을 방법론적 단서를 찾는 수순에 접어들 수 있는 것이다.

『혼불』은 언어의 미감을 수준 높게 구현한 문체 자질 면에서 고평 받곤 하는데, 그 자질의 거개는 독자의 교감을 부르는 언어의 특별한 운용에서 드러난다. 성원들이 실제 대화의 장에서 서로 생각과 감정과 경험을 이야기하여 나누며 마음을 같이 하는 양, 텍스트로 펼쳐진 서사적 대화의 장에 독자들의 감각과 사유를 이끌어 어우러지게 하듯 하여, 대화적 문화 현상을 서사 텍스트를 통해 구현하고 있다고 해도 좋은 것이다. 다음 대목을 보자.

그네는 이제 아주 안 보이게 된 액막이 연이 어째서인지 자신의 몸만 같아서, 마치 저수지에 몸을 던진 인월 아짐처럼, 밤하늘의 복판 아찔한 수심 속으로 깊이 빠져 잠겨들고 있는 것이 역력히 느껴졌다.

명주실.

이미 그네를 지상으로 잡아당길 명주실은 연 자새에서 다 풀리어 무엇에도 제 가닥을 걸어 볼 길 없이, 머리카락 한 올처럼 시르르 허공에 떠오르며 이윽고 흔적을 감추어 버렸다.

무슨 액을 막으려 어머니와 아버지는 이 달 뜬 밤, 연을 띄우셨을까.

강실이는 한숨을 삼킨다.

한숨도 서걱서걱 얼어 있다.

시리다. (6권, 84~85쪽. 인용자 밑줄)

인물의 심회를 직서하지 않고 비유적 표현을 통해 언어적 감각을 고양한 문맥을 지어 느낌에 밀착하는 담화의 운용에서 서사의 수월성이 감지되는 대목인데, 그 어휘와 문장 수준의 언어 요소가 일상어의 요소와 특별히 변별되는 것이 아니어서 흥미롭다. 일상어와 구분되는 서사언어가 실로 있어서 선택적으로 채용하여 언어의 미감을 자명하게 재구하는 것이 아니라, 일상적으로 쓰이는 언어라도 이를 서사 문맥에 적용함으로써 일상적 담화의 맥락에서 쓰일 때와 변별되는 미적 효과를 산출한 것이다. '아찔한 수심, 한 올처럼 시르르, 한숨도 서걱서걱 얼어' 등과 같은 표현이 범상치 않아 돋보이는 면이 있으나 그 자체만으로 미적 차원의 감각을 전한다고 하기는 어렵다.[17] 아무리 빼어나게 아름다운 표현이라도 문맥에 포괄되어 담화로 구성되고 소통에 부쳐지지 않고서는 의미심장한 미감을 낳을 수 없다. 같은 대상이나 장면이라도 받아들이기 나름으로 미추美醜가 판정되는 만큼, 아름다움은 수용자의 반응에서 판정의 준거가 세워진다는 점을 의식할 일이다. 분명 아름다움은 주어지지 않고 구성되는 가치다.

위 대목에서 '액막이 연'에 제 심회를 투사한 '강실'의 수심은 그 깊이만큼이나 헤아리기 힘든 슬픔과 근심을 낳으며 독자의 연민을 불러 인물에게 감입感入, Einfühlen하기 좋은 담화 정황을 모의한다. 기대일 데 없는 처지 또한 '명주실' 한 가닥에 의지하여 지상과 겨우 닿아 있는 연과도 같다는 심상에 빗대이면서 그러한 정황이 제법 뚜렷해진다.

그리고 그녀가 삼키는 한숨에 서린 한기寒氣로 환기된 가슴 시린 회한이 형언되어 이미지를 구성할 때, 독자는 지시적 언어의 의미에 국한하지 않고 행간行間에 배인 언어 감각에서 파급된 미적 영향하에서 서사적 이해를 도모한다. '시린 한'의 감각을 교감할 때 위 대목의 서사적 소통 회로가 온전히 작동하며, 이로써 일상적 언어의 운용에서와 다른 미감을 교감할 담화의 장이 구성되는 것이다. 이러한 구성의 기제에서 서사언어를 통해 발현되는 미적 차원의 효과를 추론할 논리적 맥락이 생성된다.[18]

물론 그러한 미적 감각을 교감하지 못하거나 수용하지 않는 경우에는 별다른 문체 효과가 날 수 없으며, 서사언어의 미적 차원에 관한 추론의 여지는 봉쇄된다. 또한 그런 담화 양상이 단발에 그친다면 이 소설에서 구성된 문체의 미학에 관한 논의를 이어갈 수 없다. 서사언어의 미적 자질을 논급하는 구심인 문체 효과는, 단편적인 어휘나 수사적 문장 표현에서 드러나는 것이 아니라, 담화 상황에

서 지속되는 언어 운용의 기제를 통해 드러난다는 점에 유의해야 한다.[19]

'교감의 언어'라고 이름 붙임직한 『혼불』 언어의 미학적 자질은 '혼불'에 관여된 은유적 사상寫像을 통해 텍스트의 여러 구심에서 확산적 이미지를 창출한다. '한'의 응축된 표상에 상응하는 '혼불'에 얽힌 민속 관념과 민중 정서가, '푸른 빛' 이미지에 사상된 은유의 맥을 통해 텍스트 전반에 확산되면서 주도적 이미지로서 기능하는 것이다.

> 무겁게 감은 청암부인의 왼쪽 눈귀에 찐득한 눈물이 배어났다. 그것은 맺진 같은 진액津液이었다. 차마 흘러내리지도 못한 채 눈 언저리에 엉기어 있기만 하는 그 눈물은, 무슨 응어리 같기도 하였다.
>
> 그날 밤, 인월댁은 종가의 지붕 위로 훌렁 떠오르는 푸른 불덩어리를 보았다. 안채 쪽에서 솟아오른 그 불덩어리는 보름달만큼 크고 투명하였다. 그러나 달보다 더 투명하고 시리어 섬뜩하도록 푸른 빛이 가슴을 철렁하게 했다.
>
> 청암부인의 혼魂불이었다. (3권, 107쪽, 인용자 밑줄)

이 대목을 해석하기 위해서는 문화적으로 전승된 '삶은 맺힘이다'와 '생명은 불이다' 개념 은유를 먼저 이해할 필요가 있다. 얽히고 설킨 인간사의 갈등을 '맺힌 고'로 환언하는 것과 죽음을 목전에 둔 상황의 회한이 극에 다다를 것이라는 상념을 조합해 보면, '삶은 맺힘이다' 도식이 '맺진 같은 진액'을 거쳐 '응어리'로 전언되는 '찐득한 눈물'에 사상되는 맥락을 가늠하기 어렵지 않다. 그만큼 지독한 강박이었을 삶의 회한 속에서 죽음을 목전에 둔 이의 심회를 교감하기에 충분한 문화적 자장이 형성되었다 해도 좋다.

그 자장 가운데 '혼불' 표상이 의미를 얻는다. 생명의 감각을 '불'의 이미지에 빗대는 경우는 다반사다. '정열, 열정'이 생명력 넘치는 삶의 의지를 표현하는 데 쓰이는가 하면 생명을 다하고 죽음에 이르는 것을 두고 불꽃이 사그라드는 장면에 사상시켜 표현한다. 아예 '생명의 불꽃'이라는 말이 심상한 어조에 실리는 정황도 포착된다. 이처럼 생명이 불에 관여된 심상과 조응된다면 '혼불'에 관한 민속 관념은 '생명은 불이다' 도식을 기조로 창안되어 문화장에 투사된 문화적 은유에 상응한다.

생명의 불이기도 하고 죽음의 불이기도 한 '혼불'의 형용을 투영한 '푸른 불'은 이중적 표상이다. 생명의 기운이 다한 연후의 '차가운 죽음'의 감각을 전할 수도 있고, 불꽃에서 제일 뜨거운 부분이 '푸른 불'인 만큼 생명이 극에 달한 기운을 담은 '뜨거운 생명'의 감각을 전할 수도 있다. 여하튼 한 맺힌 이의 죽음에 관여된 형상인 만큼 '혼불'을 '시리어 섬뜩하도록 푸른 빛' 이미지에 사상한 은유 도식은 근사하다.[20]

이처럼 '혼불'은 푸른 불빛으로 표상되어 개념이 최적화된다. '혼불'에 연관된 푸른 빛 이미지가 텍스트 전역에 편재한 만큼, '혼불'은 단편의 민속 관념에 머무르지 않고 『혼불』의 서사적 소통을 활성화하는 구심적 모티프로서 기능할 수 있는 것이다. 혼불은 생전에 응어리진 한을 불태워 피어오르는 불덩어리라서인지 푸른 빛을 띠어 보는 이로 하여금 가슴 시린 처연한 감각을 느끼게 하는 이미지로 고지된다. 이런 혼불의 푸른 빛 이미지가 소설 전반에 편재하는데, 그 빛은 보통 푸른 빛으로가 아니라 '파리한 빛, 회푸른 색, 검푸름, 시린

색' 등과 같이 표현되어 감관을 자극한다. 하얀 빛깔이 극한에 달하여 파리한 빛을 띤다는 심상에서 파생된 듯, 푸른 빛은 '속이 시린 남색', 그도 '육칠월의 도톰한 쪽잎을 따서 돌로 갈아 얼음을 넣고 색을 빚어' 낸 색채에 대응되면서 시각과 촉각이 한데 어우러진 공감각 이미지로서 감관에 박진한다. 이러한 이미지와 여타의 감각어들이 어우러진 가운데, 단발적인 수사적 표현 기교만으로 성취할 수 없는 서사언어의 미감이 서사 전역으로 확산되어 교감이 활성화될 수 있는 여지가 조성된다. 관념이 은유적 사상을 통해 구체적 형상들에 조응되면서 서사언어의 미적 가치를 추인할 만한 여지가 넓어진다고도 할 수 있다.

아름다움이란 실체로서 주어진 것이 아니다. 또한 언어는 의사소통의 회로를 통해 구성되며 서사언어라도 일상어와 변별된 자명한 실체적 자질을 안고 있는 것이 아니므로, 서사언어의 아름다움이 실재한다고 할 수 없다. 서사언어의 미적 가치는 단지 어휘나 문장 층위의 미적 표지를 통해 구현되는 것이 아니라, 언어의 운용이 서사적 공정에 부쳐져 미적 감각과 관념을 자아내는 구성적 현상 가운데 드러난다. 언어 수행을 통해 서사언어의 미적 자질의 관건이 구성되는 만큼, 서사언어의 미적 가치를 드러내는 주요 구심인 문체 효과에 대해서는 서사적 소통에 관여된 수행의 공정을 단서로 최적화된 이해의 지평이 구성된다.[21] 서사언어는 일상어와 다른 용례로 쓰이는 일탈적 양태로 단순화될 수 없으며, 서사 공정을 통해 발휘되는 담화 전략과 소통의 역동적 국면에서 다채롭게 구현되는 언어적 이형태異形態로 이해되어야 하는 것이다. 특히 문체 효과가 최적화되어 독자의 반응을 활성화할 수 있는 교감sympathy의 언어를 구현할 때 서사언어의 미적 가치는 고양되며, 서사적 수행이 문화적 수행의 일환이라는 생각에 방증을 더할 수 있게 된다.

한편, 서사언어의 문화적 가치는, 단순히 옛것을 취하거나 민속이나 전통 문화를 재구하여 소재로 취해 이야깃거리로 삼는 임가공에서 벗어난, 확산적 언어 수행의 질료로서 기능할 때 산출된다. 사상과 철리에 관한 담론 차원이나, 풍속의 기술을 넘어선 문화 서사의 차원으로 나아가 세계에 대한 이해의 구심을 재구성하는 『혼불』 언어 미학의 또 한 국면이 주목을 끄는 것은 이와 연관된다.

'사천왕 상'을 두고 사유의 진폭을 크게 하는 이야기 대목은 그 대표적 사례이다. "사천왕은 부처님의 법을 수호하는 천신天神"(9권, 65쪽)이라는 종교적 개념 도식은 가상의 존재인 사천왕을 신격에 대응시켜 새로운 존재의 의미로 환산하는 은유를 통해 의미 지평에 부상한다. 그 지평은 우주적 철리를 돌이켜 삶을 성찰하고 실존적 한계를 넘어선 세계에 존재를 기획하도록 돕는 종교 문화의 영역에 닿는다. '자동화된' 일상 세계를 들춰서 새로운 개념 도식에 비추어 새로운 개념적 사상寫像을 결구함으로써 사유의 지평을 넓히고 삶의 영역을 확장할 수 있는 여지를 키울 수 있는 것이다.[22] 이러한 여지는 자동화된 일상을 '낯설게' 재구성함으로써 미적 가치를 창출한다는 미학의 원리와 교점을 이룰 맥락을 조성한다.

그 정점은 사천왕 상의 위치를 두고 펼쳐지는 '방위'에 관한 전향적 사유의 담론이다.

> "아, 그런데, 스님. 각 존위의 방위 서신 위치가 동·서·남·북이 아니고, 동·남·서·북으로 되어 있습니까?"

"예. 이 세상의 방위를 둥그렇게 본 것입니다. 동·서·남·북이 방위를 서로 반대 개념, 즉 대칭으로 짚은 것이라면 동·남·서·북은 원으로 짚은 것이지요. 그러니까 동·서·남·북으로 방위를 보면 해가 뜬다, 해가 진다, 춥다, 덥다, 밝다, 어둡다, 이런 식으로 분류하고 나누게 되지 않겠습니까? 그러나 동·남·서·북 방위는 해뜨는 동쪽에서 출발하여 해가 점점 길고 밝아지는 남쪽으로 이동하고, 다음은 해가 지는 서쪽으로 갑니다. 그러고 나면 밤이 오지요. 북방입니다. 그리고 북방은 동방과 나란히 있지요. 어둠이 고요히 우주와 만물을 품어 주면 이윽고 해뜨는 아침이 옵니다. 그래서 동·남·서·북으로 이동하는 것은 우주의 자연이 주는 생체 방위의 평화와 순리가 있지요. 우리의 몸에 맞는 방위 감각이라는 것입니다. 이 방위에는, 모든 것이 옆에 있고 동등하며 끝없이 순환하는 평화가 있습니다."

"그렇군요……. 몰랐습니다."

방위를 짚는 데도 우주를 짚는 손. (9권, 70~71쪽)

세계를 '방위'로 분절하여 표지를 붙여 이해하는 식은 은유적 방편이어서 자명한 편이 아니다. 하물며 동과 서, 남과 북의 대칭점으로 방위 관계를 환산하는 것이 자명할 수는 없다. 그런데 우리는 어느덧 '동서남북'이라는 대칭 개념에 익숙해져 있어 이 개념을 돌이켜 보는 것 자체를 도리어 심상치 않게 여기기 십상이다. 그런데 위 대목에서는 그 자동화된 방위 개념을 문제 삼는다. 대칭적 방위 개념 대신 '원으로 짚은' 방위라는 낯선 개념 도식을 제기한 것이다. 세계를 분석적인 개념 도식에 맞춰 대립적인 구도로 보는 태도를 문제 삼으며 유기체적 순리에 조응한 개념 도식으로 세계를 볼 것을 제안하여 낯선 세계관을 부각하고 있는 것이다. 그 세계관의 구심에 '몸은 우주다' 은유가 개재해 있어, '우주의 자연이 주는 생체 방위의 평화와 순리'에 대한 사유를 통해 '방위는 몸이다' 도식이 하위의 은유를 구성하면서 새로운 사유의 정향을 세워 새로운 세계관의 확산을 꾀하고 있다.[23] 거창한 세계관과 철리를 표상한 사유의 국면이 서사 공정에 회부되어 문화적 차원의 진전된 가치를 산출하며, 그만큼 현상의 이면을 돌이킴으로써 세계 이해의 지평을 확장하는 서사적 미학의 단면을 예시한다고 해도 좋을 것이다.

아름다움의 실체가 있어서 미적인 제재를 가공하여 작품의 미적 가치가 자명하게 재구되지는 않으며, 서사언어가 실로 있어 소설 '작품'에 채용되는 것은 아니다. 서사언어의 아름다움을 구현하기에 적절한 표현 기교나 문체 구조가 정해져 있어서 그 틀에 맞추어 지을 때 소설 작품의 미적 가치가 결정되는 것도 아니다. 서사의 미적 효과는 어휘나 문장 차원의 빼어난 표현만으로 달성되지 않으며, 담화의 이해와 반응 양상에 따른 서사 공정의 단말에서 수용자의 승인을 통해 미적 감각과 자질이 구성된다.[24]

서사, 서사언어, 서사 문체, 서사적 은유, 미적 감각, 미적 자질 등, 서사언어의 미학에 관여된 개념항들이 실체로서 자명하게 주어지는 것이 아니라 소통의 역동적 과정에서 산출되고 최적화된 의미망이 구성된다는 점을 재삼 유념해야 한다.[25] 서사언어는 서사적 수행을 통해 진전되는 문화적 과정에 부쳐질 때 미적 가치를 창출할 수 있는 동력원이 되며, 그러한 서사언어의 창의적 운용의 바탕에서 서사의 문화 가치가 고양될 수 있는 것이다. 서사는 문화적 공정을 통해 가치가 드러나고 그 가치가 문화적 소통과 적층에 환류될 때 위상이 세워지는 해석학적 순환 구도에 든 문화 현상이다.

단순히 문화적 산물을 소재로 삼아 이야깃거리를 구성하거나 문화적 배경을 이야기 구성의 배경으로 삼는 식으로 서사의 문화적 가치가 달성되는 것은 아니다. 소설이 실제 문화 현장에서 두 층위 이상 동떨어진 기술記述 서사이지만, 서사적 수행이 곧 문화적 수행의 중요한 계기라는 점을 의식한다면, 문화장에 작용한 담론의 효력을 전하여 수용자들의 교감을 활성화하는 서사언어의 가치를 높이 환산할 여지가 생긴다.

『혼불』 같은 사례에서, 문화적 유산은 물론 문화 현장에서 취재한 이야깃거리를 풍성하게 게재하여 그 자체로서 문화적 적층에 기여하는 문화적 소산이 될 수 있는 텍스트의 자격을 확인할 수 있다. 『혼불』은 소설이지만, 잊혀져 가는 풍속이나 민속 또는 전통 문화에 대한 문화지 역할을 함으로써 문화의 가치를 고양하는 역할을 충실히 한다고 할 수 있는 것이다. 문화 현장에 대한 해석을 통해 재구성한 이야기를 제시함으로써, 단순히 문화 유산의 보존이나 전통 문화의 복원이라는 미명에 호도되지 않는다. 새로 창의한 서사 문맥을 통해 그 문화장에서 펼쳐질 법한 삶의 면면과 문화적 수행의 양태들을 구현함으로써 문화장의 역동적 감각을 재구한 서사적 결정結晶이 마땅한 찬사를 자아낸다.

언어 면에서도 『혼불』은 잊혀진 고유어나 보편적으로 쓰이지 않는 각 지역의 방언을 채록하고 적절한 문맥에 배열하여 활용함으로써 그 보존에 기여하는 바 크다. 고유어만 아니라, 한국어의 상당 부분을 점유한 한자어의 빼어난 의미 맥락을 지어 문장에 반영하는가 하면, 뜻을 다 표현할 수 없을 때에는 새로운 한자어를 조어하여 제시함으로써, 한국어의 총체적 면모를 서사에 반영하여 보이기도 한다. 무엇보다, 문화 현장의 감각과 성원들의 의식을 밀도 있게 투영한 언어의 집하를 통해 서사언어의 문화적 가치를 명증하는 서사 텍스트의 자질을 제안하는 한편, 그 자체가 문화 서사로서의 위상을 공고히 하였다고 할 수 있다. 일상어와 은유의 경계를 해체하여 서사언어의 국면을 문화적 차원의 언어 수행으로 환류하는 서사의 문화가치가 한층 진전된 지평이 이로써 개시된다.[26]

■ 장일구

1 David Herman, *Storytelling and the Science of Mind*, The MIT Press, 2013, pp. 295~296 참조.

2 M. M. Bakhtin, Michael Holquist (ed.), Caryl Emerson & Michael Holquist (trans.), *The Dialogic Imagination*, Texas UP., 1981, pp. 331~332 / M. M. Bakhtin, 'The Problem of Speech Genres', Caryl Emerson & Michael Holquist (ed.), Vern W. McGee (trans.), *Speech Genres & Other Late Essays*, Texas UP., 1986, p. 99~100 참조.

3 Yi-Fu Tuan, *Space and Place*, University of Minnesota Press, 1977, p. 54 참조.

4 최명희, 『혼불』, 한길사, 1996. 이하 인용문 뒤에 '권수, 쪽수'만 밝힘.

5 장일구, 「호남 방언과 서사 문체」, 『한국문학이론과 비평』 28집, 한국문학이론과비평학회, 2005, 119~120쪽 참조.

6 위의 글, 120쪽 참조.

7 위의 글, 118~119쪽 참조.

8 위의 글, 120쪽 참조.

9 Stanley Fish, *Is There a Text in this Class*, Harbard UP., 1980, p. 106, pp. 108~109 참조.

10 레이코프 일가에서 은유가 삶의 방편으로서*(metaphors we live by)* 담론의 장에 편재해 있다는 입론이 그것이다.

11 레이코프 일가의 논의와 함께 리쾨르가 해석학적 방법론을 바탕으로 은유 해석의 방법적 개념을 제시한 결과 등이 이에 해당한다.

12 Gilles Fauconnier & Mark Turner, *The Way We Think*, Basic Books, 2002, p. 29 참조.

13 장일구, 「은유의 문화적 구성 역학」, 『시학과언어학』 15호, 시학과언어학회, 2008, 149~151쪽 참조.

14 위의 글, 152~153쪽 참조.

15 Scott Wilson, *Cultural Materialism*, Blackwell, 1995, p. 24.

16 Roger M. Keesing, *Cultural Anthropology; A Contemporary Perspective*, Holt, 1981,

pp. 67~70 참조. David E. Hunter & Phillip Whitten (ed.), *Encyclopedia of Anthropology*, Harper & Row, 1976, pp. 102~103 참조.

17 장일구, 「문학 언어의 미감과 문체 영향」, 『현대문학이론연구』 43집, 현대문학이론학회, 2010, 14쪽 참조.

18 위의 글, 14~15쪽 참조.

19 위의 글, 15쪽 참조.

20 장일구(2008), 앞의 글, 161~162쪽 참조.

21 위의 글, 같은 쪽.

22 위의 글, 150쪽 참조.

23 위의 글, 160쪽.

24 장일구(2010), 앞의 글, 22~23쪽 참조.

25 위의 글, 23쪽 참조.

26 서사의 문화 가치에 대한 확산적 인지에 관여된 방법적 개념을 세우고 이를 통해 『혼불』의 문화 가치에 대한 사유의 지평을 넓힐 여지가 열린다. 서사를 통해 확산되는 문화 가치의 위상을 『혼불』의 인지 공정에서 찾는 논의를 추후 펼칠 계획이다.

서사 언어의 겹 풀기

『혼불』은 1981년 동아일보 창간 60주년기념 장편소설 공모에 제1부가 당선되어 세상에 등장하면서 지금까지 다양한 방면에서 연구가 되어왔다. 갑작스런 작가의 타계로 인해 미완성으로 남게 된 『혼불』에 대한 연구 성과들은 단행본, 문학지에 실린 논평들과 학위논문 등으로 속속들이 등장하고 있다.[1] 그동안의 『혼불』 연구 성과들을 살펴보았을 때 기존 혼불의 연구는 크게 언어학적 관점, 서사적 관점, 민속학적 관점, 여성주의적 관점, 생태론적 관점으로 이루어져 왔다.

이 장에서는 『혼불』에 대한 앞선 연구 가운데 언어학적 측면에서 살펴 본 연구들의 다양한 시각을 이해하고, 그 시각 속에 존재하는 쟁점들을 일련의 흐름 속에서 함께 살피고자 한다. 『혼불』 속 언어는 작가의 말처럼 '손가락으로 바위를 뚫어 글씨를 새긴 것처럼' 적어 내려간, 어디까지나 작가가 의도적으로 선택하고 만든 언어가 담겨 있다. 이런 문학작품을 언어학의 연구 대상으로 삼는다는 것은 자칫 작품의 본래 가치를 훼손할 가능성도 존재한다. 그러나 작가는 독자와의 교감을 위해 인물과 상황, 사물에 대한 가장 적합한 언어를 사용한다. 그렇다면 그 역시 하나의 언어 자료이고 그것이 언어 연구의 대상이 되는 것은 오히려 당연한 일이다.

흔히 『혼불』은 전라북도 남원군을 배경으로 하여 남원지역어를 진솔하고 생생하게 반영한 작품이라 알려져 있다. 그러나 남원에서 원뜸을 이루고 있는 매안마을 일원들은 철저하게 남원지역의 말이 아닌 정교하게 정제된 경기지역어를 사용하고 있다.[2] 남원에서 대대로 집성촌을 이루며 사는 매안마을 일원들이 남원지역어를 사용하지 않는다는 것은 그 속에 무엇인가 작가의 의도가 담겨있음을 알 수 있다. 그 지역의 화자가 그 지역의 언어를 사용하지 않는다는 것은 지극히 의도적이고, 자연스럽지 않은 것임을 우리는 알 수 있다. 화자는 어떤 언어공동체의 화자와 동일성을 얻기 위해 또는 어떤 언어공동체의 화자와 구별하기 위해 언어 특성들을 사용한다. 앞으로 살펴볼 기존의 다수 연구들은 이를 상층어와 하층어로 구분하여 이분법적으로 접근하고 있다. 『혼불』 속에서 기품 있는 한자어로, 일상적인 지역어로 나타나는 다양한 모국어의 모습은 단순히 토속적이고 생생한 당시의 모습을 재현한다기보다는 그것에 더하여 어떠한 의미를 창출해 내기 위한 장치로 보인다.

사실 『혼불』을 언어학적 관점에서 다룬 연구의 다수는 2004년에 출판된 『혼불의 언어세계』에 집약되어 있다. 하지만 그로부터 10년이 지난 지금, 꾸준히 학위논문이나 학술지논문에서 다루어지는 『혼불』의 언어학적 관점[3]을 정리한 연구서는 아직 존재하지 않는다. 이에 필자는 『혼불의 언어세계』 속에 담긴 논의들은 물론, 그 후 10년 동안 『혼불』을 언어학적으로 접근한 연구들을 정리하고, 중요한 부분은 발췌하여 함께 살피면서 그 의의와 남겨진 과제를 함께 생각해보고자 한다.

우리가 『혼불』의 언어를 다룬 논의들을 종합적으로 살펴보는 것은 단순히 그것을 정리하기 위함이 아니다. 기존의 논의들이 『혼불』 속 언어를 설명하는 것이 타당한 것인지를 살펴보고, 기존의 방식으로 설명하는 것이 적절하지 않다면 이를 설명할 수 있는 다른 방법이 무엇인가를 생각해 보는 것이 이 장의 목적이다. 더불어 2004년 단행본으로 발표 되면서 그동안 널리 인정받아 온 연구 외에, 근 10년간 『혼불』을 언어학적 관점에서 바라본 연구를 정리하고 그 의의를 살펴보는 작업이, 『혼불』의 언어에 관심 있는 연구자들에게 조금이나마 도움이 되기를 바라본다.

첫 번째 언어의 겹: 어휘 측면

여기서는 혼불의 어휘를 다룬 연구들을 살펴보고자 한다. 『혼불』[4]의 어휘적인 측면을 다룬 연구로는 서정섭(1999), 노재환(2000), 고영근(2003), 윤평현(2003), 이태영(2004) 그리고 고은미(2006) 등이 있다.

노재환(2000)[5]은 『혼불』에 반영된 남원지역어적 요소를 음운론적, 문법형태적, 어휘형태적 측면에서 추출하는 광범위한 작업을 하였다. 음운론적 특징으로는 구개음화, 움라우트, 모음상승, 전설모음화, 원순모음화 현상을, 문법형태적 특징으로는 남원지역어에 쓰이는 어미와 조사를, 어휘형태적 특징으로는 작품에 나타난 남원지역어의 어휘를 살폈다. 또한 문장 종결어미가 상대높임법 체계에서 얼마나 자연스럽게 쓰였는지 5개의 서법으로 분류하여 살펴보았다. 이 연구는 특정 지역을 배경으로 하는 문학작품을 대상으로 하여 지역어적 요소를 추출하면서, 단순한 어휘제시가 아닌 문맥상황을 함께 제시하여 설득력을 높였다는 측면에 의의가 있다고 할 수 있다. 하지만 연구자도 인정하다시피 연구범위가 너무 넓다보니 현상만 제시할 뿐 자세한 설명이 뒷받침 되지 못하고 있는 점이 한계라고 할 수 있다.

이에 비해 서정섭(1999, 2004)[6]은 『혼불』의 어휘에 치밀하고 철저하게 고증하여 서술하려는 작자정신이 담겨 있다고 보고, 『혼불』에서 사용빈도수가 높은 어휘를 추출하여 그 특성을 파악하였다. 그리고 이들 어휘가 작품 내에서 문학적으로 어떤 의미와 의의를 갖는지 밝혔다. 그에 의하면 『혼불』에는 '-이란 -이다.'라는 문장 형식이 많이 나타난다. 특히 '알다' 동사가 자주 등장하는데, 작품 속에서 작가가 독자에게든 일상생활에서 누가 누구에게든 새로운 개념이나 사실을 전달하고 알리려는 의도는 철저한 인과성에 근거한 논리적이고 합리적인 설명이 뒷받침될 때 가능하다. 그렇기 때문에 인과로 연결되는 '때문, 탓, 까닭'이라는 명사가 많이 쓰이며 '-아/어서, -ㄴ지라, -이라'라는 접속어미가 쓰인다고 보았다. 그런데 이러한 철저함과는 상반된 '이상하게, 이상한, 웬일인지' 등의 어휘도 보인다. 작품에서 이런 어휘들은 사건과 사실의 과정을 명확히 밝히기보다는 불가지론이라 할 수 있는 대자연, 우주의 힘에 의한 인과관계의 설정으로 사건을 서술한다. 그러면서 이들은 다음의 일을 예견하고 예시하는 암시적 역할을 하는 것이다. 여기서는 논외이지만 이러한 이유에서인지 『혼불』을 대자연적인 측면, 즉 생태주의적인 측면에서 분석을 시도하는 연구도 심심치 않게 등장하는 것을 우리는 확인할 수 있다.

고영근(2003)[7]은 『혼불』에 나타나는 어휘를 '어휘적 제문제'라는 소제목으로 주로 지역어, 의도적인 조어, 의미나 용법의 확대로 나누어 살펴보았다. 기존의 사전[8]에 존재하지 않는 단어들을 의도적인 조어로 처리하고 명사, 동사(형용사), 부사 각 품사별로 가나다 순으로 배열을 하여 제시하고 있다. 그 예로 '봄나이, 색색깔, 판관놀이, 개갱갱갱거리다, 닝닝거리다, 아까만하다, 둑근둑근, 각동삼동으로' 등을 제시한다.[9]

이태영(2004)[10]도 『혼불』의 언어적 특성 중 하나로 독창적인 어휘 사용을 든다. 작품에는 사전에 없는 '꽃심[11], 꽃빛, 꽃각시' 등 '꽃○' 계열 어휘들이 아주 다양하게 사용되고 있다. 작가의 인위적인 어휘 사용은 모국어의 규칙을 어기는 것으로 보면 문제가 될 수 있으나, 오히려 작가는 우리의 어휘를 새롭게 조어하여 더욱 아름다운 우리말을 만들어 쓰고 있다. 이태영(2004)은 이러한 면이 우리말에 유익한 신조어를 보태는 결과를 낳아서 매우 바람직한 일이라고 하였고, 고영근(2003)도 같은 시각으로 최명희의 모어에 대한 사랑과 애착에 견줄 만한 작가가 없다고 극찬하였다. 북한의 3대 명편이라고 하는 『피바다』, 『한 자위단원의 운명』, 『꽃 파는 처녀』와 박경리의 『토지』를 비교대상으로 삼아, 이 작품들에서 지역어가 충실하게 구사되어 있지만, 『혼불』에서처럼 작가 스스로 어휘를 만들어 가며 상황성을 충족시키는 모습을 찾을 수가 없다고 하였다. 작가는 "언어는 민족의 지문이다"라는 거대한 명제를 짊어지고 창작에 임한 것이다.[12] 또한 작가는 의성어 및 의태어인 동사와 부사를 사용하여 소리와 관련된 이미지를 고양시키려고 노력한다. 표준어로 존재하는 의성어와 의태어는 물론, 위에서 고영근(2003)이 작가에 의해 새로운 의미가 첨가되거나 의미가 확대된 어휘로 본 '개갱갱갱거리다, 닝닝거리다' 같은 의도적으로 만든 것으로 보이는 의성어와 의태어도 수없이 사용되고 있다.

고은미(2006)[13]는 고영근(2003)이 어휘적 제문제에서 작가의 의도적인 조어로 다룬 몇 가지가 잘못되었음을 지적한다. '색색깔', '판관놀이', '나잘반', '바트다', '버팅기다', '아까만하다' 등은 전라도 지역의 화자들이 일상적으로 사용하는 말들이라는 것이다. 고은미(2006)는 그 지역에 사는 사람은 여러 색이 혼합되어 화려한 모양을 이를 때 빈번하게 '색색깔'이란 어휘를 사용한다고 반박한다. 고은미(2006)에 따르면 '나잘반'도 '한나절'이란 의미로 "나잘반이나 되도록 안 오고 뭐 해"라는 문장으로 자주 쓰인다. 전라도 지역어를 잘 모르고, 전라도에서 살아 본 적이 없는 연구자가 사전에 등재되어 있지 않은 어휘를 의도적인 조어로 분류하는 것은 어쩌면 당연한 일인지도 모른다. 이러한 문제를 통해 앞으로 『혼불』의 언어 연구에 있어서 그 지역 연구자의 역할이 중요함을 알 수 있다. 사실 작품의 제목인 '혼불'이란 단어도 『혼불』이 나올 때까지 국어사전에 등록되어 있지 않은 어휘였다. 혼불은 전라도에서 흔히 쓰이는 말로 사람 몸 안에 살아있는 불덩어리를 뜻한다. 땅을 빼앗기고 이름을 빼앗긴 일제 암흑기를 '혼불'이라 이름붙일 수 있었던 것은 고은미(2006)의 말처럼 작가가 '혼불'의 의미와 그것의 상징성을 읽어낼 수 있는 지역에서 성장하고 자란 화자였기에 가능한 일이었다.

윤평현(2003)[14]은 『혼불』에서 사용된 상징어만을 중심으로 하여 상징어의 통사적·의미적 특성을 살펴보고, 『혼불』에서의 상징어 사용 양상을 고찰하였다. 이 연구에서는 『혼불』을 통해 상징어의 통사적 특성인 '직접 인용의 기능', '명사를 수식하는 관형어의 기능', '독립어와 같이 문장의 앞에 나오는 경우', '상징어 다음에 서술어가 등장하지 않는 경우' 등을 확인하였고, 특히 『혼불』에서 상징어 하나만으로 문장을 이루고 있는 일어문이 아주 많다는 점에 주목하고 있다. 윤평현(2004)은 작가가 『혼불』에서 현장감을 최대한 살리기 위해 대상의 소리나 모양에 가장 가까운 상징어를 찾는 일에 크게 노력하였고, 문자 표현의 시각성을 고려하여 띄어쓰기나 문장부호까지도 유의하고 있는 것을 긍정적으로 평가하였다. 또한 작품 전체 속에서 1회만 사용한 상징어가 총 1,234 단어 가운데서 1/3이 넘는 462단어나 되는데, 이것은 작가가 같은 상징어의 반복 표현을 극도로 자제했음을 의미한다고 하였다. 이 논의에서도 『혼불』에 새로운 형태의 상징어가 아주 많이 등장하는 것을 확인하였는데, 아무래도 단어의 형태를 바꾸거나 새로운 형태의 단어를 만드는 일이 다른 일반어에 비해서 상징어가 다소 용이한 데가 있기 때문이지 않을까 추측하였다. 이러한 신조어는 '기존의 형태에서 자음이나 모음 또는 음절을 바꾼 것', '철자법을 적당히 파괴하여 시각적 인상을 살린 것', '아예 새로운 형태에 새로운 의미를 부여한 것' 등 다양한 형태들이 있다고 하였다.

두 번째 언어의 겹: 서술 측면

강미숙(2005)[15]은 『혼불』 서술에서 '여성적 글쓰기'의 특성을 찾는데, 그 중에서도 혼불의 구술적 특성에 주목한다. 구술적인 언어는 직접 청자에게 말을 걸면서 응답을 적극적으로 유도하며, 글을 쓰면서도 말을 하고 싶어 하는 여성들의 특성을 반영한다. 남성 중심적 '쓰기' 언어에서 도외시되었던 '말하기' 언어에 대한 강조로 여성 작가에 의해 이 구술의 언어가 채택되었다고 본다. 강미숙(2005)은 『혼불』이 구술의 사용으로 마당극이 관객과 호흡을 맞추듯이 독자의 응답을 적극적으로 유도하고, 남원지역어의 생생한 복원으로 인물과 상황 그리고 사물에 대한 가장 적합한 언어를 사용하고 있다고 본다.

> "밀지 말어, 자빠지겄네잉."
>
> "시잇. 참말로 시끄러 죽겄네에. 쥐딩이 조께 오므리고 있드라고." (1권, 25쪽)
>
> "알겄다 알겄어. 시암 나면 너도 숨어 댕기그라. 누가 못허게 허겄냐아. 족보 있는 양반댁으 처자도 지 오래비허고 상피붙는 시상에, 이께잇 노무 상년으 신세에 머어이 무서서 절개를 지킨다냐." (2권, 272쪽)

이처럼 『혼불』은 거멍굴 사람들이 사용하는 욕설이나 비어도 여과 없이 보여줌으로써 평민과 천민의 삶의 애환을 사실적으로 드러내는데, 강미숙(2005)은 이런 욕설이나 비어를 단순한 현장성이나 상황성을 드러내기 위한 표현이 아니라 광언의 한 형태로 보았다. 가부장적 사회에서의 여성이 자신만의 고유한 표현 수단이 없어 억눌린 분노와 고통을 광기로 표현할 수밖에 없었기에 생겨난 것으로 보는 것이다. 이러한 구술과 광기의 언어는 질서 정연하고 논리적인 남성의 언어에 비해 하찮고 수준 낮은 언어로 간주되어 왔다. 하지만 이것은 남성의 언어로 표현할 수 없는 경험을 여성이 표현하기에 나타나는 것이고, 억눌렸던 여성의 언어가 쏟아지면서 수다의 한 형태로 분출되는 것이다.

또한 거멍굴 사람들의 말에는 장음화 현상이 그대로 글 속에 살아있다. 장음화는 문두에 주로 나타나는 감탄사나 문말의 종결어미들에서 많이 보이고 있다. '하이고오, 하앗따아, 아이고오오, 하이고요' 등처럼 문장의 첫머리와 '좋겄다아, 됭게비네잉, 싶으고오, 말어야여, 물어 바아, 그리여어?' 등 문말의 종결어미를 장음화함으로써 화자의 감정 상태를 더 실감나게 표현하고 있는 것이다. 이러한 『혼불』의 구성진 말솜씨는 양반의 언어보다는 평민과 천민에게서 찾아볼 수 있다. 『혼불』에는 '댁으, 숭년으, 옆으, 남원으' 대사들처럼 전라도 지역어 특유의 어감마저 놓치지 않으려고 '-의'를 '-으'라고 표현하고 있다. 강미숙(2005)은 이것을 구술언어가 갖는 현장성, 직접성, 체험성이며 이와 같은 언어를 통해 독자는 서술자 또는 인물과 교감하는 데 기여한다고 보고 있다.

김용재(2014)[16]는 한국의 전통적 이야기 서술방식이 현대소설에서 어떻게 변용·창조되어 재현되고 있는지를 『혼불』에서 살핀다. 『혼불』의 서술 방식이나 담론 구성 방식을 살필 때 전통적인 이야기 방식, 즉 가장 한국적인 전통 소재에 구술 서사의 특성을 살려 한국적인 창작법이 개입되어 있는 점에 주목할 필요가 있다. 강미숙(2005)이 언급한 것처럼, 김용재(2014)도 『혼불』에서 서술자가 이야기판을 스스로 구성하면서 마치 판소리 창자가 독자에게 직접 말을 건네는 방식으로 소통의 직접성을 구현하여 생동감 있는 이야기 세계에 몰입하도록 유도하는 장치를 활용하고 있다고 보았다. 그 양상은 조금씩 차이는 있지만, 김용재(2014)에 의하면 대체적으로 세 가지 양상으로 드러난다. 아래는 그가 제시한 예문과 그에 대한 설명이다. 함께 살펴보도록 하자.

> 밤낮없이 흙밭에서 뒹굴고, 험한 잡일에 식구의 연명을 걸고 있자니, 손톱 발톱을 깎지 않아도 자랄 틈이 없는데, 의복인들 제때에 빨아 입고 지어 입을 수 있으며 간수할 수 있었을까. 그저 몸에 꿰고 나가면 석 달 열흘이 지나도 철이 바뀌기 전에는 누더기가 다 되도록 갈아입지 못하는 것이 보통이었을 것이다.
>
> 거기다가, 어떻게 흰 무명옷으로 떨쳐입을 수 있으리요.
>
> 거멍물 들인 다섯새 무명 치마폭을, 그나마도 '거들치마'라 하여 몽당 치맛자락을 무릎까지 바짝 치켜 올려 입어야 했으니, 때묻은 고쟁이 속옷이 덜름 바깥으로 드러나 보이기 예사였다. (1권, 101~102쪽. 인용자 밑줄)

반촌의 그늘에서 살아 온 옹구네, 평순네 등의 거멍굴 사람들의 형편을 서술하고 있는 부분에는 가난과 힘든 노동, 구차한 의복으로 살아가는 상민들의 모습이 마치 민요의 타령조를 현대문으로 번역한 것 같은 묘사로 서술세계가 형성되어 있다.

> 돌아누워 뒤척이던 사람들은 아예 일어나 앉고, 하릴없이 마음을 조이며 등잔불 아래 앉아 있던 사람은 방문을 비긋이 열고 바깥을 내다본다. 풍지가 더르르 우는데, 바깥은 오직 캄캄할 뿐이다. 일년 중에 밤이 제일 길다는 동지를 바로 앞둔 하늘에는 숨은 달빛조차 비치지 않는다. 어둠과 합세한 두터운 구름이 금방 내려앉을 것처럼 무겁게 웅크리며 하늘 한 자락을 물고 있다. (3권, 114쪽. 인용자 밑줄)

위 예문은 청암부인의 죽음을 예고하는 서술로 거멍굴 사람들의 어두운 분위기를 묘사하고 있는 부분이다. 인물의 행동, 문풍지의 떨림, 어두운 구름이 깔리는 풍광 묘사가 청암부인의 혼백이 떠도는 것처럼 분위기를 고조시키고 있다. '비긋이 열고', '더르르 우는데', '무겁게 웅크리며'에서 확인할 수 있듯이 의성어, 의태어 등을 활용하여 산문에 리듬감을 부여하면서 서사 상황을 집중화하는 경향을 보이고 있다. 이는 판소리 사설 문체로 분위기를 묘사하는 방식이기도 하다.

작품의 서술 외에도 김용재(2014)는 인물의 대화 장면에서 판소리 사설 형식을 현대적으로 변용하여 인물 성격과 사건을 형상화하는 방식을 찾는데, 다음 대화들을 살펴보면 실제적인 인물의 대화를 사실적으로 재생했다기보다 작가적 서술이 의도적으로 개입된 대화 형태를 보이고 있다.

> "제엔장헐 놈의 시상, 다 똑같은 사람으로 났는디, 쌔 빠지게 일하는 놈은 죽어라 일만 허고, 할랑할랑 부채 들고 대청마루에 책상다리 앉었는 양반은 가만히 앉은 자리에서 눈만 몇 번 깜짝이면 몇 천 석이니 먼 놈의 시상이 이렁가아. 생각을 숫제 안해 부러야제, 생각만 조께 허면 기양 속이 뒤집어징게……." (1권, 112쪽)

> "그런 소리 말어. 썩어 죽으면 흙 되는 노무 인생. 수절한다고 누가 열녀문을 세워 준다등가? 그것 다 속절없는 짓이라고. 나 같은 상년의 팔짜에 과부된 것만도 원통헌디, 거그다가 소복 단장허고 그림자맹이로 앉어서 지낼 수도 없는 것을, 무신 수로 뻔 냄서 산당가아? 수절 열녀. 그거 다 양반들이 매급시 뻔 내니라고 그러능 거이여." (2권, 26쪽)

> "대장부로 태어나서 일세를 풍미하는 것은 그만두고라도 내가 나이 마흔 여섯이라 오십을 바라보는 이 마당에, 공명功名을 떨친 것도 아니요, 그렇다고 바라지게 가세를 일으킨 것도 아니고, 참 무슨 학문에 몰두하여 대성한 바도 없으니, 유야무야有耶無耶 한평생이 허통

하기 짝 없는 일인데, 무엇으로 이 세상에 왔다 갔다는 점을 찍으리. 그것도 명맥이 끊기다시피 된 종가에 종손으로 들어와서 제 노릇을 제대로 못하고 있는 것을 생각하면, 어찌 나라고 생각이 없고 중정中情이 없겠는가……?" (2권, 76~77쪽)

그에 따르면 위의 대화는 실제적인 대화라기보다는 오히려 춘복의 현실 비판적 태도나 성격을 부각시키는 서술이며, 과부의 삶에 대한 비애보다 옹구네의 의식세계나 종가 여성에게 보이는 비판적 태도가 예고되어 있는 서술이다. 기채의 규범적인 태도나 종손으로서의 책무나 체면을 중시하는 모습을 알 수 있게 해 준다. 또한 인물에 따라 남원지역어나, 경기지역어를 사용함으로써 인물 성격 형성에 기여하고 있다. 즉 『혼불』 속 대화는 구연 방식에 작가의 목소리를 참여시켜 이중효과를 보이고 있는 것이다. 겉으로 보기에는 단순한 대화의 재현이지만, 사실 대화 속에는 인물 형상화나 사건의 전개와 연관을 지어 서술자의 목소리가 내재되어 있다. 장일구(2005)도 『혼불』 속 이러한 서술적 측면을 언급하였는데 본 장의 구성상 다음 장에서 살피도록 하겠다.

또한 『혼불』을 읽다보면 분명히 등장인물간의 대화가 진행되고 있었는데 이 부분이 대화인지 지문인지 분간이 되지 않는 경우가 종종 있다. 어느 순간 등장인물의 말에 따옴표가 나타나지 않는 것이다. 그동안 작가의 작품에 대한 애정이나, 거듭된 편집 수정 작업을 보았을 때 이를 단순한 편집의 착오라고 보기는 힘들다. 이런 현상을 고영근(2003)은 작가가 일부러 지문과 대화를 구별하지 않음으로써 독자로 하여금 등장인물의 말과 작가의 말이 섞여 들어 역동적인 감상의 폭을 넓히려는 하이퍼텍스트적인 책략에서 빚어진 창작수법이라고 평가하였다.

융화되는 언어의 결

『혼불』의 언어학적 연구에서는 매안마을의 일원과 고리배미, 거멍굴 일원이 사용하는 언어의 모습이 다른 것에 주목한 논의가 주를 이루고 있다. 이원적 언어 사용이라는 동일한 현상에 주목한 연구자들의 논의는 다양하게 나타난다. 서정섭(1999)은 『혼불』에서 나타나는 양반어와 평민어의 대립이 신분에 따라 어떤 사실을 기억하는 경우에도 나타남을 확인했다. 양반은 어떤 사실을 제시할 때 거의 정확히 제시하고 있으나, 거멍굴 사람들은 대략적인 수치만을 제시하는 경우가 많다.

> 현유의 위패를 모시고 유림들의 학문을 장려했던 서원들이 거의 모두 강제로 철거될 무렵, <u>고종 8년 삼월 열여드렛날,</u> 이 '매안서원'도 무참히 헐리었는데, 그 훼철령 이후에도 서원에 딸린 사람들은 그냥 매안에 눌러 남아 근근이 살았다. (3권, 151쪽. 인용자 밑줄)

> 공배는 당연한 말이라는 시늉으로 목에 힘을 주며 턱을 안쪽으로 끌어당겼다. 그리고 지금부터 <u>한 백오십 년 전쯤인가,</u> 이 마을 거멍굴에 살다가 어디론가 떠났다는 갖바치, 각신 짓던 영쇠라는 사람 이야기를 들려 주었다. (3권, 134쪽. 인용자 밑줄)

이는 두 계층 간의 삶의 모습을 통해 그 이유를 확인할 수 있을 것이다. 양반은 항상 서책을 가까이 하고 기록을 남기는 행위를 통해 질서를 유지하고 그들의 정신문화를 이어가는 반면, 평민들은 하루하루 먹고 살기 급급한 삶으로 기록보다는 기억에 의존하기 때문에 이러한 차이가 발생한 것이라 생각할 수 있다. 이런 부분까지 고려한 작가는 그야말로 "쓰지 않고 사는 사람은 얼마나 좋을까"란 고통을 느끼며 치밀한 작업을 통해 작품을 완성해 나갔던 것이다.

김정혜(2006)[17]는 작품에서 보이는 계층 언어의 차이가 양반 문화의 높은 격조를 잘 드러내고 있다고 보고, 기존 『혼불』 언어 연구가 주로 지역어를 사용하는 하층인물에 주목하는 것과는 다르게 상층인물의 발화에 주목한다. 특히 종부 3대인 상층 여성의 발화에 주목하는데, 작가가 작품에서 남성인물보다 여성인물을 부각시키고 있으며, 그 중에서도 상층 여성의 삶에 초점을 맞추고 있다고 보았기 때문이다. 그에 따르면 『혼불』은 국권상실이라는 사회역사적 상황을 배경으로 하고 있고, 전환기를 살아가는 상층 여성인물의 삶의 방식은 민촌 여성의 행동 방식과 분명히 다른 점이 있다. 『혼불』에 등장하는 상층 여성인물들은 민촌 여성인물들과는 달리 유교적 가치관을 바탕으로 양반의 기품을 지키려는 자세를 보여준다. 『혼불』에서 양반들이 거주하는 공간은 상민이나 천민이 거주하는 공간과 격이 다르다. 작품 내에서 제시되는 공간은 매안마을과 고리배미, 거멍굴로 나누어진다. 양반촌인 매안마을이 지리적으로 가장 위쪽에 자리 잡고, 고리배미 상민들과 거멍굴의 천민들은 늘 매안을 올려다보며 살고 있다. 이러한 세 부분의 공간 구획은 당시 반상제도를 상징적으로 보여주는 시각적인 구성소로 작용하고 있다고 볼 수 있는데 이러한 반상의 차이는 공간 구획뿐만 아니라 언어 사용과 생활 태도 면에서도 드러난다.

『혼불』의 상층 여성인물들은 격조 있는 언어를 사용함으로써 양반의 품위를 유지하고 있다. 뿐만 아니라 생활 태도에 있어서도 가문과 공동체에 모범이 되는 생활 태도를 보여준다. 김정혜(2006)는 그 예로 결혼을 앞두고 효원의 모친과 율촌댁이 주고받은 사돈서를 제시한다.

> 밧사장께옵서 머무지도 아니시고 손님갓치 훌훌이 떠나시니, 대접도 못해 드려 죄황罪惶하기 그지 업삽내다. 마음에 둔 정담이야 그 칠 길이 업사오나, 분주한 몇 말씀을 점점點點 대강 긋자오니, 능문能文 고견高見 사형씨의 높으신 혜안으로 눌러 묵상하시옵소서. (6권, 15쪽)

> 귀문존가貴門尊家에 진진지의秦晉之誼(혼인한 두 집의 사이좋은 것을 이름)를 맺어 결약한 후 정한 날이 신속하와, 만복 초례를 떠나 보내압고 먼 길에 일기 행여 엇더할가 사념되더니, 당일 날씨 온화 난만 그곳 향운香雲 자옥하여 장래 오복이 창홍할 기氣 가득하니, 상서롭고 다행한 일 심중에 여겨지더이다. (6권, 15쪽)

이처럼 양반 여성이 사용하는 언어는 음성언어나 문자언어 할 것 없이 관혼상제와 관련된 각종 법도와 절차, 전통적인 세시풍속, 의식주 등 양반의 고유한 생활 태도를 잘 드러낸다. 이 언어들은 기층의 언어와는 다른 세련되고 예의를 갖춘 언어이며, 속되지 않고 기품이 있다고 할 수 있다. 이와 같은 양반 여성의 언어는 그들이 지닌 양반 문화의 높은 격조를 잘 드러낸다고 할 수 있다. 이 연구에서는 상층 여성인물에만 주목을 했지만, 『혼불』 속 상층 남성의 언어를 통해서도 유의미한 결과를 이끌어 낼 수 있다고 생각한다. 대화 상대에 따라, 대화 내용에 따라 상층 남성에서도 언어의 사용양상 모습이 달라지기 때문이다.

고은미(2006)는 기존 연구가 『혼불』 속 지역어와 생태적 다양성, 혹은 언어적 다양성을 연관시킨 관점이 결여되어 있어 『혼불』의 생태여성주의적 의미를 규명할 수 없음을 지적한다. 여기서는 『혼불』이 간직한 풍부한 남원지역어를 비롯한 다양한 문화적 요소들을 생태여성주의적 입장에서 분석하고 있다. 서사 공간을 지칭하는 지명과 자연의 순환과 법칙에서 비롯된 여성의 경험적 언어와 과거로부터 이어져 내려온 속담, 지역의 생태환경이 인간과 어우러져 만들어 낸 풍부한 지역어는 지역의 고유성과 독자적 가치를 표현하는 생태적 언어이다. 이 논의에서 우리가 눈여겨보아야 할 것은 인물의 발화에 나타나는 속담까지도 면밀히 살펴보고 있다는 점이다. 속담 활용은 서책을 가까이 하는 양반층에서 더 사용할 법도 하지만, 정작 작품 속에서는 지역어를 사용하는 피지배계층에게서 활발하게 나타난다. 그 중에서도 여성화자인 옹구네가 발화 빈도수도 가장 높은 만큼 가장 높은 속담 활용도를 보여준다.[18] 여기서는 일부분만 제시한다.

> "안해 본 호강, 동티난다, 넘보지 말어. 사램이 호강보담 더 몬야 도리를 찾어야능 거이여, 도리."
>
> "꾀 벗고 장도칼 차네. 동낭치 박적에 수실을 달제. 다 떨어진 상것들이 도리? 하이고오, 도리? 그거 머에다 쓰는 거잉고."
>
> "그러고 막 상게 양반들이 우리 보고 상것, 상것 헌단다."
>
> "병 주고 약 주제. 존 것은 양반들이 다 허고 상것들은 요렇게 살 수 배끼 없게 꽉 쥐여서 맨들아 놓고는, 그랬다고 또 숭을 바? 그러먼 자개들은 왜 숭잽힐 일을 허능고? 대낮에 계집종 찌고 보란 디끼 자빠

져서 홍야 홍야."

"양반 세도에 계집종 조께 봤다고 그거이 머 숭이겠어? 상것도 못되는 종년이 아직 임자할라 없는디."

"신이나 안 뵈이게 허든지. 헤기는 머이 무서서 신을 쉥키겠능가잉."

평순네와 공배네는 한 자락을 덮어 놓고 말하는데 옹구네는 쌍지팡이를 곧추세웠다.

"임자? 임자 있으면 멋 헌다요? 있다고 참간디? 상놈의 여펜네는 제쳐두고 중로라도, 제 서방 버젓이 있는 아낙을 샛거리로 맛 다시는 양반이 어디 하나 둘잉게비? 멩색 없는 목숨들이 오라면 오고 가라면 갔지 어쩔 거이여? 서슬이 호랭이맹이로 시퍼런 양반들한테 앙탈을 해봤자지. 호랭이 개 빰 우시디끼 헐 거인디?"

"한 뱃속으로 난 새끼도 아롱이 다롱이라고, 한 말로 양반, 그러지만, 성정도 행세도 다 각객이라, 이 양반 저 양반이 서로 같든 않제. 다달러."

"다르고말고."

"그래 봤자 오백 자 한 또래여. 거그서 거그. 초록은 동색이란 말도 못 들어 뵈겼소? 아이고."

옹구네는 평순네도 들으라고 공배네 말끝을 잡아 누른다. (4권, 108~109쪽. 인용자 밑줄)

옹구네는 자신의 주장을 관철시키거나 상대방을 설득하기 위해서 뿐만이 아니라 상대에게 친밀감을 표현하고 공감을 형성하기 위해서도 속담을 활용한다. 옹구네를 비롯한 거멍굴 천민들의 속담 애용은 서로 간에 의사소통을 원활하게 하고 언어생활을 윤택하게 하는 데 중요한 역할을 담당하고 있는 것이다. 고은미(2006)는 거멍굴 천민들이 이처럼 조상들의 삶의 지혜가 담긴 속담의 활용뿐만 아니라 남원지역어를 탁월하게 구사함으로써, 남원지역어를 '지금 이 자리에' 되살려 놓고 있다고 본다.

> "지금은 모국어의 해체시대라고 저는 봅니다. 분명히 유전 전승된 우리의 아름다운 모국어가 있음에도 불구하고 외래문화의 침투와 더불어 급격한 해체현상이 나타나고 있는 것 같습니다. 우리가 우리의 정신이 스며있지 않은 말들을 마치 화폐처럼 주고받는다고나 할까요. 언어란 민족의 넋이라는 생각을 저는 갖고 있습니다. 이 넋을 누구에겐가 뺏기고 있는 것 같은 생각이 듭니다. 언어가 자꾸 무감해져 가고 정감을 잊어버리고 컴퓨터처럼 차가운 언어가 돼 가는 것 같아 안타까움이 큽니다. 그래서 저는 우리 겨레의 넋이 인각된 언어의 가락, 결, 순을 찾아보고자 합니다. 작품 후기에도 그렇게 썼지만 "세월이 가고 시대가 바뀌어도 풍화 마모되지 않는 모국어 몇 모금을" 고이게 하고 싶은 게 제 소망입니다. 저의 꿈은 그 모국어의 바다에 있습니다."[19]

이쯤에서 옹구네의 언어 사용에 관심을 보이는 연구를 확인하는 것도 의미가 있다. 이태영(2004)은 『혼불』에 담긴 남원지역어의 특징을 살피면서 '옹구네'의 발화에 관심을 갖는다. 작중 화자들의 성격이나 특성을 드러내기 위해 작가는 경기지역어와 남원지역어를 혼용하고 있는데 남원지역어를 구사하는 인물 중 '옹구네'의 발화에 주목한 것이다. 옹구네는 작품에서 평민들의 대변자로서, 양반들과 외부인들과 접촉하며 이야기를 전개해가는 중개자의 역할로서 여러 계층 사람들과 접촉을 하는 특이한 인물이다. 또한 『혼불』에 나타나는 대화의 전체 횟수가 약 3,500회인데 옹구네의 발화가 530여 차례나 되는 것으로 보아 작가는 옹구네를 소설을 이끌어가는 핵심 등장인물로 설정하여 평민을 대표하는 해설자의 역할을 맡긴 것으로 보인다. 이태영(2004)은 옹구네의 발화를 통해 옹구네를 야심이 있고 도전적이며 어느 누구에게도 말로써 지지 않는 지략가이며, 현실을 부정하면서 비아냥거리는 인물로 파악했다. 작가는 옹구네와 춘복이를 통하여 평민들의 삶과 양반들의 삶을 대비시키면서 민초들의 삶을 새로운 시각에서 부각하려고 한 것이 아닌가 생각된다.

윤영옥(2014)[20]은 『혼불』에 등장하는 옹구네라는 하위계층 여성인물을 조명하고, 그것이 지니는 의미를 살핀다. 여기서도 옹구네가 작품의 인물 중 발화빈도가 주인공을 능가하는 것에 주목한다.[21] 그 사실에서 작품의 주요인물에 대적하는 옹구네의 입지가 매우 견고하다는 것을 알 수 있다. 옹구네의 구술적 언어를 통해 나오는 지식들은 민중들이 공유하고 있는 가치이자 지식이기 때문에, 보편성을 지니고 있으며 설득력이 강하다. 위에서 살펴 본 것처럼 옹구네가 속담을 가장 많이 사용하는 것도 같은 맥락에서 이해할 수 있다. 이러한 특징은 옹구네가 전문적인 지식이나 고급 학력을 지니지 않았음에도 불구하고 거멍굴과 매안마을의 많은 인물들을 선동하고 사건의 주동인물이 될 수 있었던 이유이기도 하다. 즉 학력과 경제력, 신분과 혈연 등 아무 것도 가진 것이 없는 하위주체로서 옹구네가 마을 사람들을 설득하고 움직일 수 있었던 힘의 바탕은 삶의 경험에서 우러나오는 판단과 가치들이다. 이렇게 옹구네의 등장이 작품 전편에 걸쳐 심심치 않게 등장하는 것으로 봐서 작가는 김정혜(2006)의 논의처럼 상층 여성인물에 초점을 맞추기보다는 당대를 계층 나름의 힘으로 버텨나가는 두 계층의 자리를 잘 조율하고 있음을 알 수 있다.

이처럼 등장인물의 언어 표현을 통해 인물의 성격을 파악한 연구로 고은미(2006)[22]도 살펴볼 만하다. 고은미(2006)는 거멍굴의 옹구네와 공배내외, 평순네 그리고 매안마을의 강실이를 다루는데, 여기서는 양반인 강실이의 성격을 파악한 부분만 주목하고자 한다.

강실은 언어 표현이 비교적 자유로운 양반임에도 불구하고 가장 말을 적게 하고 가장 적은 낱말을 사용하면서 가장 짧은 문장을 구사하는 인물이다. 강실은 타인과의 대화를 통해 자신의 의사를 표현하지 않는다. 강실의 발화 가운데 특히 주목할 점은 말줄임표의 사용이 등장인물 가운데 가장 높게 나타나고 있다는 것이다.[23] 말줄임표가 빈번하게 사용되는 강실과 강모의 발화 특성은 이들의 성격을 규정한다. 할 말이 있음에도 불구하고 외부로 표출하지 못하고 내면에서 삭여내는 대화에서 강실과 강모의 애달픈 모습은 말줄임표를 통해 효과적으로 전달된다.

> "……강실아."
>
> 강모는 그렇게 불렀다. 그림자는 순간 멎은 듯이 조용해졌다. …(중략)…
>
> 강모가 그 자리에서 걸음을 멈추어 서 버리자 강실이 쪽에서 주춤주춤 움직였다. 망설이는 기색이 역력하였다.
>
> "혼행길은, 무사하……셨어요?"
>
> 그 더듬거리는 말의 끄트머리 때문에, 강모는 순간 아찔하였다.
>
> 무사하……셨어요?
>
> ……셨어요……?
>
> 마음이 서늘하게 식으며 가라앉는 것이었다.
>
> 그렇게 강실이가 멀게 느껴진 것은 처음이었다. (1권, 76쪽)

위에서 강모는 생각하면 포근하고 그러면서 애달프기만 하던 강실과 자신의 거리가 극대화되는 순간을 맞이한다. 이 순간은 "셨어요?"에서 비롯된다. 존대를 나타내는 선어말 '-시-'의 사용은 화자와 청자간의 거리감을 만들어낸다. 참고로 존대를 통한 이러한 거리감은 옹구네와 춘복 사이에서도 일어난다. 옹구네에게 반말을 사용하던 춘복이 말을 높여 붙이면 옹구네는 그만 돌아가라는 의미로 받아들인다. 존대어는 춘복이 옹구네와의 거리감을 극대화할 때 사용된다. 존대어는 앞서 매안 양반과 거멍굴 천민 사이에서와 마찬가지로 화자와 청자 사이에 위계관계를 설정하기 때문이다.

> 춘복이가 투박한 대로 말을 놓을 때는 마치 자기와 한 살인 듯 여겨지다가도, 이렇게 평상대로 말하면 별안간 허망해지며 내쫓긴 듯한 기분이 되는 것이다. …(중략)…
> 문득 가슴이 선뜩해지기까지 하는 말투였다. …(중략)…
> 그 심정을 말투로 드러내고 마는 것이었다. (3권, 18쪽)

> "인자 오지 마시요."
> 라고 무겁게 잘라서 말한 것이다.
> "나 갈란디."
> 하며, 막 자리에서 일어서려다 말고 느닷없이 그 말을 들은 옹구네는 이게 무슨 소린가. 싶어서 다시 주저앉았다. 가슴이 철렁하였다.
> 그리고 순간 귀에서 쐬아 하는 바람 소리가 싸늘하게 들려 왔다. 그 바람 소리는 귓속을 우웅 채우더니 그대로 쓸려 내려, 놀란 가슴팍에 가 차겁게 얹혔다. 그것은 검은 얼음 덩어리 같았다. (4권, 228~229쪽)

박경화(2009)[24]는 『혼불』의 주요 서사 공간을 매안마을, 고리배미, 거멍굴 세 공간으로 분류하고 이러한 세 부분의 공간 구상은 당시 반상제도를 상징적으로 보여주는 시각적 요소로 적절히 작용하고 있다고 보았다. 이는 전개될 계급 구조적 갈등을 미리 예시하는 역할도 함께 하고 있는 배경적 공간인 것이다. 박경화(2009)는 이러한 서사 공간에 대한 이해를 바탕으로 그에 속한 인물들을 분석한다.

이 작품 속에서 가장 중요하고 좋은 명당 위치에 자리 잡고 있는 매안마을은 양반들의 집성촌이며, 매안 양반들이 자손 대대 살아온 곳으로 소설의 중심을 이루고 있는 핵심 공간이다. 이곳은 명분과 체면을 존중하고 인간의 기본 욕망을 표현하는 행동은 매우 천박하다 규정하는 양반들이 모여 집성촌을 이루며 사는 곳이다.

> 양반이란, 배워서만 되는 것이 아니니다. 양반은 겉보기에는 위용 있고 고결하고 신선같이 때깔 있지마는, 그 속은 민어가시보다 억세고, 섬세하고, 미묘하고, 까다로워 그 노릇을 제대로 하기는 결코 쉽지 않은 것이니라. (7권, 31쪽)

이처럼 인품과 기품을 지니고 살아가기 위해 매안 양반들은 남원의 지역어를 사용하지 않고 경기지역어를 사용하고, 문어체에 가까운 격식 있는 언어를 주로 사용하고 있다. 손아랫사람이나 상민들을 상대로 하기 때문에 기품과 품위를 유지하기 위해 언어로써 신분 사이의 격식을 차려 양반의 위엄을 나타내려 하고 있다.

그러나 박경화(2009)는 그럼에도 불구하고 양반들에게서 나타나는 예외적인 모습을 지적한다. 사촌누이인 강실이와의 근친상간과 오유끼와의 동거 등 현재 자신의 책임감과 위치마저 회피하려는 나약하고 이기적인 자아의 모습을 보이는 강모나, 하룻밤 근친상간 이후 떠나버린 강모를 그리다 상사병을 얻게 된 후 자신을 강간하려는 춘복이를 받아들임으로써 스스로 자신을 포기하고 마는 모습을 보이는 강실이를 보면 매안 반촌 안에 사는 양반들의 삶은 그들이 항상 강조하는 논리와는 거리가 먼 모습으로 보인다. 매안의 양반들은 위엄을 갖추기 위하여 경기지역어를 구사하며, 겹겹이 껴입은 비단옷의 가지 수 만큼 오히려 인간답게 살아가는 삶에서는 점점 더 멀어진 모습이다.

한편 거멍굴은 가장 하층민이 사는 천민촌으로 백정, 무당, 대장장이 등이 사는 곳이다. 박경화(2009)는 거멍굴의 일원에 대한 분류를 시도한다. 공배네와 평순네는 천성이 착한 이들로 양반네의 허드렛일을 도와주며 살아가는 거멍굴 사람들로서 매안 양반네의 음덕과 아량에 대해 늘 감사해야 한다고 생각하며 살아간다. 그러나 고아나 다름없는 춘복이와 자식 딸린 홀어미로 총각인 춘복이를 드러내 놓고 좋아하지 못하는 자신의 신세를 한탄하며, 떳떳하게 춘복이의 마누라가 되어 본처 행세를 하고 싶어 안달하는 옹구네는 매안 이씨 양반네들에 대한 불평과 흠집 내기에 혈안이 되어 있다. 거멍굴에 사는 천민들은, 매안 이씨 양반들의 위엄과 격식을 차린 언어구사와는 달리 정겹고 투박한 남원지역어로 그들의 솔직하고 담백한 일상들을 잘 표현해 보여주고 있다. 작가는 신분제도 속 반상의 구별을 위하여 세세한 부분까지도 주의를 기울여 묘사함으로써 작품을 이끌어 나가고 있다. 다음은 박경화(2009)가 이에 대하여 제시하는 부분이다.

허엉. 열녀? 니가 멋으로 열녀를 했능가늠 모리겄다마는은, 너도

> 참마로 불쌍헌 헛 세상을 살다가 갔다. 인생이 한 번 왔다가 죽고 말먼 그거 뿐인디 어디 눈에 맞는 머심 등짝에라도 엡헤서 밤 도망을 갔다먼 또 말도 않겠다. 속절 없이 죽어간 것을 누구 보라고 헌 짓이냐고오. 너도 매급시 넘으 비우 맞출라고 애간장 녹게 아까운 먹심을 덜컥, 끊었겄지마는, 그것이 무신 지랄이냐. 나는 지발도 먼저 죽은 서방 따러 죽었다고 누가 열녀라고 해 주지 않지마는, 내가 죽도 안헌다. 내가 왜 죽겄냐, 나느은 살란다아. 나는 살란다아. (1권, 281쪽)

동구 앞에 서 있는 열녀비를 보고 늘 심사 뒤틀리던 옹구네가 남편 제사의 음복주에 취해 열녀비를 향해 내 뱉은 소리다. 이처럼 양반들의 명분위주의 삶과 왜곡된 질서의식을 정면에서 호탕하게 지적하고 있는 옹구네와 춘복이로 인해 『혼불』은 한층 더 감칠맛 나고 생동감 있게 묘사되고 있다. 거멍굴은 무산 밑의 '근심바위'가 상징하듯 천민들의 한이 응어리진 공간이다. 이들은 자신이 하는 일에 따라 옹기종기 모여 살면서, 그저 똑같은 사람으로 대접 받고 사는 세상을 꿈꾸며 목숨을 건 모반을 시도하게 된다. 춘복이의 양반과의 '피섞기'와 백단이 부부의 '투장'은 한 맺힌 자신들의 처지를 바꾸기 위한 처절한 몸부림이며, 지금의 삶에 순응하며 사는 소극적이고 비참한 삶이 아니라, 자신의 삶의 모습을 조금이라도 변화해 보려는 열망의 상징으로 하층계급의 민중의식을 잘 표현하고 있다고 볼 수 있다.

고영근(2003)은 『혼불』에서 나타나는 이원적인 방언 체계의 양상에 대해서 교육의 혜택을 받지 않은 상민계급에 대하여는 토속적인 남원지역어를, 양반계급에 대하여는 공통어를 구사하도록 배려한 것은 아직 반상의 계급이 엄존했던 20세기 전반기의 한국 농촌의 사회상의 일면을 적나라하게 드러내었다는 점에서 상황성을 만족시킨

책략이었다고 말한다. 그러면서 개중에 상황성에 어긋나는 부분에 대하여는 옥의 티로 지적하고 있다.

이 부분에 대해서 필자는 "손가락으로 바위를 뚫어 글씨를 새기는 것만 같은" 과정을 겪은 작가의 옥의 티라기보다는 그마저도 작가의 의도일 수 있다고 생각한다. 이는 윤석민(2006)[25]과 이태영(2004)에서도 다루고 있는데, 일반적으로 지역어가 소설에 사용되는 경우, 그것은 대부분 등장인물의 형상화에 도움을 주게 된다. 때문에 소설에 지역어가 사용되는 경우는 대개 등장인물의 대화 속에 나타난다. 그리고 그것은 지문에 쓰이는 문어와는 엄격하게 구분된다. 윤석민(2006)에 의하면 지문은 특정 지역을 배경으로 하는 독자가 아니라 한국어를 사용하는 모든 독자를 상정하여 기술되는 것이기 때문이다. 지역어의 문학적 기능을 최초로 언급한 이태준은 『문장강화』에서 인물의 리얼리티를 살리기 위해서 어느 지방의 사투리를 사용하든 상관없지만 작가 자신이 쓰는 말, 즉 지문은 표준어이어야 함을 피력한다.[26] 하지만 『혼불』에서는 지역어의 사용이 지문과 대화를 엄격하게 구분하고 있지 않은 경우가 있다. 지문에도 종종 남원지역어가 사용되고 있는 것이다. 그 지역 출신인 작가가 남원지역어와 경기지역어를 혼동했을 리는 없다. 그런데 지문에 두 지역어가 섞여 사용되는 것은 우연히 이루어진 것이 아니라 작가의 의도에 따른 것임을 작가의 말에서 확인할 수 있다. 작가는 두 지역어를 구분하지 않고 모어라는 큰 범주 안에서 자기의 감정과 뉘앙스를 전달하기 위하여 일부러 그렇게 구사하고 있는 것이다.

"물론 이 지문 속에 나오는 말이야 그 표준어가 아주 기본이죠.

아주 특별한 경우에 일부러 정취를 위해서 사투리를 그냥 끼워서 섞어 놓은 경우도 있어요. …(중략)… 그런데 사실 실생활에서 저희들이 쓸 때, 특히나 남원 사투리는 전라남북도와 경상도 접경 지역이어서 아주 이 말이 특이해 가지고 참 매력적이에요. 이 말을 어떻게 좀 이렇게 글 속에 살려 내서 그 글을 읽으면서 저절로 소리를 내고 싶은 심정을 갖게 할까 그런 생각을 가졌었죠."[27]

장일구(2005)[28]에서도 대화 당사자들의 발화만이 아니라, 서술자의 발화에 인물의 어투가 스며 든 서술상황을 흥미롭게 살펴보고 있다. '달랑거리며 뛰어가는', '땍땍거린다', '고것은', '쥐어박히면서도', '주둥이', '주먹을 질러 보인다', '혓바닥을 날름하며' 등과 같이 서술자의 발화에도 비속어가 상당수 드러나며, 남원지역어로 분류되는 '낫낫하게'가 쓰이는 식으로, 인물의 대화 속에 보일 법한 담화요소가 작가의 서술부분에 나타나고 있다. 이를 장일구(2005)는 서술자가 인물들과 근거리에서 그들의 행위를 관찰하여 서술하는 상황에서, 인물의 의식과 감각에 물든 나머지 서술자로서의 객관적 태도를 놓치고 표현마저 인물의 것을 따르는 식의 전도된 서술상황이 펼쳐진 것이라 설명한다. 그렇다면 단순히 작품에서 지역어의 사용이 담화 현장의 실감을 구현하는 효과를 보인다고만 설명하기에는 부족함이 많은 것으로 느껴진다.

황국명(1999)[29]은 언설의 현장성, '공존'이 대화적 관련, 즉 절대성을 주장하지 않는 다양하고 이질적인 목소리나 가치의 행복한 상대성을 의미하는가는 여러모로 새겨볼 일이라고 지적하며 『혼불』의 언어는 현장의 생생한 언어라기보다는 작가의 이념적 태도에 의해 관리되는 언어라고 하였다. 일상의 말과 소설에서의 말이 다른데, 작품 속에서 평민의 말이 현재의 구어에 가깝고, 양반의 말은 경기지역어, 즉 문어에 흡사하다. 물론 양반 문중의 기품 있는 언어가 사용되었다고도 볼 수 있겠으나, 이 같은 언어의 차이는 양반의 품격을 위해 고도로 통제된 결과라고 할 수 있다. 황국명(1999)은 이원적인 언어 사용 양상을 극단적으로 살폈는데, 작품 속에서 계급 사이의 소통이 단절되어 있다고 본다. 양반의 기품 있는 말투와 천민의 거친 어투는 서로의 입장을 천명하는 대화 속에 좀처럼 놓이지 않는다고 본다. 그 예로 투장 혐의로 추궁 받은 춘복을 드는데, 그는 가혹한 매질을 견딜 뿐 자신은 모르는 일이라는 한 마디 외에 다른 어떤 항변도 하지 못한다. 이런 현상은 작품의 작중인물들이 열린 대화, 새로운 관점을 통해 의식의 변화나 지위와 신분의 변동이 허용되는 생성과정의 세계에 있지 않음을 드러낸다. 그러나 이는 일례일 뿐 『혼불』 속에서 양반과 천민 사이에 오가는 대화를 살펴보면 쓰는 말투는 다르지만 의사소통이 잘 이루어지고 있음을 확인할 수 있다.

> "저……벨 것은 아닌디요. 마님, 진지를 못 잡숫는다고 허길래요. 이 애호박 너물 조께 해 잡수시면 입맛이 나실랑가 허고요……."
>
> "……고맙구나……내 그렇잖아도 애호박죽이나 좀 먹었으면 했더니라……네가 내 맘을 잘 보았다……어디 이리 가지고 와 보아……." (3권, 37쪽)

이는 소통의 단절이라고 단언하기보다는 의식적인 언어의 사용으로 보는 것이 나아 보인다. 사적인 공간에서는 양반들 사이에서도 스스럼없이 주고받는 남원지역어를 천민들에게는 의식적으로 쓰지 않는 것이다. 이것은 천민들이 양반을 대할 때에는 반대의 방향으로 작용한다. 이들이 양반에게 남원지역어를 덜 쓰려고 하는 것은 좀 더 예의를 갖추고자 할 때이다.

이은성(2001)[30]은 이러한 이원적 언어 구사 양상의 이유를 고정적인 것이 아닌 상대적인 상황으로 파악하여 접근하고 있다. 『혼불』이 다성적 구조[31]를 가지고 있다고 판단하고, 대화적 담론 차원에서 서사구조, 어법적 수준, 상호텍스트성으로 반영된 패러디 양식으로 나누어 살펴보고 있다. 여기서도 양반들이 쓰는 말이라 하더라도 사상에 대한 대화나, 상전으로서 아랫사람에게 하는 말에서는 남원지역어가 거의 나타나지 않지만, 사적인 일에 관한 대화에서는 어미 사용에 남원지역어 요소가 보이며, 재미있는 이야기를 풀어 놓는 경우에는 어휘 사용에서도 남원지역어가 많이 나타나는 점에 주목한다. 천민들이 쓰는 말도 이와 비슷한데, 양반들에게 하는 말에서는 남원지역어 어미가 상당히 자제되어 있으며, 사적인 대화일수록, 재미있는 이야기를 하는 경우일수록 남원지역어가 많이 사용된다. 이은성(2001)은 양반들이 전국적으로 통용되는 어투를 사용하는 것을 문자의 영향으로 파악했다. 문자 생활을 하며, 문자에 대한 의식이 있는 사람은 서울 왕래를 굳이 하지 않더라도 비슷한 말을 쓰며, 격식 있는 언어를 사용하는 것이다. 매안마을 안의 양반들이 남원지역어를 사용하면서도, 예의를 갖추고자 사적인 감정을 절제할 때에는 그러한 요소가 거의 나타나지 않는다. 이때의 경기지역어는 계층언어로서가 아니라 단지 격식과 의식을 갖춘 말로서 사용된다. 타자의 행위에 대한 주체의 의미 구성은 이질적인 언어에 의해서가 아니라 문자언어의 영향에 의한 문어적 말투에 의해 이루어지는 것이다.

따라서 이은성(2001)은 매안마을 안에서 두 지역어의 공존이 이성과 감정을 조절하는 기능으로 언어가 분화된 것임을 보여준다. 또한 서술자의 목소리가 어느 한 쪽의 말투를 따르고 있다면 『혼불』의 언어는 하나의 동질적인 목소리에 의한 절대성으로 기능한다고 보아야 할 것이지만, 서술자는 묘사하는 인물에 따라, 매안 문중의 문어적 말투와 남원지역어를 함께 사용한다. 그러므로 『혼불』의 언어는 양반의 말투와 민중의 말투의 분리와 공존을 함께 표현함으로써 언어 가치의 상대성을 나타내고 있다고 말할 수 있다. 이 소설에서 경기지역어는 대화에서 타자성이 두드러질 때 주로 쓰이며, 남원지역어는 대화 참여자들에게 동질성을 부여하는 기능으로 작용하고 있는 것이다. 이것은 남원지역어와 경기지역어가 단순히 계층언어로만 쓰이지 않는다는 것을 보여준다.

이태영(2004)은 전북 남원군 사매면을 배경으로 하는 『혼불』을 이해하기 위하여 작가가 가지고 있는 언어관, 지역어의 기능, 남원지역어의 특징을 이해해야 함을 강조한다. 작가 최명희는 모국어에 대한 애정과 언어에 대한 관점을 다음과 같이 피력하고 있다.

> 나는 『혼불』을 통하여 순결한 모국어를 재생해 보고 싶었다. 전아하고, 흐드러지면서, 아름답고, 정확한 모국어의 뼈와 살, 그리고 미묘한 우리말 우리 혼의 무늬를 어떻게 하면 복원할 수 있을까. 그것은 늘 나를 사로잡는 명제였다. …(중략)…
>
> 아무리 시대가 바뀌고 생활 방법과 도구가 달라져도 영원히 변하지 않는 근원적인 삶의 생명소는 무엇일까.
>
> 그것을 찾아서 나는 한 시대의 인간과 문화와 자연을 언어로 건져 나의 모국에 한 소쿠리 모국어로 바치고 싶다. 그 모국어가 나의

생애를 담아 시대의 물살에 징검다리 돌 한 개로 남기를 나는 바란다.[32]

또한 작가는 '모국어는 우리 삶의 토양에서 우리의 생각과 느낌을 품고 길러 정신의 꽃으로 피워 주는 씨앗'이라고 말했다. 대부분 모국어를 '자기 나라의 말'이라 하는 정의에 비하여, 작가의 모국어에 대한 정의는 인간의 정서까지 담긴 정의라고 할 수 있다. 이러한 생각 때문인지 작가는 각 지역어를 구별하지 않고 모국어라는 관점에서 자연스럽게 통합적으로 사용하고 있다.

김아정(2003)[33]은 교육과정의 지역화에 따른 국어교육의 측면에서 『혼불』을 살펴 본 연구이다. 여기서는 『혼불』 속에 나타난 전라도 지역의 문화적인 요소, 언어적인 요소를 찾아 국어교육의 내용을 찾는다. 국어교육에서의 지역어는 언제부터인가 교육기관에서 올바르지 않은 언어 생활의 표본으로 굳어져왔다. 하지만 대부분의 학교 현장에서는 그 지역의 지역어로 언어 생활을 한다. 지역어를 사용하는 국어 교사가 표준어 교육을 하고 있으며 학생들도 표준어와 지역어의 이중생활을 하고 있다. 이처럼 이중 언어 생활을 하면서도 학교에서 표준어를 강요하는 것은 지역어에 대한 사회적 편견 때문일 것이다. 김아정(2003)은 현재 교육현장에서 표준어는 정제된 언어로, 지역어는 오염되었고 순화해야할 저급한 언어로 다루어지는 현상을 비판하면서, 문학작품에서의 지역어 사용은 지역어가 문학작품 속에서 향토성을 불러일으키고, 토속성 및 현실감을 부여하기 위해 사용된다고 밝히고 있다. 그러나 연구자가 앞에서는 교육현장에서 학생들에게 표준어를 강요하는 것은 지역어에 대한 사회적 편견이라는 것을 밝히면서, 정작 연구자가 지역어에 대하여 그런 의의를 내렸다는 것은 어폐가 있음을 지적할 수 있다. 이때의 지역어는 단순히 수도가 아닌, 지역이라는 열성 인자를 안은 언어 유형으로 국한되는 것이다. 장일구(2015)[34]는 소설에서 지역어를 활용하여 이야기의 토속적 정감과 향토적 색채를 더하여 작중 인물과 배경에 친근하게 다가서게 함으로써 서사적 몰입감을 높인다는 식의 논급은, 지역의 열성 인자를 부각한 이념적 전제들에서 비롯되었음을 간파할 수 있다고 본다. 서사의 문체적 효과는 단순히 지역어를 사용했다고 해서 인상적으로 산출되는 것이 아닐 뿐더러, 지역의 정서는 무조건 토속적이고 향토적이며 친근감을 유발한다는 식의 발상 모두가 논리적으로 입증되지 않은 전제에서 비롯된다는 데 문제가 있다는 것이다.

서사에 쓰이는 언어는 기본적으로 단순한 지역방언이 아니라 사회방언 차원에서 접근하여야 한다. 『혼불』에서는 주지하다시피 신분의 차이에 따라 지역어의 사용 양상을 달리하여 인물 형상의 단서로 설정한다. 그러나 그 사용 양상은 황국명(1999)에서처럼 극단적으로 나뉘기 보다는 경계가 희미하게 설정되고 있다.

> "왜, 너는 안 가냐?"
> 수천댁이 강실이를 돌아보고 물었을 때, 오류골댁은
> "집에 그냥 있겄다고 허느만요."
> 하고, 강실이 대신 대답하였다.
> "허기사 과년헌 처자가 조심스럽기는 허지. 그래도 뭐 어머니랑 가는데 무슨 별 일이 생기겄냐? 이런 날 달 구경도 허고, 좋은 신랑감 어서 만나게 해 주시라고 달님한테 빌기도 허고, 남들 노는 것 굿도 좀 보고, 그래야 나중에 이얘기꺼리도 생기지." (5권, 52쪽)

엊그제 뜻밖에도 우스운 말을 듣게 되어 지금 율촌댁 큰방에 앉아 그 이야기들을 하고 있는 중이었다. 마침 오늘은 보름이라 청암부인의 삭망朔望이어서 사리반댁과 동계댁도 조손간에 같이 오고, 인월댁도 올라와 있었다. 오류골댁은 효원의 건넌방에 잠시 들르겠다고 건너갔다.

"느그들만 택호 있냐. 우리도 갖다 붙이면 택호다. 그런 심산으로 허는 짓들이겄지."

흡실댁은 아무래도 어이가 없는 모양이었다.

"약방에서는 쥐똥을 서분鼠糞이라고 점잖을 빼서 칭한다더니만, 이제부터는 쥐나 개나 택호 달고 쥐똥댁 서분댁 허겄그만요잉." (8권, 227쪽)

매안마을 일원의 언어는 대체적으로 문어체이고 격식을 차린 언어이지만 이처럼 사적인 대화이거나, 재미있는 이야기를 하는 경우에는 남원지역어를 사용하는 경우도 종종 보인다. 언어가 변하는 것은 '권위'와 '유대'가 하나의 단서가 될 수 있다. 위에서 매안마을 일원이 사용하고 있는 언어는 신분을 구별해주는 권위로서의 언어가 아니라, 유대감이 강하게 드러나는 언어의 모습이라 할 수 있다.

지금까지 『혼불』을 대상으로 언어적인 측면을 다룬 연구들을 나름 필자의 기준을 세워 살펴보았다. 기존의 논의를 참고 자료로 이용하는 것에는 많은 주의가 필요하다. 『혼불』의 언어와 관련된 논의를 살피고, 그 속의 쟁점을 걸러 내는 과정에서 객관성을 잃을 수도 있으나, 논의가 편협한 방향으로 흐르지 않도록 주의하면서 이 장을 전개했다. 기존 언어학적 측면에서 『혼불』을 살핀 다수의 연구논의를 살핀 결과, 초기에는 『혼불』을 전라도 남원을 배경으로 하는, 그래서 전라도 지역어의 특성을 추출해 낼 수 있는 작품으로만 단순하게 바라보던 것이, 지금은 다양한 측면에서 『혼불』 속에 담긴 의미를 찾아내면서 언어학적인 특성까지 고려하는 쪽으로 연구 방향이 이루어지고 있음을 확인할 수 있었다. 지역방언이 지리적인 것을 기반으로 하는 반면, 사회방언은 사회집단에서 시작되고, 다양한 사회적 요인과 관련이 있다. 그동안 연구자들은 단순히 드러나는 방언이 아니라 그 속에 담길 수 있는 다양한 요인을 고려하여 연구의 지평을 넓혀갔던 것이다. 전자의 연구방법에서 『혼불』 속 지역어휘를 보존하고자 연구자들이 사전화를 기획하기도 하였다. 여러모로 활용된 지역어적 표현이나 어감에 변화를 주거나 의미를 확장하여 새로운 용례를 지어 쓴 말을 어휘사전으로 편찬하고, 이를 오늘날의 추세에 맞게 전자사전으로 제작하기도 하였다.

계층이 엄격한 사회에서는 신분 제도 또한 엄격하여 계층 간의 언어 사용에서 뚜렷한 차이를 보이고 두 집단 간의 언어 문화 차이도 뚜렷하다. 시기적으로 신분제는 철폐되었지만 아직 분명히 반상의 위계가 존재했던 『혼불』이 그러한 모습을 보인다고 할 수 있다. 엄격하게 계층화된 공동체 내에서 구성원의 자격은 명확히 정의되며, 그에 따라 언어도 분명하게 차별화 된다. 공동체 내에서 상대적으로 낮은 층위의 구성원들은 보다 높은 층위의 언어를 습득하기가 힘들다. 그럼에도 불구하고 언어는 공동체 내부에 존재하는 여러 언어 공동체의 개별적인 정체성을 유지하는 기능을 수행하며 각 공동체의 언어 사용자들이 또한 더 큰 공동체의 구성원이 되기도 한다.

서론에서 『혼불의 언어세계』 이후 10년 동안 이루어진 언어 측면의 연구를 살필 것임을 밝혔으나, 필자의 역량이 부족하여 모든 연구를 다 살피지 못하고 논지의 방향에 맞게 몇 연구들을 취사선택하여 살폈다는 점이 매우 아쉽다. 나름의 기준으로 연구를 선별했으나, 필자의 좁은 소견으로 훌륭한 연구가 선택되지 못했을 가능성이 있다. 그럼에도 불구하고 본 연구가 『혼불』에 존재하는 언어의 제현상에 관심이 있는 연구자들에게 조금이나마 보탬이 되기를 바라며, 본 논의의 여러 부족한 부분은 후행 연구에서 보충되기를 기대하며 이 장을 마무리한다.

■ 진주

1 사실 한길사에서 출판된 10권이 완결이 아니고, 해방과 6·25 직후까지를 다룬 5권 분량의 이야기가 더 남아있다는 인터뷰(작가 조명 인터뷰, '모국어는 우리의 혼입니다', 문학사상(1997.12))로 인해 작가 생존에는 작품에 대한 본격적인 연구가 이루어지지 않았다. 15권으로 완결이 났다면 작품에 대한 연구 성과나 연구 관점의 지평이 기존보다 훨씬 넓어졌으리라 생각된다.

2 『혼불』의 언어에 관심을 가지고 많은 논의를 살펴본 연구자들은 '남원지역어'와 '경기지역어'란 용어가 생소할 것이다. 그동안 많은 연구들에서 '방언', '사투리', '표준어'라는 용어를 사용하여 『혼불』의 언어를 정의했지만, 필자는 '표준어'란 용어는 정치적 이데올로기가 담긴 용어라 판단하여, 『혼불』에서 달리 나타나는 언어의 양상을 이 장의 제목인 '언어의 겹'이라 표현하고, 단순히 그 지역의 '지역어'라 칭하고자 한다.

3 이 장에서 다룰 연구들은 온전히 『혼불』을 언어학적으로 살핀 연구뿐만 아니라, 위에서 다룬 그 외 네 가지의 관점으로 『혼불』의 의의를 살피되, 『혼불』에 나타난 언어적 현상과 특성을 고려하여 논거로 세우는 연구까지를 포함하기로 한다.

4 최명희, 『혼불』, 한길사, 1996. 이하 인용문 뒤에 '권수, 쪽수'만 표기한다.

5 노재환, 「'혼불'에 반영된 남원지역어 연구」, 전북대학교 석사학위논문, 2000.

6 서정섭, 「『혼불』의 언어 특성」, 『현대문학이론연구』 12집, 현대문학이론학회, 1999, 51~76쪽.

______, 「『혼불』의 서사구성과 언어책략 연구」, 『현대문학이론연구』 21집, 현대문학이론학회, 2004, 139~163쪽.

7 고영근, 「『혼불』 의 텍스트성 판정의 문제」, 『관악어문연구』 28집, 서울대학교, 2003, 25~52쪽.

8 고영근(2003)은 어휘 분류를 위해 『표준국어대사전(1999)』, 『전남방언사전(1997)』, 『금성판 국어대사전(1995)』, 『조선말대사전(1992)』을 이용하였다.

9 고영근(2003)에서 판단한 작가의 의도적인 조어 분류에 대한 의문점은 뒤에서 제시한다.

10 이태영, 「『혼불』에 쓰인 방언의 기능과 등장 인물의 성격」, 『혼불의 언어세계』, 혼불기념사업회, 전북대출판부, 2004.

11 작가는 '꽃심'이란 어휘에 대하여 다음과 같이 이야기한다. "'꽃심'이란 말이 있습니다. '꽃심'이란 말이 사전에 물론 없어요. 그런데 저는 굉장히 그 말도 좋아요. 그리고 저희는 흔히 그 말을 쓰고 있거든요. …(중략)… 그래서 저는 아, 왜 '꽃심'이란 말이 없을까 그냥 너무나 애가 타요. 예 있든지 말든지, 난 있으니까...사전에 없으면 없나요? 뭐, 그러니까 그냥 저는 써 버린 거예요. '꽃심'" (최명희, 「『혼불』과 국어사전」, 『새국어생활』, 제8권 제4호, 1998.)

12 "'우줄우줄 어딜 갖다 왔다 그러냐' 이제 이렇게 모두 형제들이 죽 들어오면 그럴 때 '우줄우줄'이 주는 그 느낌, 또는 이 꽃송이 같은 것도 어떤 건 활짝 펴 있고 어떤 건 요염하게 펴 있지만 어떤 거는 시계꽃 같은 건 봉울봉울 펴 있잖아요. 근데 그런 것들이 어렸을 때부터 들어서 몸에 밴 것도 있고 또 하나는 저의 감각으로 '아, 이건 꼭 요렇게 말했으면 좋겠다' 하는 게 또 있어요." (최명희, 「『혼불』과 국어사전」, 『새국어생활』, 제8권 제4호, 1998.)

13 고은미, 「혼불의 생태담론 연구」, 전북대학교 박사학위논문, 2006.

14 윤평현, 「『혼불』의 상징어 고찰」, 『혼불의 언어세계』, 혼불기념사업회, 전북대출판부, 2004.

15 강미숙, 「『혼불』 서술에 나타난 '여성적 글쓰기'의 특성」, 공주대학교 석사학위논문, 2005.

16 김용재, 「전통적 이야기 서술방식의 현대적 변용 양상 연구—『혼불』을 중심으로」, 『국어문학』 56호, 국어문학회, 2014, 157~176쪽.

17 김정혜, 「『혼불』의 상층 여성인물 연구」, 인제대학교 석사학위논문, 2006.

18 고은미(2006)에서는 『혼불』 등장인물의 발화 빈도수와 속담 사용 빈도수를 조사하여 표로 제시하고 있다. 다른 논의에서 다뤄지지 않은 흥미로운 부분이기 때문에 여기에서도 함께 제시한다.

지역	매안													거멍굴					전주		
언어	중앙어													남원방언					중앙어		
발화자	청암부인	율촌댁	수천댁	오류골댁	인월댁	효원	강실	기채	기표	기응	강모	강태	강호	옹구네	평순네	공배네	춘복	공배	오유끼	심진학	도환
발화 빈도수	338	190	132	366	36	203	89	282	165	110	476	384	438	585	216	130	185	159	66	327	396
속담 인용 횟수	4	4	2	14	0	3	0	5	6	3	2	1	1	65	4	20	2	30	0	1	0

19 최명희·왕철, 「살아있는 사람에겐 힘의 불이 있다」, 『월간 전북인』 4월호, 1992.

20 윤영옥, 「『혼불』에 나타난 여성 하위주체의 재현방식—옹구네의 사회적 연결망을 중심으로」, 『현대소설연구』 56호, 한국현대소설학회, 2014, 342~371쪽.

21 작품의 10권 중 4권, 7권, 8권, 9권에서 옹구네의 발화빈도는 주인공들을 능가한다. 이태영(2004)에 의하면 1권, 2권, 3권에서도 발화 빈도수가 높은 편이다.

22 이 논문은 『혼불』의 생태여성주의 담론 특성을 언어층위, 서사층위, 주제층위로 나누어 살펴보면서, 인물들의 언어 표현을 다루었다.

23 전체 97개의 문장 가운데 29개의 문장에서 말줄임표가 쓰이고 있다.

24 박경화, 「'혼불' 배경 및 인물 연구」, 한남대학교 석사학위논문, 2009.

25 윤석민, 「소설과 방언 그리고 텍스트언어학—『혼불』의 방언을 중심으로」, 『국어국문학』 142호, 국어국문학회, 2006, 81~110쪽.

26 앞에서 다루었듯이 '사투리'와 '표준어'는 필자가 옹호하는 단어는 아니지만, 이태준의 의도를 이해하기 위하여 그가 표현한 어휘대로 그대로 제시하였다. '사투리'는 '지역어'를, '표준어'는 '문어'를 의미한다고 해석된다.

27 최명희, 「『혼불』과 국어사전」, 『새국어생활』 제8권 제4호, 국립국어원, 1998, 247~304쪽.

28 장일구, 「호남 방언과 서사 문체」, 『한국문학이론과 비평』 28집, 한국문학이론과비평학회, 2005, 107~134쪽.

29 황국명, 「『혼불』의 서술방식 시론」, 『현대문학이론연구』 12집, 현대문학이론학회, 1999, 143-167쪽.

30 이은성, 「최명희 『혼불』의 다성성 연구」, 한국교원대학교 석사학위논문, 2001.

31 다성성은 텍스트 내적으로 존재하는 여러 목소리의 공존이라는 개념뿐만 아니라, 담론의 대화 지향성에서 나오는 다양함의 인정을 뜻한다. 따라서 다성적 담론은 작가가 텍스트 내적에 구축해 놓은 대화적 구조 뿐만 아니라 텍스트를 해석하는 독자와 사회문화적 소통까지 고려한 개념으로 파악해야 할 것이다(위의 글, 13~14쪽).

32 최명희, 『리브로』 27호, 한길사, 1996년.

33 김아정, 「지역문학작품을 통한 국어교육의 내용연구—최명희의 『혼불』을 중심으로」, 전북대학교 석사학위논문, 2003.

34 장일구, 「서사언어의 문화 가치 공정—『혼불』을 사례로 방법적 개념을 묻는 시론」, 전남대학교 대학원 국어국문학과 지역어 기반 문화가치 창출 인재양성 사업단 제 2회 국제학술대회 발표문, 2015, 125~144쪽.

서사적 텍스트성의 중층

이 장은 『혼불』을 논급하는 키워드로 익숙하게 등장하는 전통의 복원, 역사의 재현, 민족 정체성의 재구 등의 술어들에 대한 의문에서 시작한다. 가장 일반적인 차원부터 되짚어보면, 독자가 소설을 읽는다는 것은 텍스트에 배치된 기호를 토대로 삼아 이 서사가 무엇을 어떤 방식으로 이야기하고 있는가에 대한 질문을 던짐으로써 텍스트를 재구성하는 행위이다. 서사체에서 기호가 기본적으로 지시대상과의 대응은 물론 일의적 기의에 귀속되지 않는 표상체임을 염두에 둘 때, 해석은 기호 작용을 바탕으로 구성된 텍스트의 의미망을 준거로 삼고 더 나아가 이러한 서사 담화가 기능하는 방식과 효과에 대해 묻는 정위Orientation의 순환적 과정으로 수렴한다. 이는 『혼불』에서 또한 마찬가지로, 이 소설을 해석하고자 하는 시도가 가닿는 지점은 요컨대 서사 텍스트를 둘러싼 기호 작용의 최상위 층위인 '텍스트성'의 차원을 구상해보는 것으로 육박하게 될 것이다.

관건은 텍스트성이라는 개념으로 향한다. 그러나 『혼불』을 둘러싼 텍스트성 차원의 논의는 주로 텍스트언어학적 맥락에서 제안된 텍스트성의 개념, 즉 "텍스트다움"[1]이라는 판단 기준을 근간으로 진행되어왔다. 어떤 언어발화가 텍스트로 간주되기 위하여 어떤 자질들을 가져야 하는가의 문제, 즉 서사 내적 의미체계의 자족성 논항과 관련된 구조주의적 틀이 텍스트성을 정의하는 방식으로 도드라진다.[2] 이는 재고의 여지가 있는 것으로 판단되는데, 관건은 소설 『혼불』을 평가하는 데 있어, 위의 텍스트성을 허구 텍스트에 대한 해석의 산출 과정에서 유용한 개념적 틀로 간주할 수 있는가를 묻는 데 있다.

이때 대안적 관점으로서, 서사의 소통 회로 연구에 기초하는 오닐의 텍스트성 개념[3]을 논의의 틀로 제안할 수 있다. 특히 서사론의 맥락에서 텍스트성 이해의 요체는 그것이 구성적 개념이라는 데 있다. 오닐의 논의에 따르면, 텍스트는 안긴 서사 세계의 중층적 의미망을 근간으로 텍스트내적인 영역을 넘어 텍스트외적인 영역으로까지 계속적으로 의미확장을 꾀하는 역동적 구성체로 규정된다. 이러한 텍스트성 개념이 갖는 기본적인 유용성은 텍스트의 의미구조를 조율하는 역학 및 서사 담화의 기능과 효과의 영역에 이르기까지, 텍스트로부터 산출되는 의미망과 특질을 섬세하게 읽어낼 수 있다는 데 있다. 따라서 텍스트성의 요건을 미리 전제하여 그 자질을 서사 텍스트에서 추출하기보다 텍스트성을 구성적 개념으로 놓고 각 텍스트에서 그 구체적인 형상의 의미망을 논급해보는 시도가 필요하다고 보고, 이 장에서는 『혼불』의 텍스트성 논의 방향성을 재설정해보고자 한다.[4]

이를 위해 서사 소통의 핵심 기제인 초점화[5] 양상에 대한 분석이 필요하다. 오닐은 초점화를 "담화 체계로서의 서사체에 절대적으로 중요하며, 전적으로 불가피한 것이며, 근본적으로 서사를 특징짓는 구성 요소"[6]로 강조함으로써 인물·서술자·내포작가·독자의 층위를 아우르는 매개 관계의 역동성을 통해 서사 세계를 확장한다. 초점화가 중요한 까닭은 그것이 시각Perspective의 프레임이 갖는 이념항을 전제할 수밖에 없기 때문이며, 서술 상황에서 초점화 양상에 의해 짐짓 단선적인 것처럼 보이는 이야기라도 그 의미형성의 국면이 조율될 가능성이 다분하기 때문이다. 또한 위와 같은 중합적 초점화 국면에도 불구하고 독자가 듣는 유일한 목소리가 서술자 밖에 없다는 점[7]은, 각각의 안긴 "서사 층위들"[8]이 종속적 관계로 닫힌 체계를 이루고 있는 것이 아니라는 점을 상기시킴으로써 단순히 내포작가 초점화의 이념(혹은 이를 작가의 의도와 동일시하여)을 텍스트 전체의 의미로 환원하는 태도를 재고하게 한다. 그러므로 이 장에서는 특히 『혼불』의 담화 구성에 기여하는 것으로 판단되는 초점화의 중층적 양상을 바탕으로 소설의 서사 전략 및 형상화되는 의미 구조를 탐색[9]함으로써 『혼불』의 특징적인 텍스트성이 형성되는 지점을 살펴볼 것이다.

『혼불』의 텍스트성 구성 양상에서 두드러지는 특징은 그 의미 형상이 구체적인 장소 표지를 기점으로 하여 서사 전체로 파급되는 공간의 확장 구도 속에 자리한다는 점이다. 따라서 이 장에서는 초점화 분석을 바탕으로 인물 초점화와 내포작가 초점화의 결절 지점을 찾아 각 항목의 단서들을 장소상실[10]의 상황에서 공간을 기획하고자 하는 '기투'[11]의 두 층위-양상으로 분할하여 다룬다. 이는 첫 절에서 초점화의 역동적 구성을 통한 인물 초점화 차원의 기투라는 구도에서 '장소의 공간화'로, 다음 절에서는 앞 절을 포괄하는 방식으로 내포작가 초점화 차원의 기투라는 구도에서 '시간의 공간화'로 맥락화될 것이다. 특히 『혼불』의 해석에 있어 두 구도가 만나는 지점으로 구체화되는 것이 '땅'이라는 표상이라면, 이 표상에 결부된 채 교호하는 초점화의 중층적 양상과 결합 및 이러한 차원에서 드러나는 이중적 기투 양상이 『혼불』의 텍스트성을 구성하는 핵심적 키워드로 자리하게 되는 것이다.

텍스트성 구성의 결절 지점들

가장 기본적인 차원에서 논의의 초점이 되는 것은 『혼불』[12]의 서사가 기초하고 있는 배경이다. 기존 논의들에서 하이퍼텍스트와 공간화된 서사의 측면은 『혼불』이 갖는 주된 형식적 특징으로 빈번히 지적되어왔다.[13] 그러면서도 이 소설은 사건의 전개를 통한 연대기적 진행을 서사적 현재로 삼고 있다는 점에서 무시간성으로 추상화되지 않는다는 데 또한 특징이 있다. 오히려 지금·여기라는 배경은 삽입된 텍스트들을 소급하고 요청하게 하는 원인으로 기능한다는 점에 주목할 만하다. 따라서 소설에서 제시되는 공간적 배경과 시간적 배경에 대해 우선 이야기할 필요가 있다.

서사가 정초한 시간적 배경은 분명한 편이다. 소설의 1권 3장으로부터 보다 확정적으로는 5장 '암담한 일요일'에서부터 황국신민의 서로 등장하는 일제강점기의 시대는 계속적으로 서사에 영향을 미친다. 이는 상투를 자르는 일이라거나 창씨개명, 신민으로의 호명 등의 상징적 수행을 통해 기존까지 삶의 조건을 정위했던 가문의 이데올로기를 뒤흔들고 그 위상을 변경하는 한편, 5권의 5장 '수상한 세월'에서 공출 명목의 수탈이나 혹은 10장 '아랫몰 부서방'에서 제시되고 또 후반부로 갈수록 보다 직접적으로 만주를 초점화 대상으로 삼는 것처럼 땅을 박탈하고 생계의 벼랑에까지 내몰리게 하는 실제적 위협으로 자리한다. 1930~40년대를 바탕으로 이러한 시대적 배경은 특히 후반부로 향할수록 황국신민화와 징병제의 실시에 이르기까지 급박한 시대 정세로 등장하며, 그 자장은 매안의 근린과 인물들의 삶의 조건에 강력한 영향력을 행사한다. 이는 『혼불』의 서사 전반에서 단지 가문이 해체되고 유민들이 대량 발생했다는 식의 원경에서 포착되는 사후적 서술을 제기하는 것이 아니라, 이 소설에서 중점이 되는 인물 초점화의 여러 구도에서 제각각의 기투를 촉발하는 근저의 매개로 작용한다.

> 춘복은 칫, 하고 논배미 쪽에 침을 뱉더니,
>
> "시상도 마앓이 달라졌단디. 머이 어뜨케 달러졌능가 휘이 귀겡이나 한번 댕게오까아? 속 터진디."
>
> 하고 하늘을 올려다본다. …(중략)…
>
> "제엔장헐 놈의 시상. 다 똑같은 사람으로 났는디. 쎄 빠지게 일하는 놈은 죽어라 일만 허고, 할랑할랑 부채 들고 대청마루에 책상다리 앉었는 양반은 가만히 앉은 자리에서 눈만 몇 번 깜잭이면 멫 천 석이니. 먼 놈의 시상이 이렁가아. 생각을 숫제 안해 부러야제, 생각만 조께 허먼 기양 속이 뒤집어징게……." (1권, 112쪽)

> 그러던 어느 날, 전 국민이 전시 체제로 무장해야 한다면서 남자들은 바지에 각반을 치게 하고, 여자들은 긴 옷고름 자락치마 대신에 몸빼를 입게 하여, 도무지 지금까지는 없던 광경이 생겨났다. …(중략)…
>
> 매안만 하더라도 도회나 읍내에서는 멀리 떨어진 곳이요, 정거장

에 서도 한참을 걸어 들어가야 하는 곳이어서, 거센 바깥 바람이 그대로 몰아치지는 않는지라, 마을 안에서는 구습이 지켜지고 있었지만, 누구라도 출입을 할 때는 시속을 따르지 않을 수 없었다.

세상은 소위 대동아전쟁 때였던 것이다. (5권, 129~130쪽)

기실 강모와 효원의 전통혼례를 세밀하게 묘사하는 것에서부터 시작하는 『혼불』의 서사와 소설 전체에서 정보가 차지하는 비중 및 위의 인용문에서도 서술자 초점화 요소가 개입되어 지리적 요건을 통해 매안을 '바깥 바람'이 간접화되는 장소로 설명하는 데서 볼 수 있듯 이 소설은 일제강점기라는 거대담론과는 무관해보일 수 있으며 시대적 배경과 일대일로 대응되는 서사 줄기를 띠는 것도 아니다.

그러나 이 소설의 서사를 추동하는 주요 인물 중 하나인 춘복을 초점화한 위 인용문 첫째 단락의 국면을 보자. 춘복이 매안의 반가에 대한 실질적 도전 행위를 통해 반상이라는 이데올로기를 상징적으로 뒤집고 '변동천하'를 구상하게 되는 저변에는 '달라진 세상'이라는 인식이 이미 그 바탕에서 작용하고 있다. 그 자신이 가문의 적자이면서도 그 장손으로서의 위치를 거북하게 여기고 그에 상피라는 금기가 덧붙어 작용하여 계속해서 매안으로부터 달아나는 강모라는 인물에서 또한 이는 마찬가지다. 그리고 동경으로 음악 공부를 하러 떠나고 싶어하는 강모를 분명히 막아서고, 청암부인이 일으켜놓은 종가를 지켜내기 위해 골몰하는 이기채의 경우라도 다를 것 없이 이른바 위의 인용문 단락에서 구체화되는 인식, 즉 '달라진 세상'은 각 인물들에게 문제 상황이자 동력이 된다.

소설에서 이 문제가 가문을 둘러싼 내적 현실로서, 실제적이고도 본격적으로 불거지는 것은 종가를 일으킨 1세대의 상징적 죽음으로도 풀이될 수 있는 청암부인의 죽음으로부터 온다고 말할 수 있을 것이다. 그러나 가령 아래의 인용문에서 이기채를 향한 이기표의 말은 이러한 달라진 세상에 처한 가문의 외적 현실을 이미 종합하고 있으며, 서사적 현재는 일제강점기를 통해 동시대를, 그러면서도 이러한 동시대의 집단 내부를 세대로서 다시 나누는 것으로 개별 인물들로 하여금 분화되는 기투의 양상과 추이를 둘러싼 맥락을 각별히 유의하게끔 만들고 있다.

> "가문, 가문 하지만 그도 다 선대적 말입니다. 팔한림에 열두 진사가 나고 정승, 판서 즐비하게 했다는 족보가 자랑이 아닌 것은 아니올시다마는 이 당장에 그 후손인 우리는 무엇으로 가문을 빛냅니까? 벼슬을 하려니 조정이 있기를 합니까아, 충신이 되자니 임금이 계시기를 합니까. 거기다가 선비로서 갈고 닦은 학문으로 후학을 기르자니 학동이 있기를 합니까. 죽림칠현이 되자 해도 대밭이 없는 세상 아닌가요? 도대체 무얼 가지고 이 가문을 번창하게 할 수 있겠습니까? 체면, 체면, 지금 이 세상 돌아가는 난국이 어디 체면 있는 세상인가요? 상놈이 상전 되는 세상 아닙니까아. …(중략)… 이럴 때는 시대를 이용해야 합니다. 시대를 거슬러 산 사람치고 성명 삼 자 온전허게 보존헌 사람이 없습니다. 형님. 도대체 지금 이 가문에 구체적인 힘이 될 수 있는 게 무엽니까? 형님 당대에 와서 무얼로 대종가의 명맥을 이어놓으실 겁니까? 다른 아무것도 할 수 없는 시대에 무엇으로 반석을 만들어 강모한테 물려주려고 하시는 건가요?" (2권, 75~76쪽)

이는 『혼불』이 반상 이데올로기에 대한 향수를 드러낸다거나 그로 회귀하고자 한다는 평가가 적절한가에 대해 재고해보게 하는 한편, 이러한 기존의 사회 정위가 왜 인물들 간의 갈등의 축으로 작용하는 문제적 대상이 되면서 서사를 이해하는 데 있어 구심점으로 떠오르는가를 문제 삼게 한다. 관건은 문제적 개인이 아니라 문제적 저변에 있다. 중점이 되는 것은 기존까지 삶의 저변으로 자리 잡고 있던 토대가 뿌리부터 흔들리는 지점에서 새로운 존재의 근거를 모색해야 하는 데 있는데, 이는 장소상실에서 빚어지는 공간 기획Entwurf 차원의 구도에 상응한다. 장소상실성이라는 논제에서 관건이 되는 것이 실제적 장소 자체가 아니라 장소와 인간의 관계 양상, 즉 장소로 이해되던 범주가 장소성을 잃는 것에 대한 문제라면 이에 대한 개별 인물들의 반응과 기투의 차원은 그에 대한 구체적인 지각 및 표상으로 형상화될 것이다. 논의는 기투의 여러 양상이 촉발되는 '자리', 즉 그들이 정위된 바로 그 자리에 대한 관심으로 향하는데, 이는 시대와 조응하는 구체적인 공간적 배경으로서의 매안으로부터 비롯된다.

소설에서 제시되는 공간적 배경, 즉 장소 표지의 기준점은 매안이다. 서사가 진행되면서 이 매안의 반촌으로부터 시작하여 거멍굴과 고리배미의 근린들이 조명되며, 점차 전주와 일본의 동경, 만주의 봉천 서탑거리 등의 장소 표지가 끼어들면서[14] 서사에 있어 공간 지평의 확장 경향이 두드러진다. 이즈음 소설에 나타난 "세분된 위치를 분할하는 것은 성분들 간의 관계를 통찰하는 하나의 방식"[15]이라는 논의에 특별히 유념하지 않더라도, 매안과 거멍굴, 고리배미, 전주, 만주 등이 단순한 장소 표지가 아니라 의미체를 이루는 표상으로 서사에서 자리매김하고 있다는 것은 명백한 편이다. 그러나 이때 이들 공간 구도는 반드시 대립각으로 형성되지는 않는다는 데에 첫 번째 강조점이 있고, 동시에 이러한 공간 구도가 일의적 국면으로 빚어지는 것이 아니라 각 인물이 정위된 지점을 바탕으로 초점화된 인물의 프레임에 따라 중첩적으로 형상화된다는 데에 두 번째 강조점이 있다.

인물 초점화는 조율된 공간 형상이 서사 내적 표지로서 나타나게 하는 주요 기제이다. 이는 인물 차원의 기투 양상에서 조성될 것인데, 주로 매안을 둘러싸고 각 인물들에 따라 그 인식의 범위나 층위 및 실천 방향성이 여일하지 않기에 이를 단지 가문이라는 표지를 중심으로 놓고 이에 대한 상반된 입장들(가령 장소 표지로 나누거나 옹호/거부로 이분하는 등)로 유형화하기도 곤란한 측면이 있다. 구조적 도식성이나 일의적 틀로 환원되기 어렵다는 것이 이 소설의 주된 특징으로 여겨지기 때문이다. 반상의 이데올로기를 둘러싸고 매안의 종가와 거멍굴·고리배미가 대립적 공간 구도를 띤다고 보기에는 부서방이나 옹배네, 이기표, 강모·강태 등의 종가 3대손들의 행보를 포괄할 수 없을 뿐만 아니라, 매안이라는 표상이 단지 반상의 이데올로기를 지시하여 그에 대한 대립 구도가 특정 인물군에서 유형화 및 그에 힘이 실리는 양상을 관찰하기 어렵다.

먼저 간략히 본다고 할지라도 매안의 반촌과 고리배미, 거멍굴의 근린은 실로 대립한다기보다 공생하는 관계로 나타나고 있다. 삽입된 의례는 거듭하고라도 민속이나 그 구체적인 생활상이 잘 드러나는 것이 『혼불』의 한 특징이라면, 이 향리의 모습은 초점화되는 몇 인물들을 제외하고 그 전체적인 틀 속에서 오히려 보완적인 관계를 띤다. 이는 텍스트 속에서 숱하게 발견되는 사례들로 예증되며, 고리배미나 거멍굴이 매안과 반목을 거듭해오는 관계라고 보기 어렵다는 것을 확인할 수 있다. 특히 아래의 인용문들은 이를 잘 보여주고 있는 것으로 판단되는 대목들을 추린 것이다.

고리배미. 거멍굴에서나 매안에서나 날삯도 삯이지만 어디로 멀어내지 않고, 오면 오는가, 가면 가는가, 해주는 것이 이들에게는 큰 의지가 되었던 것이다.

날마다 날품을 팔아 그날 먹을 것 그날 벌어야만 한다면, 얼마나 멱이 막힐 노릇인가.

근본도 모르고, 가진 땅 한 뙈기도 없는 이들이 이렇게라도 어떻게든 살아 보는 것이, 아슬아슬한 세상에 발을 붙일 수 있는 길이었다. (3권, 226쪽)

지금까지 작인들은, 소작을 부치거나 뭇갈림을 할 때, 무슨 문서를 쓰고, 계약을 하고, 지어 먹는 기간을 정하고 해 본 일이 없었다.

"네가 짓도록 해라."

고 말하면 그것으로 되었고, 한번 부치게 된 땅은, 웬만한 변동이 없는 한 짓던 사람이 그대로 짓는 것이며, 아무리 지주라 하여도 작인의 기득권을 가벼이 하지 않았다.

그래서, 대를 물려 어느 한 집의 논을 부치는 경우가 허다하였다.

그런데 일본인들이 경영하는 동척은 달랐다. 연·월·일을 정한 기간 동안만 계약을 하여 농사를 지을 수 있었고, 그 규정이 까다로운 데다가 소작료 또한 엄청나서 일년 내내 뼈가 빠지게 일을 하고, 가을이면 추수를 다한 다음에도 빈 껍데기만 남고 말았다. …(중략)… 말하지 않고도 너무나 당연한 것까지 위압적으로 적어놓은 그런 항목들은, 순리로 농사를 짓는 것이 아니라, 농사라는 차꼬를 차고 앉아 오도 가도 못하게 갇혀 버린 징역살이 같은 생각이 들게 하여, 소작인의 며가지를 조이는 말이 아닐 수 없었다. (3권, 307~310쪽)

오히려 '달라진 세상에 처한 가문'이라는 앞선 인식에 더해 마을의 지리적 근린 영역을 구성하는 고리배미, 거멍굴, 매안의 각각을 정위했던 일종의 사회적 합의가 깨어지게 되는 외압의 역풍이 문제시된다. 집안의 대소사와 연관된 공생관계는 물론이고, 소작의 관습과 연관되는 새로운 혼란상의 삽화는 근린 영역에 정위된 각자의 자리가 위태로워지는 지점들을 예시하면서, 『혼불』의 서사를 대립적 공간 구도의 맥락으로 여일하게 환원할 수 없게 하는 담화 구성을 보여준다.

이를 차치하고서라도, 특정 인물군이 유형화된다고 보기도 어렵다. 가령 몇 인물을 예로 들어보면, 춘복과 근거리에서 형상화되는 옹구네는 자신이 춘복의 큰마누라가 되고 강실을 작은마누라로 둠으로써 새로운 가정을 정위하고자 한다. 또한 이름의 내력도 없이 요릿집 기생 신세였던 오유끼 역시 강모의 처로 인정받고자 만주까지 강모를 쫓아간다. 이 두 인물의 경우에서 각각이 형성하고자 하는 가정이란 그것이 반상의 이데올로기 아래에서 근본적으로 불허되는 것이라는 점에서 의미가 있다. 그러나 이들이 명확하게 이에 대한 인식을 바탕으로 삼고 있다고 볼 수 없으며, 이들을 특정한 인식 주체로 삼아 이 소설의 의미 해석의 지점을 대립적 공간 구도와 같은 맥락에서 갈음하고자 하는 상위의 대리자 층위가 감지되지 않는다.

또한 매안–거멍굴, 매안–만주라는 대립 구도를 형성하는 특징적 인물인 춘복과 강모를 보아도, 소설이 미완임을 감안해본다 할지라도, 이들의 기투가 결구를 맺고 있는 것이 아닐뿐더러 인물 차원에서 형성되는 공간 기획의 형상이 명징하게 드러나지 않는다. 오히려 이즈음에 이르면, 여러 인물 차원의 초점화에서 비롯되는 기투들이 특정한 중심적 위치를 차지하지 않는다는 점 자체에 『혼불』의 서사가 갖는 강조될 만한 특징적 국면이 있다고 보아야 할 것이다.

이를 춘복의 '변동천하'에 대한 의식이 도드라지는 문면에서 관찰할 수 있다. 춘복은 거멍굴에 정위된 인물군 가운데 특히 반촌의 그늘이자 천민으로서의 지위를 전복하려 하는 인물이다. 다음은 그가 공배의 변동천하 이야기를 듣고 말 그대로 제 자신이 구상하는 변동천하를 이뤄보고자 하는 의지를 명확히 세우게 되는 결절 지점을 보여준다.

> "그렇게 그 괘 속이 묘헌 거이라고. 내 손에 뽑아 들고 앉었어도 그 속을 못 읽으면 헛거이그던. 변동천하를 읽을 줄 알어야여, 긍게. 그런디, 사명당맹이로 유명헌 큰시님도 못 읽는 변동천하를 우리 같은 상것들이 무신 재주로 읽어 내끄나. 안 그러냐, 춘복아."
>
> 그러나 춘복이는 아무 대답도 하지 않았다.
>
> 그리고 웃지도 않았다.
>
> 뻣뻣한 눈썹 터럭이 솟구쳐 일어선 그의 눈빛은 새파랗게 빛났다.
>
> 그것은 등잔 불빛을 받아 벌겋게 이글거리는 것처럼도 보였다.
>
> 그는 어금니를 지그시 물고는 몸을 부르르 떨었다.
>
> 그러는 그의 눈앞에 강실이의 모습이 선연이 떠오른다.
>
> 작은아씨.
>
> 내 자식 하나 낳아 주시요.
>
> 나는 작은아씨한테 양반 자식 하나 얻고, 작은아씨는 나한테 상놈 자식 하나 얻으시요.
>
> 춘복이의 손이 안으로 오그라진다.
>
> 그는 병아리를 채려는 솔개처럼 발톱을 모으며 눈에 모를 세

운다.

"인자는 더 안 지달를란다."

춘복이는 하마터면 소리 내서 말을 할 뻔하였다.

속에서 솟구쳐 터지려는 그 말 대신에 그는 이 말을 자르듯 토했다.

"변동천하." (4권, 214~215쪽)

허나 춘복이 행위를 결심하게 되는 사명당과 원효대사의 '변동천하'는 기실 화괘와 붉은 소가 곧바로 대응되지 않듯이 사람 사는 이치 또한 그러하기에 뽑아든 제 손 안의 괘라 할지라도 지혜롭게 그를 가늠해봄에 따라 큰 화를 입을 수도 그 화를 모면할 수도 있음을 의미하는 이야기이다. 춘복의 결심은 요컨대 근본적으로 변동천하 이야기에 대한 오인에서 비롯되는 것이고, 또한 제 손에 들린 패를 곧이곧대로 믿어버리는 바에 가깝다는 점에서 뒤이은 파행을 미리 예견한다. 이를테면 춘복이 변동천하를 결심하게 되는 이 장면에서 초점화 양상은 춘복의 인물 초점화와 겹쳐지는 그 이상의 서사 대리자의 인식을 감지하게 한다. 따라서 뒤이어 거멍굴과 매안의 대립적 공간 구도를 형상화하는 춘복의 기투에 서사 전체를 갈음하는 힘이 실릴 리 없다.

이는 강모의 경우라도 마찬가지다. 강모는 전주와 동경, 만주에 이르기까지 서사 세계의 장소 표지가 확장되게 하는 주요 역할을 담당한다. 앞서 언급한 것처럼 강모는 종손으로 정위된 자신의 위치로부터 벗어나고자 하는 인물이다. 그가 차례로 소급하는 전주, 일본의 동경 그리고 만주행까지는 모두 바로 매안의 근린에 대한 대립항으로써 이른바 "구실이야 무엇이 되었든 저는 이곳을 떠나고 싶습니다. 도주하고 싶어요. 저는 이 집안이 무겁고 무섭습니다."(1권, 304쪽)라는 의식에서 비롯되는 대타의 장소일 뿐, 그 표상적 의미는 매한가지다. 강태와 동행하여 벌이는 만주행은 그 대표적 사례이다. 강모와 강태 둘 모두가 공통적으로 매안의 3세대에 속함에도 불구하고, 강모의 만주행은 강태와 같은 이념적 의식과 모색 방향에 의한 것이 아니라 그저 더 먼 곳으로의 도주이다. "나는 지금 모든 것을 다 버리고 새로운 땅 만주로 가고 있는데"(4권, 46쪽)라는 서술이 강모의 의식을 매개한다.

그러나 만주가 매안으로부터 물리적으로 절연된 땅일 수는 있으나 그가 봉천의 서탑거리에서 만나는 조선인들이나 땅의 내력, 혹은 인물들로서의 오유끼나 심진학, 아랫몰 부서방 등에 이르기까지 만주가 그러한 '새로운 땅'일 수는 없음은 강모 자신뿐만 아니라 상위의 대리자에 의해 서사에서 분명하게 표출된다.

> (1)나는 떠나리라. 비록 연이 하늘 높이 날더라도, 실 달린 연자새의 손아귀를 벗어나지는 못하는 것이지만, 그러나 날아가리라. 이 줄을 어찌하든 끊어 버리고 말리라. 광활하고 외로운 저 불안한 하늘로, 나는 다만 벗어나리라.
>
> (2)그러나 강모의 머리 속에는 까마득한 하늘의 구름 너머로 날아오르던 연이, 툭, 줄이 끊어진 채 점으로 떠도는 모습이 떠오르며 어지러이 맴을 돈다.
>
> 그 끊어진 실은, 바로 자신의 넋을 잡아 맨 핏줄이었던 것이다. (3권, 90쪽. 인용자 밑줄)

인용문은 강모가 오유끼와 한사코 이별하려고 하는 가운데 만주에 가는 것을 자신에게 구애된 모든 의무와 책임 여하를 끊어내는 일로 비유하고 있는 대목이다. 그는 실패에 묶인 연에 자신을 비유하면서 줄이 끊어진 연으로 비견되는 자유를 갈망한다. 그런데 '나는'이라는 일인칭 주어 표지로부터 '다만 벗어나리라'라는 강모의 인식 층위의 초점화가 드러나는 서술(1) 뒤에 곧바로 제시되는 것은 '강모'로 지칭되는 삼인칭 주어 표지에서 줄이 끊어진 연이 '까마득한 하늘'을 떠돌며 뒤미처 맴만 도는 광막한 이미지의 서술(2)이다.

특히 강모의 초점화 국면과 그를 삼인칭으로 서술하는 대목의 초점화 단락을 잇는 '그러나'의 접속사는 강모의 인식 차원에서 그려지는 줄 끊어진 연의 이미지와 그를 조망하는 모종의 인식 차원에서 형상화되는 줄 끊어진 연의 이미지를 잇는 교점이자 초점화 차원의 결절 지점을 드러낸다. 일견 연속해서 강모의 머릿속 이미지로 그 연이 그려지고 있는 단락이나 그 형상의 의미는 달리 조성되는 셈이다. 다음 문장의 '넋을 잡아 맨 핏줄'이라는 표현 또한 이와 결부되어 강모의 인식 차원의 매안-만주의 구도와 이의 표상적 의미를 온전히 그의 시각에 이입하여 수긍하기 어렵게 한다. 이로써 강모의 만주행을 둘러싼 이 장면은 앞서 춘복의 변동천하 장면과 같은 방식으로 그들의 기투 양상에 대한 인식 층위의 중첩을 감지하게끔 하고 있다. 특히 이 문면은 소설 속에서 강실의 심경과 유비되는 연의 이미지[16]와 유사한 방식으로 조응하면서, 또한 초점화 차원의 결절 지점을 구체적으로 감지하게 하는 가운데 이미지가 매개하는 구성적 축을 바탕으로 의미 해석에 대한 단서를 남긴다. 아래 인용문의 두 번째와 세 번째 단락이 주는 해석적 단서에 보다 힘을 싣게 하는 것이다.

생애生涯라.

왜 옛어른들은 사람이 살아 있는 한평생 동안을 가리켜, 날 생生 옆에 물가 애涯, 끝 애涯, 벼랑 낭떠러지 애涯자를 붙였을까.

산다는 것은 그렇게 늘 아슬아슬한 백척간두百尺竿頭, 백 자나 되는 장대끝에 까마득히 곤두서서 위태로이 흔들리며, 자칫 고꾸라져 떨어진 채 물살에 휩쓸려 떠내려가기 쉬운 것이란 말인가.

두렵고 어려운 일이다.

이러한데 만일 딛어도 흔들리지 않고, 흔들어도 뽑히지 않는 실직한 징검다리가 놓여 있다면 그 징검돌은 그 얼마나 커다란 바탕이 되랴. …(중략)…

누구는 징검돌을 헛디디어 허방다리 제 인생에 곤두박질치고 말아. 붙잡을 길 없는 허공, 빈 손짓도 못해 본다. …(중략)…

왕업과 성씨의 주춧돌은커녕, 돌멩이 하나 제대로 가슴에 박지 못하는 나는, 살아서 이 위에 무엇을 지으리.

다만, 떠내려, 떠내려갈 뿐. …(중략)…

"머무는 곳을 소중하게 알아야 한다."

하셨으나, 이 낯설고 먼 세상의 어디에도 도무지 마음을 내릴 수 없는 자신이 춥고 쓸쓸하여 서성거린다.

그는 전주가 그리웠다. (8권, 107~109쪽)

할머니 청암부인을 여읜 그는, 자신이 흡사 천장에 거꾸로 매달린 거미와 같다고 생각한다. 이씨 문중 대종가 종손의 몸으로 한 가문의 둥치가 되어 중심을 이루는 사람이 되기는커녕, 달아나고만 싶어서, 저 광활하고 견고한 천장을 이루는 조상들의 문명에 대동맥처럼 연결되지 못하고, 아주 버리지도 못한 채, 이처럼 불안하고 위태롭게 매달려 허공에 떠 있는 존재.

끊어질 듯 아슬아슬한 거미줄 한 가닥에 저를 맡기어 명색이 새로움을 찾아서 떠나왔으나, 나는 아직도 착지하지 못했다.

발바닥이 땅에 닿아 착지를 해야만 그때부터 실을 뽑든 집을 짓든, 어디로 도망을 가든 할 수가 있을 것 아니냐.

세계와 생의 어느 한 점에도 끈끈한 발을 내리지 못하여, 헛되이 절지의 마디발로 낯선 허공을 저으며 헛발질하는 한 마리 거미.

그것이 나다. (10권, 99쪽)

위는 이전의 인용문과 더불어 점차 변화되는 강모의 인식 추이가 드러나는 서술들을 추린 것이다. 첫 번째 인용문의 단락은 만주로 가는 밤 기차를 "검은 여울"(8권, 108쪽)로 비유하여, 흡사 물살이 세찬 여울목에서 뒤집힌 징검돌로부터 허방을 디뎌 이제는 특정할 수 없이 막연한 어디론가로 떠내려가게 되는 듯한 자신의 심경을 사상하는 맥락이다. 그리하여 이 지점에서는 강모가 청암부인의 죽음을 알지 못한 채 만주로 향하는 길에서 느끼는 막막한 처지에 대한 인식이 드러난다. 그리고 곧바로 뒤이어서는 만주로 흘러든 아랫몰 부서방으로부터 소식을 전해 듣고, 만주에 이르러서야 전주를 그리워하는 모습 및 만주라는 땅에 몸을 실은 자신의 처지를 탄하는 강모의 인식 양상이 두 번째 인용문을 통해 구체적으로 매개된다. 만주라는 장소에서 그는 자신을 땅에 발 딛지 못하는 거미로 비유함으로써 장소상실의 이미지를 거듭하고 있다. 이러한 비유는 그저 실제적으로 몸만 매안으로부터 떠나왔을 뿐 달리 마땅한 지향점을 찾지 못하는 그의 의식에 비견되는 것이다.

이때 '땅'이라는 표지에 주목해야 한다. 위의 인용문에서는 땅이라는 표지가 단지 비유적 맥락에서 자연스럽게 등장한 것이라고도 볼 수도 있겠으나, 『혼불』에 있어서 이 표지는 그 의미망을 매우 드넓게 직조하고 있는 까닭이다. 앞서 인용한 바와 같이 매안과 거멍굴, 고리배미의 근린이 갖는 관계에 있어서도 실제적으로 이 땅이라는 표지가 소작과 함께 등장한다는 것을 함께 염두에 둘 만하다.

그러나 소설에서 '땅'의 의미가 단지 장소 층위에 국한되지 않는 것은 물론이다. 땅이 앞서 언급한 지리적 지평의 확장 경향을 통해 장소의 공간화 축에서 기능하는 한편, 심진학을 위시하여 여러 인물의 맥락에서 그리고 서술자 층위의 삽입 구성을 통해 시간의 공간화 축과도 긴밀하게 결합하는 표상으로 드러난다는 점이 중요하다. 특히 이 '땅'이라는 표상과 앞서 만주로 떠나고자 하는 강모의 장면에 등장하는 '핏줄'이라는 표지가 조응한다는 점에 주목할 때, 강모라는 인물의 위 인식 추이와 관련된 의미망에 각별히 주목할 필요가 생긴다. 이 인식 추이의 결절 지점이 단지 강모라는 인물 차원의 초점화 국면에서만 작용하는 것이 아니라, 서사 전체에 간여하고 있다고 판단되는 까닭이다.

땅이라는 표상은 지리적 지평의 확장 경향과 맞물려 서사의 의미망을 촉발하는 주요 결절점이 된다. 위의 인식에서도 땅이 이른바 "마음자리"(9권, 205쪽)로 이행하는 것을 살필 수 있다. 먼저 이 표상이 장소의 공간화 축과 결합하는 지점은 앞서 언급한 것처럼 초점화의 중층 구성을 통해 인물 초점화 층위의 가장 근거리의 지점에서, 그리고 일견 대립 구도를 통해 공간 형상을 구축하는 듯 보이지만 오히려 이러한 대목에서 단지 그것만으로 맥락화할 수 없는 결절 지점을 이루면서 생겨난다.

『혼불』의 서사 전체에서 매개되는 조율된 공간의 단서는 장소 표지에 의해 지리적 지평선이 넓어지면서 이를 통해 결집되는 근린의 지평 확장과 결부되어 보다 두드러지는 것으로 보인다.[17] 처음 혼례를 통한 반촌과 반촌의 짝에서 반촌-거멍굴 그리고 매안-고리배미-거멍굴의 관계적 구도는 물론이고, 서사의 중점적인 초점화 대상이 되는 위와 같은 일차적 근린 영역과 만주가 결합하는 지점에 이르면 이 교직된 의미망의 저변이 더욱 넓고 깊어진다. 이 지점에 이르면 다층적으로 짜여져 있는 공간 구도 속에서 조율된 공간 형상이 비단 서사 내적 표지로 나타나는 인물 초점화의 양상에 국한될 수 없는 구도가 감지된다. 권역의 확장에 결부되는 지점은 개별 인물의 초점화로 온전히 설명될 수 없는 기투의 양상이 존재하는 것은 아닌가 하는 생각에 힘을 싣는다.

이즈음 장소의 공간화 축에 결합되는 것이 시간의 공간화 축이다. 앞서 말한 것처럼 땅의 표상에 결부되는 것이 또한 강모의 단락에서 핏줄이라는 표현임을 염두에 둘 필요가 있다. 문제는 『혼불』에서 핏줄이라는 것이 '반상'에 대한 인식과 결부되어 있고, 또 역사에 대한 의식과도 연결된다는 점인데 이는 이 소설의 의미(이데올로기) 차원을 평가하는 데에도 기여하는 중요 결절 지점이라 여겨진다. 따라서 아래에서는 지금까지 논한 단서들을 바탕으로 내포 작가 차원의 초점화 국면[18]을 가늠해보면서 이러한 결절 지점이 형성하는 의미망에 대해 이야기해볼 것이다.

텍스트성의 의미망과 효과

인물 차원의 기투는 있되 그 명확한 결구가 제시되지 않고 또한 서사의 의미 층위에 관여된 특정 인물 유형이 플롯을 통해 구조화되지 않는다는 점에서 『혼불』의 서사에 대한 평가의 쟁점이 생겨나는 듯하다. 그러나 장소상실에서 공간 기획으로의 구도 및 이러한 기투의 양상을 복수적 층위 차원으로 보았을 때, 이와 관련된 문제의식은 여전히 소설의 의미 해석에 있어 유효한 해석의 지점을 제시한다. 서사 내적으로 인물 초점화에서 형성되는 공간 형상의 표지에 주목하는 것은 중요하지만 전체 서사 담화가 촉발하는 의미 형상 또한 중요하게 보아야 한다.[19]

이즈음 '땅'이라는 표상과 관여된 해석 지점은 강모라는 인물 층위의 인식 추이와 보다 직접적으로 관계 맺는 이기채나 심진학의 담화 양상과 더불어, 서사에서 내포 작가 층위의 초점화 국면이 개입되어 있는 것으로 보이는 심진학-강호의 대목들, 서술자 층위에서 매개되는 삽입 텍스트들의 편린 등 서사 전체를 구성하는 다층위의 맥락들에서 그 의미 단서를 얻을 수 있다.

> 지금이야 옛날 같지 않아서, 그런 신분을 정하여 옴도 뛰도 못하게 만들었던 조정도 망하고, 이제는 이름마저 일본식으로 창씨개명을 했지만, 그것은 어디까지나 외피에 불과한 것이었다.
>
> 그 겉옷 밑에는 여전히 오래 오랜 세월 동안 묵고, 가라앉고, 엉겨붙은 관습이 소금 버캐 켜켜이 자욱한 몸뚱이처럼 그대로 남아 있었다.
>
> 마치 새로 난 철도가 마을 뒷산 고리봉의 저 뒤쪽으로 벋어 지나가듯이, 개화 개명이라는 새 문물은 마을 바깥 저 뒷등허리로 저희끼지 지나가고 있을 뿐, 마을 안 고리배미는 예전부터 나 있던 길을 그대로 끼고 앉아, 변함없이 걸어서 다니는 사람들 모양 어제 살던 대로 오늘도 살고 있는 것이다. (3권, 271~272쪽)

우선적으로 서사적 현재에 대한 다음의 서술을 언급할 만하다. 앞선 장에서 단순히 시간적 배경으로만 제시되지 않고 인물들의 인식을 비롯하여 서사적 현재 전체의 배면에서 작동하는 일제강점기의 시대에 대해 언급한 바 있다. 중요한 점은 이러한 시대적 자장이 강력하게 서사 내부에서 영향력을 미치고 있음에도 불구하고, 그것은 동시에 '어디까지나 외피에 불과한 것'이라고 표현되고 있다는 점이다. 이는 우리가 일정 시기의 과거사나 역사적 사건을 사후적으로 추산해볼 때 흔히 단일한 맥락에서 시각화·원근화하는 방식과 같이 실제적인 일상에서도 과연 그러하였을까, 과거와 현재라는 구분이 과연 그렇게 명징하게 분리될 수 있는가에 대해 생각해보게 한다.

『혼불』의 서사 전체에서도 매안과 고리배미, 거멍굴의 근린을 이어주는 것은 여전히 시대라는 '겉옷' 아래 몸뚱이로 비유되는 관습이다. 이른바 관습과 유비되는 전통, 역사, 민족 등의 술어가 등장하게 될 것인데, 그렇다면 호명되고 있는 것은 어떤 전통이며 그 맥락은 무엇인가?

땅의 표상으로 응축되는 역사라는 논제가 시간의 공간화 축에서 주요 키워드가 된다. 일차적으로는 지명과 관련된 장소의 내력이 설명된다. 서사의 주요 배경이 되는 매안을 비롯하여 고리배미나 거멍굴은 "지리적 분류에 의해 흙덩어리 지명이나 달고 있는 것이 아니라"(8권, 108쪽) 그 땅의 이야기를 담고 있는 고유명사로 제시된다. 각 단락에서 이 지명들에 대한 설명은 그 땅과 관계 맺어 온 사람들의 삶에 대한 역사를 소급하여 제시하는 방식으로 드러나 있다. 매안의 근린이 아니더라도 전주나 만주 봉천의 서탑거리 또한 그 내력이 소상히 제시된다. 이때 이 내력을 통해 각각 '땅'의 맥락으로 역사를 공시화하는 데 있어 그 범위는 고조선의 창세 신화로부터 백제·조선 시대에 이르기까지 매우 넓고 인용되는 사상사적 맥락 또한 불교·유교·민간신앙 등으로 땅에 잇대어 건져내는 삽입 텍스트의 국면이 무척 다층적이다.[20]

이처럼 중점적 표상을 이루는 '땅'이 첫째 갈래에서 실제 장소의 표지에 하나하나 의미를 부여한다면, 둘째 갈래에서 땅은 '핏줄'과 결합하여 인물 차원의 호칭에서 가령 청암부인이나 율촌마님, '~네', '~댁' 등을 통해 그 토대로서의 연원과 유비적으로 결합된다. 이즈음 앞서 강모의 인식 변화 추이와 연관되어 '핏줄'과 '땅'의 표상이 연역될 때, 그것은 단순히 종가의 신분과 지위라는 의미항으로만 응집되지 않음을 확인할 수 있을 뿐더러, 오히려 지금·여기에서 살아가는 자신의 내력이라는 의미항에까지 확장되는 형국을 이룬다.

이는 심진학의 담화 양상[21]에서 특히 구체화된다. 그에 따르면 이 내력은 성姓과 본관으로 나뉘어 각각 시간과 공간 차원의 의미로 설명되고 있다. 이에 더하여 심진학은 '내력'의 이해-양상이 구체적으로 신분의 맥락, 즉 신분의 고하로 고착화되는 역사적 맥락까지를 고고학하여 포착하고 있다는 점이 각별히 중요하다. 이 담화는 '핏줄'이 반상 이데올로기에 국한되는 표상만으로 자리하는 것이 아님을 드러낼뿐더러 더 나아가 '근본-존재-씨앗-땅'의 비유적 결합을 통해 내력의 의미망을 확장하는 것이다. 이는 아래의 단락에 비견된다.

> 내 아직 가 본 일도 없는, 이야기 속의 중국과 몽고 만주가 육화 체감되어, 내 살에 실제로 파고드는 전율을 소스라치게 느끼는 것이다. 그때 나를 떨게 하는 것은 연결감이다. 내가 바둑알처럼 따그락,

따그락, 따로 떨어져 뒹굴면서, 흑이냐 백이냐로 명확하게 갈라져 구분되는 존재가 아니라, 우주의 시간과 공간 속에 그 경계를 넘나들며 섞이는 활홀감을 나는 맛보는 것이다.

내가 비록 이곳에 있지만 분명 저곳과 이어져 있구나 하는 실감.

보이지 않는 진맥의 실낱이 떨리면서 팽팽하게 당겨지는 그 존재의 밀의를 어떻게 설명할 수가 있을까.

역사에 대한 인식도 나는 마찬가지라고 본다.

내 시간 위를 흘러 지나가는 저 봄날의 흙먼지 한 무리처럼, 역사라는 것을 한낱 하잘것없는 잡담으로 치거나 번거로운 바람, 혹은 털어내 청소해 버릴 흔적으로 치부한다면, 그것은 나와 무관하여, 이미 죽어버린 자들의 잠꼬대 같은 기록에 불과한 것이 되겠지만.

티끌같이 작은 일도 내가 온몸을 열어 놓고, 오관을 다하여, 마음으로, 느낌으로 받아들인다면, 역사는 바로 그 순간에 나와 한 몸을 이루어 체화될 것이다.

그리고 나는 역사의 중심에 서게 될 것이다.

나로부터 엮어 보는 역사歷史.

역사의 현장을 교과서에서 찾지 말라.

바로 나 자신에게서 역사를 찾으라.

내가 없는 역사를 무엇에 쓸 것이냐.

까마득한 고조선의 단군 할아버지로부터 몇 천 년을 편년체로 지루하게 엮어 내려오는 역사는, 나한테까지 당도하기도 전에 기진맥진 지치고, 외우기 너무 멀어 오다가 길을 잃어버린다.

추상적이기 때문이다.

반면에

"내가 누구인가."

정말 궁금하여 아버지, 아버지가 살던 땅, 할아버지, 할아버지가 살던 시대, 증조부, 고조부, 선세 옷깃을 찾아 오르고 오르면서 드디어 단군 할아버지에 도달하는 길은 절실하고도 구체적이다.
내가 원인이 되어 있기 때문이다. (8권, 127~129쪽)

위의 인용문은 심진학의 역사의식에 대한 담화 양상을 통해 그의 의식에 비견되어 형상화되는 '내력'에 대한 인식 국면을 단적으로 드러내는 부분이라고 할 수 있다. 단지 땅과 결부되는 내력의 의미항이 심진학의 인물 초점화 국면에서만 제시되는 것이라고 보기에는 그 유사한 담화의 출현이 서사 곳곳에 잦다는 사실 또한 주지할 점이다. 동시에 심진학의 담화는 특히 강모의 인식에 대해 변화 지점을 예비케 하는 조력자 역할[22]에 상응하며, 이 소설의 표상 중 특히 의미 해석에 주요한 키워드가 되는 '땅'의 표상에 대해 직접적으로 이야기하는 단락들을 구체화하고 있다는 점에서 흥미롭다. 상기 단서들을 고려할 때 위의 서술은 단지 심진학이라는 인물 차원에 국한되지 않고 내포작가 차원의 초점화가 그 영향력을 미치고 있는 것으로 판단된다.

중요한 것은 심진학으로 매개되는 담화를 통해 내가 몸담고 있는 지금·여기의 구체적인 시간과 장소가 점차 조선사람(민족), 시대라는 자장 안의 사람들, 역사에 이르기까지 확장되면서, 공간축과 시간축이 땅이라는 표상에서 만나게 하는 교량이 되어주고 있다는 점이다. 물론 여전히 이 지점에서도 매안은 그 많은 지리적 표상들을 결집하게 하는 중심 표지로 자리하나, 이때 '땅'이란 매안이라는 구체적 장소 층위에 한정되지 않고 조선 전체로 확장된다. 이처럼 이 땅의 역사는 시간축과 공간축을 가로지으며 구성되는 민족이라는 추상적인 개념항으로까지 가닿는 셈인데, 이때의 민족이란 위의 맥락에서 구체적인 삶의 양상으로부터 비롯되어 경험의 자장에서 직조되는 범주로 이해된다. 같은 맥락에서 과거라는 시간 역시 현재적 의미로 소급되어 전유됨으로써 상기된다. 그렇다면 『혼불』의 전체 서사에서 지금·여기의 현재에서 과거를 소급한다는 것은 무엇을 의미하는 것일까?

땅의 표상이 단지 물리적 땅을 얻을 수 없음이 생존권과 직결되는 것 이상으로 '마음자리'에 이르기까지 확장된다면, 이는 다른 땅, 이른바 장소적 차원이 아니라 공동체, 역사 등을 통한 실체가 아닌 존재의 '토대'에 대한 기획으로 나아가고자 하는 욕구와 기투로 향한다. 이는 일차적으로는 담론적 실천, 요컨대 이 소설의 서사적 현재 층위의 맥락에만 한정한다면 일제의 '신민' 논리에 근본적으로 저항하는 것이기도 하다.

> "이제 저들은 우리의 문화나 역사나 정신이나 삶이나 존재를, 비하 왜곡해서, 너희는 한낱 지렁이에 불과하다는 가설로 세뇌 감염시킬 것이네. 그래서 우리들은 어느결에 개한테 물린 이빨 자국을 통해서 저도 모르는 사이, 자신을 용이나 뱀이 아니라 지렁이라고 생각하게 되는 것이지. 지금도 벌써 많이들 그렇게 되지 않았나?"
>
> 그리고 그것은 기록으로, 문서로, 남는다.
>
> 마치 신라가 백제에 대하여, 고려가 후백제에 대하여 그러했듯이.
>
> 그리고, 후세에서는 그것을 믿는다. (10권, 294쪽)

이처럼 『혼불』에 있어 역사라는 단어를 갈음하는 의식은 '역사적 현재'라는 표현으로 요약된다. 그러니 '땅'의 표상과 결부되어 초점화 층위를 교직하여 드러나는 텍스트성과 그 효과 차원의 논제는 인물 차원의 기투와 결합하여, 역사를 현재와 절연된 과거의 것으로만 돌리는 담론적 실천들을 경계하고 오히려 '역사적 현재'에 대해 질문을 던지는 방식으로 구성되어 있다고 해석할 수 있다. 따라서 공간 형식이 이 소설의 서사 구성 전략에 있어 핵심적이라는 것은, 곧 바로 그것이 무시간성을 통해 인간의 존재론적 의미를 추상하거나 재현한다는 논의로 결코 귀결될 수 없을뿐더러, 동시에 이를 바탕으로 한 혼불의 역사에 대한 인식 또한 초역사적인 것이거나 과거의 원형에 대한 복원으로 향하는 시도라는 회귀 이데올로기를 표방하고 있는 것으로 의미화되기 어렵다. 차라리 『혼불』에서 드러나는 '역사적 현재'의 논항은 오히려 현재를 읽어내기 위해 역사에 대해 관심하는 것으로 의미화되어야 할 것이다.

> 그러나, 놀라워라.
>
> 이처럼 유현幽玄 황홀하고도 매혹적인 몸매와, 마음을 사로잡는 무늬는, 천만 뜻밖에도 시궁창 속에서 태어난 것이라 하지 않는가.
>
> 청천 하늘 아래 햇빛 먹고 비 마시며 순결하게 자라던 생나무 둥치 아름드리가, 어느 하루, 나무 깎는 장인匠人의 도끼날에 그만 토막 토막 잘리어서 흩어지며 시궁창에 처박힐 때.
>
> 누구라서 그 나무라면 참혹다 아니하랴.
>
> 한 해도 아니고, 두 해도 아니고, 석삼년 캄캄한 세월 동안을, 나무토막들은 부글부글 괴어 끓는 도랑창 더러운 복판에서, 남모르게 홀로 삭고 썩는 것이다.
>
> 그러다가 이윽고 날이 차서 건져내면, 열에 아홉은 형체마저 찾지 못하게 참말로 썩어 버리지만, 그 중에 천행으로 겨우 한 개 건져낸

토막은, 다행히도 살아 있어 소중하게 보듬아 올린다.

…(중략)…

썩어서 썩지 않는 그대.

죄도 없는 몸뚱이를 시궁창에 잠그고 썩으며, 삭으며, 부스러지고, 갈라지면서, 또 아물며, 무섭게 뒤틀리다 (1)몸 속에 품고 있던 응어리 진 액을 마지막까지 다 토하고 토해 내면서, 기왕의 존재를 버리고 새로이 태어난, 가벼운 생명.

그것이 곧 화병에 어리는 저 무늬요, 나무의 지문指紋이며, 한세상을 다 썩도록 견디어 이겨낸 자의 아름답고 찬연한 낙관落款이 되었으니. …(중략)…

(2)결코 순탄치 않은 시대와 역사, 진부한 인습, 억울한 관념의 편벽이 그대들을 상하게 할지라도, 오히려 저마다 제 몸으로 깎은 화병 하나, 삶의 중심에서 빚어 낸다면, 그 몸에 어리는 무늬들은 이윽고 이 세상에 새로운 풍경을 드리울 것이니. …(중략)…

그래서 이 모든 것 품어 안아 드러내며 새로이 이루는 이러한 화병이 태어나는 것이다.

(그렇다면 거멍굴의 춘복이나 만동이 백단이는, 끝끝내 썩지 않고 버티어 살아 남을 나무토막들일까. 양반 선산에 투장을 하여 조상의 뼈를 몰래 옮기고, 반골의 뼈를 꼿꼿이 곧추세워 몸뚱이 맞는 저들이, (3)결국은 이 역사 앞에 온몸 드러내 저마다의 무늬로 새 경치를 아로새길 것인가.)

그 어떤 경치를. (8권, 259~262쪽. 인용자 밑줄)

이와 같은 역사에 대한 의식 및 초점화 층위의 중층적 구성을 통해 발원하는 '땅'의 표상에 결부되는 문면은 위의 인용문-강호를 초점화하는 담화 양상에서 다시금 구체화되며 조망의 지점을 확보한다. 우선적으로 몇 장에 달하는 규모로 나무로 깎은 화병이 그 아름드리 나무로부터 나무토막으로 잘려 숱한 인고의 과정 속에서 결코 씻기지 않는 "시궁물 멍든 빛"(8권, 261쪽)과 뒤틀림을 "아련히 그윽한 비취빛"(8권, 262쪽)과 '지문'으로 제 몸에 새기고 새로운 존재-화병으로 탄생하여 다시 자리에 놓이는 순간까지를 묘사하는 삽화가 제시되고 있다. 이는 일단은 강호라는 인물이 형상화하는 의식 차원에서 그가 거멍굴에 결음한 의미와 조응하여, 그리고 그 화병이 백정 택주가 마음을 담아 건넨 것이라는 점에서, 화병과 거멍굴 하천들의 삶과 유비되는 기투의 양상을 결합하여 의미화하고 있다. 가령 위의 인용문에서 괄호 표기로 묶여 구체화된 서술은 이를 확연하게 보여준다.

그러나 동시에, 이 담화가 단지 강호의 의식 차원에서 초점화되는 시각에 고정되지 않음은 명백할 것이다. 비단 거멍굴 하천으로서 최초의 자리-장소에 정위되었던 인물들의 기투 뿐만 아니라 매안의 반촌이라는 자리-장소에 정위된 3세대의 인물들 그리고 나머지 인물들, 비단 대립적 공간 구도와 적극적으로 결부되지 않는 이기채와 효원을 비롯하여 청암부인에 이르기까지 제각각 인물들의 차원에서 인물 초점화의 기투 양상 또한 위에서 형상화하는 화병의 표상적 의미에 적실하게 결합한다. (2)는 바로 이와 같은 지점을 예시하는 것이다. 동시에 앞서 논급한 역사적 현재의 문면은 시간의 공간화로 요약되는 내포작가 초점화 국면의 기투를 통해 (3)의 지점이 갖는 의미망을 확장하고 보충한다. 이즈음 이 두 기투의 결합 지점이 '땅'이라는 표상에 걸머듦으로써 그 시간과 공간 차원의 교차 지점에서 지금-여기의 '삶의 자리'를 '마음자리'와, '응어리 진 액'을 토해내는 듯 곳곳으로 비틀리는 인물들을 아로새겨지는 '무늬'가 잠재된 가벼운 존재와 함께 사상하는 듯한 (1)의 담화가 돋보인다. 이는 『혼불』의 서사 속에서 제시되는 '혼불'의 이미지와 결부되면서, 전체 서사의 담화 조직 양상과 조응하는 텍스트성의 의미망을 구성한다.

이상으로 텍스트성이라는 개념과 초점화 양상을 중심으로 한 접근을 통해 『혼불』의 특징적인 서사 전략과 그 효과에 대해 논하고자 했다. 이 장 전체는 특히 이 서사가 어떤 방식으로 운용되며 작동하는가, 그리하여 서사 '담화'가 어떤 기능을 하는가에 대해 관심을 갖고 해명해보려는 시도였다. 구성에 있어 장소의 공간화 및 시간의 공간화 양상이 기투라는 서사 구도에서 어떤 방식으로 의미화되며, 이러한 기투의 두 층위가 구체적으로 어떤 맥락에서 초점화의 중층 구성과 함께 드러나는가에 대해 이야기함으로써 『혼불』의 서사 전략상의 조율 및 서사의 의미망이 예시하는 효과들에 대한 해석의 지점에 가닿고자 했다.

이를 논급함으로써, 『혼불』의 텍스트성의 의미망과 효과의 두 준거점 모두가 텍스트내적·텍스트외적 층위의 자장에서 언어의 숱한 결, 즉 적층과 교호 관계를 구축하는 방식[23]으로 구성되고 있음을 논점으로서 구체화할 수 있었으며, 이러한 서사 담화의 확산적 언어가 『혼불』의 텍스트성에 있어 중추적 언어 운용 양상으로 자리함을 조망할 수 있었다.

『혼불』에서 초점화 대상이 되는 역사적 상황 속에서, 스토리 상의 인물들 차원에 주목하여 논급될 만한 계급이나 서로 간의 이해관계 및 서사의 담화 차원에 주목하여 논급될 만한 문화적 표상 형식들은 그 의미의 지층이 여일하거나 단일하게 제시되지 않을 뿐더러, 각기 서로를 온전히 확증할 수 있는 방식으로 나타나는 것도 아니다.

그러므로 서사의 의미망이 복잡한 회로를 통해 구성될 수밖에 없을 것이다. 따라서 특히 초점화의 섬세한 결이 해석의 관건이 됨은 물론이고, 기본적으로 상호텍스트성에 근간하는 것으로 간주할 수 있을 만큼 동시대적일 뿐 아니라 역사적 텍스트의 혼합을 통해 일종의 콜라주로서의 형식을 갖는 『혼불』 논의에 있어서 텍스트성의 개념을 적용하기 위해서는, 단순한 추상화된 텍스트 성립의 조건으로서 그것을 다루는 것이 아니라 실제 텍스트의 특질에 대한 구체적인 분석에 근간한 논의 및 그에 걸맞은 이론적 지반이 필요할 것이다.

■ 정미선

1 고영근, 「『혼불』의 텍스트성 판정의 문제」, 『관악어문연구』 28집, 서울대학교, 2003, 29쪽.

2 이는 기호학적으로 상정된 내적 구조를 전제하여, 텍스트의 성립 규준을 제시하는 것을 목적으로 두는 개념이다. 위의 논문 외에 양영희, 「『혼불』에 나타나는 텍스트성의 갈등 양상」, 『한국언어문학』 49집, 한국언어문학회, 2002 참조. 김동근, 「『혼불』의 기호 체계와 텍스트성」, 『현대문학이론연구』 20집, 현대문학이론학회, 2003 또한 텍스트언어학에서 제시한 텍스트성의 기준들을 논지의 전거로 두되, 텍스트성 '판정'의 측면이 약화된다. 이러한 텍스트성 개념에 대한 비판은 페터 쉬미터·이재원, 「텍스트성과 응집성—텍스트 내재적인 두 가지 현상인가?」, 『텍스트언어학』 14집, 한국텍스트언어학회, 2003 및 이재원, 「또 다시 텍스트성」, 『텍스트언어학』 24집, 한국텍스트언어학회, 2008 참조.

3 패트릭 오닐, 이호 옮김, 『담화의 허구』, 예림기획, 2004 참조.

4 이와 같은 텍스트성 개념을 바탕으로 『혼불』에 접근하는 까닭은 다음과 같다. 1. 『혼불』의 서사 구조가 갖는 기본적인 특이성은 플롯 차원의 서사적 사건 추이보다 그와 결부된 담화(이야기하기) 차원에 방점을 둔다는 데 있다. 2. 그런데 이와 같은 『혼불』의 서사적 특성은 기존 연구들에서 '박물지' 혹은 '장식성'의 술어를 통해 플롯과 유리된 잉여적 자질로 논의되어왔다(대표적으로 정호웅, 「박물지의 형식」, 『황해문화』 14집, 새얼문화재단, 1997). 3. 확장된 텍스트성 개념을 통하여 『혼불』을 조명하는 것은 이 소설의 서사 담화가 구체적으로 어떻게 운용되고 있는가에 주목하기 위함이다. 이러한 접근을 통해 중층적인 서사 층위를 교직하며 전개되는 다단한 서사의 의미망을 드러낼 수 있으며 또한 『혼불』의 이와 같은 특징적 서사 담화가 기능하는 양상을 구체화할 수 있으리라 생각한다.

5 초점화Focalization란 '누가 보는가'와 '누가 말하는가'의 질문을 바탕으로, 텍스트의 서술 상황에서 구성되는 서사적 기제를 정교화하기 위해 고안된 방법적 개념이다. 초점화는 기본적으로 초점화자·초점화 대상·서술자·내포작가에 이르는 서사적 매개자들을 포함하며, 독자가 텍스트에서 제시되는

성분들을 지각하는 방식과 그로부터 산출되는 의미에 중대하게 관여하는 서사의 잠재적 작용 원리이다. 이를 논급한 기본적 문면은 미케 발, 한용환·강덕화 옮김, 『서사란 무엇인가』, 문예출판사, 1999, 181~269쪽 참조.

6 오닐, 앞의 책, 183쪽.

7 위의 책, 191쪽.

8 위의 책, 204쪽.

9 초점화 등 서사론적 기제들을 바탕으로 『혼불』을 소개하는 기존 연구로 장일구, 『혼불읽기 문화읽기』, 한길사, 1999, 147~178쪽 참조.

10 장소상실Placelessness은 인간과 공간의 관계 양상에서 장소성Placeness과 대별되는 문제적 상황을 함축하는 개념으로, 인문지리학의 주요 논점을 이룬다. 이때에 장소적 자질이 정주·안정·보호 및 안정감을 관건으로 한다면, 반대로 장소상실성은 이러한 실존의 비호 속성을 상실한 공간의 문제 상황을 일컫는다. 에드워드 렐프, 김덕현·김현주·심승희 옮김, 『장소와 장소상실』, 논형, 2005, 287~298쪽 참조.

11 기투Entwurf는 하이데거의 '세계-내-존재' 테제로부터 구체화되는 인간의 실존론적인 존재 틀이다. 이 장에서는 이를 볼노가 '공간에 있음'과 '공간을 가짐'이라는 이중의 실존적 양상으로 해석하는 방식을 따라, 내던져짐의 상태에서 인간이 자신의 존재를 쏟아 부어 온전히 노력함으로써 구성되는 인간과 공간의 관계, 즉 "거주"의 의미로 사용하며 '기획'이라는 표현과 혼용하여 쓸 것이다. 오토 프리드리히 볼노, 이기숙 옮김, 『인간과 공간』, 에코리브르, 2011, 351~399쪽 참조.

12 최명희, 『혼불』, 한길사, 1996. 이하 인용문 뒤에 '권수, 쪽수'만 표기한다.

13 많은 사례가 있으나 그 대표적 문면으로 전라문화연구소, 『혼불의 문학세계』, 소명출판, 2001, 175~212쪽 참조.

14 전라문화연구소, 『혼불과 전통문화』, 문예연구사, 2003, 336~337쪽의 지리·지명 정리표 참조.

15 발, 앞의 책, 86쪽.

16 이와 같은 방식으로 구체적인 사물에 대한 은유적 사상Mapping을 통해 이미지/표상을 만들어내는 경우가 『혼불』에 빈번히 등장한다는 점에 유의할 만하다. 이를 논급한 사례로 장일구, 「은유의 문화적 구성 역학—『혼불』을 사례로 한 시론」, 『시학과언어학』 15호, 시학과언어학회, 2008, 135~167쪽 참조.

17 이 맥락에서 보면, 혼불의 장소 표지를 구분하면서 공간 구도가 유기적이지 않다거나 특정 지역에 한정되어 고립되는 양상으로 드러난다는 해석은 적

절하지 않아 보인다. 홍성암, 「『혼불』의 서사구조 연구」, 『현대소설연구』 23집, 한국현대소설학회, 2004, 122~126쪽 참조.

18 내포 작가의 개념은 발, 앞의 책, 216쪽 참조. 이에 따르면 내포 작가는 실제 작가를 뜻하는 게 아니라 서사 텍스트에서 추론할 수 있는 의미-이데올로기적, 도덕적 태도를 논의하고 분석하기 위해 채택되는 개념이다. 따라서 내포 작가는 텍스트 의미에 대한 연구의 결과물이지 의미의 근원이 아니다. 서사적 매개자들은 실체라기보다 구성적 개념이기 때문이다. 여기에서는 『혼불』의 특징적 텍스트성이 갖는 의미와 효과를 논의하기 위하여 앞서 살펴본 텍스트성 구성의 결절 지점들이 주는 단서를 바탕으로, 내포 작가의 초점화 층위를 고려한다.

19 개별 소설에 따라 서사 내적 표지로서의 공간 형상만 논급해도 충분한 경우도 다분할 것이지만, 이른바 서사성이나 이야기 자체, 미적 완성도 같은 틀로 평가할 수 없는 소설들도 있을 것이다. 가령 메타픽션이나 패스티쉬 등 여타의 서사 구성 상의 조작을 활용한 소설, 도저히 '소설 같지 않은' 소설(가령 혼불이 소설인가에 대한 논의를 하고 있는 이동재, 「『혼불』에 나타난 역사와 역사의식 론」, 『한국근대문학연구』 3권 2호, 한국근대문학회, 2002 참조) 등에 대해서는 위의 접근만으로는 해석하기 어려울 것이다.

20 이를 아우르는 『혼불』의 문화지적 면모에 대한 기본적인 논의 방향은 김열규, 「『혼불』의 생태비평」, 전라문화연구소(2001), 29~56쪽 참조.

21 그 전체 문면은 3권, 224~234쪽 참조.

22 강모의 인식 차원에 주로 결부되어 영향을 미치는 인물은 이기채와 심진학이라고 할 수 있다. 가령 다음의 대목에서 이를 확인할 수 있다. "역사선생은 무심한 땅이 그토록이나 절실한 역사의 생명체로서, 지리적 분류에 의해 흙덩어리 지명이나 달고 있는 것이 아니라, 몸소 그도 인간처럼 한세상을 살고 있다는 것을 비장하게 가르쳐 주었고, 아버지는 왕조와 성씨의 관향에 대하여 그다지도 간곡하게 말씀하셨지만, 왕업과 성씨의 주춧돌은커녕, 돌멩이 하나 제대로 가슴에 박지 못한 나는, 살아서 이 위에 무엇을 지으리."(8권, 108~109쪽) 이 두 인물이 같은 맥락에서 이야기되고 있다는 것 또한 의미심장한 것으로 판단된다. 앞서 본문에서 언급한 것처럼 이기채와 심진학의 내력에 대한 담화들을 보다 세부적으로 '땅'의 표상과 결부시켜볼 수도 있을 것이다.

23 이 지점에서 오닐의 텍스트성 논의가 제시하는 '텍스트'의 개념 모델, 즉 기본적으로 상호텍스트이자 메타텍스트로서 항상 전도의 잠재력을 갖는 '언어 게임'의 복합체로서의 텍스트 모델을 상기함으로써, 『혼불』의 텍스트성 논의의 준거점을 세울 수 있다.

서사 축으로서 의례의 의미 읽기

『혼불』은 이야기의 주요 배경인 남원 지역을 중심으로 전통 문화와 민속 관념을 치밀하고도 폭넓게 형상화하고 있는 작품으로 평가된다. 『혼불』에 드러나는 문화 담론은 다양하기도 하거니와 그 문화 담론이 의미를 형성하고 있어서 『혼불』 속 문화를 이해하는 일은 『혼불』에 대한 깊이 있는 접근방법이 될 수 있다.

우선 알려진 대로, 『혼불』에는 민속이나 풍속이 풍성하게 기술되어 있다. 한 시대 삶의 다면과 전승 문화의 다층이 그려져 있음으로써, 문화 현장을 간접적으로 체험할 수 있는 여지가 조성된다. 특히 서사의 핵심 모티프인 혼불과 관련된 상례나 혼례, 장례 등을 기술한 장면이 서사의 지점을 이룬다.[1] 즉, 문화 현장의 구체적인 서술을 통해 문화 자체로서의 재현뿐만 아니라 서사 지점으로서의 의미를 파악하는 일이 『혼불』을 더 풍성하고 다양한 시점으로 바라볼 수 있는 일이 될 수 있다는 것이다. 『혼불』에서 두드러지게 형상화되고 있는 문화는 혼인 문화와 죽음과 관련된 의례이다. 우선 『혼불』에서 혼인은 여러 가지 사건들을 연결 짓는 연결고리이자 사건의 발생 원인이며 결과이기도 하다. 강모와 효원의 혼례식을 통해서는 우리의 전통 혼례가 이루어지는 방식을 파악할 수 있고 더불어 그 혼례를 통해 파생되어 가는 불행이 이후 서사 전개의 주축을 이룰 것임을 보여준다. 그리고 사별과 소박이라는 남편의 부재不在로 인한 혼인과 관련된 불행, 혼인으로 신분의 한을 풀고자 하는 모습, 처첩제 등, 혼인으로 인한 인물들 삶의 다양성이 드러난다.

의례 자체는 아니지만 죽음의 시작을 형상화, 시각화하고 앞으로 사건 전개의 큰 변화를 일으키게 될 청암부인 죽음의 사전 의식 같은 혼불의 모습, 그리고 자세히 서술되는 청암부인의 장례, 홍술의 투장 묘사 역시 장례 문화를 보여준다. 그 뿐만 아니라 서사의 지점으로 인물들 삶의 양상에 변화를 가져오면서 갈등을 심화시키는 요소로 작용하는 것을 보여준다. 따라서 이 장에서는 『혼불』 속에서 혼인 문화와 죽음 의례가 어떤 서사의 축을 형성하며 의미작용을 하는지 살펴보고자 한다.

혼인 문화의 의미

혼인婚姻의 사전적 의미는 남자와 여자가 부부가 되는 것으로 『혼불』에서 혼인 문화의 의미를 분석하기 위해서는 어디까지를 혼인 문화의 범주 안에 넣을 것인지 규정해야 한다. 정상적인 혼인 절차를 비롯한 혼례식이 있는 경우만을 혼인 문화의 범주로 포함할 것인지, 혼례식이 없었을지라도 통상 부부 사이에서 가능하고 통용되는 행위들(임신, 처첩제, 소박 등)이 나타나는 경우까지 범주로 포함할 것인지에 따라 이 장의 서술 범위가 달라질 수 있기 때문이다. 『혼불』에서는 정상적인 혼인 절차를 비롯한 혼례식이 없는 경우라 할지라도 임신, 처첩제, 소박 등과 같은 행위들로 인해 서사의 구조가 풍부해지고 그로 인한 인물들 간의 관계들이 더 다양해지고 있다는 판단 하에 이러한 경우들까지 혼인 문화로 포함하여 살펴보고자 한다.

● 정식 혼례: 강모와 효원

이야기의 서사적 출발은 강모와 효원의 혼례 장면이다. 먼저 혼인하자는 의혼議婚이 있고 청혼서가 오갔다는 서술 뒤에, 매안에서 신랑 될 사람의 사주를 가지고 오는 사람이 당도하였다면서 사주단자에 대한 서술이 자세하게 이뤄진다. 그런 후에 본격적으로 혼례를 준비하는 과정을 서술하고 있다. 흔히 전통혼례를 다룬 소설들은 혼례 장면을 압축하여 설명하면서 신랑과 신부, 혹은 직계가족들의 심리상태나 정황에 중점을 두는 경우가 많다.[2] 그러나 『혼불』은 인물과 더불어 의례의 절차와 의례를 준비하는 사람들의 모습까지도 상세하게 서술하고 있다. 그렇다면 여기서 무엇을 읽어낼 수 있을 것인가?

본디 혼례란 성스럽고 축복이 담긴, 인륜지대사로 꼽히는 일이다. 시간이 지남에 따라 그 형식과 형태, 인식이 변화하고는 있으나 혼례에 담긴 축복과 부부의 행복을 비는 주변인의 정서는 공통된 사항일 것이다. 그러나 강모와 효원의 혼례는 처음부터 어떠한 암시를 주고 있다. 여기서 『혼불』[3]에서 나타나는 혼례가 의례의 차원을 넘어서 이야기의 흐름상 어떠한 축을 담당하고 있고 그것이 무엇을 암시하는지 파악하는 것이 『혼불』을 더 깊이 이해하는 것이라는 것을 알 수 있게 된다.

강모와 효원의 혼례 과정은 자세하게 서술되는데 그 과정마다 강모와 효원의 혼인생활에 대한 어떤 불길함, 혼인생활이 순탄치 않을 것임이 드러난다.

> 그러나 어려운 것은, 그 표주박에 가득 술을 부어 술잔을 서로 바꾸어 마셔야 하는 일이었다. 그런데 술잔을 바꾸면서 술을 한 방울이라도 흘려서는 안된다. 또 실이 얽히거나 꼬여서는 더욱 안된다. 술방울을 흘리면 흘린 쪽의 마음이 새어 버리고, 실이 얽히면 앞날에 맺힌 일이 많아, 그만큼 고초가 심하다고 하였다. …(중략)… 그러나 긴장을 하고 조심하면, 일은 더욱 더디어지고 걸리기 마련인가. 아니면, 워낙 명주실이라는 것이 부드럽고 가늘어, 이리저리 옮기지 않아도 제 타래에서 제 실낱끼리라도 얽히는 것일까. 그만 실이 꼬이더니 얽히고 만 것이다. 츳! 허담이 혀를 찼다. 하이고오, 어쩌꼬오……. 사람들 사이에서 잠시 소요가 일었다. 그 수런거림은 불길한 음향을 남겼다. 물론 그것은 작은 매듭에 불과했지만 그것을 보는 사람들의 마음을 철렁하게 하였다. (1권, 24~25쪽)

위 대목은 혼례의 과정 중 혼례식을 치루는 중에 신랑과 신부가 술잔을 바꾸어 마시는 장면이다. 이 때 술잔을 바꾸어 마실 때 술을 흘려서는 안 되고 또한 실이 얽혀서도 안 된다는 속설을 전하고 있다. 하지만 강모와 효원의 혼례에서는 실이 얽히고 만다. 혼례 장면에서 실이 얽힘을 기술함으로써 앞으로 강모와 효원의 혼인생활이 평탄하지 않을 것임을 드러낸다.

> (크다…….)
>
> 강모는 다만 아까부터 까닭을 알 수 없는 심정에 짓눌리어 몇 번

이고 이 말을 삼키는 것이었다.

눈이 부시게 찬연한 오색 구슬로 덮인 화관이며 다홍의 활옷, 그 활옷에 수놓여진 길상吉祥의 문양들이 커다란 소매의 푸르고 붉고 노란 색동과 더불어 오직 마음을 어지럽게 할 뿐, 곱다든지 어여쁘다는 생각은 들지 않았다. 그러기는커녕 아까 이 신방新房에 들었을 때 불빛 아래 앉아 있는 그네를 본 순간, 그 눈부시게 현란하여 울긋불긋 빛나는 색깔들이 덜컥 하는 소리를 내며 가슴에 부딪혀 왔었다. 겁이 났다. 섬뜩 무서운 마음이 들었다. 그 섬뜩함의 찬 기운이 몸의 낮은 곳으로 스며들면서, 자기도 모르게……어찌할꼬……, 싶은 심정에 사로잡히고 말았던 것이다. (1권, 30~31쪽)

그 막막함이 마음을 짓누른다. 짓눌리는 것은 마음만이 아니었다. 몇 몇 겹으로 싸고 감으며 갑옷처럼 입고 앉은 옷의 압박과 무게로, 숨을 들이쉬고 내쉬는 것조차도 쉽지 않은 것이다.

그네는 다리속곳, 속속곳, 단속곳, 고쟁이를 입고, 그 위에 또 너른 바지를 입었는데, 너른바지 위에 대슘치마를 입었다. …(중략)… 효원은 수모가 시키는 대로 팔을 날개처럼 커다랗게 벌리고 서서 숨을 들이쉬기도 하고 어깨를 들어올려 펴기도 했다. 도대체 가슴을 묶어내는 말기와 띠는 몇 겹이나 된단 말인가. 금방 질식이라도 할 것 같았다. …(중략)… 온몸의 감각은 이미 제 것이 아니었다.

금방이라도 몸의 마디마디를 죄고 있는 띠들이 터져 나갈 것만 같다. 그렇지만 효원은 꼼짝도 하지 않고 기어이 견디어 내고 있다. 그대로 앉아서 죽어 버리기라도 할 태세다. 그네는 파랗게 질린 채 떨고 있다. 그만큼 분한 심정에 사무쳤던 것이다. 손가락 하나도 움직이지 않으리라.

내 자리에서 칵 고꾸라져 죽으리라. 네가 나를 어찌 보고……. (1권, 41~44쪽)

위 대목은 강모와 효원의 혼례의 과정 중 첫날밤을 치루는 장면이다. 혼례에서 첫날밤은 주로 아름답게 드러나기 마련이나 효원을 보는 강모의 마음은 섬뜩함과 무서움을 담고 있다. 신랑이 신부에게 느끼는 감정이 무서움과 섬뜩함으로 묘사되는 첫날밤의 모습은 앞으로 둘 사이의 좁혀지지 않을 거리감을 드러낸다. 효원의 심정을 담은 부분은 혼례의 의복 문화를 자세히 기술한 부분이다. 어떤 옷을 어떻게 입는지 혼례 문화를 들여다볼 수 있는 장면이다. 하지만 여기서는 어떤 옷을 어떤 순서에 맞추어 입었다는 사실과 더불어 효원의 심정이 그려지고 있다. 혼례날 짊어져야 하는 의식과 형식이 아무리 무거울지라도 신부의 마음이 가볍고 기쁨에 차 있다면 그것은 감당할만한 것이다. 하지만 겹겹이 효원을 둘러싸고 있는 옷만큼 효원은 혼인생활의 시작을 버겁게 느끼고 있다. 자신에게 눈길조차 주지 않는 첫날밤의 새신랑을 향해 원망과 분노를 마음 속에 쌓아 가고 있는 것이다. 또한 강모가 어떤 옷을 입고, 어떻게 등장하였는지보다 상대적으로 신부인 효원에 대한 표현이 훨씬 많이 서술됨으로써 『혼불』이 여자들의 이야기에 더 주목하고 있음도 알 수 있다.

> 효원은 풀릴 것 같지 않는 매듭을 위아랫니로 마주 물고, 왼손으로는 발목을 부여잡고, 오른손으로는 매듭의 고를 잡아당긴다. 거의 필사적인 기분이 들었다. 움쩍도 하지 않는 고를 기어이 풀어 내려는 효원의 구부린 뒷등에는 무서운 오기가 서린다. "이실, 인제 한평생 살어 봐. 신랑 발목 비끄러매서 묶어 두지 못한 것이 참말로 한될 날이 있을 것이네." "지금이 좋지. 지금이 좋오아."
>
> 효원은 드디어 한 마디를 풀었다. 고개 하나를 넘어선 것 같았다. 네가 나를 이 앞으로 대관절 몇몇 고비에서 이렇게도 애를 먹일 것이

냐. 내가 네 발치에 어푸러져 무슨 속을 한평생 상혈라고 지금부터 이러느냐. 네가 누구이냐. 네가 과연 누구이길래 이 첩첩한 고갯길에 이렇게 나를 어푸러지게 하느냐. 효원은 이를 앙 다물었다. 혼인한 뒤에 신부를 남겨 놓고 본가로 가 있던 신랑이, 날을 잡아 처음으로 처가에 재행 오는 날, 이날이야말로 혼인날보다 더 흥겹고 재미가 있어, 정작 신랑과 더불어 한판 놀아 보려는 신부 문중의 대소가 일가 친척들이 다 모여 장난 삼아 신랑을 다루는 것이고, 누구라도 장가들 적에는 홍두깨로 매를 맞는 것이니 함께 따라 웃으면서 치를 수도 있는 일이었으련만, 효원의 가슴에는 광목띠보다 더 단단하고 질긴 매듭이 서리를 트는 것이었다. (1권, 192~193쪽)

위 대목은 강모와 효원의 혼례의 과정 중 신부를 데리러 간 신랑에게 신부 가족들과 친지들이 놀이판을 벌이는 장면이다. 이것은 하나의 절차이지만 매듭이라는 것의 의미는 주목할 만하다. 강모는 지금 거꾸로 매달린 채 매듭으로 인해 몹시 불편한 상황이다. 이것은 태어날 때부터 강모를 둘러싼 강모의 무거운 짐으로 파악될 수도 있다. 그리고 이렇게 매달린 상태에서 강모는 이 상황을 스스로 해결하지 못하고 무기력하다. 아무에게도 기댈 수도 없다. 이러한 상황을 해결해주어야 하는 것은 효원이다. 하지만 이를 대하는 효원의 마음 역시 '오기'가 서려 있다. 오기로 입을 앙다물어 매듭을 풀어내는 효원의 모습은 강모의 삶에 꼬인 매듭을 풀어내는 효원의 모습으로도 생각할 수 있다. '몇몇 고비에서 애를 먹일까'하고 생각하는 것처럼 후에 봉천으로 떠나버린 강모 대신 종부로서 이 씨 집안에서 역할을 해내야 하는 모습과도 연결된다.

"신부가 가마에서 내릴 때, 시댁 지붕 꼭대기를 보아서는 절대로 아니된다. 그러니 각별 유념하고 다소곳이 들어가거라." 효원의 어머니 정씨부인이 신행길을 떠나는 여식에게 간곡히 당부하던 말이 새삼스럽게 사무쳐 왔다. 그것은 과부가 되지 말라는 뜻이었다. (1권, 195쪽)

효원은 숨을 크게 들이쉬었다. 그리고 짓눌리는 듯한 어깨를 버팅겨올렸다. 어쩌면 어깨에서 나뭇가지 부러지는 소리라도 들릴 것처럼 힘이 겨웠었다. 그래서 둘러선 사람들의 시선을 비키며 턱을 세우고 눈을 높이 떴다. 그때, 효원의 눈에 들어온 것이 시댁의 검은 지붕 용마루였다. 용마루는 눈을 부릅뜨고 있는 것 같았다. 용마루의 눈과 효원의 눈이 순간 서로 부딪치는가 싶었다. 아찔했다. 그러더니 효원의 다리에 쥐라도 난 것처럼 후르르 떨리며 힘이 빠졌다. (1권, 199쪽)

위 대목은 효원이 처음 강모의 집에 오게 될 때의 과정을 담은 부분이다. 앞서 언급된 실이 얽히는 예처럼, 속설에 의하면 시댁 지붕 꼭대기를 보면 과부가 된다고 하였다. 효원은 신행으로 강모의 집에 오게 된 순간 시댁의 검은 지붕 용마루를 보고 말았다. 강모가 죽은 것은 아니지만 후에 떠나버리는 강모로 인해 남겨진 효원은 흡사 과부와 같이 홀로인 삶을 살게 된다. 이렇듯 『혼불』에서 강모와 효원의 혼례 절차는 아주 자세하게 서술되면서 그 과정 과정마다 복선을 깔고 암시를 주고 있다.

● 망혼제: 강수

강수의 혼례는 산 자의 것이 아니라 이미 죽은 강수의 영혼을 달래기 위한 영혼굿 형태로 이루어진다.

마당은 관솔불과 종이 등불로 휘황하게 밝은데, 사람들이 웅성거리며 마루 끝에 앉아 있기도 하고, 두런두런 이야기하며 당골네가 하는 양을 지켜보고 있기도 했다. 마당 한가운데 펼쳐진 멍석 위에 초례청이 마련되어 있었다. 솔가지와 대나무 가지를 꽂아 놓은 흰 화병이 양쪽에 세워진 것이며 그 가지들을 청실 홍실로 드리운 모양, 그리고 붉은 보자기 푸른 보자기에 암탉 장닭을 싸놓은 일들이 산 사람의 초례청과 조금도 다름이 없었다. 사람들이 가득 모여 앉은 것도. 다만 교배상의 이쪽 저쪽에 서 있는 사람은 살아 있는 신랑과 신부가 아니라 지푸라기를 엮어 만든 허수아비라는 점만이 다를 뿐이었다. …(중략)… 허수아비 신랑의 몸집은 어린아이만 했다. 그저 한 발 길이나 될까. 두 팔을 내리고 선 그는 사모관대를 하고 검은 물 들인 태사혜 창호지 신발까지 신었다. 그리고 창호지를 입힌 허연 얼굴에 붓으로 그리어 둥그렇게 뜬 두 눈이며, 꽃잎처럼 붉은 입술이 선연하고 섬뜩하다. 신부의 모습은 뒷등만 보인다. 그 뒷등에 검은 그림자가 드리워져 있다. (2권, 146~147쪽)

그 아래 신랑과 신부는 술을 마신다. 종이 바른 얼굴의 꽃잎 같은 입술을 기울여 한 모금 한 모금 술을 마시는 신랑은 강모였다. 그리고 신부는 꽃무지개 에일 듯 아련하게 두른 강실이였다. 강실이는 혼백보다 더 투명하고 선연하고 아득하였다. (2권, 150~151쪽)

강수는 친척이었던 진예를 마음에 품었다가 상사병에 걸려 죽게 되고 진예 역시 이 사건이 시댁에 알려지고 강수가 죽은 것에 충격을 받아 정신을 놓게 된다. 이 비극적 사건의 밑바탕인 상피의 모습은 강모와 강실의 관계와 닮아 있다. 망혼제에 등장하는 허수아비는 역시 서로의 관계에서 주체적인 역할을 할 수 없는 강모와 강실,

그리고 두 사람의 관계로 인해 정상적인 아내의 역할을 할 수 없는 효원의 모습과도 닮아 있다.

> 괭굉 괴굉 괭굉괭굉 괘굉괘앵
>
> 핏속에서 징소리가 울린다. 징소리에 가슴이 빠개지는 것만 같다. 아아. 강모는 강실이의 어깨를 쓸어안고 무너진다. 마치 절벽 아래로 떨어지듯이. …(중략)… 가문 여름의 들판에서 하찮은 비노리풀, 갈퀴덩굴까지도 아우성치며, 꽃대가 부러진다. 그리고 꽃잎이 찢어진다. (2권, 151~152쪽)

한恨스러운 강수의 혼을 달래주기 위해 벌인 망혼제를 함께 보게 된 강모와 강실은 서로에 대한 마음을 감출 수 없게 된다. 서로의 마음이 드러난 강모와 강실은 이후 더욱 괴로움에 시달린다. 강모는 이 괴로움을 참지 못하고 복합적인 여러 현실과 얽혀 봉천으로 떠나고 강실은 남겨져 더욱 비참한 나날을 보내게 된다.

망혼제에 직접 등장하지는 않지만 진예의 모습 역시 강실과 동일시되며 연관되어 나타난다. 정신을 놓은 진예의 비극적 모습을 바라보며 강실은 자신의 비극을 눈으로 확인하는 것처럼 느낀다.

> (어쩌다 그리 되시었소……마음 고생이 얼마나 자심했으면 이 지경이 된단 말씀이오……그래도 여기는 어찌 잊지 않고 오시었소. 아무도 없는데……형님이 만나실 분도 이제 떠나고 없는데. 형님 못 잊으시는 그 혼백은 이제 여기 안 계시오. 저재작년 엊그저께 혼인하여 멀리 멀리 구천으로 떠나셨다오.) 이미 진예는 진예가 아니었다. 그네는 바로 강실이 자신이었던 것이다. (2권, 300쪽)

망혼제가 끝나고 얼마 뒤 마을에 나타난 진예를 보며 강실은 자신의 모습으로 인지하기도 한다. 강모와 강실의 상피 관계를 알지 못하는 이씨 집안의 사람들도 후에 강실이 거멍굴에 들어가게 되어 생사 여부를 확인할 수 없을 때 진예의 모습에서 불안감을 느끼며 강실을 떠올린다. 강수의 망혼제와 살아남았지만 비극적 삶을 살아가는 진예의 모습은 끊임없이 강모, 강실의 모습과 연결되는 것이다.

그리고 강수의 망혼제가 있던 이 밤은 후에 『혼불』에서 드러나는 많은 사건들이 발생하는 주요 원인을 제공하는 밤이다.

> 집안은 교교하다. 모두가 잠들어 있다. 여름밤이 짧다고는 하지만 삼경이 기울었는지라, 물 밑바닥처럼 캄캄하게 잠겨 있는 밤은 무겁다. 다만 이 어두운 가운데 불빛이 새어나오고 있는 곳은, 효원이 거처하고 있는 건넌방뿐이었다. …(중략)… 내 저것을 찢어 버리리라. 강모는 방문을 왈칵 잡아당기며 안으로 쏟아지듯 들어섰다. 그리고 사나운 힘으로, 놀란 효원을 떠다밀며 난폭하게 넘어진다. 등잔 불빛이 까무라친다. 어둠이 두 사람을 한 입에 삼키어 버린다. (2권, 158~159쪽)

강모와 효원의 합방도 강실에 대한 마음을 억누르지 못한 채 강모가 혼란스러운 상태로 효원을 겁간하는 것처럼 한 번 이루어지는데 이것도 이 날 밤에 발생하는 일이다. 이 한 번의 합방으로 강모와 효원에게는 철재가 생기고 효원은 강모 없이 이 아들을 위해, 강모와 강실의 사이를 알게 된 후에도 강실을 지키려는 노력을 하게 된다. 그리고 강모와 강실이 함께 있는 광경을 옹구네가 보게 됨으로써 옹구네가 강모와 강실 사이를 알게 되고, 이후 그 일은 춘복과 강실 사이에서 옹구네가 자신의 원대로 상황을 이끌어가게 되는, 주도적인 역할을 할 수 있는 빌미를 제공한 결과를 가져온다.

● 과부와 소박맞음: 청암부인과 인월댁

청암부인과 인월댁의 공통점은 남편의 부재不在이다. 부재의 원인은 청암부인의 경우는 사별, 인월댁은 소박이다.

> 고희라 하는 일흔을 넘기고 칠십삼 세에 숨을 거둔 청암부인의 한 생애에, 신랑 준의가 머물다 간 것은 단 사흘이었다. 부친을 상객으로 모시고 청암 고을에 이르러 초례를 치른 열여섯 살의 그는, 다만 사흘을 머문 뒤에 신부 청암부인을 홀로 남겨 두고 매안으로 돌아갔다. 신랑 준의가 청암에서 사흘을 머물렀다 하나, 온 날을 내내 신부와 함께 지낸 것은 아니었다. (3권, 178쪽)

청암부인은 혼례식을 치르고 매안으로 돌아간 남편 준의가 죽자 사흘 만에 청상과부가 된다. 남편과 합방도 해보지 못한 청암부인은 자식을 낳을 수 있는 기회조차 없다. 청암부인에게 남은 삶은 한 아낙으로서의 삶이 아닌 종부로서의 삶이다.

> 정경이 기막힌 중에도……어쩌든지 심신을 수습해야 허겄길래……함 속에 든 예단을 팔아……돈으로 바꾸었네. 형형색색 곱기도 한 비단들이, 내 한평생에 소용도 없었거니와……입던 옷이라도 팔어서 한 뙈기 논이라도 사야 할 형편 아니었던가. 허나, 그것이 한이 될 줄이야……다른 것은 다 몰라도……그 양반이 나한테 준 단 한 가지 정표였던 것을 뒤늦게야 깨달았지마는, 이미 논으로 바뀐 다음에, 깨달으면 무얼 허겠나……저 논이 그 비단이려니, 저 논에 그 양반 넋이

어려 있거니, 그렇게 생각하려 해도 부질없는 일, 그 허전함을 메우려고, 논을 사고 또 사도, 아무것으로도 그 빈자리는 메꿀 수가 없었네. 대신할 수가 없었어. 한평생. (3권, 102쪽)

"내가 만일 종부가 아니었더라면, 나는 진즉에 칼을 물고 자진自盡을 했을 것이다. 열녀가 어찌 아름답지 않으리. 허나, 내가 그 참담한 형상 중에도 목숨을 버리지 않고 살아 남은 것은 오로지 종부였기 때문이었으니라. 내게는 남의 가문의 뼈대를 맡은, 무거운 책임이 있었던 것이다. 종부는, 그냥 아낙이 아니니라. (3권, 164쪽)

청암부인은 집안을 다시 일으켜야 하는 종부로서의 삶의 목적만을 지닌 채 그것에 최선을 다한다. 죽기 전 인월댁에게 남긴 말에서 자신의 비단까지 팔아 논을 사고 집안을 일으키기 위한 노력은 했지만, 자신 역시 한 아낙으로서 남편의 그늘 아래서 살고 싶었던 심정들을 드러낸다. 청암부인은 정식적인 혼례식을 치렀지만 이후 혼인의 삶이 이루어지지 않는다. 그녀의 이런 기구한 운명은 시부의 혼례도 떠올리게 한다. 청암부인의 시부 역시 재취, 삼취, 사취까지 거치며 네 번의 혼인생활을 하지만 이 네 번 혼인의 삶 역시 기구하다. 두 번의 사별 후 세 번째 부인에게 눈길조차 주지 않던 시부가 보쌈으로 맺어진 네 번째 혼인을 하게 된다. 이처럼 이씨 집안의 불행들은 혼인 문제와 연결되어 이미 오래전부터 그 싹이 자라고 있었던 것처럼 보인다.

인월댁은 신혼 첫날밤 남편에게 소박을 맞고 이로 인해 한평생 청상과부처럼 살아가게 되는 인물이다.

인월댁은 청상의 과수도 아니면서 자신이 소복을 입기 시작하던 날을 잊을 수가 없었다. 잊을 수가 없는 것만이 아니라 그날을 생각하면 뼛골이 사무쳐 왔다. 그날로부터 입기 시작한 올 굵은 무명옷은, 살아 있다 할 수 없는 그네의 반생을 그렇게 허연 빛으로 표백해 주고 있는 것인지도 모를 일이었다. (2권, 35쪽)

(첫날밤에 소박을 맞은 여인이 시집의 문중으로 들어온 것만 하여도 소문거리이온데, 무슨 염치로 고대광실에 살겠습니까? 하늘을 바로 볼 수 없는 부끄러운 사람이니 초가 삼간도 제게는 바늘방석입니다. 오히려 목숨이 붙어 있다는 사실만으로도 호사스러운 일이지요. 친정에서 죽지 않고 시댁의 문중으로 들어와 죽는 것조차도 제게는 과분한 일입니다.) (2권, 39쪽)

인월댁은 소박맞음으로 인해 친정에 돌아갈 수도 그렇다고 이씨 집안에 머물 수도 없게 된다. 이 때 인월댁을 집안에 두게 해주는 인물이 청암부인이다. 인월댁이 목숨을 끊을 시도를 하다 다시 살아났을 때 인월댁에게 베틀을 제공해주는 것도 청암부인이다.

십삼 년 째 되던 해 봄, 소쩍새가 그렇게도 울음을 토하던 밤. 그네는 방죽에 몸을 던졌다. …(중략)… 그네가 깨어났을 때, 북향의 뒷방에는 청암부인이 보낸 베틀이 그네의 정신이 들기를 기다리고 있었다. 그것은 인월댁을 위하여 각별히 새로 맞추어 만든 베틀이었다. …(중략)… 그날로부터 이십여 년의 세월을 하루같이 인월댁은 베틀에 앉아 살아 왔다. 동무라면 오로지 속으로 나직이 흥얼거리는 베틀가 한 자락. (2권, 42~44쪽)

청암부인은 언젠가는 만날 수 있다는 희망이라도 가질 수 있는 인월댁의 삶과 기다림조차 허용될 수 없는 자신의 삶을 비교한다. 남편의 부재라는 공통을 가진 두 여인의 관계는 서로의 삶을 지탱하고 이해하게 되는 정서적 밑바탕을 형성한다. 그래서 청암부인의 장례에 혼을 부르는 역할을 인월댁이 함으로써 혼을 부르는 그 심정과 형상화가 효과적으로 그려진다. 사별과 소박맞음이라는 남편 부재의 모습은 혼인으로 인해 발생한다. 이때 남편의 부재는 남겨진 이들에게 한恨의 정서를 가져오게 되고 남편이 아닌 다른 곳에 의지해야 하는 이유를 만들어낸다. 청암부인은 남편도 없는 이씨 집안을 일으키는 일에 몰두하게 되고 인월댁은 베틀에서 내려오지 않는 삶을 살아가게 되는 것이다.

● 겁간과 임신, 투기: 강실과 춘복, 옹구네

강실은 이씨 집안에서 이기응과 오류골댁의 정성과 사랑으로 곱게 자란 인물이다.

> "우리 강실이가 어떻게 키운 아인데, 흠도 티도 없이 빙옥氷玉같이 자란 것을 어떻게 아무한테나 줄 수가 있다요……? 고운 용색이나, 범절이나, 어디 빠질 데가 있어서." "그것을 누가 모른다든가?" 온 문중에서도 다 알고 인근에서도 다 안다. 어려서 자박거리며 걸어다니기 시작할 때부터도, 강실이의 보얀 얼굴과 고운 탯거리를 귀여워 하지 않은 사람이 없었다. 그뿐이랴, 자라나면서 남다르게 어여쁜 자태로 보는 눈을 즐겁게 하더니, 하나하나 익히는 숙덕淑德 또한 칭송이 자자했었다. (2권, 310쪽)

강실이라는 인물에 대한 묘사를 통해 강실의 성장과정을 짐작할 수 있고 혼기가 찬 성숙한 고운 여인이 된 강실의 모습을 그려볼 수 있다. 아무것도 부족한 듯 없어 보였던 강실의 삶이 흔들리기 시작한 때는 강실이 혼인과 맞닿아 있을 때이다.

다른 이성을 만나보며 교류하는 경험 없이 어릴 적 사촌지간으로 자라 온 강실과 강모는 자연스럽게 서로에게 이끌리게 되고 이로 인한 감정은 두 사람의 삶을 크게 바꾸어 놓는다. 강모는 마음에 없는 효원과의 혼인과 종잡을 수 없는 마음, 그리고 이씨 집안의 종손이라는 무게를 견디지 못하고 봉천으로 도망을 간다. 하지만 마음대로 도망조차 갈 수 없는 강실은 강모에 대한 사랑으로 괴로워한다.

> 그네는 귀를 거두지 못하고, 숨을 죽였다. 발소리만. 그저 다만 발소리만이라도 들었으면. 그냥 지나가 버려도 좋으니, 왔다는 기척만이라도 들렸으면. 마음의 깊은 골짜기 아무도 짐작할 수 없는 곳에, 그네는 귀 하나를 심어 놓고 날마다 기르면서, 할머니 청암부인의 출상을 앞둔 저녁 어스름 속에서, 또 새해가 다가서는 섣달 그믐날의 오밤중에, 그리고 아까 그렇게 달 뜨는 한밤에, 오직 발소리 몇 점을 기다리면서 전신에 기울이고 있었던 것이다. 그네의 온몸은 어느새 귀가 되어 버린 것이었다. 그러나 바람 소리마저 달빛에 흡입되어 파랗게 얼어 버린 밤, 문풍지도 울지 않는데, 못 듣고 놓쳤을 리 천만 없건만, 그의 발소리는 어디서도 들려오지 않았다. (5권, 45쪽)

도망쳐버린 강모를 기다리며 괴로워하던 강실은 스스로를 기다릴 수 조차 없는 존재로 떨어뜨려버리려고 다짐한다. 그 다짐은 미천한 신분의 서러움을 강실을 통해 극복하려는 춘복의 염원과 맞닿게 된다.

> 그래. 그리움을 버리자. 내가 그를 그리워할 자격을 잃어버리자. 평생에 다시 못 올 그리움, 부질없는 이 그리움을 버리고, 오라버니를 놓아 드리자. 내가 이대도록 애오라지 오라버니 그리워하고 있으면 끝내는 그 사람을 원망하게 되리라. 허나 어이하면 이 그리움 버릴 수가 있으리. 나는 정녕 아무런 방도를 모르니, 오직 자격을 잃어버리자. 자격을 잃으면 이제 다시는 기다리지 않겠지. 기다릴 수 없겠지. 강실이는 언제인가, 차라리 내가 죽어 나를 놓으리이까. 배갯머리 흥건히 젖도록 울던 날을 돌이키며, 다시금 시름없이 흐르는 눈물을 막지 못하였다. 얼어붙은 몸이 녹으니 눈물로 흐르는 것일까. 강실이는 춘복이에게 창백한 몸을 맡긴 채 하염없이 그렇게 눈물을 흘리고만 있었다. (6권, 114~115쪽)

춘복은 부모도 없이 천애 고아로 농막에서 옹구네와 몸을 섞으며 살아가는 이로, 서러운 상놈의 삶을 자식에게 물려주기 싫어 혼인을 회피하는 인물이다.

> "더러운 노무 상놈 신세, 나 하나로 여한이 없응게, 아재, 나보고 장개가라, 자식 나라, 그런 말씸 허지도 마시요. 지집 없이 한 펭상 자알 살랑게요. 자식을 나면 멋 해? 그것도 불쌍놈이제. 내가 사는 이런 속터지는 세상을 그놈이 커서는 또 그대로 살 거인디. 무신 웬수로 원통헌 신세 쳇바꾸를 돈다요? 내가 참말로 자식을 생각허고 그놈 위해서 부모 노릇을 한 번 해야 헌다면, 그놈 이 세상에 안 나오게 허는 거 이상은 없을 거이요." 춘복이는 노상 그렇게 말했다. (4권, 203쪽)

부모 없이 상놈의 삶을 살며 갖게 된 신분으로 인한 서러움은 쇠여울댁을 두들겨 패던 사건이나 양반들이 살아가는 모습을 지켜보며 더 깊어진다. 춘복은 이 한을 풀어줄 수 있는 방안으로 강실을 마음에 두게 되고 강실을 품에 안기 위해 강한 집념을 드러낸다.

> "왜 양반은 양반으로만 살어야능가는 내비두고, 어째 상놈은 한 번 상놈으로 나먼 내리내리 대물려서 상놈으로만 살어야능가, 그 이얘기 좀 해 보시요." 그 얼굴에 대고 물었다. 나는 상놈 껍데기를 벗고 싶다. 나도 사람맹이로 살고 싶다. 나는 절대로 상놈 자식은 안 날랑게. 아아. 작은아씨. 내 자식 하나 낳아 주시요. 달님, 작은아씨를 내 여자가 되게 해 주시요. 작은아씨가 부디 내 자식 하나만 낳게 해 주시요. (5권, 181~182쪽)

달에게 소원을 빌며 흡월하는 춘복에 대한 묘사는 지켜보는 이로 하여금 섬뜩함을 불러일으킬 만큼 집요하다. 백단과 만동이 홍술의 투장을 거행하던 밤, 달이 온 세상을 뒤덮던 그 날, 춘복은 강실을 품에 안게 되고 강실이 임신하게 됨으로써 표면적으로 강실에게 자신의 아이를 낳게 하려는 춘복의 일차적인 염원은 이루어진 듯 보인다. 본디 혼인에 관심이 없던 춘복이 한을 풀려는 의지로 실현하게 되는 혼인을 위한 겁간, 강실의 임신 과정은 마치 강실의 운명이 그렇게 정해진 것처럼 춘복의 의도대로 흘러간다.

그리고 여기서 가슴에 울분과 분노를 삭히며 또 다른 응어리를 만들어내는 인물이 옹구네이다. 남편과 사별한 뒤 옹구와 살아가지만 춘복에게 끊임없이 추파를 던지고 언젠가는 춘복을 제 사람으로 만들 수 있을 거라 믿었던 옹구네는 강실에 대한 춘복의 염원을 발견하고 절망한다. 하지만 본디 간교한 옹구네는 이 상황에서 자신만의 영역을 확보할 수 있는 방안을 생각하고 강실과 춘복의 관계가 성립될 경우 강실을 시앗의 자리로 짓밟고 자신의 울분과 분노를 집약시켜 표출할 수 있으리라 생각하게 된다.

> 오냐, 양반? 어디 양반 시집오는 것 좀 보자. 니 발로 걸어올랑가, 끄집혜 올랑가, 안 그러먼 엡헤 올랑가. 그렇게 와도 여가 시집은 시집이제. 서방님 지신 딩게. 흥. 곧 죽어도, 이런 디로 옴서 육리 갖촤 혼인허고, 청실 홍실 꽃가매 타고 오든 못허겄제. 여그는 팔천놈이 사는 수악헌 딩게. 이런 디로 오느니 채라리 칼을 물고 어푸러져 죽는 거이 낫다고 헐 거이다. 하지만 정승 판서 당상관의 따님도 산적한테 보쌈으로 엡헤 가먼 갔제 어쩔 거이냐. 어디, 행세허는 양반의 아리따운 작은 아씨, 어뜬 행세를 험서 이 방으로 들오는지 나 그것 좀 꼭 보고자프다. 그 꼴 내가 볼라고라도 기어이 이 일에 내가 상관을 좀 해야 쓰겄다. 아이고, 양반? 아나, 깨소곰이다. 이 방으로 니가 들어오기만 해 바라. 들오기만. (4권, 239쪽)

그리고 춘복의 일을 돕는 것처럼 행동하며 강실의 목을 조여 가는 역할을 한다. 하지만 옹구네는 한편으로는 춘복이 자신만을 봐줬으면, 춘복과의 혼인이 성사되었으면 하는 마음을 버리지 못하고 그 원망을 쌓아간다.

> 속으로는 부디 어서 이 일이 매안에 알려지고, 강실이의 부모 오류골댁 내외가 알게 되고, 수천샌님 기표가 알게 되고, 드디어는 원의 이기채가 알게 되어, 드르르 문중 회의가 열리면서 두 연놈을 잡아가다, 중인환시리 안팎 반상班常 백일하에 꿇어 앉히어, 한 년은 갈갈이

찢기는 것이 더 나은 똥칠 망신을 주고, 한 놈은 머리박이 쪼개지고 다리 몽생이가 분지러지게 뚜드려 맞아 초죽음이 되는 꼴을 꼭 이 눈으로 보아야만 분이 풀릴 것 같아. (7권, 117~118쪽)

그리고 옹구네의 울분, 분노, 원망이 커질수록 그 암흑의 구렁텅이 안으로 들어가는 강실의 모습은 더욱 서럽게 그려진다.

이렇듯 강실이 마음에 담은 이와 혼인할 수 없음과 떠나버린 이에 대한 그리움, 그리고 마음에 담아서는 안 되는 이에 대한 죄책감과 괴로움으로 결국 삶에 대한 의지를 놓아버리게 되는 시점에서 자신이 원하는 바를 강실을 통해 이루려는 춘복과 옹구네의 욕망이 얽히게 되면서 서사 구조는 더욱 긴밀하게 연결되어 인물 간 갈등을 심화시킨다.

• 시앗: 오유끼

오유끼는 효원에게도, 강실에게도 갈 수 없는 강모의 방황이 잠시 머물게 되는 인물이다.

> 오유끼는 한 마리의 계집이었다. 강실이나 효원이 같은, 막막하고 사무치는 존재가 아니라, 뭉클 손 안에 잡히는 실물인 것이다. 조금 전에 야마시따가 마음대로 만지며 노닥거렸으나, 어디에도 흔적이 남지 않은 오유끼, 바로 그 전에는 또 누군가가, 또 이 다음에 어느 이름 모를 사람이 어루만지고 희롱하고 떠나간다. 아무나 찾아올 수 있고, 아무에게도 죄를 묻지 않는 여자. 희롱의 죄를 묻지 않는 오유끼. 짓밟은 값을 돈으로 치를 수 있는 계집. 밟히려고 작정하고 이렇게 나와 앉은 사람. 서러운가, 오유끼. (2권, 182~183쪽)

마음은 있지만 다가설 수 없는 강실이나 다가서야 하지만 멀게만 느껴지는 효원 대신 강모는 실재로 느끼는 인물인 오유끼와 함께 살림을 차리고 오유끼는 자연스레 첩(시앗, 소실)이 된다.

> 어느 날부터인가 오유끼는 정신 없이 가구를 사들이기 시작했던 것이다. 오유끼는 여염집 안방의 가구 집기를, 텅 빈 방의 한쪽에서부터 채워 넣었다. 그리고 어떻게 하든지 살림의 손때가 묻은 집안의 흉내를 내보려고 애를 썼다. 그리고, 늘 반짇고리를 가까이 두었다. …(중략)… 방안의 세간이 하나씩 늘어날 때마다 강모의 마음은 점점 죄어들었다. 그리고 발목을 잡힌 자신의 모습에서 자기가 쳐놓은 덫에 스스로 걸려든 짐승을 보고, 그 어리석은 후회에 진저리가 났다. (3권, 87쪽)

하지만 감정을 갖게 된 오유끼는 껍질뿐인 강모의 모습에 불안감과 초조함을 느끼고 언젠가 강모가 자신을 버리고 떠날 것이라는 불안과 초조함을 떨쳐버리는 방법으로 세간 들이기에 집착한다. 여염집 안방처럼, 자신이 평범한 아낙인 것처럼 오유끼는 방을 채워보지만 오유끼에게도, 강모에게도 그곳은 채워지지 않는 공간이다.

> 다만 눈여겨 살펴본다면 사방탁자 아래칸에 놓여 있어야 할 함函이 빠져 있을 뿐이다. 그러나 이 함이란, 혼인 때 신랑 집에서 예물을 넣어 보내는 것으로, 새각시가 신행 올 때 그대로 가지고 오는 소중한 물건이었다. 그리고 이 함 속에는 반드시 혼서지가 곱게 들어 있어 일생 동안 소중하게 간직되다가, 훗날 부인 된 여인이 죽어 명부로 떠날 때, 저승의 강물을 건너서 낯선 길 아득히 홀로 가는 발에, 종이 신발로 만들어 신고 가는 것이다. 그래서 안방에 세간에 이것이 빠져 버리

면, 가구 집기가 아무리 호화로워도 첩이라 할 수밖에 없었다. (3권, 89~90쪽)

위 대목의 묘사를 통해 또 하나의 혼인 문화를 엿볼 수 있는데 아무리 오유끼가 세간 채우기에 집착해도 함이 없는 오유끼의 방안은 여염집의 안방이 될 수 없다. 비단 오유끼뿐만 아니라 주막 비오리, 그리고 기표의 아들을 낳은 종 우례의 모습도 오유끼와 비슷하게 그려진다.

하지만 오유끼가 서사의 지점에서 단순히 시앗 역할의 인물로만 존재하는 것은 아니다. 오유끼는 주요 인물 중 유일하게 매안마을이라는 공간 바깥에 존재하는 인물이다. 또한 오유끼는 형식과 절차대로 살아가야 하는 양반의 여인들과 달리 자신의 감정을 있는 그대로 표현하고, 어디에도 얽매이지 않는 자유의지를 가지고 있다. 자신의 감정을 그대로 드러낼 수 있고 자신을 두고 떠나는 강모를 따라나서야겠다고 결정하고 그 결정을 실천에 옮긴 인물이다. '시앗'이라는 자리로 인해 서러운 정서는 갖게 되지만 오유끼는 봉천까지 따라가게 되며 남성 위주로 서술되는 봉천에서의 서사 구조를 더 넓히는 역할을 하기도 한다. 봉천에서 남성들이 나누는 대화의 대부분은 역사의식이나 그들의 세상에 대한 한탄 등인데 오유끼의 경우 서운하고 한스러운 마음을 표출하기도 하고 어렵게 봉천에 온 사람들을 돌보기도 하면서 남성들과는 다른 정서나 시선을 드러낸다.

혼인으로 인한 관계의 형성

앞서 살펴본 듯 『혼불』에서는 수많은 사건의 연결고리의 중심에 '혼인'이 자리하고 있고 많은 인물들이 '혼인'을 성사시키기 위해 노력한다. 혼인의 성사 여부와 혼인으로 인한 삶의 지속여부로 인물 간의 관계의 변화나 갈등이 생긴다. 인물 개개인의 삶을 혼인과 연결지어 보면 그 관계 형성을 더 쉽게 파악할 수 있다.

강모의 경우 혼인하고 싶은 인물은 강실이지만 그것은 사회적으로 허용될 수 없다. 그래서 혼인하게 되는 이는 효원이고 이것은 효원과의 갈등을 유발한다. 종손이라는 역할에 대한 부담 등도 자리했지만 강모가 결국 매안에서 전주, 봉천으로 삶의 장소를 바꿔가며 떠나는 삶을 추구하게 된 것은 혼인으로 인한 것이다. 그러면서 또 관계를 맺는 것은 오유끼이다.

효원의 경우도 혼인으로 인해 강모와 갈등이 생기고 나중에 강실과 관계를 알게 되며 괴로운 삶을 살게 된다.

강실의 경우 마음에 품은 이는 강모이나 이루어질 수 없는 사랑과 드러난 감정에 괴로워하게 되고 이 과정에서 춘복과 얽힌다. 그리고 춘복과 관계가 형성됨으로써 옹구네와도 얽히게 되고 나중에 매안마을이 아닌 거멍굴까지 가게 된다.

강실이의 부모 역시 강실이가 혼인 하지 못함을 매우 큰 문제로 여기게 되고 강실의 감정과 상황을 모를 때에도 이에 대한 불안과 초조가 드러나는데 이후 겁간 당하고 춘복의 아이를 갖게 되는 강실의 삶과 불안한 전조는 맞아떨어진다.

강모와 효원은 절차적으로 혼례를 하게 되지만 정서를 공유할 수 없고 함께 살 수 없어서 갈등이 생긴다. 강모와 강실은 마음을 나누었지만 사회적 관례에 따라 허용될 수 없는 사이이므로 그로 인한 갈등이 발생한다.

오유끼도 첩의 관계를 형성하게 되자 봉천까지 따라가게 된다. 오유끼가 봉천에 머물면서 그녀의 시선으로 유랑민들의 삶을 바라보는 것은 서사구조 내에서 더 다양한 시선을 존재하게 한다. 봉천에서의 삶을 현실적·역사적으로 접근하는 강모, 강태, 심진학 외에 한 여인의 심정으로 삶을 바라보는 오유끼로 인해 가능한 것이다.

『혼불』을 매안 이씨 집안의 이야기라고 볼 때 이씨가 아닌 청암부인이나 효원이 이씨 집안 사람으로 인정받을 수 있는 공식적인 절차와 과정이 혼인이 된다. 청암부인과 효원은 혼인으로 인해 매안 이씨 집안의 종부로 들어오게 되고 두 사람은 각각 사별과 남편의 떠남으로 인해 홀로된 삶을 견디며 종부로서 집안의 책임을 다할 운명에 처하게 된다. 또한 두 사람 모두 혼인을 하기 전에는 친정에서 사랑받고 나름의 행복을 누리며 살았으나 혼인으로 인해 삶의 고뇌와 슬픔이 깊어진다.

청암부인의 시부가 보쌈 해 온 넷째 부인을 받아들인 것은 아들 준의의 혼인날 어머니 자리를 비워두지 않기 위해서이다. 그가 바스라질 것 같은 몸과 마음으로 버텨내는 이유는 준의의 혼인을 성사시키기 위해서이다. 그는 아들을 혼인시키는 것을 삶의 유일한 이유와 목적으로 삼았으나 아들 준의가 혼례식을 마치고 돌아와 사망함으로써 그는 목적을 상실하고 그의 삶의 의미도 상실된다. 그리고 그러한 비극적 혼인의 결과로 이씨 집안에 들어와 한평생을 살게 되는 청암부인도 강모에게 무엇보다 바라는 것은 혼인이다. 이처럼 『혼불』에서는 많은 인물들이 혼인에 강한 집념을 드러낸다. 특히 『혼불』에서 여자들의 이야기가 주축이 된다고 볼 때 이 중 여자들의 삶을 결정짓는 것은 대부분 혼인이고 혼인을 둘러싸고 새로운, 수많은 관계맺음이 발생하는 것을 확인할 수 있다.

혼인으로 인한 정서의 발현

● 한의 드러냄

『혼불』에서 혼인은 인물들의 한限과도 연결된다. 혼인으로 인해 한限이 발생하는 경우가 있고 한限을 혼인을 통해 풀고자 하는 경우도 있다. 혼인으로 인해 한限이 발생하는 경우는 혼인 생활이 잘 유지되지 않은 경우이다. 청암부인은 사별하여 남편이 없이 이씨 집안에서 그 역할과 무게를 감당해야 한다. 소박맞은 인월댁도 평생 가슴의 한을 풀어내는 일로 베틀에만 의지한다. 이씨 집안에 남겨진 효원도, 의지하던 청암부인마저 세상을 떠나자 종부로서, 철재의 어미로서만 살아가게 되고 한 여인으로서는 한의 정서를 가지게 된다. 강실 역시 떠나버린 강모, 춘복과의 관계 등으로 목숨을 끊고 싶을 만큼 한스러운 삶을 살아가고, 남편과 사별 후 춘복과의 혼인이 성사되지 않음으로 인해 옹구네 역시 신분의 울분과 한의 정서를 함께 가지게 된다. 강모를 만나 함께 살림을 차렸지만 받아들여주지 않는 강모를 따라 봉천까지 가서 '슬픈' 오유끼의 삶을 살아가는 오유끼 역시 자신의 삶이 한스러워 얼어 죽고 싶을 만큼 서럽다. 그리고 주요 인물은 아닐지라도 기표의 아들 봉출이를 낳았지만 양반의 삶을 살지 못하는 아들을 보며 한스러운 종 우례, 나이 많은 진의원의 첩자리로 들어갔지만 다시 주막으로 돌아오게 되어 마을 사람들의 수많은 수군거림을 듣고 감내해야 하는 비오리 등도 혼인으로 인한 한의 정서가 발생하는 인물들이다.

상민으로 갖는 울분, 서럽게 살 수밖에 없는 거멍굴 사람들은 그러한 한을 풀어내는 방식을 알지 못하고 주어진 삶에 대해 순응적이나 춘복은 그 한을 풀어내고자 하고 그 방식이 혼인이다. 춘복은 정상적인 혼례 절차를 통해서는 강실과 연결될 수 없다. 그렇기에 춘복이 강실에게 자신의 아이를 갖게 하는 사건, 그 일을 준비하며 그 안에서 옹구네와 담합하여 실현하는 과정들은 한限의 극복에 대한 철저한 몸부림이다. 이렇듯 『혼불』 속 인물들은 혼인과 관련하여 한限과 연결된다.

● 공동체 의식

강모와 효원의 혼례식의 경우, 혼례 당사자들의 눈으로 지켜본 혼례를 통한 암시나 복선뿐만 아니라 혼례를 지켜보는 다른 이들의 말을 통해 드러나는 복선과 정서도 존재한다. 혼례를 지켜보며 거멍굴 사람들은 자신들의 이야기를 풀어내는데 여기서 그들의 입을 통해 인물에 대한 예후나 암시, 그리고 혼례 속에 묻어있는 정서를 파악할 수 있다.

> "아니, 무신 신부가 저렇게 크다냐아?" "커서 나쁠 거 머이여. 기왕이면 큰 거이 좋제." "아이고매. 저래 갖꼬, 어디 신랑이 신부를 각시라고 보듬아 줄 수나 있겄능가? 몸통이 신랑 두 배는 되겄네이." "호랭이 물어갈 노무 주둥팽이, 신부가 듣겄다." 옆의 사람이 말한 사람을 윽박지르는 모양이었으나, 효원은 그 말들을 똑똑히 듣고 말았던 것이다. "새신랑이 엥간치 이뻐야 말이지. 남자 중에도 맵시 나고 이쁘게 생긴 남잔디, 신부는 기양 멫째 누님맹이네." "하이간에 살집 한 번 좋

그만 그리여." "달뎅이같이 훤언헌디. 머엇이 어쩐다고들 그래쌓당가아." "근디 달뎅이가 너무 무거워 동산에 떠오르다가 가라앉겄는디?" (1권, 197~198쪽)

인용문은 시집을 오는 효원을 보고 거멍굴 사람들이 나누는 대화이다. 거멍굴 사람들의 대화를 통해 동산에 떠오르다가 가라앉을 것 같은 효원의 미래가 암시된다. 그리고 효원의 외모가 묘사된 부분을 통해 효원의 외모가 오히려 여성스럽고 고운 강모의 외모와도, 강모가 마음에 품은 강실의 외모와도 비교되며 그 외모에서 풍겨나옴은 집안을 일으켜 세운 청암부인의 이미지와 닮아 있음을 파악할 수 있다.

"저리 가. 아이고, 웬수녀르 것."

웃음 끝에, 곁에 다가선 콩심이를 보더니 전유어 한 쪽을 찢어 주며 손짓으로 밀어낸다. (1권, 16쪽)

어느새 점봉이가 부엌 문간에서 기웃 안을 들여다보며 제 어미 눈치를 살핀다. 어미는 얼른 시룻번을 한 줌 집어 주면서 쥐어박는 시늉을 한다. 그러나 무리마다 고운 물을 앉힌 무지개떡이며, 김이 천장을 가리는 붉은 시루떡, 그리고 떡가루 사이에 팔고물·콩·녹두·계핏가루·석이·밤·잣 들이 곁들여 있는 갖은 시루떡을 네모 반듯하게 썰어 상에 쓸 것을 챙기고는, 부스러진 귀퉁이를 따로 모아 삼베 보자기에 싸둘 생각을 점봉이네는 한다. 어깨뼈는 빠지는 것 같지만, 그래도 이 많은 음식을 보고, 만들고, 눈치껏 먹으면서 새끼들한테 먹일 수 있으니, 어쨌든 잔치는 자주 있었으면도 싶었다. (1권, 17쪽)

이 대목은 혼례를 치룰 때의 마을 사람들의 모습이다. 『혼불』의 혼례 문화를 통해 『혼불』이 살아 생동하는 민속지, 사람이 주인이 되는 삶의 민속지[4]로 엮어져 있다는 것을 알 수 있다. 보통의 민속지가 상투적 사실과 진부한 지식을 기술하는 데 매몰[5]되어 있다면 『혼불』에서는 그들의 관계에 주목한다.

혼례 음식으로는 어떤 것들이 있는가, 어떻게 조리하는가 하는 사항 중심의 서술이 아니라, 이를 장만하는 사람들이 살아 있는 가운데 그들의 몸짓과 이야기를 통해 그들의 관심을 드러낸다. 잔치 준비를 하면서 잔치의 당사자인 신랑신부에 대한 언급이 없을 수 없다. 잔치판에 자연스레 신랑신부가 일정한 유물 유형으로 설정되어 그들과 함께 점점 구체화되어 가는 것이다.[6] 평상시 굶주리는 아이들을 위해 몰래 잔치 음식을 건네주고자 하는 어머니의 마음이 형상화되기도 하고, 이러한 서술을 통해 없는 사람들의 처지를 드러내기도 한다. 또한 마을잔치를 나누며 서로 돕는 모습을 통해 우리네 옛 마을의 공동체 문화를 엿볼 수도 있다. 그리고 기술된 내용들을 보면 남성들의 모습보다는 여성들의 모습이 주로 기술되어 있다. 혼례잔치의 상황은 기존의 가부장적 사대부 중심의 의례를 지양하고 혼례를 준비하고 구경하는 아낙네들을 중심으로 여성들의 잔치 문화에 초점을 두고자 하는 것으로 볼 수 있다.[7] 앞서 혼례식에서 효원의 의복에 대한 기술이 강모의 경우보다 많았던 것과 비슷하다.

> 대실에서부터 매안으로 이고 지고 온 그 혼례의 큰상물림 음식들은 봉숭 돌린다고 하여 온 마을에 돌려졌었다. 대소가에는 말할 것도 없이 깍듯하게 한 상씩 보냈으며, 아랫몰 타성바지들에게까지도 인

심스럽게 돌아갔다. (1권, 104~105쪽)

혼례는 매안 이씨 집안의 대사大事이기도 하지만 매안마을 전체의 대사大事이기도 하다. 굶주린 사람들이 음식을 나눠먹고 노동을 공유하며 하나의 문화적 축제로 사람들이 상호작용 하는 모습이 나타낸다. 이렇듯 강모와 효원의 혼례는 그 당사자들과 지켜보는 이들로 하여금 다양한 의미를 파악할 수 있도록 전개된다. 당사자들도 혼례에서 불안감을 느끼는데 지켜보는 이 역시 효원과 강모의 모습이 남녀가 뒤바뀐 것 같다는 불균형의 시선을 느끼고 있다. 그러면서도 혼례에 대해 끊임없이 관심을 표한다. 그리고 마을의 대사大事로 인지하고 함께 그 대사大事를 나누기 위해 노동을 공유하고 정서를 교감하는 모습은 강모와 효원의 혼례가 이씨 집안 뿐만 아니라 매안마을 전체에 영향을 주게 될 것이라는 것 등을 알 수 있게 해 준다.

죽음 의례의 의미

● 혼불의 형상화

이야기의 초반, 강모와 효원, 강실의 마음과 방황이 드러나고 청암부인이 이제껏 이씨 집안을 어떻게 일으켜 세우며 살아왔는가에 대한 내용이 주를 이룬다고 볼 때, 이씨 집안의 변화가 예상되는 대목이 나타난다.

청암부인의 쇠진은 이씨 집안의 위기와 바로 연결된다. 심성이 담대하지 못하고 예민한 이기채는 사실, 양자로서 이씨 집안의 위치를 차지하고 아들인 강모를 생산해낸 것 외에 집안의 기둥 역할을 하지 못한다. 그렇다면 집안을 바로 잡고 굳건히 할 역할은 당연히 강모에게 주어지지만 강모는 자신을 둘러 싼 모든 굴레를 회피하고자 멀리 떠나 버린다. 그리고 강모가 떠나기 전 청암부인이 젊은 시절 만든 조개바위가 말라버린 것에서부터 청암부인에 대한 죽음의 전조가 드러난다. 그리고 청암부인의 혼불이 나타나고 이것을 인월댁과 효원이 지켜보며 효원이 혼불을 받아들이는 모습은 하나의 의례처럼 형상화된다. 이것은 곧 닥쳐올 청암부인의 죽음을 암시하며 장례가 시작될 것을 알리는 것이다.

> 그날 밤, 인월댁은 종가의 지붕 위로 훌렁 떠오르는 푸른 불덩어리를 보았다. 안채 쪽에서 솟아오른 그 불덩어리는 보름달만큼 크고 투명하였다. 그러나 달보다 더 투명하고 시리어 섬뜩하도록 푸른 빛이 가슴을 철렁하게 했다. 청암부인의 혼魂불이었다. …(중략)… 사람의 육신에서 그렇게 혼불이 나가면 바로 사흘 안에, 아니면 오래가야 석 달 안에 초상이 난다고 사람들은 말하였다. 그러니 불이 나가고도 석 달까지는 살 수 있다는 말이기도 했다. 하지만 석 달을 더 넘길 수 없다는 말이기도 하였다. 그런데, 참으로 알 수 없는 일은 그 말이 영낙없이 맞아 떨어진다는 점이었다. …(중략)… 인월댁은 마당에 서서 지붕을 향하여 침음沈吟하였다. …(중략)… 그네는 홀로 혼불을 우러르며, 마음속으로 하직의 소매를 들어올린다. 그네의 들어올린 소매자락 너머로는 허공이 아득한데, 인월댁의 젖은 넋도 두둥 따라서 떠오른다. (3권, 107~109쪽)

> 당골네의 잠든 꿈길을 지나 청암부인의 푸른 혼불은 하늘의 아득한 저 너머 들녘 쪽으로 날아간다. 한번 가면 다시는 올 수 없는 멀고 먼 길을 이렇게 홀연히 떠나는 그 불덩어리를 올려다보는 또 한 사

람의 그림자가 있었으니. 그네는 효원이었다. …(중략)… (할머님 가신 한 생애를, 내 또 그대로 살게 될 것이다. 정처없이 떠나가 버린 그 사람은 언제나 돌아올는지 아무도 알 수 없는 일. 내 홀로 내 뼈를 일으키리라, 하시던 할머님. 그 뼈를 다 태우시고 이렇게 한 점 푸른 불꽃으로 떠올라 이승을 하직하시면서……나한테 점화하고 가시는 것을.) …(중략)… 효원은 사라지는 불꼬리를 놓치지 않으려고 온몸을 조이며 숨을 죽인다. 마치 흡월정吸月精을 하던 때와도 같은 무서운 정성으로 그네는 청암부인의 혼불을 빨아들인다. 한번 들이마신 그 기운이 행여 새어나갈까 하여 그네는 죽은 듯이 고요히 숨을 참는다. 드디어 그네의 온몸에, 실핏줄의 끄트머리에까지 청암부인의 넋이 파도 물마루보다 아찔하고 아득한 기운으로 차 오르며, 그네는 숨이 가빠져, 그만 둥실 허공으로 떠오르고 만다. 이제 그네는 청암부인을 낳을 것이었다. 그리고, 내일 아침 날이 채 새기도 전에 온 마을과 문중, 그리고 거멍굴에도 이 소문은 번질 것이었다. 소문이 은밀하게 차 오르고 있는 한밤중의 허리가 검푸르게 휘어진다. (3권, 110~112쪽)

위 대목은 인월댁과 효원이 혼불을 목도目睹하는 장면이다. 인월댁, 효원, 청암부인의 공통점은 남편과의 혼인생활이 순탄치 못함으로 인해 한恨이 서린다는 데에 있다. 남편과의 혼인생활이 순탄치 못함은 소박, 사별 등의 다른 이유에서이지만 그들은 같은 한恨을 경험하게 되고 그것은 청암부인의 혼불을 통해 연결되기도 한다. 청암부인의 혼불이 등장하는 대목은 그 자체가 장례의 절차는 아니지만 죽음에 대한 새로운 형상화이다. 여기서 효원은 청암부인을 낳을 것이라는 확신을 드러내며 여기서 형상화된 죽음은 하나의 변형[8]으로 파악할 수 있다.

이야기의 전반적인 분위기와 흐름은 이 혼불과 끊임없이 연결된다. 혼불의 사전적 의미는 사람의 혼을 이루는 바탕으로 맑고 푸르스름한 빛을 띤다고 설명되는데 이 뚜렷하지 않고 푸르스름한 빛인 혼불의 이미지와 형상화는 작품 내의 전체적인 분위기를 형성하는 것이다.

● 청암부인의 장례

『혼불』에 구현된 장례의 순서에서 혼불의 등장에 이어 혼백魂魄을 혼백魂帛에 끼어 넣는 모습이 나온다. 청암부인의 마지막 숨이 떨어지면서 죽음 의례가 시작된다.

> 인월댁은 크고 긴 목소리로 청암부인의 혼백을 부른다. 저 깊은 속의 골짜기에서부터 울려나오는 소리이다. "청아암 부이인 보오옥復." 인월댁이 목메이게 고복皐復하여 혼을 부르는 소리는 바람이 실어가 먼 곳으로 아득하게 흩어졌다. 돌아오라, 혼백이여. 인월댁은 두 번, 세 번, 청암부인의 혼백을 불렀다. (3권, 127쪽)

위 대목은 인월댁이 고복皐復을 통해 초혼의 절차를 밟는 장면이다. '초혼'은 죽은 사람의 혼을 부른다는 것으로, 인월댁은 청암부인이 다시 살아나서 돌아오기를 희망하는 간곡한 마음으로 청암부인의 혼을 부른다. 죽음은 누구에게나 찾아오는 자연적 현상이지만 그럼에도 불구하고 정작 죽음을 맞이했을 때, 사람들은 고인을 다시 볼 수 없음에 슬퍼한다. 유교에서는 죽음을 인정하면서도 망자의 혼이 돌아와 삶 속에 함께 존재하기를 바란다.[9] 이러한 정서를 나타내는 것이 초혼의 장면이다.

청암부인의 어머니는 보자기에 반듯하게 싼 원삼과 족두리를 청상이 된 여식에게 건네주며 말했다. "사람이 죽으면, 없어지는 것이 아니라 다음 세상으로 가는 것이다. 마치 처녀가, 정든 자기 집을 떠나서 산 넘고 물 건너 먼 곳으로 시집을 가듯이 말이다. 그래서 돌아가신 분의 수의는, 시집갈 때하고 똑같이, 녹의 홍상에 원삼 족두리를 해 드리는 것이니라. 망인의 살아 생전 일생을 두고 제일 곱고 화려하게 입은 것이 바로 이 옷 아니겠느냐. 여자라면 누구라도. 아이에서 비로소 배필을 만나 성인이 되는 좋은 날 입었던 그대로 다시 차려 입고, 성장을 다한 모습으로, 죽어 후세로 가는 것이니. 형편이 닿는 사람들은 혼인날의 원삼 족두리를 잘 간직해 두었다가, 저 훗날, 자신이 입고 갈 수의로 썼단다." 이 옷을, 소용이 있을 때 쓰라. 청암부인의 어머니는 낙루하였다. (3권, 180~181쪽)

위 대목을 보면, 청암부인에게 수의를 입히는 염습이 자세하게 서술되고 있다. 청암부인의 어머니는 원삼이 수의가 되어야 하는 까닭을 자세하게 설명한다. 그녀는 사람이 죽으면 다음 세상으로 가는데, 그것은 마치 처녀가 집을 떠나 시집을 가는 것과 마찬가지인지라, 죽은 사람의 수의는 시집갈 때하고 똑같이 녹의 홍상에 원삼 족두리를 하는 것이라고 말한다. 이 말에서 죽음이 다시 혼례로 연결되고 있음을 알 수 있다. 여자가 원삼을 입고 혼인을 하듯이 죽을 때도 원삼을 입고 저승으로 가 새롭게 삶을 시작하라는 의미를 담고 있다. 즉, 혼인할 때 입었던 원삼이 죽을 때 입는 혼례복이자 수의가 되는 것이다.

또한 청암부인을 땅에 묻는 평토제는 청암부인의 육체와 땅이 하나됨을 의미하고, 인간이 자연의 한 일원임을 깨닫게 한다. 땅에 묻힌다는 것은 이승의 세계에서 저승의 세계로 갔음을 의미한다. 혼불에서는 이처럼 죽음을 문학적 모티프로 형상화하여 전통적 민속양식을 재현하고 있다.[10]

장례 역시 혼례처럼 마을 전체의 대사인지라 장례를 받아들이는 마을 사람들의 대화와 모습을 통해 또 다른 의미들을 찾아갈 수 있다.

> 방안에 낭자한 곡성이 마당으로 흘러 넘치며 기둥을 적시고, 캄캄한 밤하늘을 이고 있는 지붕을 잠기게 하면서 굽이굽이 온 마을을 휘감는다. …(중략)… 잠을 이루지 못한 채 뒤척이던 사람들은, 한밤중의 허리를 가르는 곡성에 소스라쳐 일어나 부싯돌을 찾는다. …(중략)… 봉화烽火의 신호이기나 한 것처럼 그 불빛을 받은 아랫몰의 지붕 아래 문짝에도 등잔 불빛이 눈을 뜬다. 그 불빛이 검은 바닷속 같은 어둠 속에서 붉은 연이 되어 떠오르고, 공중으로 침통하게 떠오른 그 연은, 아랫몰에서도 한참이나 논과 밭의 두렁을 지나 이만큼 와서 흐르는 개울을 건너 부복하고 있는 민촌民村 거멍굴에까지 날아간다. 가셨고나. 거멍굴 사람들도, 어둠을 밀어내며 일어나 앉는다. 쑥대강이 같은 머리를 더듬어 다듬고는 황망히 지겟문을 열고 나와 벌써 봉당으로 내려서는 사람도 있다. 매안과 거멍굴이 서로 반상班常을 가리지 않고 불빛들로 비보悲報를 나눌 때, 원뜸의 안마당 한가운데 화롯불이 피워졌다. 그 이글거리는 화로의 불덩어리가 어둠의 복판에서 어둠을 삼키며 타오른다. 초상이 있으면, 우선 바로 시신을 모신 방의 아궁이에 불을 끄고, 그 대신 이렇게 화롯불을 마당에 피우는 것이다. 처마끝과 마루 기둥과 중문, 대문, 그리고 안채와 사랑채의 방문 앞이며, 정지, 헛간, 고방의 기둥마다 등불이 걸렸다. 집안의 구석구석뿐만이 아니라 고샅에까지 내다 걸은 등불은 구슬프게 휘황하여, 무너져 덮쳐

오던 어둠을 저만큼 물러서게 하였다. 마당 한쪽에서는 장작을 수북하게 고여 화톳불을 지핀다. (3권, 122~123쪽)

큰방과 건넌방과 큰사랑, 작은사랑에 모여 앉은 사람들의 손길이 너나없이 분주하고, 정지에서는 아궁이마다 불을 지피고 있었다. 음식을 차려야 하기 때문이다. 문중의 부인들은 큰방과 건넌방, 그리고 정지에서 소리내지 않고, 공손하면서도 빠른 손으로 일을 진행하였다.

호제와 비복婢僕, 그리고 거멍굴에서 올라온 사람들도 물건을 나르고, 심부름을 하고, 불을 때고 하며서 부지런히 오갔다. (3권, 123쪽)

위 대목은 청암부인의 죽음을 맞이한 거멍굴의 모습이다. 청암부인의 죽음이 다가옴을 예감한 마을 사람들은 잠을 이루지 못하고 뒤척일 정도로 청암부인의 죽음에 신경을 쓰고 있다. 청암부인의 죽음이 곡성으로 드러나는 순간, 마을 사람들은 불을 밝히고 밤잠을 몰아내고, 어둠을 물리친다. 또한 혼례를 치룰 때와 마찬가지로 사람들은 노동을 공유하고 함께 장례를 준비해 나간다.

"아이고 살아 생전에 엥간히 모질게 했어야 말이제, 소복 입고 시집 와서 저 큰 재산을 다 모우드락 오직이나 넘 못헐 일 많이 시켰겄능가잉. 그렁게 죽어서라도 인심을 조께 써야겄지. 그리야 누구한테 척을 안지고 존 디로 갈팅게." "그래도, 넘으 말잉게 쉽지. 우리 같음사 어디 그 마님맹이로 살라고 허먼 살겄등갑네? 그 양반이 산 세상 거 아무나 못 사능 거이네잉. 열 아홉 살 나이에 허물어진 대문으로 시집 오계서 저 살림을 혼잣손으로 다 일우셌는디." "아, 왜 못 살아? 나도 양반으로 낳이먼, 바가치 하나 달랑 들고 나서도 고루거각을 지을 재주 있을 거인디." "양반도 나름이여." "양반 양반 허지 마시겨, 대대손

손 영화 누린 양반이면 멋 헌다냐. 인자는 너나없이 창씨 다 해 부리고, 왜놈들 시상이 된 지가 벌세 몇 십 년인디, 무신 다 떨어진 양반이여? 천지가 다 개밍을 허는 판에. 그나저나 그 양반 초상나면 우리 배도 좀 불르겄그만잉." "죄 받는다, 그리 말어라잉? 암만 왜놈들이 득세헌 시상이라 허드라도 조선 사람은 어디끄장이나 조선 사램이여. 그리고 조선 사램이 왜놈 이름 부른다고 일본 사램이 되능 거잉가아? 껍데기만 그렇제. 이름이야 그께잇 거 머이라고 불르든지 조선 사램이 어디 가든 안헝게. 우리는 우리 법 따러야제. 양반이 그께잇 창씨 조께 했다고, 긴 거이 아닌거이 되능가? 살아온 근본이 다 있는디."

돌아앉아서는 재재거리던 거멍굴 사람들이 막상 일이 닥치자, 빈천한 살림살이 가운데서도 콩 한 됫박, 길쌈했던 무명, 시렁 위에 올려놓았던 늙은 호박이며, 자신도 아끼느라고 못 먹은 금쪽 같은 계란 한 줄들을 들고 황황히 원뜸으로 올라갔다.

"그 오살놈의 왜놈들 공출만 아니였드라도, 암만 없네, 없네, 이렇게 무색허든 않겄는디."

별 대단한 것도 아닌 물건들을 들고 초상 마당으로 들어갈 일이 민망한 사람들은 그렇게 말했다. (3권, 130~131쪽)

청암부인 혹은 이씨 집안에 대한 호감과 반감, 감정은 상반되어 있다. 청암부인과 이씨 집안의 존재를 지엄하게 보며 경외심을 가지고 있는 무리와 양반의 삶에 대한 시기와 질투, 반감을 가지고 있는 무리가 있다. 이러한 사람들의 대화는 누구라고 구체화되지 않더라도 매안 이씨 집안에 대한 사람들의 심리를 파악할 수 있게 해주고 반감을 가진 이들의 갈등이 청암부인의 죽음으로 인해 고조될 수 있음을 암시한다. 그 대표적인 반감을 가진 인물인 춘복은 실제로 이씨 집안과 얽힌다.

호감과 반감이라는 서로 다른 정서가 드러나기도 하지만 막상 인간의 죽음을 맞이했을 때, 그 순간은 자신의 성의를 표하며 죽음에 애도하는 인간의 모습을 보여주기도 한다. 들고 간 것을 미천하고 민망하게 여기는 사람들의 모습 또한 순박하고 마음 따뜻한 그네들의 정서를 드러낸다.

이렇게 청암부인의 장례는 이씨 집안의 새로운 국면의 전개를 예고하고 죽음에 대한 사람들의 정서를 드러낸다. 청암부인의 영원한 부재不在, 강모의 빈자리, 남겨진 사람들의 불안함은 이후 사건의 또 다른 연결고리인 것이다.

● 홍술의 투장

투장은 장례의 절차는 아니지만 죽음 의례 중 하나이다. 그리고 혼례, 장례와 더불어 『혼불』의 서사 구조상 중요한 지점이 되는 사건이다.

> "나중에 파기 좋게……기양 아무 디나 양지 짝에 묻었다가……내 살이나 다 썩그던……뼉다구 대충 취레서……저 욱에……매안에……누구 초상이 나먼 그때……살째기……암도 몰르게……새 산소 옆구리 파내고……거그다……거그다 묻어 도라……." (5권, 290~291쪽)

홍술은 대대손손 무당의 자식으로 태어날 자신의 후손들에게 더 이상 천민신분을 물려주고 싶지 않아서 투장을 결심한다.

기라성같이 기둥같이 우뚝우뚝 서 있는 비석들과 이를 보호하여 시립하고 서 있는 호석들의 발치에, 이 조상의 후손이 되어 가문에 들어와 평생토록 종가를 지킨 종부 청암부인의 동그만 무덤이 품에 안긴 듯 누워 있으나. 그 의연한 위용의 즐비함은 이 무덤 하나를 지켜주지 못하고 있었다. 향기로운 이름이 천년을 가고 만년을 간다 해도, 이미 죽어 혼백이 된 조상의 비석은 그저 무심한 돌덩어리 하나에 불과한 것인가.

대낮보다 더 어두울 것도 없는 달빛 휘영청한 대보름 밤에, 후손의 종부 무덤이 헐리는 것도, 그 무덤 속에 천골 무당 부부의 뼈다귀가 쑤셔 넣어지는 것도 그리고 다시 그 무덤이 메워지는 것도, 다 한눈에 보면서, 숨소리 하나도 내지 않았다. (5권, 333~334쪽)

홍술의 투장은 단순히 장례윤리 혹은 도덕적 윤리에 어긋나는 행동이 아니라 양반과 천민의 합장이라는 사회계급의 전복을 꾀하는 성격을 지닌다.

"내 이제 죽어 육탈肉脫이 되거든 합장合葬하여 달라." 청암부인은 유언하였다. (3권, 177쪽)

그렇게 하여 청암부인 신행길에 흰옷 입고 빈 집으로 들어서서, 어서 오란 말 대신에 명부冥府의 고적한 연기로 맞이하는 신랑의 영전에 쓰러지며 엎드린, 그 한 생애에, 낳지 않은 자식을 하나 어엿하게 낳아 핏줄을 이어 놓고, 이제 그네도 한 줄기 향연되어 혼백이나마 한데 섞이고자 오직 육탈을 기다리고 있는 지금. 육필肉筆이 임리하여 잊지 못할 신랑의 몸으로 알고, 평생 동안 고이 받들어 간직해 온 혼서지婚書紙를 곱게 접어, 저승 가는 종이 신발 만들어 신은 그네의 발이 시리다. 한기가 끼친 탓이다. 무덤의 옆구리가 열린 것이다. (6권, 38쪽)

그런데 여기에서 주목해야 할 것은, 홍술의 장례가 투장을 통하여 혼례가 된다는 것이다. 명당을 찾아 홍술의 유골을 묻는 것이 또 하나의 장례라면 투장을 통해 청암부인의 뼈와 합장되는 것은 사후혼이라고 할 수 있다. 죽은 남녀의 뼈를 함께 묻는 것은 흔히 부부의 경우에만 가능하다. 그리고 청암부인은 합장을 해달라는 유언을 하며 현생에서 함께 하지 못한 남편과의 삶을 죽어서는 이어가고 싶은 소망을 드러낸다. 하지만 청암부인의 소망은 홍술의 투장으로 인해 이루어지지 않는다. 홍술의 투장은 장례가 곧 혼례가 되는 순환론적 세계관을 보여준다. 이러한 순환론적 세계관은 세상 만물이 연기緣起의 법칙 안에서 생멸을 거듭한다는 불교적 인식을 구체화 시킨다.[11] 이는 죽은 이가 시집갈 때처럼 옷을 갖춰 입는다는 부분과도 연결된다.

그리고 홍술의 투장 장면은 춘복이가 강실에게 가고 있는 장면과 함께 서술된다. 홍술과 춘복의 신분상승에의 욕구가 맞아 떨어지고 홍술은 청암부인에게의 투장, 춘복은 강실을 겁간, 즉 두 여인의 정조를 상실하게 함으로써 이루어지고 있다.

이 투장은 홍술, 만동, 백단이의 바람대로 성공하지는 못한다. 나중에 투장한 사실이 드러나게 되고 홍술의 유골은 처참한 신세를 면치 못한다. 그리고 투장이 이루어지던 날 그 산에 있었다는 이유로 오해를 받은 춘복이 두들겨 맞고, 이후 만동과 백단이 또한 거의 죽을 만큼 두들겨 맞으며 투장으로 인해 거멍굴 사람들의 서러움은 깊어진다.

그러나 성공하지 못했을지라도 훼손된 청암부인의 묘가 의미하는 바는 상징적이다. 이씨 집안 사람들에게 두들겨 맞은 춘복과 만동,

백단이를 달래주는 이씨 집안의 인물 중 하나인 강호의 모습을 통해 시대가 변하고 있음이 드러나고, 이 때 집을 나와 다른 곳으로 몸을 피하려던 강실은 옹구네의 손아귀에 이끌려 춘복과 옹구네가 사는 거멍굴로 가서 지내게 된다. 그리고 투장의 발각으로 인해 심하게 두들겨 맞고 이씨 집안에 앙심을 품게 되는 백단이는 옹구네에게 수천 서방님의 아들을 낳은 우례를 위한 부적을 써주게 되는 등 그 전까지 평화를 유지하는 것처럼 보였던 이씨 집안 사람들과 거멍굴 사람들의 갈등이 점차 깊어질 것을 암시하기도 한다. 이처럼 죽음 의례는 죽음 의례 자체로도 서사의 큰 축을 이루지만 혼인 문화가 연결될 때 더 선연하게 그 의미가 드러나게 된다.

서사 축으로서 혼인 문화와 죽음 의례의 의미 읽기

『혼불』 속 혼인 문화와 죽음 의례는 서로 연결되는 순환적 구조를 가지고 있다. 앞서 언급한 듯 혼인 생활이 순탄치 않은 경우는 죽음으로 인한 것이 많다. 죽음으로 인해 한쪽이 상실된 혼인은 서러운 정서와 한恨을 만들어내고, 서러운 정서와 한을 갖게 되는 인물들은 그것을 극복하거나 거기에 휩쓸려 가면서 서사를 깊게 만든다.

또한 함께 하고 싶은 이와 함께 할 수 없음은 죽음을 초래하기도 한다. 강수의 경우는 상사병으로 죽게 되고 이러한 비극의 결과로 망혼제, 즉 죽은 이들이 만들어 내는 혼인의 모습이 그려진다. 강실도 강모와의 사랑이 이루어질 수 없음(이들에게 사랑이 이루어짐은 혼인이다)으로 인해 죽어 있는 삶을 살게 되고, 춘복의 아이를 임신하게 되면서 실제로 죽음을 시도한다. 강실이가 의지를 드러내는 것은 죽어야겠다고 다짐할 때 뿐이다.

죽음 의례 중 하나인 투장 역시 홍술의 뼈와 청암부인의 뼈가 함께 묻히는 사후혼의 모습으로 형상화되기도 한다. 그리고 이 투장이 이루어지는 밤, 강실과의 혼인을 염원하는 춘복이의 일차적인 염원도 같이 이루어진다. 강수의 망혼제나 홍술의 투장은 또한 죽음이 죽음으로 끝난 것이 아니라 그 사후세계가 삶과 연결되어 있음을 알 수 있게 해 준다. 죽은 자들의 혼을 위로한다든지, 죽은 시신을 좋은 곳에 모아 현세의 사람들이나 후손이 덕을 보게 하려는 바람은 죽음을 끝으로 파악하는 것이 아니라 또 다른 삶과 연결되는 지점으로 보고 있는 것이다.

이처럼 혼인 문화와 죽음 의례는 『혼불』에서 그 의미가 서로 맞물려 형상화됨으로써 순환적 구조를 가지고 있으며 또 다른 삶으로의 연결지점인 것이다. 이것은 작품 전반에 걸쳐 커다란 축을 차지하여 서사가 이루어지는 중요한 지점이 되고 문화와 의례를 통해 그것이 내재된 의미를 파악하는 일은 작품을 보다 폭넓게 이해할 수 있게 해 준다.

이 장에서는 『혼불』에 나타나는 혼인 문화와 죽음 의례의 의미를 분석해보았다. 혼인 문화에서는 먼저, 강모와 효원의 혼례를 살핌으로써 혼례 과정 곳곳에 나타나는 비극적 전조와 그로 인한 한의 모습, 또한 혼례과정을 지켜보는 이들의 서술을 통해 또 다른 전조, 혼례 문화 안에서 이루어지는 사람들의 상호작용을 살펴보았다. 그리고 혼례식과 같은 절차를 거친 것은 아니지만 혼인으로 인해 발생하는 임신, 처첩, 사별, 소박과 같은 경우에 직면한 인물들의 모습을 통해 『혼불』에서 혼인의 의미를 파악해보았다.

다음 죽음 의례로 살펴 본 혼불, 장례, 투장은 먼저 서사적 모티프인 혼불의 모습을 통해 청암부인과 인월댁, 효원의 모습이 연결되어 있음과 청암부인의 삶에 대한 대물림의 과정을 통한 순환구조가 드러나고 있음도 파악할 수 있다. 그리고 장례와 투장을 통해 죽음이 형상화되고 죽음은 흔히 끝의 이미지로 파악되지만 혼불 안에서 죽음은 다른 삶과의 연결지점으로 파악될 수 있음이 드러난다.

이를 통해 혼인 문화와 죽음 의례가 순환 구조를 가지고 있고 이것은 혼불의 서사적 구조를 더욱 탄탄하게 하는 역할을 했음을 알 수 있었다. 『혼불』 속 문화를 들여다봄에 있어 혼인 문화와 죽음 의례를 중심으로 한 파악은 문화를 통해 다층적으로 작품을 이해할 수 있다는 데에 큰 의의가 있다.

■ 김연화

| 주석 |

1 장일구, 「『혼불』의 문화담론적 자질과 저자성 역학」, 『호남문학연구』 48집, 전남대학교호남학연구원, 2010, 322쪽.

2 김희진, 「최명희 『혼불』의 민속 모티프 연구」, 고려대학교 박사학위논문, 2013, 68쪽.

3 최명희, 『혼불』, 한길사, 1996. 본문 인용 시 권수와 쪽수만 밝히고, 단락 구분은 원문에 따르지 않는다.

4 전라문화연구소, 『혼불과 전통문화』, 신아출판사, 2003, 51쪽.

5 위의 책, 같은 쪽.

6 위의 책, 51~52쪽.

7 김희진, 앞의 글, 69쪽.

8 이혜경, 「『혼불』에 나타난 가족-모티프의 풍속화—죽음·결혼·탄생을 중심으로」, 『여성문학연구』 1호, 한국여성문학학회, 1999, 213~214쪽.

9 김희진, 앞의 글, 98쪽.

10 위의 글, 98~99쪽.

11 위의 글, 101쪽.

균열의 서사와 주체

『혼불』은 균열의 서사다. 그 독특한 구성 형식부터 일반적 인식을 뒤집는다. 『혼불』에서는 주서사를 얘기하며 수많은 삽화들을 같이 배치하고 있다. 그 삽화들은 지나치게 정교하게 정리돼서 제시된다. 그래서 삽화들은 오히려 주서사를 따라가는 데 끊임없이 제동을 걸면서 몰입을 방해한다. 이런 식으로 『혼불』의 서사공간에서는 삽화가 수시로 출현하여 서사적 긴장감을 이완시키고 휴지의 공간을 창출한다. 그런 공간들의 잦은 출현은 서사적으로 긴장과 이완을 반복시키며 『혼불』만의 독특한 서사공간을 만들어낸다.[1] 랑시에르 식으로 말하면 『혼불』의 이런 독특한 서사 구성방식은 소설이라는 미적 형식을 감상하는 감성의 재분할을 요구한다. 작품들을 감성에 일치시켰던 본능이 거세되고 감성에 작품을 일치시키는 기존의 소설 미학에 제동을 거는 것이다.[2] 따라서 그의 말대로라면 기존 소설 형식을 파괴한 『혼불』 텍스트는 감성의 재분할을 가져오는 전복적인 텍스트가 된다.

이는 균열의 문제에 주목하고 있는 『혼불』의 내용이 다시 한 번

뒷받침해준다. 『혼불』은 균열의 서사를 만들기 위해 역사 속으로 거슬러 올라가기를 주저하지 않는다. 역사 속 균열의 문제를 담지하고 있는 각종 삽화들이 불려나온다. 그래서 다양한 삽화들이 『혼불』에 출현함에도 불구하고 『혼불』의 삽화들은 사회제도나 신분제도 그리고 이런 제도들에서 파생된 각종 세부적인 규범들을 얘기하는 데 더 집중되어 있는 인상을 준다.[3] 『혼불』 속에는 조선시대까지의 신분제도의 변천사, 그리고 신분에 따른 행위규범과 각종 차이를 만들어내는 제도와 관습들에 관한 얘기가 많은 분량을 차지하며 전개되고 있다. 더불어 『혼불』은 특정 인물을 예로 들어 응집된 사회에서도 어떤 식으로 균열이 발생하고 담론의 변화를 이끌어내는지를 삽화를 통해서 보여주기도 한다. 또한 권력이 어떤 식으로 이런 제도와 관습 속에서 구체화되고, 그 안에서 발생한 균열들을 봉합해 나갔는지도 함께 보여준다. 이렇게 『혼불』은 형식면에서 일반적인 인식을 깨고, 내용면에서도 일상성을 파괴한 균열의 문제에 주목함으로써 균열의 서사를 만들어낸다.

『혼불』이 만들어내는 균열의 서사가 구체화되는 곳은 주서사를 통해서이다. 『혼불』의 주서사가 전개되고 있는 1930년대 조선은 패러다임의 변화 속에서 가부장적 사회체계가 급격히 붕괴되고 자본주의 사회로 이행하는 등 사회 대변혁이 이뤄지는 시기였다. 이러한 급격한 사회변화는 사회의 가치와 규범의 변화를 요구하게 되고 구성원들의 가치관의 혼란을 초래한다. 또한 사회적 응집력이 약화되면서 체제에 균열을 일으키는 다양한 목소리들이 출현하게 된다. 사회적 응집은 사회성원들 스스로 공동체적 목표에 동조하며 능동적으로 협력해 나갈 때 가능한 것이다. 하지만 식민지하에 있던 1930년대 조선은 공동체적 목표를 상실한 한마디로 표류하는 사회였다. 이런 정황이 『혼불』에서도 드러난다. 응집력이 약화된 사회에서 담론의 균열이 발생하고, 그 균열들이 확장되면서 사회의 변화를 일으키고 있는 모습이 『혼불』에서 목격된다. 또한 『혼불』은 이런 체제를 위협하는 균열의 움직임이 지난 역사 속에서도 끊임없이 있어왔고, 그 균열은 또 끊임없이 봉합당해 왔다는 것을 관련 삽화들을 통해서 보여준다. 그렇게 『혼불』은 격변기의 시대상을 담아낼 수 있는 주서사를 주축으로 관련 삽화들을 곁가지로 제시하면서 한 사회의 담론이 어떤 식으로 서서히 균열되는지, 또 담론이 균열되는 상황에서 각각의 위치에 있는 인물들이 어떤 식으로 반응하는지를 보여준다. 이런 관점으로 이 장에서는 균열과 봉합의 역사를 보여주고 있는 『혼불』에서 담론의 균열이 발생하는 양상과, 이에 대응하는 주체의 모습을 살펴보고자 한다.

균열과 위반 그리고 봉합의 역사

『혼불』[4]은 작품의 배경인 1930년대 조선의 모습이 있기까지의 지난 역사를 삽화를 통해서 보여준다. 기존 봉건적 사회는 신분제에 의한 체제적 폐쇄, 그리고 그것이 수반하는 각종 차이를 낳는 규범과 규칙들에 의해 견고하게 유지돼온 사회였다. 이렇듯 체제가 견고하게 유지될 수 있었던 것은 억압을 정당화시키는 국가 차원의 합법적인 폭력의 형태로 체제의 불균등한 관계에서 파생되는 문제들이 해소되어왔기 때문이다. 또한 견고한 체제가, 즉 봉건적으로 응집된 사회가 구성원들을 자발적으로 체제에 순응하게 만든 결과이기도 하다. 그런 체제 안에서 사회의 기득권층은 권력이 구체화된 규범과 규칙으로 체제에 반하는 저항을 억압하고, 파생된 문제들을 봉합해 오면서 사회가 유지되어 왔다. 하지만 중요한 것은 그렇게 봉건적으로 견고하게 응집된 사회에서도 체제에 저항하고 위반하는 움직임 또한 지속적으로 있어왔다는 것이다. 『혼불』은 이처럼 봉건제와 같은 특정한 체제를 기반으로 만들어진 지난 역사가 끊임없이 균열과 봉합을 반복하며 지속돼온 역사였음을 신분제도와 관련된 삽화를 통해서 보여준다.

『혼불』 4권의 서두에서는 조선의 신분제도와 그에 얽힌 이야기들이 자세하게 소개된다. 지난 역사 속에서 신분제도가 어떻게 분화되어왔고, 상전과 노비의 관계는 어떠해야 하는지, 그리고 노비들은 어떤 역할을 하는지 등이 자세하게 서술되고 있다. 그 가운데 영조의 이야기가 삽입되어 있다.

> 그는 종의 아드님이었다. 비록 아버지는 한 나라의 제왕이었지만 어머니는 전라도 땅 임피臨陂의 천노 최씨의 딸로, 후일에는 임금을 낳은 숙빈이 되었으나, 처음에는 숙종비 인경왕후仁敬王后가 혼인할 때 교전비로 사가에서 따라들어온 몸종이었으니 만일 노비 종모법에 따른다면, 아무리 아버지가 임금이라 하여도 자신은 종의 자식인즉 사노가 되어야 마땅할 것이 아닌가. …(중략)…
>
> 장례원을 폐하여 종의 명부名簿를 다 치워 버렸지만, 수천년을 두고 내려오던 누습은 결코 없어지지 않아, 임금의 성려聖慮에도 불구하고 여전히 노비 제도는 깊이 뿌리를 박은 채 성하였다. 노비와 상전의 관계는, 마치 서리를 튼 나무 뿌리와 견고한 지반地盤처럼 서로 엉키어 있었다. 그것은 단순한 것이 아니었다. 어떤 나무의 씨앗이 어떤

땅에 떨어져 뿌리를 벋을 때, 버슬버슬한 모래흙이라면 빨아들일 수분도 넉넉지 않거니와, 지반이 실하지 못하여 작은 바람에도 뿌리가 뒤집히며 지나가는 빗줄기에도 사태가 날 것이다. (4권, 34~36쪽)

노비의 아들이 왕이 된 사건은 신분제 사회에 엄청난 파장을 일으켰을 것으로 짐작된다. 양반사회의 입장에서는 견고한 신분사회의 질서가 깨지는 사건이며, 기층민중들 사이에서는 미천한 신분으로 왕위에까지 오른 자신들의 영웅을 만나는 사건이기도 했을 것이다. 이때 신분질서를 파괴하며 왕위에 오른 영조가 단행한, "노비의 호적인 노비안과 그에 관한 문서가 비치되어, 노비로 인한 송사를 맡아보던 장례원"을 폐지한 일은 자신의 뿌리에 대한 영조의 콤플렉스를 보여주는 일이다. 하지만 『혼불』은 노비와 상전의 관계를 '서리를 튼 나무 뿌리와 견고한 지반'으로 비유하며 '수천년을 두고 내려오던 누습은 결코 없어'질 수 없는 것임을 말한다. 즉, 노비와 상전의 관계는 법의 문제가 아니라 그 법의 효력을 발생시킬 수 있는 사회적 분위기를 봉건적 사회체제가 허용하느냐의 문제와 직결된다는 것이다. 그런 식으로 『혼불』은 신분제를 바탕으로 한 봉건체제의 사회적 응집력이 얼마나 견고한지를 보여주면서 각종 차이와 배제를 낳은 규범과 규칙이 지속적으로 마련되어왔음을 보여준다. 이런 대표적인 예로 『혼불』은 신분에 따른 복식 양식의 변화를 들고 있다.

치맛자락 여미는 데도 법도가 있어, 거멍굴의 아낙들은 모두 상것, 천민이라 오른쪽으로 자락을 둘러 입었다. 그것이 법이었다. 왼자락 치마를 입을 수 있는 것은 반가班家의 부인들 뿐이었다. (1권, 102쪽)

그러다가 조선에 이르러서는 다른 모든 색을 제압하고, 황색이 최상위의 중앙색이 되었다. …(중략)… 색은 이미 단순한 물이나 빛깔이 아니었다. 그것은 그 법이 그어 놓은 금 아래 사는 한, 입으라 한 색을 거역할 수 없고, 입지 말라 한 색을 제 마음대로 입을 수는 없는, 이 색에서 저 색으로 넘나들 수 없는 경계선을 날 세우고 있는 한세상이었다. (4권, 67쪽)

『혼불』은 지난 역사가 옷 입는 방식이나 옷 색깔까지도 신분에 따라 엄중하게 규제하는 식으로 서민과 양반, 왕족을 구분지어온 역사였음을 얘기한다. 색마저도 단순한 '물이나 빛깔이 아니'었고, 그것은 이곳과 저곳을 경계 짓고 넘어설 수 없게 하는 거역할 수 없는 것이었다. 『혼불』은 이렇게 일상의 세세한 영역까지도 신분에 따른 구분을 지어가며 견고하게 유지되는 사회에서 개인들이 어떻게 자발적으로 그 체제에 순응해왔는지도 함께 보여준다.

안향의 후예로 성균관에 입학하는 이가 있으면
"보라, 이분이 우리의 주인이시다."고들 했다고 한다.

실로 무엇이, 조금도 쉬지 않는 충정으로, 조금도 줄지 않는 수량으로, 몇 백 년의 세월을 두고도 변함없이 그 상전을 그리워하게 하야. 그리고 그 길고 오랜 강물을 혈온으로 따뜻하게 할 수가 있으랴. (4권, 38쪽)

이는 조선시대에 고려 국학國學 소속 노비의 후손들인 반인伴人들이 자신들의 조상을 처음에 국학에 들였던 고려의 안향의 후손들을 자신들의 상전으로 여긴다는 내용이다. 한 번 맺어진 주종의 관계와 그 충정심은 후대에 걸쳐 '몇 백 년의 세월을 두고도 변함없'이 지켜질 만큼 견고하게 체제 순응자들에 의해 유지되어 왔다는 것이다. 이에 더해 『혼불』에서는 연재淵齋 송병선의 노비 복남이 자신의 주인을 따라 자결하자 상전 옆에 무덤을 만들어 후손들이 '아름다운 주종의 혼백'을 한자리에 모시고 기렸다는 미담도 같이 소개된다. 이처럼 『혼불』은 불평등한 체제가 요구한 역할에 이상적으로 순응해간 이들이 있었음을 얘기하면서 응집력이 강한 사회에서 구성원들이 능동적으로 불평등한 체제에 순응해왔음을 보여준다.

『혼불』은 이상에서처럼 지난 역사에서 폐쇄적 봉건체제를 바탕으로 사회체제가 견고하게 유지돼왔음을 보여주면서도 그런 체제에서도 균열이 발생해왔음을 주목한다. 『혼불』에서는 앞서 언급한, 스스로의 의지보다는 당위에 의해 왕위로 떠받들여진 영조와 대조적으로 스스로 신분상승의 욕망을 실현한 이로 유자광을 언급한다. 『혼불』은 종의 자식으로 태어나 훈구파의 핵심에까지 오른 유자광 설화를 얘기하면서 체제에 균열을 내는 자로서의 인간의 역능을 보여주는 유자광의 삶을 강조한다.[5]

> "아깝다. 모처럼 세상에 인재가 났는가 했더니 하릴없는 일이구나. 기왕이면 적자로 나지. 얼자는 차라리 세상에 안 나느니만 못해. 차라리 어수룩하든지. 그러면 모나지나 않지. 미천한 신분에 재주 비범하고 야망이 하늘을 찌르면, 울분을 못 이기어 병이 나기 쉽고, 경박하거나 방자해지기도 쉬우니, 일을 저질러 오히려 화를 부르지." (4권, 125쪽)

유자광을 걱정하는 세인들의 말이다. 재주를 가진 미천한 신분은 불행한 종말이 당연한 듯 얘기된다. 체제를 거스른 자들이 그 동안 어떤 식으로 단죄되었으며 그들이 만든 균열이 봉합되면서 어떤 공포를 자아냈는지 짐작케 하는 대목이다. 그런 상황에서도 유자광은 타고난 기를 죽이지 않고 '신분의 폭포'를 거슬러 올라가 '조정의 권자 꼭대기'에 앉는다. 하지만 이후 유자광은 정적에 의해 탄핵을 받고 유배되어 적소에서 처량하게 죽어간다. 그랬을 때 유자광의 삶은 표면적으로는 운명을 거스르려다가 끝내는 불행한 종말을 맞이한 것으로, 그래서 유자광이라는 '얼자'가 만들어낸 균열은 불행한 종말을 맞이함으로써 봉합된 것으로 비춰질 수 있다.[6] 하지만 하나의 사건이 만든 균열의 파급력은 이후에도 지속된다.

> 그가 나중에 대간·홍문관·예문관의 탄핵을 받고, 훈작을 빼앗긴 채, 유배되어 쓸쓸한 적소에서 처량하게 죽었다는 이야기는 임서방도, 둘러앉은 사람 누구도, 아무도 하지 않았다.
>
> 종의 자식이, 비첩의 소생으로서, 감히 목숨이랄 수도 없는 천대와 멸시 속에서 거스를 수 없는 신분의 폭포를 거슬러 뚫고 위로 치솟아, 혼자의 힘으로 등룡登龍을 하고 하늘을 얻어, 조선 영웅 나라 고관이 다 모인 조정의 권좌 꼭대기에서 얼자 출신이라고 탄핵도 많이 받았지만 끝내 다 이겨 내고, …(중략)… 여러 임금들을 모시어, 십 년을 두고 홀로 재상 노릇을 하였단다,는 그 이야기만이 이들에게는 오직 꿈같이 여겨졌던 것이다. (4권, 126쪽)

『혼불』은 유자광의 불행한 종말보다는 그가 만들어낸, 상놈이 재상이 될 수 있는 세상에만 주목하는 기층민중들의 심리를 초점화한다. 세인들에게 유자광의 불행한 종말은 자신들의 신분적 한계를 재확인시켜주는 외면하고픈 사실이다. 그래서 기층민중들 사이에서는 유자광의 영웅적 일화만 회자되고, 그들에게 유자광은 신분의 제약에서 벗어나고픈 그들의 한을 풀어준 영웅적인 인물로 신화화된다. 그렇게 『혼불』은 역사 속에서 체제에 반했던 영웅적 인물이 만든 균열들이 세인들에게 미담으로 회자되면서 서서히 담론의 변화를 이끌어 나가는 것임을 얘기한다.

한편으로 『혼불』은 역능을 지닌 개별자로서의 유자광이라는 인물이 체제에 반하여 새로운 자신의 세상을 만들어나가는 모습을 보여주면서도 유자광이 만든 균열이 체제에 반하는 순수한 균열이 아님도 함께 보여준다. 불합리한 체제에 반하려 하지만 균열은 여전히 그것의 모반을 갖고 태어나고, 그래서 뭔가 다른 것을 하려고 하더라도 체제의 모순들은 반란 내부에서 그 자신을 재생산하기 마련이듯이[7] '신분의 폭포'를 뚫고 올라간 유자광이 '조정의 권좌 꼭대기'에서 자신이 단절하려고 했던 체제의 모순들을 재생산한 것이다. 그래서 유자광이나 기층민중들의 욕망은 체제의 변화를 지향하기보다는 단순하게 체제 내에서의 신분상승의 욕망을 드러내는 것으로 귀결된다. 또 한편으로 이는 유자광이 얼자라는 태생적 한계에서 비롯된 것이기도 하다. 양반도 상민도 아닌 경계에 서있는 자로서의 유자광은 끊임없이 경계의 안쪽으로 진입하기를 희망하지만 체제는 유자광 같은 얼자를 질서를 파괴하는 자로, 경계를 해체하는 자로 규정하며 더욱 엄격하게 규제한다. 그럼에도 유자광은 체제에 균열을 내며 체제 내로 성공적으로 진입하고 그 체제를 모반으로 자신의 자리를 잡아갔던 것이다.

이상의 유자광 설화나 영조의 이야기처럼 『혼불』에서는 집중적으로 신분제와 관련된 삽화들, 그리고 그와 관련된 양반과 상민에 해당하는 의례나 규범 등이 세세하게 서술된다. 어느 면에선 상민의 의례나 규범이라기보다는 양반의 의례가 상민들의 것과 차이를 두며 만들어지면서 자연스럽게 상민과 구분되는 식으로 양반의 의례 등이 만들어졌음을 보여준다. 이러한 각종 구분체계들이 얘기하는 것은 결국 역사 속에서 기득권층은 항상 체제 유지를 위해 기층민중들을 제도적으로 억압하고 배제시키면서 자연스럽게 체제에 순응하게 만들어왔다는 것이다. 하지만 그러는 가운데도 끊임없이 균열의 틈새를 통해 위반이 일어나고 갈등이 표면화되면서 합법적 폭력이 행해지고, 다시 또 봉합되는 것이 역사임을 『혼불』의 삽화들은 보여준다. 여기서 중요한 점은 이처럼 기층 민중들이 만들어낸 균열들이 비록 권력에 의해 봉합돼버리기는 하지만 이 균열의 조짐들은 결국 견고한 권력에 균열을 내는 잠재력이 된다는 점이다. 균열을 내는 것은 닫힌 것으로 나타나는 세계를 여는 것이다. 그것은, 그것들의 표면에서 인간 행위의 역량을 부정하는 범주들을 여는 것이다. 그리고 그것들이 부정하고 감금하는 행위를 그것들의 핵심에서 발견하여 그 통제불가능한 세계를 돌파하여 세계를 인간 행위의 역능으로 이해하려는 시도이다.[8] 비록 봉합되는 균열들이지만 균열은 권력에 의해 가려진 것들을 드러내어 변혁의 기반을 다지는 것이다. 그래서 『혼불』에서 봉합당한 균열들은 실패한 저항이 아니라 변혁의 잠재력을 지닌 것이 된다. 거대한 힘으로 저항하는 것이 아닌 보통사람들이 만들어내는 미세한 저항이 만들어내는 균열의 힘이 역사를 바꿔나간다는 것을 『혼불』은 보여주고 있다.[9] 이러한 균열의 조짐은 『혼불』의 주서사에서도 확인된다. 이어지는 장에서는 사회체제가 존재하는 한 그 체제에 반하는 균열과 위반, 봉합의 순환이 지속되며 변화하는 역사임을 보여주는 『혼불』의 주서사를 중심으로, 담론의 균열에 대처하는 주체의 대응 방식을 고찰해 볼 것이다.

균열의 봉합과 담론의 수호

『혼불』은 삽화를 통해서는 견고한 체제 속에서 발생한 균열의 문제를 조명했다면, 주서사를 통해서는 사회적 격변기를 거치며 응집력이 약화된 사회에서 발생하는 균열의 문제에 주목한다. 『혼불』은 식민지하의 현실에 처한 조선의 사회적 응집력이 약화된 가운데 구성원들의 내재적인 불만과 갈등이 분출되어 담론에 균열을 내는 지점을 포착한다. 그리고 그럴 때 체제의 수호자들이 어떤 식으로 균열을 봉합하며 기존의 담론을 수호하는지를 매안 이씨 종가를 중심으로 『혼불』이 보여준다.

『혼불』의 공간적 배경인 남원의 매안은 매안 이씨 가문의 사람들과 종가의 노비 그리고 거멍굴에 사는 민촌 사람들이 누대에 걸쳐 거주해 온 공간이다. 이 공간은 근대화가 진행되고 있는 바깥세상과는 일정한 거리가 있는 폐쇄적인 전통공간으로 그려진다. 매안 내에서는 양반과 상민의 구분이 엄격하고 거주 공간 또한 신분에 따라 철저히 제한되어 있다. 하지만 이런 공간에도 변화의 바람이 불어온다. 양반들도 단발을 하게 되고, 창씨개명이 강요되면서 조상 대대로 내려온 성씨를 바꿔야 하는 참담한 상황에 맞닥뜨리게 된다. 그리고 종손 '강모'는 근대식 학교에, 강호는 일본 유학길에 오르고, 문중의 이씨들이 '기표'처럼 양복을 입는 등 양반가의 모습도 서서히 근대화의 영향을 받게 된다. 이처럼 견고하게 전근대적 가치체계로 유지돼온 매안이라는 서사 공간은 격변기의 균열의 문제를 단적으로 보여줄 수 있는 이상적인 공간으로 설정되어 있다.

시대의 변화에 따라 이제 매안의 양반들의 권위는 이전의 견고한 봉건사회에서처럼 자연스럽게 보장되는 시대가 아니게 되었다. 원칙적으로 양반과 상민의 구분이 없어진 지 오래고, 이제 양반들은 사회 곳곳에서 일어나는 균열에 맞서 자신들의 권위를 스스로 지켜내야 하는 상황에 처한 것이다. 『혼불』에서 담론의 균열을 봉합하려는 양반가의 대응은 단적으로 청암부인을 통해 드러난다.

> "그게 고리배미 사는 장업長業이 아니냐. 엄구용이 아들이지. 딴에는 물려받은 재산도 있고 저희 근방에서는 위세도 있었지만 본래 신분이 중로라, 상놈은 아니지만 양반은 못되고, 제 먹을 양식은 남부럽잖게 있지마는 그걸로는 양이 안 차 벼슬이 소원이었던가, 양반이 되고 싶어서 공명첩空名帖을 샀던가 보더라. 관아에. 하지만 실직實職은 아니다. 그러니 선비가 주야로 글 읽어서 과거에 급제하는 벼슬과는 언감생심 비교도 못허지. 천지 차이라. …(중략)…
>
> 그래도 행세는 해 보고 싶었던가, 거드름을 있는 대로 부리고 위세를 허면서 머리에 정자관程子冠을 쓰고 집에서 배 내밀고 어흠 어흠, 왔다갔다 허다가, 장업이란 놈이 맹랑허게 그런 짓을 헌다는 말이 매안에 들어와, 문장 어른 노여움을 산 것이다.
>
> 고결한 선비 유자儒者가 쓰는 관을 감히 제가 썼으니 무사헐 리가 있겠느냐. 상놈 마을에 정자관이 웬말이냐고, 이런 해괴한 일이 있는가, 그놈 괘씸허다고, 산직아야, 아무개 당장 잡어 오니라아, 해서 벌을 준 것이지. …(하략)…" (5권, 157~158쪽)

어릴 적 고리배미 사는 중로를 데려다가 덕석말이 하는 걸 처음

본 이기채가 청암부인에게 연유를 묻는 장면이다. 청암부인의 말은 상놈이 공명첩을 사서 양반 흉내를 내는 것은 용납할 수 없는 일이라는 것이다.[10] 이기채는 어른이 되어 그날의 일을 회상하면서 그런 일들이 중로나 노비, 상민을 상대로 상용 있어온 일이었음을 떠올린다. 향촌사회에서 신분질서의 확립은 신분의 명확한 구분에서부터 시작되는데, 신분의 구분은 명백한 것으로 이것이 문제된 적은 거의 없다. 문제는 구분이 아니라 양반층과 여타 신분과의 '관계 맺기'였다. 지배와 복종 혹은 차등적인 관계를 어떻게 정립할 것인가가 문제될 뿐이었다.[11] 따라서 향촌사회에서는 신분의 구분이 명백하였더라도 그것은 끊임없이 확인되고 각인되어져야 한다. 이것이 바로 신분제적 향촌질서를 확립하는 하나의 과정이었기 때문이다. 그래서 향촌의 양반들에 의한 이런 노력은 다양하면서도 지속적으로 전개되었다.[12] 『혼불』 곳곳에서 인상적으로 등장하는 덕석말이는 이런 예의 대표적인 경우라 할 수 있다. 신분질서가 파괴되면서 상대적으로 퇴색되어가는 신분적 특권을 유지하려는 양반들의 노력은 이런 자치 규약을 통해서 드러난다. 한편 이런 공명첩 사건은 신분의 제약이 돈에 의해 파괴된, 자본의 가치를 단적으로 보여주는 사건이기도 하다. 이는 신분제 사회의 근간이 흔들리는 조짐이며 자본주의 사회로의 이동의 단초를 보여주는 부분이기도 하다. 『혼불』은 이런 식으로 주요한 사회의 변화상을 담지하고 있는 사건을 배경으로 제시함으로써 변화하는 향촌사회 속에서의 양반과 기층민중들의 대응 방식을 효과적으로 그려낸다.

『혼불』에서 양반들이 균열을 막기 위해 덕석말이를 하는 장면은 백단과 만동의 투장사건에서도 나타난다. 백단과 만동은 천한 신분이 되물림되는 것에서 벗어나기 위해 아버지 홍술의 유골을 청암 부인의 산소에 투장하는 일을 저지른다. 하지만 투장이 발각되고 백단과 만동이 덕석말이를 당한다.

> 기왕에 이렇게 된 일, 다 들켜서 덕석말이 맞어 죽을 일만 남었겄 그만, 말을 해도 맞고 안해도 맞을 것 아니냐. 말허먼 죄 있응게 때리고, 말 안허면 말허라고 때리고.
>
> 내가 어디 우리 시아부니 뼉다구 갖꼬 한번 놀아 보끄나?
>
> 사실은 간이 타서 말라붙게 무서운 두려움을 조금이라도 늦추어 보려고, 백단이는 자꾸만, 신神 내리라. 굿판에서 독경하듯이 염력念力을 다해 자신에게 그처럼 경을 읽고 있는 것이었다. (7권, 141~142쪽)

이는 투장이 발각돼 덕석말이를 당하기 전의 백단이의 심정이다. 투장이 발각된 마당에 덕석말이 당하는 건 당연지사고, 덕석말이가 어떤 것인지를 안 백단이는 간이 바짝 타들어갈 정도로 두려움을 느낀다. 덕석말이는 마을마다 자체적으로 만든 향약이나 풍속을 어기는 자들을 양반이 직접 응징하는 수단이다. 권력은 기존 질서의 유지 및 재생산을 위해 체제에 균열을 내는 일탈의 움직임, 즉 위반 행위를 단죄하고 확산을 막기 위해 덕석말이와 같은 다양한 권력의 수단을 마련한다. 여기서 중요한 것은 마을의 향약과 풍속이 양반과 상민의 구분을 엄격하게 한 것으로, 응징의 대상은 양반의 권위에 도전하거나 양반 위주로 만들어진 풍기를 문란케 하는 이들이라는 점이다. 결국 덕석말이는 기득권층인 양반들이 만들어놓은 체계에 균열을 내는 이들을 자체적으로 단죄하는, 구성원들에게 암묵적으로도 합법적인 것으로 용인되는 응징 수단인 것이다.

『혼불』에서는 이처럼 상민이나 천민이 양반의 권위에 도전하며 금기를 위반하고 균열을 일으키는 것을 보여주면서 한편으로는 매안 이씨 종부인 효원을 통해서는 양반 스스로가 자신들의 치부를 드러내지 않으면서 권위를 지켜나가려고 애쓰는 모습을 보여준다. 청암부인이 만들어놓은 매안 이씨 종가의 위엄은 청암부인이 죽으면서, 시대가 급변하면서 점점 잃어간다. 이때 종부인 효원은 스스로도 내적 갈등을 겪으면서도 꿋꿋하게 종부로서의 역할을 해낸다.

> (할머님 가신 한 생애를, 내 또 그대로 살게 될 것이다. 정처없이 떠나가 버린 그 사람은 언제나 돌아올는지 아무도 알 수 없는 일. 내 홀로 내 뼈를 일으키리라, 하시던 할머님. 그 뼈를 다 태우시고 이렇게 한 점 푸른 불꽃으로 떠올라 이승을 하직하시면서……나한테 점화하고 가시는 것을.) (3권, 111쪽)

명문가에서 매안 이씨 종가로 시집온 효원은 시간이 흐르면서 내적 갈등은 잦아들고 종손이 떠난 집안을 지켜내야 하는 종부로서의 마음가짐을 다잡는다. 강모와의 불화에서 생긴 갈등도, 청암부인을 잃은 슬픔도 가실 사이 없이 효원은 가문의 위기와 맞닥뜨리게 됐기 때문이다.

> 철재를 살리려면 강실이를 살려야 한다.
> 집안을 보호해야 한다.
> 내 심중 같은 것은, 나 혼자 묶어야 한다. (6권, 307쪽)

강수와 진예의 상피 사건이 있은 지 얼마 되지 않아 또 다시 불거진 강모와 강실의 상피 사건은 이씨 가문의 위기를 예고한다. 그리고 이어 춘복이 강실을 범하고 강실이 춘복의 아이를 가지게 된 사건의 파장 또한 만만치 않다. 사태를 파악한 효원은 강모와 상피 붙은 강실을 원망하면서도 강실이를 살리는 데 애를 쓴다. 강실과 강모의 상피 사건이 세상에 알려져선 안 되고, 춘복의 아이를 가진 강실이 또한 양반의 위신에 먹칠을 할 것이기 때문이다. 가문의 위기 앞에서 효원은 사적인 감정은 뒤로 하고 가문지키기에 나선다. 매안 이씨 종가와 관련된 어떤 치부도 세상에 드러내 보이지 않으려고 백방으로 애쓰며 효원은 종가의 자존심을 지켜나가고자 한다. 이렇듯 『혼불』은 봉건체제의 기득권자들인 양반들이 체제에 균열을 내는 행위를 용인된 폭력으로 단죄해가며 균열을 봉합하고, 스스로도 담론의 수호를 위해 내부 단속 또한 철저히 행하는 것을 보여준다. 이럴 때 기득권층이 아니면서도 철저히 체제에 순응하는 이들이 나타난다.

> (허어이. 일은 일이 났구나. 청암마님 쓰러지시드니, 서까래가 주저 앉고 지왔장이 와그르르 무너지능갑다. 시상도 뒤숭숭헌디 그 댁이라도 짱짱허게 버티고 받쳐 주시야지 그 밑이서 우리가 사는디. 이 노릇을 어쩔 거인고. 그 집안이 어수선허면 내 속도 시끄럽고, 그 집안이 흔들리면 우리들이라고 무사헐 수 없는디, 멋 헐라고 그런 겁날 일을 대실서방님은 허셌이끄. 불쌍한 우리들을 생각해서라도) (2권, 280~281쪽)

상민들의 거주지인 고리배미에 살고 있는 공배네는 매안 종가와 자신을 공동운명체로까지 생각한다. 이씨 종가가 흔들리면 자신도 무사하지 못할 것으로 여긴다. 그래서 뒤숭숭한 세상에 '청암마님'

마저 쓰러지신 것도 불안한 일이다. 『혼불』에서는 이처럼 기득권자가 아님에도 공배네, 안서방네, 평순네 등과 같은 가부장적으로 사회화된 이들은 체제에 대한 저항의식이나 갈등 없이 철저히 체제에 순응적인 인물로 나타난다. 가부장적 사회구조에서 권력의 핵심에서 벗어난 이들의 담론화된 몸은 스스로를 위계적 구조 속에 위치지운다. 그래서 이들의 순응적 태도는 체제유지의 동력으로 작용하면서 결과적으로는 담론의 수호자로서 기능하게 된다.

균열의 확장과 내파의 창출

『혼불』은 균열과 위반 그리고 봉합의 역사가 보편적 역사였음을 얘기한다. 그러면서 특정한 체제 속에서 권력은 균열을 억제하는 기제를 마련해가며 체제를 유지·재생산 한다는 것을 보여준다. 역사 속에서 봉건적 억압에 저항하는 균열의 움직임을 조명하고, 계급적 대립과 모순이 내재된 사회상을 재현한다. 그럼으로써 기존 사회의 존재 기반에 균열을 가하고 전복시키려는 욕망의 출현에 주목한다. 격변기의 사회상을 담아내고 있는 『혼불』에서 균열의 움직임은 곳곳에서 목격된다. 강모, 강태, 강호로 비유되는 핵심 권력의 내부에서도, 춘복과 옹구네와 같은 권력의 외부에서도 체제에 저항하는 균열의 기운이 한층 강해진 것을 보여준다.

『혼불』에서 처음 맞닥뜨리는 균열의 조짐은 강모와 강실의 상피사건이다. 『혼불』에서 강모와 강실의 상피사건은 소문으로만 떠돌고 표면화되지 않는다. 그러면서 『혼불』은 이전의 상피사건이었던 강수와 진예의 사건을 대하는 매안 이씨 종가의 모습을 보여준다.

(그뿐이리, 같은 나이에 태어나지 않아도 …(중략)… 문중의 오라비 따라 언덕에서 쑥도 캐고, 그러다 넘어지면 일으켜도 주고, 네 것 내 것 가리지 않고 나누어 먹다 보면, 어찌 정인들 들지 않겠는가. 거기다가 바깥에서 사람들이 들어오는 일도 없고, 바깥으로 나가는 사람을 구경하는 일도 없이, 우물속같이 고여 사는 젊은 것들이 제 속에서 넘치는 심정을 어디에 쏟을 것인가. 칡뿌리든지 소나무 뿌리든지 하찮은 풀뿌리든지 간에 한 그릇 속, 한 자리에 붙박혀 있으면, 제 뿌리끼리 엉키는 것을 막을 길이 없다네. 그것을 미리 알고 선인들이, 재앙을 막자고 그렇게도 가혹하게 징벌하고 경계해 온 것이 아니겠나. 다 그만한 까닭이 있어서 말일세.) (2권, 128~129쪽)

상피사건을 바라보는 청암부인의 속내이다. 청암부인은 상피사건이 폐쇄적인 공동체사회가 지닌 한계임을 인식하고 있다. 그럼에도 상피는 엄연히 공동체의 금기이다. 따라서 공동체의 금기를 위반하는 상피는 넓게는 공동체의 존속을, 좁게는 그 가문의 존속을 뿌리채 흔드는 심각한 위반행위이다. 그 위반의 정도가 심한 만큼 『혼불』에서처럼 상수와 진예는 죽음과 실성으로 대가를 치르게 된다. 결국 공동체의 상징적 질서에 대한 도전인 금지된 욕망의 실현은 공동체의 질서 속에서 좌절된다. 강모와 강실의 상황 또한 별반 다를 게 없다. 강모는 매안을 떠나야 했고, 강실은 죽은 목숨으로 살아가게 된다. 그렇지만 강모와 강실의 상피사건은 매안의 기층민중들 사이에서 소문으로 떠돌며 양반가의 권위를 실추시키는 계기가 된다.

(시상에 무신 그런 일이 다 있으까잉. 쥐도 새도 모르게 헌 일도 바람타고 소문이 나능 거인디, 저노무 예펜네 눈꾸녁에 들케 놨이니

어쩌꼬. 에이, 그렇다고 참말로 무신 일이 있었을라고? …(중략)… 가만 있어 봐. 그날 오루꿀덕은 거그 굿허는 디 왔었는디? 동역굴덕이 대 잡고 오루꿀덕이 머 이것저것 안 물어 보등게비……? 그러먼 어머이 따로 딸내미 따로 있었능게 빈디. 무신 일이까잉.) (2권, 272~273쪽)

옹구네에게서 강실이 얘기를 전해들은 평순네의 속내이다. 강실의 사건이 그럴 리가 없다고 하면서도 평순네는 그 얘기를 떨치지 못하고 곱씹는다. 이후 옹구네는 평순네에 이어 우례한테까지 강실의 얘기를 전한다.

아이고오, 그렁게 옹구네가 오늘 나한테 맘먹고 옹 거이구나아. 이런 말 헐라고. 참 요상허네. 이 사램이 왜 나한테 요리 파고들으까? 이런 말은 피가 같고 살이 같은 성지간에도 털어놓기 쉽잖을 거인디, 나를 언지부텀 어찌 보고 이런 궁리 저런 궁리를 내 일맹이로 허고 있었이까? 자개 일도 아닌디. 보통 때는 살갑게 허도 않든 사램이. 속으 가는 속정이 따로 있었등게비구나. 나는 몰랐지마는. 나를 알씨럽게 생각고.

오오, 그래서 아까 봉출이랑 꽃니랑 있는디도 개념 않고 이런 말 저런 말 다 들으라고 일부로 그렇게 이얘기를 했등갑다. 아그들보고 욍기라고. (6권, 167쪽)

우례는 옹구네에게서 강실의 얘길 전해 듣는다. 소문의 내용은 '성지간에도 털어놓기 쉽잖은 일'이다. 소문의 진위를 떠나서 가문의 존속 문제가 달려있는 얘기는 전하거나 전해 받는 것만으로도 위험한 일이다. 그래서 옹구네는 소문의 유포자인 자신을 절대로 드러내지 않을 이들에게만 목숨을 걸고 얘기를 전한다. 그럴 때 소문의 유포 대상자는 옹구네와 정서적으로 공감대를 형성하고 있는, 사회적 위치도 생각도 같은 동류의 이들이다. 그렇게 소문은 동류의 사람들을 대상으로 유포되면서 소문의 효과를 만든다. 이렇게 강모와 강실의 상피사건은 옹구네를 중심으로 매안의 기층민중들 사이에서만 소문으로 유포되다가 종부인 효원에게 전해진다. 가문의 내부자에게도 강모와 강실의 상피사건이 전해지면서 이제 이 사건은 가문의 문제로 화하게 된다. 한 가문의 종손이 벌인 상피사건은 가문의 존속을 위협하는 것이며, 나아가서는 가부장적 유교 질서를 훼손하는 것이다. 매안의 기층민중들 사이에서 회자되는 소문이 그들의 뒷담화로 끝나는 문제라면 가문의 내부에서 이 사건이 불거지는 것은 당사자나 가문에게 치명적인 사건이다. 그만큼 기존 질서에 위배되는 행위인 것이다. 그처럼 파장이 큰 사건이기에 종부인 효원이 입단속을 시키지만 이 사건은 이미 회자되면서 종가의 권위를 실추시키며 매안 공동체에 균열을 만들어낸다.

강모와 강실의 상피사건과 같은 기득권 내부로부터의 균열은 매안 이씨 가의 아들들인 강태와 강호를 통해서도 발생한다. 봉건적 체제에 반하여 이념적 갈등을 겪으면서도 새로운 이론과 사상으로 역동적으로 행동하는 강태의 면모, 그리고 매안 이씨 가의 사람으로서 처음으로 거멍굴의 천민을 찾아간 강호의 행동들은 거멍굴에서 잔잔한 파문을 일으킨다. 아래로부터의 저항과 변혁의 움직임이 아닌 위로부터의 변화의 모습을 보여주는 이들의 모습은 기존 사회의 질서를 깨트리며 서서히 균열을 만들어낸다. 그렇게 『혼불』은 서사 공간에서 양반사회의 권위가 상실되는 과정을 보여주면서 위계의 변화를 암시한다.

『혼불』에서는 이렇게 기득권 내부에서부터 균열이 발생하는 것을 보여주면서 매안의 기층민중들 사이에서 일어나는 저항과 위반의 움직임을 보여준다. 그 가운데 『혼불』은 그동안 매안에서 행해졌던 불평등한 일들을 쇠여울네와 우례를 통해서 단적으로 보여준다. 자신의 땅을 빼앗기고도 말 한마디 못하고 살아야 하고, 양반에게 자신의 몸을 빼앗기고도 쥐죽은 듯 살아야했던 이들이 쇠여울네와 우례이다. 그동안 저항을 해도 매만 맞고 돌아서야 했던 게 이들의 운명이었다. 이런 체념의 삶을 살아가는 이들 속에서 결정적인 균열의 사건을 일으키는 춘복과 옹구네가 등장한다.

(작은아씨. 내 자식 하나 낳아 주시요. 나는 작은아씨한테 양반 자식 하나 얻고, 작은아씨는 나한테 상놈 자식 하나 얻으시요.)

(인자는 시상도 많이 변해 부렀응게요. 언지끄장 같은 시상이 아니여요. 천 년 묵은 낭구도, 죽고 나면 그 썩은 자리가 개미굴이 되고 마는 거잉게. 사램이 살자면 팔짜가 뒤재비 칠 때도 있겄지라우. 사램이 비암도 낳고, 곰이 사람으로 환생도 하고, 애초에 인연이랑 거이 맹랑헌 거 아닝교? 산골짝으서 나무 패든 나무꾼도 선녀랑 맺어지면 두룸박을 타고 하늘로 간다는디. 작은아씨는 비암 한 마리를 낳고, 나는 곰껍닥을 찢어 내고 사람 한 마리 낳고, 그렇게 피를 섞어야 나도 두룸박을 타고 승천을 헐랑갑소.) (3권, 25쪽)

춘복은 신분은 모계에 우선한다는 종모법에 집착하며 변동천하의 꿈을 꾼다. 그가 기획한 변동천하는 강실을 통해 양반과 상놈의 피를 섞고, 거기에서 양반 자식을 낳는 것이다. 여기서 춘복이 지닌 욕망은 인간평등의 욕망이 아니다. 양반 신분으로의 진입이 목적이다. 자본주의 사회로의 변화가 진행되고 있는 세상에서도 춘복의 욕망은 양반이 돼보겠다는 것이다. 춘복은 강실을 범하고 욕망을 실현시킨다. 이 사건은 강실이 춘복의 아이를 갖게 되면서 표면에 드러난다. 춘복과 옹구네를 비롯한 강실의 부모 그리고 효원에게까지 강실의 임신 사실이 알려진다. 이 사건 또한 매안 공동체에 일으킬 파장이 만만치 않다. 따라서 효원은 사력을 다해 강실과 가문을 구하기 위해 노력하지만 뜻대로 되지 않는다. 이미 강실의 사태는 효원이 관장할 수 있는 범위를 벗어나 있다. 춘복과 옹구네의 강렬한 욕망이 효원의 욕망과 대립하며 기존 질서가 만든 자장을 약화시켰기 때문이다. 그렇게 춘복이 강한 신분상승의 욕망을 드러내며 위반과 전복을 꿈꿀 때 옆에서 이를 부추기며 조력자로 나서는 이가 옹구네다.

> 오냐, 양반? 어디 양반 시집오는 것 좀 보자. 니 발로 걸어올랑가, 끄집헤 올랑가, 안 그러면 엡헤 올랑가. 그렇게 와도 여가 시집은 시집이제. 서방님 지신 딩게. 흥. 곧 죽어도, 이런 디로 옴서 육리 갖촤 혼인허고, 청실 홍실 꽃가매 타고 오든 못허겄제. 여그는 팔천놈이 사는 수악헌 딩게. 이런 디로 오느니 채라리 칼을 물로 어푸러져 죽는 거이 낫다고 헐 거이다. …(중략)… 어디, 행세허는 양반의 아리따운 작은아씨, 어뜬 행세를 험서 이 방으로 들오는지 나 그것 좀 꼭 보고 자프다. 그 꼴 내가 볼라고라도 기어이 이 일에 내가 상관을 좀 해야 쓰겄다. 아이고, 양반? 아나, 깨소금이다. 이 방으로 니가 들오기만 해 바라. 들오기만. (4권, 239쪽)

양반을 향한 옹구네의 반감이 고스란히 드러나는 대목이다. 옹구네는 상놈의 아이를 가진 채 '팔천놈이 사는 수악헌' 곳으로 떠밀려온 양반의 딸 강실이에 대한 연민이 전혀 없다. 옹구네가 춘복을 독차지하지 못한 이유는 그녀가 양반이 아니기 때문이다. 춘복의 변동천하의 꿈은 양반의 피를 가진 강실을 통해서만 가능하다. 그래서 강실에 대한 옹구네의 반감은 양반에 대한 반감과 다르지 않다. 옹구네는 평소에도 공배네나 평순네와는 달리 매안 이씨 종가를 비롯한 양반 사회에 호의적이지 않았던 이다. 그런 옹구네였기에 춘복을 차지하고픈 욕망도 컸지만 춘복의 조력자로 나서며 양반사회에 반기를 드는 모반을 꿈꾸게 된 것이다. 이런 옹구네와 같은 저항의식은 백단의 입을 통해서도 확인된다.

> 양반만 부모 중허고 팔천 사천 무당 박수 당골네는 부모도 안 중헌 줄 아냐? 앙 그리여. 그렁 거이 아니여. 너는 시방 느그 부모 뫼동 파헤쳐서 욕뵈었다고 길길이 뛰는디, 뛰다가 우리를 죽일라고 허는디, 나도 우리 부모 유골 한번 잘 뫼셔 볼라고 밤 잠 못 잔 세월 여러 해 산 사램이여어. 그런데 시방 니가 천민의 뺵다구라고 그렇게, 명부에 지셔야 헐 망제 유골을 백주 대낮에 꼬 벳겨 파내 들고, 중인환시리에, 너나 없이 뺑 둘러선 이 자리에서 뱅뱅 돌림서 웃음거리를 맨들어? 그렇게 욕되게 맨들어? 양반은 상놈한테 먼 짓 해도 상관없고, 상놈은 양반 옆에 찌끄래기만 주워 먹어도 죽을 죄냐? (7권, 142~143쪽)

투장이 발각돼 시아버지 뼈가 백주대낮에 웃음거리가 된 것을 본 백단의 흥분한 모습이다. 평상시에는 감히 내뱉지도 못할 말이지만 극한에 몰렸다 생각한 백단은 대놓고 양반에 대한 불만을 토로한다. 누대에 걸쳐 그래왔을, "양반은 상놈한테 먼 짓 해도 상관없고, 상놈은 양반 옆에 찌끄래기만 주워 먹어도 죽을 죄"를 짓는 것이 되는 불평등한 세상에 대한 원망도 섞여 있다. 『혼불』은 이렇듯 대부분이 체제에 순응적인 기층민중들 사이에서도 체제가 만든 구획되고 재단된 역할을 거부하며 일탈을 꿈꾸는 이들을 조명한다. 그러면서 특정한 개인들의 일탈행위나 저항의식이 어떤 식으로 공동체 속에서 내파를 일으키는지를 우례를 통해서 보여준다.

> 전에 누가 그랬다등고. 이 집안에 곡식이 썩어나도 먹을 사램이 없을 거이라고. 씨구녁을 막어 부릴 거이라고. 머 때민가, 하도 모질게 양반 노릇을 헝게로 분이 나서, 푸대접받은 사램이 그런 말 했능갑등만.
>
> 아닝게 아니라, 암만 생각해도 요상허기는 요상허다.
>
> 새터서방님이랑 대실서방님이 만주로 가시고는, 똑 거짓꼴맹이로 오류골 작은아씨도 자취가 없으시니. 누가 불러낸 거이까.
>
> 예삿일 아니네이.
>
> 삼형제으 세 집이 다 물팍이 비어 부렀잖이여.
>
> 요런 수가 있이까……. 시킨 것맹이로.
>
> 옹구네 말이 맞을랑게비여.
>
> 우리 봉출이, 우리 아들, 내 자석, 금쪽 같은 이씨 자석. 이 가문으 단 하나 금싸래기 씨앗으로 요놈 한나 달랑 남을랑게비여. 하이고오.
>
> 내가 천헌 종년이라고, 자식도 따러서 그럴 거이냐. 아부지가 지신디. 내가 느그 아부지 꼭 찾어줄 거이다. 봉출아. 조께만 지달러라. (10권, 313쪽)

양반에게 몸을 빼앗기고도 그런 일은 으레 있을 수 있는 일쯤으로 여기며 살던 우례도 욕망을 키우게 된다. 우례의 욕망을 자극한 이는 옹구네다. 서출인 우례의 아들 봉출을 양반의 자식으로 만들 수 있다는 옹구네의 부추김에 우례는 서서히 자극을 받는다. 그러면서 우례도 순응적인 인물에서 능동적으로 욕망을 실현시키려는 여인으로 변모할 조짐을 보인다. 견고한 위계질서로 유지돼오던 사회에 잠재돼 있던 문제들은 사회의 응집력이 약화되는 시기, 담론의 균열을 일으키며 외부로 표출된다.[13] 우례가 서서히 위반의 욕망을 지니게 되듯 균열이 발생한 이상 그 균열은 파급력을 지니며 확장되는 것이다. 이렇게 확장된 균열은 내파implosion의 원동력이 된다. 내파는 내부의 모순이 표출되면서 체제가 붕괴되는 상황을 말한다. 응집력이 약해진 사회에서 표출된 균열들은 급진적이지는 않지만 서서히 지배구조의 몰락을 가져온다.

이처럼 『혼불』은 위와 아래에서 동시적으로 담론에 균열을 내는 행위들이 발생하는 사회상을 보여준다. 위로부터는 강수와 진예의 상피사건, 강모와 강실의 상피사건, 강호와 강태의 반봉건적으로의 변모, 그리고 아래로부터는 백단과 만동의 투장사건, 쇠여울네의 피맺힌 저항의 울부짖음, 그리고 서서히 표출되는 춘복과 옹구네의 위반의 욕망과 욕망을 부추김당한 우례의 변모가 『혼불』의 서사를 균열의 서사로 만든다.

『혼불』은 전근대적 봉건사회에서 근대 자본주의 사회로의 이행기를 배경으로 하고 있다. 이 시기는 다른 식으로 표현하면 개인과 집단의 이상이 동일한 총체성의 시대에서 개인과 사회 그리고 가치와 현실 사이에 괴리가 발생하는 총체성이 사라지는 시기이기도 하다. 따라서 『혼불』은 이런 혼란스러운 시기의 사회상을 반영하듯 기존 체제에 반해 일어나는 위반과 균열 그리고 봉합의 문제에 집중해

서사를 전개시키고 있다. 이런 과정에서 『혼불』은 담론이 균열된 사회에서의 개별 주체들의 대응 양상을 얘기하기 위해 다양한 삽화들을 제시한다. 그 삽화들은 오랜 역사 속에서 만들어져 내려온 우리네 전통과 관련된 것이기도 하고, 역사 속에서 발생했던 의미 있는 사건들이 되기도 한다. 『혼불』은 그렇게 지난 역사 속의 사건들과 전통들을 주서사의 곁가지로 제시하면서 지금의 현재가 지난 역사와 전통이 응축되어 만들어진 결과물임을 다시 한 번 환기시킨다.

『혼불』은 현재의 문제를 얘기하기 위해 끊임없이 역사를 거슬러 올라가기를 주저하지 않는다. 고조선부터 조선시대에 이르기까지의 각종 전통과 역사적 사건들이 『혼불』의 서사공간으로 불려와 자리한다. 그러한 각종 삽화들이 얘기하는 것은 각 개별 단위 실체들이 모두 공감하는 공동체적 이상의 실현은 총체성의 시대에도 불가능한 것이었다는 것이다. 각종 신분제도로 권위주의적 위계질서가 유지되는 사회에서도 사유의 보편성과 총체성에 반대하며 틈새를 만들어내는 균열의 움직임들이 지속되어왔음을 『혼불』은 보여준다. 또한 『혼불』에 제시된 전통적으로 유지돼온 각종 규범과 습속들도 결국은 위계화된 사회에서의 견고한 구분짓기 방식이 구체화된 결과라는 것도 보여준다. 이런 식으로 『혼불』의 삽화들은 개별적으로도 의미작용을 하면서 주서사와 어우러져 서사담론을 만들어낸다.

불안한 사회상을 반영하고 있는 『혼불』에서는 곳곳에서 균열이 감지된다. 아래에서는 기층민중들이 전복적 욕망을 드러내며 기존 질서의 의미와 가치를 전복해가고자 할 때, 위에서도 기득권의 수호보다는 새로운 사상의 조류를 받아들이며 적극적으로 변모해가는 젊은이들이 양반사회 내부에 균열을 일으킨다. 이들이 만든 미세한 변화의 움직임들은 표면적으로는 잔잔했던 전통 사회에 큰 파장을 불러일으킨다. 기득권의 수호자들은 자체적으로 합의된 폭력을 행사하며 균열을 봉합하려 하고, 자신들의 권위를 실추시키지 않기 위해 내부 단속을 하는 데 힘을 쓴다. 반대로 전복을 꿈꾸는 자들은 균열의 틈을 타 자신의 욕망을 구체화하고 실현시키며 적극적으로 기존 질서에 저항한다. 이렇게 『혼불』은 기존 공동체적 삶을 규율할 수 있는 법칙이 상실되어 가는 시기의 분열상을 서사 공간에서 재현하며, 사회체제에서 발생하는 균열과 위반 그리고 봉합의 문제를 얘기한다.

■ 엄숙희

1 『혼불』 연구에서 『혼불』의 이러한 독특한 구성 방식은 논의의 쟁점이 되었으며, 이와 관련된 연구들의 평가는 양분된다. 『혼불』의 삽화들이 사건들을 유기적으로 연결시키지 못하면서 서사성을 약화시킨다며, 이를 구성상의 한계로 지적하는 논의들이 있는가 하면(이정숙, 「『혼불』, 해원解怨의 신탁행위」, 『혼불의 문학세계』, 전라문화연구소, 소명출판, 2001. 홍성암, 「<혼불>의 서사구조 연구」, 『현대소설연구』 23집, 한국현대소설학회, 2004. 김교선, 「전통사회에 대한 향수와 비판, 최명희의 <혼불>에 대하여」, 『비평문학』 1호, 한국비평문학회, 2003 참조), 다른 한편으로는 『혼불』의 이야기방식은 전통적인 이야기방식과 맞닿아 있어 삽화들이 하나의 이야기맥락 안으로 수렴되어 의미작용을 한다고 보면서 『혼불』의 독특한 구성방식을 긍정하는 논의들이 있다(이덕화, 「<혼불>의 작가의식을 통해본 서술형식과 인물구도」, 『한국문예비평연구』 1권, 한국현대문예비평학회, 1997. 장일구, 「『혼불』 서사구성의 역학」, 『혼불의 문학세계』, 전라문화연구소, 소명출판, 2001 참조).

2 랑시에르는 기존 미학이 만든 감성의 분할이 예술가들을 그들의 자리에 위치시키고 예술과 관련된 것들을 그렇지 않은 것들과 분리시켰다고 말하면서 기존 미학체계를 따르지 않는 예술 형식의 파괴에 의미를 부여한다(자크 랑시에르, 주형일 옮김, 『미학 안의 불편함』, 인간사랑, 2008, 40~43쪽). 그러면서 랑시에르만의 미학 개념을 발전시킨다. 그는 예술의 작동체제로서, 담론의 모태로서, 예술의 고유성의 식별형태로서, 감각적 경험의 형태들 사이의 관계들의 재분배로서 미학을 재규정하고, 그런 감성의 재분할을 가져오는 예술의 출현에 주목한다.

3 『혼불』의 삽화들은 각종 역사와 설화를 비롯하여 유구한 역사 속에서 오랜 시간 동안 축적되어온 인간의 의식주와 관련된 다양한 습속들, 그리고 각종 제도와 관련된 것들이다 『혼불』의 삽화들은 전통문화의 양상을 보여주는 것들이 주를 이룬다. 각종 의례와 의식, 그리고 속신과 제도, 사상 등이 세세하고 광범위하게 얘기되고 있다. 또한 지명과 관련된 역사나 불교사 등을 비롯하여 각종 설화들이 삽화의 출현을 어느 정도 암시하는 배경 속에서 제시되고 있다.

4 최명희, 『혼불』, 한길사, 1996. 이하 인용문 뒤에 '권수, 쪽수'만 표기한다.

5 가타리가 사용하는 역능 개념은 영국을 제외한 유럽언어에서는 권력개념과 대비되어 쓰이는 개념이다. 역능 개념은 대표체 모델에서 생각하던 권력개념과는 달리 모든 개별자(특이성)가 지닌 잠재력을 말한다. 역능을 지닌 개별자들이 차이를 확인하면서 서로 새로운 것을 구성해 나가는 방식을 통해 권력대표가 아닌 새로운 사회(공동체)를 만들어가자는 문제의식에서 사용하는 개념이다. 권력자의 지배 개념에서 벗어나 특이한 개별자가 지닌 새로운 것을 구성해내는 능력을 말한다(펠릭스 가타리, 윤수종 옮김, 『기계의 무의식』, 푸른숲, 2003, 411쪽).

6 서얼 차별의 문제는 조선시대부터였다. 성리학 이념이 조선 사회에 견고하게 정착하면서 이념과 명분이 강화되었고 적자와 서자의 차별이 심해졌다. 양반이 첩을 두는 것을 관행으로 인정하는 조선 사회의 구조 속에서 서얼들의 출현은 필연적이었다. 그러나 양반들은 자신의 특권을 유지하기 위해서 서얼 차별을 오히려 강화했다. 이런 서얼들이 자신들의 운명에 순응하지 않고 신분사회의 벽을 넘기 위해 저항하면서 조선후기에 이르러서는 서얼들이 역사의 주역으로 성장해 나갔다(신병주, 『조선평전』, 글항아리, 2011, 455쪽).

7 존 할러웨이, 조정환 옮김, 『크랙 캐피털리즘—균열혁명의 멜로디』, 갈무리, 2013, 109~110쪽.

8 위의 책, 36쪽.

9 여기서 말하는 균열은 새로운 변화를 가져오는 것으로 승화될 수 있는 잠재력을 지닌 것이다. 존 할러웨이는 『크랙 캐피털리즘—균열혁명의 멜로디』에서 특정한 자본주의 사회를 예로 들어 균열의 잠재력을 얘기하는데 이는 이외의 다양한 사회체제에도 보편적으로 적용할 수 있는 문제이다. 여기서 말하는 균열이 지닌 잠재력은 체제가 지니고 있는 권력의 위기와 모순, 취약함을 드러내주는 근본적인 힘이 된다. 그럴 때 균열은 권력에 저항하는 거대 권력의 문제가 아닌 각각의 개별 인간 주체들에게서 나온 저항의 힘으로, 역사 변혁의 원동력이 된다. 그래서 사회 곳곳에서 미세한 균열들을 일으키는 일반 민중들이 역사의 변화를 일으키는 주역들이 된다.

10 공명첩은 공명첩을 산 부친 이외의 조상들은 양반이 아니었기 때문에 그 자식들은 과거에 응시할 수 없었다. 이런 실속 없는 공명첩이라도 필요했던 것은 엄격한 신분제도가 원인이었다. 조선 후기에는 이런 공명첩을 세도가에서 수천 장씩 발행해서 양반의 수를 증가시키는 하면 한편으로는 공명첩으로 양반이 된 가짜 양반들을 가려내 배타적 특권을 유지하려는 노력도 지속되었다(강준만, 『한국 근대사 산책』, 인물과 사상사, 2007, 46~47쪽).

11 정진영, 「향촌사회에서 본 조선후기 신분과 신분변화」, 『역사와현실』 48호, 한국역사연구회, 2003, 67쪽.

12 위의 글, 68쪽.

13 『혼불』의 시대적 배경이 되고 있는, 봉건적 사회 체제가 무너지고 위로부터의 균열과 아래로부터의 균열들이 곳곳에서 감지되는 시기는 사회적 응집력이 현저하게 약화되는 시기로 견고한 사회에서는 표출되기 힘든 잠재된 욕망들이 쉽게 분출될 수 있는 상황이다.

2부

『혼불』의 서사를 통해 공간을 읽다

여성(성)의 장소·공간 분화

『혼불』은 남성에 비해서 여성이 두드러지는 작품이다. 이 작품을 여성 가족사 소설[1]로 이야기하는 것도 이러한 이유 때문일 것이다. 『혼불』이 주목을 받는 이유는 기존의 소설에서 나타나는 사건 중심의 서사와는 다른 서사적 특징 때문이다. 그 원인은 여러 가지가 있을 수 있겠지만 여성을 중심으로 내세운 대하역사소설[2]이라는 점에 주목하고자 한다. 역사적 사건이 중심이 되어 전개되는 서사는 아니지만, 『혼불』은 분명 역사를 이야기하고 있다. 역사를 다루는 많은 작품들이 남성을 중심으로 하여 직접적인 역사를 이야기하는 것과는 달리, 이 작품은 여성을 중심으로 하여 간접적으로 역사를 이야기한다. 여성이 중심으로 드러나고 남성이 뒷면에 자리하게 되면서 역사를 이야기하는 방식이 달라지고 있는 것이다.[3]

『혼불』이 여성을 중심으로 하여 전개되는 서사라는 점, 그리고 역사를 이야기하고 있다는 점에 대해서는 『혼불』을 중심으로 이루어진 많은 선행연구들에서 당연한 사실로 이야기하고 있으며, 이에 이의를 제기할 여지는 없어 보인다. 이 장에서도 그와 같은 사실에 이의를 제기하고자 하는 건 아니다. 다만 이러한 사실에 접근하는 과정을 새롭게 밟아가 보고자 하는 것이다.

이 장에서는 선행 연구들에서 한 걸음 나아가 『혼불』을 통해 '여성'과 '공간'이라는 주제를 다루어보고자 한다. 『혼불』을 '여성'이라는 주제와 관련하여 이야기한 연구는 꾸준히 있어왔다. 기존의 연구들은 『토지』와 같은 여성가족사소설의 맥락에서 『혼불』을 비교연구하거나[4], 혼불 속 여성들을 기준에 따라 유형별로 분류하는 것[5]을 주제로 삼고 있다. 또한 '공간'이라는 주제로 접근한 연구 역시 적지 않다.[6] 작품의 배경을 '공간'이라는 주제로 접근하고 있는 연구들과 『혼불』의 서사공간을 주제로 접근하는 연구들이 있다. 이렇듯 각각의 주제로 진행되어 온 다수의 연구들이 있지만, '여성'과 '공간'이라는 주제의 엮음은 '여성'과 '장소·공간'이 만들어내는 여성의 역사소설을 이야기할 수 있다는 점에서 의의를 가질 수 있을 것이다.

『혼불』의 여성인물들 특히, '매안 종가'라는 장소와 직접적인 관계를 맺고 있는 여성인물들의 '공간'의 변화 양상은 다양하게 나타난다. 어떤 인물은 매안 종가라는 '장소'에서 시작하여 더 확장된 '공간'을 구축해 나가기도 하고, 어떤 인물은 '장소'에서 더 좁은 '공간'으로 축소된다. 공통점은 '매안'으로의 '장소'의 이동에 있어서, '장소감'을 온전히 회복하고 안도감을 느끼는 여성인물은 나타나지 않는다는 것이다. '장소'에서 '공간'으로 확장이 가능하였다는 것은 '인물'과 '장소'의 관계가 잘 맺어진 후, 더 넓은 '공간'으로 그 범위를 넓혔다는 긍정적인 의미로 이해할 여지가 있다. 그러나 볼노는 참된 거주에 대립하는 두 가지 양태 중 하나로 고향 없이 적대적인 공간에 내던져진 비거주[7]를 이야기한다. 즉 '공간'으로의 확장이 긍정적인 확장과는 반대의 방향으로도 가능하다는 것이다. 『혼불』에서 드러나는 여성과 공간의 이 같은 불안정한 관계는 이 작품의 서사가 이루어지는 '변동천하'라는 배경을 잘 나타내고 있다.

이 장에서는 『혼불』[8]이 여성을 중심으로 하는 역사서사라는 사실에 도달하는 과정으로 '여성'과 '공간'을 살피고자 한다. 먼저 '여성'과 '공간'에 접근하기에 앞서 '장소'와 '공간'이라는 개념을 살펴 볼 것이다. '장소'는 '집'을 대상으로 하고 '공간'과의 관계를 통해서 이해할 것이다. '집'을 대상으로 하는 이유는 첫째, 전통문화 속에서 '여성'의 '장소'는 집으로 대표된다는 점과, 둘째, 『혼불』이라는 작품이 매안이씨의 종가를 중심으로 진행되는 이야기라는 점에서 이다.

다음으로는 남성과의 관계맺음을 중심으로 하여 여성의 '장소상실'과 '공간'이라는 변화를 살피고자 한다. 전통문화 속에서 '여성'의 '집'을 이야기하기 위해서는 남성의 존재가 필연적이다. 유교의 가르침에 따르면 여성은 결정하는 법이 없고 따르는 것이 도리이다.[9] 여기서 여성이 따라야 하는 대상은 남성이고 결국 여성이 결정되는 것은 남성과의 관계에 의해서라는 이야기이다. 따라서 '여성'의 '집'도 남성을 따른다. 이러한 여성과 남성의 관계맺음은 '혼인'을 통해 잘 드러난다. 여성은 혼인을 통해서 '아버지의 딸'에서 '아내'와 '어머니'로 역할이 변화된다.

역할의 변화에 앞서 여성은 '장소'의 이동을 겪는다. '장소'의 이동은 아버지의 '집'에서 남편의 '집'으로의 이동을 이야기하지만 단순히 '위치'의 이동만을 이야기하는 것은 아니다. '장소'는 단계를 거쳐 '장소감'을 가진 '장소'가 되고 더 나아가 '공간'으로 확장된다. '장소'의 이동은 '장소감'의 이동이며 '공간'의 이동이 되는 것이다.

마지막으로 살펴본 내용을 바탕으로 『혼불』의 여성인물들의 '장소·공간 분화'를 살펴보고자 한다. 이 장에서는 '장소'로서의 '집'을 중심으로 하고 공간으로의 확장 또는 축소를 살펴보고자 하기 때문에 인물들은 매안 이씨와 직접적으로 관계를 맺고 있는 종가의 여성들을 대상으로 삼고자 한다.

『혼불』은 '변동천하'라는 배경과 분리하여 이야기할 수 없는데, 이는 양반사회에 대한 천민의 반란에서 두드러진다. 물론 『혼불』에서 매안의 양반들과 거멍굴, 고리배미의 천민들의 대립이 중요하기는 하지만, 이 같은 '변동천하'의 기운을 단순히 아래에서부터의 반란으로 단정짓기는 어렵다. 이 장에서 '매안 종가'의 여인들과 '장소·공간 분화'를 살펴보는 것은 아래에서부터의 반란이 아니라 위에서의 변화를 살펴볼 수 있다는 점에서 의의를 가질 수 있겠다.

'장소'와 '공간' 그리고 '집'

'집'이라는 말은 사람으로 하여금 안정감을 느끼게 한다. 그러나 이 안정감은 '집' 자체만으로 형성되는 것은 아니다. '집'이 안정감 있게 느껴지려면 상대적으로 불안정한 '공간'을 필요로 한다. 따라서 여기서는 '집'을 '장소'와 '공간'과 관련하여 '집'이 어떻게 '공간'의 중심인 '장소'로서 인식되는지, '장소'에서 '공간'으로의 확장 혹은 축소는 어떠한 과정을 통해서 일어나는지 살펴보고자 한다.

에드워드 렐프는 '장소'는 '공간'을 있게 한다고 하였다. 공간은 형태가 없고, 손으로 만져 볼 수도 없고 또 직접 묘사하거나 분석할 수 있는 실체가 아니다. 우리가 어떻게 공간을 느끼고, 알고 또 설명하더라도, 거기에는 항상 장소감이나 장소 개념이 관련되어 있다는 것이다. 일반적으로 공간이 장소에 맥락을 주는 것처럼 보이지만, 공간은 그 의미를 특정한 장소들로부터 얻는다.[10] 따라서 '장소'를 경험해야 '공간'을 이야기할 수 있다. 따라서 인간은 먼저 '장소'를 만난다. '장소'는 공간 안에 지리적 위치로 자리하고 있는 물리적인 실체이다. 그러나 '장소'는 물리적인 실체로 머무르지 않는다. 장소와의 연계는 극도의 애착에서부터 전혀 애착 없는 상태 사이의 수많은 단계로 존재한다. 더구나 사람들과 그들의 '집' 사이에 존재하는 관계와 관심은 대개 물질주의적 태도에 가려져 있다가 상실과 고난의 시대를 겪으면서 비로소 드러난다.[11] 인간은 '장소'에서 '장소감'을 얻고 '공간'으로 그 범위를 확장시키게 된다.

우리는 몸으로 '장소'를 경험한다. 그러나 이러한 경험은 지리적 위치로서의 '장소'에서 머무르는 것일 뿐 '장소감'을 이야기하지는 않는다. 알랜 구쏘는 "물리적 입지를 장소로 전환시키는 촉매는 심청적인 경험 과정이다. 하나의 장소는 느낌에 의해 주목을 받게 되는 전체 환경의 한 부분이다."[12]라고 말한다. 이 말은 물리적 '장소'가 '장소감'을 갖게 된다는 것을 의미한다. 주어진 '장소'에서 몸으로 하는 '경험'을 통해 인간은 '장소'와 관계를 맺는다. 이러한 관계에서 '장소감'을 만들어 내는 것이다. 장소감이란 무엇보다도 내부에 있다는 느낌이며, 개인으로서 그리고 공동체의 일원으로서 나의 장소에 속해 있다는 느낌이다. 장소감은 개인의 정체성에 중요한 원천을 제공하고, 이를 통해 공동체에 대해서도 정체감의 원천이 된다.[13] 싱클레어의 언급을 빌어 설명하자면, 의식적인 장소감이란 "장소가 동물적인 생존 수준을 넘어서는 어떤 것으로서, 기쁨, 놀람, 경이로움, 공포 등을 전달해 줄 수 있으며, 그런 의사 소통에 식견을 가지고 경청하는 능력은 인생을 더욱 풍부하게 한다"라는 인식에 기초하고 있다.[14]

이러한 '공간'과 '장소'의 관계를 '집'에 적용시켜 보자. 인간은 '집'을 만난다. 인간이 일차적으로 만나게 되는 '집'은 물리적인 '장소'이다. 다음으로 인간은 '집'에서 생활한다. '집'을 경험하면서 관계를 맺는 것이다. 이러한 과정을 통해 '집'은 '장소감'을 가진 '장소'가 된다. 그러나 이때의 '장소감'은 인식되지 않는다.

'장소감'을 가진 '장소'는 '공간'으로 그 범위를 확장시킨다. 인간은 물리적인 집에서 머무른다. 그러나 머무르기만 할 수는 없다. 볼노는 '공간'인 '집'을 이야기한다. 인간은 머무르는 것에서 나아가 거주해야 한다. 거주한다는 것은 공간 속에 고정된 자리를 갖는 것, 그 자리에 속하고 있는 것, 그 안에서 뿌리를 내리는 것이다. 그러나 인간이 이 자리에 머물고 편안함을 느끼려면 거주의 "장소"를 우리가 체험 공간 본래의 중심점이라고 말했던 단순한 점, 인간이 걷는 길의 기준이 되는 점으로 이해해서는 안 된다. 그곳에서 여유 있게 살려면 어느 정도 확장된 공간이 필요하다 그곳에서 인간은 일정 영역 안에서 움직일 수 있어야 한다. 거주에는 일정한 공간이 필요하다.[15] 인간은 거주의 '공간'을 확보함으로써 '장소감'을 인식하게 된다. 경험을 통해 가졌던 '장소감'을 '공간'으로 확장하면서, 비교를 통해 인식하게 된 것이다. 결국 '집'은 '거주'의 '공간' 안에서 '장소'로서 인정될 수 있는 것이다.

그러나 '장소'에서 '공간'으로의 확장이 항상 하나의 과정으로 진행되는 것은 아니다. '집'에 대한 '장소감'을 인식하지 못한 상태로도 확장 또는 축소가 가능한 것이다. 이-푸 투안은 참된 거주에 대립하는 양태를 이야기한다. 하나는 고향 없이 절대적인 공간에 내던져진 비거주이고, 다른 하나는 소심하게 집에만 집착하는 잘못된 거주[16]이다. 거주의 중심인 '집'에서 '장소감'을 느낄 수 있다면 인간은 '집'을 중심에 두고 '공간'을 확장시켜 갈 수 있다. 그러나 '장소감'을 느끼지 못한다면, '집'은 중심으로서의 기능을 상실하게 된다. 따라서 인간은 안도감을 느낄 수 있는 공간을 계속해서 찾게 되는 것이다. 이러한 과정에서 그 공간은 한없이 넓어질 수도 있으며, 아주 좁은 공간으로 축소될 수도 있다. '장소상실'이 일어나게 되는 것이다.

'여성'의 '장소이동'과 '공간'

전통적인 사회에서 여성의 '혼인'은 '장소이동'을 필수적으로 수반하였다. 나고 자란 '아버지의 집'에서 낯선 '남편의 집'으로 이동하는 것이다. 그러나 물리적인 '장소'의 이동은 한동안 새로운 '장소'에 대한 '장소감'의 부재 상태를 가져온다. 여전히 '아버지의 집'에서 얻은 '장소감'이 남아있는 것이다. '장소'를 경험하면서 얻은 '장소감'은 장소가 없어지거나, 이동되었다고 해서 사라지지 않는 것이다. 따라서 여성에게 '남편의 집'이 '아버지의 집'과 같은 '장소'가 되기 위해서는 이 '장소감'이 이식되어야 하는 것이다. 그러나 '장소감'은 그대로 이식될 수는 없다. 새로운 '장소'에 맞는 새로운 '장소감'이 이 전의 것을 바탕으로 만들어지는 것이다.

또한 '집'이 '장소감'을 지닌 '장소'로 거듭나기 위해서는 '공간'과의 관계 속에서 가능하다. '공간' 속에서 '집'은 인간이 거주하고, 생활하는 편안한 '장소'로 인식될 수 있는 것이다. 그러나 공간과의 관계에서 '장소'를 살피려면 '공간'으로의 확장이 이루어져야 가능하다. '장소감'을 느끼는 것은 '공간'과의 관계를 통해서이지만 '공간'으로의 확장을 위해서는 인식하지 못하더라도 '장소감'이 설정된 후에 가능하다. '공간'으로 확장하는 것은 노력이 필요하다. 인간이 지구상의 고정된 장소에서 거주할 수 있으려면 임시로 아무 곳에나 정착하는 것으로는 충분하지 않다. 거주를 위해서는 각별한 노력이 필요하다.[17]

그렇다면 『혼불』의 여성들은 '장소'를 '공간'으로 확장시켰는가?

'집'의 장소적 자질은 공동체의 결속에 기반을 둔 전통 사회의 구성의 구심을 이룬다.[18] 즉, '집'이라는 작은 공동체에서부터 시작하여 더 넓은 '공간'의 공동체를 형성할 수 있다는 말이다. 그런데 『혼불』에서는 '집'에서부터 이러한 공동체적 결속이 흔들리는 모습을 보여준다. 이는 '여성'의 입장에서는 더욱 두드러지게 나타난다.

앞서 언급했듯이 여성에게 '장소'라는 것은 일차적으로 '남성'과의 관계맺음에서 비롯된다고 볼 수 있을 것이다. 전통사회는 여성이 남성을 따르기를 원했다. 따라서 '남성'과의 관계맺음이 잘 일어났는지 그렇지 못한지에 따라서 '아버지의 집'에서 얻었던 '장소감'을 '남편의 집'인 '장소'에 이식시켜 새로운 '장소감'을 지닌 '장소'로 인식하게 되는가가 중요할 것이다. 이 장에서 다루고자 하는 '매안 문중'의 여인들은, '율촌댁'을 제외하면, '남성'과의 관계맺음의 첫 단계인 '혼인'부터 온전하지 못했다. 청암부인은 남편을 잃은 상태로 '매안 문중'의 종부로 자리하게 되었으며, 인월댁은 신혼 첫날 남편으로부터 소박을 맞았다. 효원은 남편인 강모와의 관계 형성이 원만하게 진행되지 않았다. 또한 강실이는 근친을 사랑하고, 천민에게 겁간을 당하는 등 남성과의 관계맺음이 제대로 이루어지지 못했다.

다음으로 '장소'가 '공간'으로 확장되는 데에는 '장소'에 함께 하고 있는 사람들과의 관계가 작용하게 된다. '율촌댁'의 경우 다른 인물들에 비해 남편인 '이기채'와의 관계맺음에 있어서 정상적이다. 그러나 시어머니인 청암부인과 그 기세를 이어받게 될 것이라 추측되는 효원의 사이에서 '매안 종가'의 종부로 확실히 자리매김하지 못한다. 남편이 이기채가 한 집안의 장손이기는 하지만 그 역할은 '청암부인'이 대신하고 있었고, 종부의 역할 역시 '청암부인'의 몫이었다. 또한 '효원' 역시 '청암부인'의 뒤를 이어 '여성'과 '남성'의 역할 모두를 행하고 있다. 이 사이에서 '율촌댁'은 자신의 자리를 잃고 헤맨다. 장소성이 퇴색된 집은 요컨대 무장소성으로 환언될 이종공간에 상응하는 표상으로 변주된다.[19]

'장소'와 '공간'을 통해 본 『혼불』 속 여성들

• 청암부인

'청암부인'이 혼례식을 마치고 '묵신행'을 오기 전, 남편인 '준의'가 명을 달리한다.

> 이상한 일이었다.
>
> 선비의 집에서 올바른 가풍에 젖어 단아하게 성장한 청암부인으로서 가군의 문중에 대하여 그런 고지식함과 일종의 남루를 느꼈다면, 그 원인은 어디에 있었을까.
>
> 단순히, '묵신행'을 온 자기를 신부로 맞이해 줄 신랑이 이미 타계하고 없는 빈 집으로 자기가 들어가고 있었기 때문일까. (1권, 90쪽)

'묵신행'을 떠나 온 청암부인에게 매안 문중은 남편의 부재로 인해 물리적 '장소'로 기능한다. 더불어 '처덕이 박복한' 시아버지 홀로 남겨진 집은 텅 비어 버린 듯한 '집채'일 뿐이었다. 이러한 이유로 비어 있지 않으나 '빈' 집이 되어버린 매안 문중은 '장소감'을 지닌 '장소'로서의 역할을 하지 못한다. 그러나 청암부인은 매안 문중을 일으켜야 했다. 그는 종부였기 때문이다.

> 우리 집은, 집이라도 그냥 집이 아니라 종가다. 장자로 내려온 핏줄만 가지고 종가라고 한다면, 그게 무에 그리 대단하겠느냐? 그 핏줄이 지닌 책임이 있는 게야. 장자란 누구냐? 아버지와 맞잡이가 되는 사람 아니냐? 아버지를 여의면 장자가 아버지 역할을 한다. 그래서 장자는 소중하고 귀한 사람이지. 그렇다면 그런 장자로만 이어져 내려온 종가란 문중의 장자인 셈이다. 어른인 게지. 어른 노릇처럼 어려운 게 어디 있겠느냐? 제대로 할라치면, 이 세상에서 제일 힘들고 어려운 것이 어른 노릇이니라. (1권, 157쪽)

남편의 자리를 대신하게 된 청암부인은 종부로서의 역할을 다하여 매안 문중을 일으킨다. 물리적 '장소'에서 '집'으로, 더 나아가 '매안'이라는 '공간'으로 확장하고자 한다. 이를 상징하는 대표적인 사건이 저수지 축조이다.

> 그러나 청암부인으로서는 항상, 이 매안의 지세가 서운하였다.
>
> 토질이 척박하고 평야가 없었으며 물이 모자라는 점, 그리고 들이 더 넘쳐갈 수 없도록 사방을 에워싸고 있는 산일 흙덩어리와 잔솔밭 이외에 크게 쓸모가 없는 것들이 마음에 차지 않았던 것이다.

부인의 위세와 기상으로는, 산이라고 허물어서 옥토를 만들고 싶었으나, 그도 어쩔 수 없는 일이기는 했다. (1권, 88쪽)

이 저수지는 청암부인의 택호 첫 머리를 따서 청호라 불리게 되고, 청암부인의 뜻대로 '청호'는 매안마을의 지세에 큰 변화를 가져오게 된다. '청호'를 통해 청암부인은 매안 문중뿐 아니라 매안마을로 그 공간을 '확장'시키게 된다. 이후 매안마을은 청암부인과 그 운명을 같이 한다.

평소에는 그렇게까지 머리가 센 줄을 몰랐던 율촌댁은, 마당에 서서 짐 나르는 것을 바라보는 청암부인의 모습에 까닭없이 가슴이 철렁, 하여 손끝이 떨리었다. 무엇이라고 형언하면 좋을까. 온 집안을 누르고 있던 숨막히는 기상의 한쪽이 아침나절의 서리와도 같이 알게 모르게 스러지는 것을 손끝이 먼저 느끼었다고나 할 것인지. (1권, 172~173쪽)

밤이 깊어 고비에 이르렀다.

달빛 없는 반공으로 치솟은 노적봉의 검은 날개가, 무너지게 캄캄한 어둠을 쓸어 안으며, 금방 마을의 뒷등으로 고꾸라질 듯 위태하게 보인다. 깎아지른 바위 벼랑과 숨은 골짜기 검푸르게 우거진 소나무 수풀도 짙은 먹빛으로 무겁다. 마치 거대한 낟가리를 쌓아 놓은 것 같은 형국이어서 노적봉이라고 부르는 산마루의 드높은 능선이 우줄우줄 오늘따라 봉두처럼 어수선하다. 어둠이 한 치만 더 목에 차면 곧 난발을 할 기세다. 쌓여 있던 낟가리들이 검은 짚북더미 머리를 풀어 헤치며 우우우 한꺼번에 쏟아져 내릴 것만 같다. 그 허물어진 어둠이 거센 물살로 마을을 휩쓰는 소리가 공중을 가른다. 바람소리다. 소스라쳐 다시 보면 산마루는 시커멓게 솟구쳐 오른 파도 꼭대기인가도 싶다. 한순간에, 천지를 울리는 굉음을 토하며 마을을 뒤덮어 삼킬 듯 한 위용이 아슬아슬하다.

그 서슬에 질린 바람이 낮은 소리로 운다. 삼키는 울음이다.

울음에 얹힌 바람은 어둡게 엎드린 마을의 지붕과 지붕 위를 지향없이 휘돌다가, 사람 자취 끊어진 고샅으로 곤두박질을 치는가 싶더니, 이윽고, 잎사귀 하나 남아 있지 않은 감나무의 앙상한 가지 끝에 가슴을 박고 흐느끼며 호곡한다. 그 소리에, 잠 못 드는 마을 사람들의 귀가 허옇게 일어선다.

일이 났는가. (3권, 113~114쪽)

인용한 부분은 청암부인의 생이 다해 갈 때 매안 문중과 매안마을의 모습을 표현한 부분이다. 율촌댁은 희게 센 청암부인의 머리칼을 보면서 집안의 기상이 내려앉는 것을 느꼈다. 또한 청암부인이 숨을 거둘 때가 되자 마을의 기운이 심상치 않음을 느낀다. 이처럼 청암부인은 남편이 없는 자리를 스스로 메우면서 전통적인 여성의 모습이 아닌 남성의 모습을 보이게 된다. 이렇게 만들어진 '청호'를 통해 '장소'인 매안 문중에서 '공간'인 매안마을로 그 범위를 확장하게 되고, 문중과 마을이 청암부인과 그 위세를 같이 하는 것으로 보인다.

청암부인은 종부로서 죽은 남편을 대신해 매안 문중을 끌어가야 할 의무를 지었다. 그러나 '남성'의 의무를 지었다고 하여 '남성'이 될 수는 없었다. 법도를 따르자면 남편을 잃은 과부는 구중심처 깊은 곳에 겹겹이 가두어 두고 바깥사람을 일체 만나지 못하게 하여, 그 안에서 홀로 죽은 듯이 살아가게 하거나(6권, 27쪽), 죽은 남편의 뒤를 따라 여인이 스스로 자결하여 열녀(6권, 28쪽)가 되었어야 했다. 그러나 청암부인은 둘 중 어느 하나를 택할 수 없었다. 스러져가는 매안 문중을 일으킬 수 있는 것은 청암부인이 유일했기 때문이다. 그리하여 청암부인은 여인으로서의 도리를 지킬 수 없었고, '남성'의 역할을 대신해야 했다. 그렇게 매안에 자리하게 된 청암부인에게 매안 문중은 '장소감'을 지닌 '장소'로서 안도감을 주지는 못했다.

> 어쩌면 그 칼날은 무엇을 '잃지 않으리라'는 마음이 아니라 '지키리라'는 결연한 각오 위에 '일으키겠다'는 다짐을 세우게 하는 날이었는지도 모른다. (6권, 30쪽)

남편이 없는 '매안 종가'에서 청암부인은 머리맡에 칼을 두고 잠을 청해야 했다. '여인'으로서의 도리를 지키면서도 '남성'으로서의 의무를 져야 했던 청암부인에게 '매안'은 '지켜야 할', '일으켜야 할' 대상이었다. 이러한 과정에서 보자면 '매안'에 대한 청암부인의 감정은 애착이라기보다 '의무'라고 하는 것이 옳을 것이다. 따라서 저수지의 축조도 단순히 '공간'으로의 확장으로 볼 수는 없다.

● 효원

'효원'은 '강모'와의 혼인을 통해서 그가 살던 대실을 떠나게 된다. 그러나 '강모'는 공부를 핑계로 '효원'을 매안에 남겨두고 떠돈다. 첫날밤도 제대로 치르지 못한 '강모'와 '효원'의 관계는 순탄치 않다.

> 효원은 등잔 아래 앉아 물끄러미 방안의 세간들을 둘러보았다. 모두 이번 신행길에 함께 가지고 온 혼수 세간들이다. 사방 열한 자의 건넌 방은 크고 작은 가구 집기들로 가득 차 있다.

윗목의 주칠 삼층장만 하여도, 난쟁이 목수가 다른 일 다 제쳐두고 오직 이것 하나를 위하여 꼬박 석 달을 열흘을 했다고 말하지 않았던가. …(중략)…

효원은 오른 무릎을 세운 채, 한 손으로 이마를 받치고 우두커니 앉아 하염없이 이런 것들을 둘러본다. …(중략)…

문득 효원의 귀에 친정 대실의 대바람 소리가 물결처럼 밀려온다. (1권, 173~176쪽)

매안에 머무르고 있는 '효원'이지만 대실에서 가져 온 세간들을 보며 '대실의 대바람 소리'를 느끼는 것은 대실에서의 '장소감'이 아직 매안이라는 새로운 '장소'에 이식되지 못했다는 것을 의미한다. 반짇고리를 보며 아우인 용원을 떠올리거나 다듬이 소리를 들으며 혼례식날 '강모'를 다루던 사람들의 얼굴과 웃음소리를 회상하는 장면은 매안 종가의 며느리로 제대로 자리하지 못하고 '장소상실'의 상태에 머무는 효원의 모습을 잘 보여준다.

그러나 '효원'의 '장소감'은 '매안 문중'에 쉽게 이식될 수 없을 것 같다. '효원'은 양반가의 여식이다. 양반가의 여인이 갖추어야 할 도리를 배웠으나, 그 기골과 성품이 '여인'이라고만 할 수는 없었다. 그네의 아버지인 허담이 "내가 운수 비색하여 저 아이를 여아로 두었소이다."(1권, 181쪽)라고 말한 것처럼 효원은 여느 양반가 여식들과는 그 성질이 달랐다. 전통사회의 가부장적인 질서를 벗어난 듯한 '허담'의 집에서의 '장소감'은 '율촌댁'과 '효원'의 갈등으로 이어진다. 율촌댁에게 '효원'은 '여인'의 도리를 다 하지 못하고, 시어머니인 자신마저 넘어서려고 하는 제대로 배우지 못한 며느리일 뿐이다. 가부장적인 질서에 안주하고자 하는 '율촌댁'에게 자신만의 질서를 찾고

자 하는 '효원'은 탐탁치 못한 것이다.

그러나 '효원'의 이 같은 모습은 청암부인의 모습과 겹쳐진다. '효원'이 더 넓은 '공간'으로 확장하여 나갈 것이라는 복선을 암시하는 부분을 소설에서 찾아볼 수 있다. 먼저 소설 속에서 '효원'은 '기골'이 장대하다고 표현되며, '청암부인'의 혼불을 흡입하면서 '청암부인'과 같은 인물이 될 것이라 짐작케 한다.

> "기골……이라. 그것이 바로 서럽고 고달픈 멍엘세. 저 혼자서 하늘을 이고, 땅을 받치고, 제 기골로 제 기둥을 삼아야 하니, 허리가 휘일 노릇이 아닌가. 자칫하면 부러질까 두려운 일이고." (3권, 104쪽)

> 할머님 가신 한 생애를, 내 또 그대로 살게 될 것이다. 정처없이 떠나가 버린 그 사람은 언제나 돌아올는지 아무도 알 수 없는 일. 내 홀로 내 뼈를 일으키리라, 하시던 할머님. 그 뼈를 다 태우시고 이렇게 한점 푸른 불꽃으로 떠올라 이승을 하직하시면서……나한테 점화하고 가시는 것을. (3권, 111쪽)

> 마치 흡월정을 하던 때와도 같은 무서운 정성으로 그네는 청암부인의 혼불을 빨아들인다. 한번 들이마신 그 기운이 행여 세어 나갈까 하여 그네는 죽은 듯이 고요히 숨을 참는다. (3권, 112쪽)

또한 청암부인이 남편의 자리를 대신했듯이 강모가 떠난 자리를 효원이 대신하게 된다.

> 핏기 가신 낯빛이 삼베 상복 누런 빛과 별 다를 바 없는 이기채는 메마른 음성으로 말하였다. 그 음성이 깐깐하면서도 허적하게 들렸

던 것은, 정작 마주앉아 가르쳐야 할 '바깥일'을 배울 사람이 제자리에 없는 탓이었으리라. 그 자리에 대신 앉아 시아버지의 빈 마음을 채워야 하는 며느리는, 저도 모르게 허리를 곧추세우며 깊은 숨을 들이쉬었다. (6권, 141쪽)

이기채는 '강모'가 부재한 자리를 '효원'으로 대신하고자 한다. '남성'의 역할이 '여성'인 효원에게 주어지는 것이다. 이 같은 모습은 '효원'이 '강실'이의 일을 해결해 나가는 과정을 통해서 그 강단을 잘 보여준다. '강모'와 '강실' 사이에 일어났던 사건을 알게 된 '효원'은 그 일을 쉽게 발설하지 않는다. 또한 '강실'이 춘복이의 아이를 가졌다는 사실을 알게 되고, '강실'을 자신의 친정집 가까운 암자로 보내기 위한 일련의 과정들에서 '여성'에게서 볼 수 없는 결단력이 보인다. 매안 종가에서 쓰러진 '강실'이가 임신을 했다는 사실을 알게 된 효원은 의원이 당도하여 이 사실이 매안 종가의 모든 사람들에게 알려질 것을 걱정하였다. 그리하여 도리가 아닌 줄 알면서도, 또한 율촌댁의 꾸지람에도 불구하고 '강실'을 그네의 집으로 옮겨가게 조치를 한다. 또한 '강실'이 몸을 던질 것을 염려하여 사람을 붙이고, 황아장수를 통해 강실이를 암자로 옮겨 줄 것을 계획하는 일련의 과정들이 '여성'으로서의 모습보다는 '남성'과 같은 결단력을 보여주고 있다.

그러나 이 소설은 미완결된 작품이어서 효원이 '공간'으로의 확장을 어떻게 이루어 낼지에 대한 확답은 불가능하다. 다만 소설에서 발견되는 청암부인의 운명을 닮은 효원에 대한 복선을 통해서 짐작할 뿐이다.

● 율촌댁

'율촌댁'은 '기채'의 처이며 '청암부인'의 며느리이다. 시집을 와서부터 매안에 자리하기까지의 과정은 '청암부인'이나 '효원', '인월댁'과 비교했을 때 평탄하게 보인다. '기채'와의 관계에서도 이렇다 할 갈등이 두드러지지 않고, 아들인 '강모'에게도 어머니의 노릇을 잘 하고 있는 듯 보인다.

그러나 매안 종가에서 '율촌댁'은 온전하게 자리하고 있지 못하다. 시어머니인 '청암부인'에게 밀려나 '매안'의 살림을 이끌어 가는데 주도적일 수 없었다. 아들인 '강모'도 '율촌댁'에게는 한 걸음 멀리 있다.

> 큰방에서 기응을 따라 대청으로 나오는데, 건넌방의 문이 열리며, 어머니 율촌댁이 내다본다. …(중략)… 율촌댁은 큰방에서 나는 소리를 내내 듣고 있었던 것이다. 혼자 이쪽 방에서 마음을 조이고 있다가 문 열리는 소리에 그네는 강모를 가만히 부르고 싶어 내다보았다. (1권, 65쪽)

'율촌댁'에게 '매안 종가'는 '집'보다는 '방'이라는 '공간'으로 대표된다. '건넌방'이라는 공간은 '청암부인'에게 종부의 '자리'를 물려받지 못하고 '청암부인' 다음 순서인 '율촌댁'의 위치를 잘 나타내 준다. 이는 '매안 종가' 내에서의 '율촌댁'의 '장소상실'을 보여주는데 이는 '효원'과 '강모'의 혼인 이후에 더 잘 나타난다.

> 율촌댁은 효원이 신행을 오기 며칠 전에, 좋은 날을 받아 청암부인이 거처하는 안방으로 옮겨 앉았다. 그리고 새로 집안에 들어올 며

느리를 위하여, 이때까지 기거해 오던 건넌방을 물려주는 것이다.

본디 안채란, 가운데 넓은 대청을 두고 오른쪽에 큰 정지와 도장방이 딸린 넓은 안방, 왼쪽에 그 보다 작은 건넌방이 있을 뿐이었으니, 고부 양대 거처밖에는 할 수가 없는 곳이었다.

물론 방을 한 칸 더 달아 내는 것이 무슨 어려운 일일까마는, 삼대가 함께 거하게 되면, 중년의 며느리는 새며느리한테 자기가 쓰던 건넌방을 물려주고, 안방으로 들어가 노년에 이른 시어머니와 함께 기거하는 것이 상례였다. (1권, 172쪽)

'효원'이 신행을 오게 되면서 '율촌댁'은 건넌방에서 청암부인이 거처하는 방으로 옮겨가게 된다. 그러나 그 방은 이미 '청암부인'이 거쳐하고 있는 방이고, 그의 '공간'이라고 여겨졌던 '건넌방'도 '효원'에게 빼앗기게 되면서 '율촌댁'의 '장소상실'은 더욱 커지게 되는 것이다. 그는 '매안 문중'의 '안주인'으로서 자리 잡고자 하지만 이는 쉬워 보이지 않는다.

강모가 안채 마당으로 들어섰을 때, 마당에서 서성거리고 있던 율촌댁은 그의 손을 부여잡고 눈물부터 쏟았다. 예전의 그네 같으면 그럴 수 없는 일이었다. 그가 아직 혼인하기 전에는, 사랑채의 이기채와 큰방의 청암부인께 문안이 끝나야 건넌방으로 들어왔던 강모를, 조금이라도 미리 보고 싶어 장지문을 비긋이 열어 놓기도 할 정도였다. (2권, 206쪽)

청암부인이 그 기세를 잃고 자리를 보전하고 눕게 되자, 청암부인의 자리를 율촌댁이 대신할 것으로 보인다. 청암부인으로 인해서 한 걸음 떨어져 있던 강모와도 그 거리가 좁혀지는 것 같다. 그러나 효원의 등장은 이러한 변화가 가능하도록 두지 않는다. 이는 '효원'과의 갈등을 통해서 보여진다.

> 그렇게 네가 표시내지 않어도 천석꾼 만석꾼 대갓집 따님인 것은 내 알지만, 가난헌 집으로 출가해 왔으면 이 집 가풍대로 다소곳이 따러야지, 참으로 괴이하고 알 수 없는 일이로다. 인심을 얻을 데가 따로 있지 놉들한테 인심 얻어 무슨 일을 꾀하겠다는 것이냐? 누구는 칭송을 들을 줄 몰라서 쌀 한톨을 애끼는 줄 알았더냐? 괘씸한 것 같으니라고. (2권, 79쪽)

> 내 이날까지 어머님께 눌리어 산 것도 어느 순간 생각하면 억장이 무너지거늘 이제는 며느리 시집까지 살아야 한다니, 무슨 놈의 한세상이 돌아가며 시어머니뿐이냐. 아니 저녁, 저 눈꼬리 저 입귀퉁이 좀 보아라. 저것을…… 저것을 어쩔꼬. (2권, 81쪽)

> "평소에 어머님이 나를 허수롭게 알으시니 이제 겨우 귀때기에 솜털도 안 벗어진 것까지 제 시에미를 짚신짝같이 아는 거 아니겠소……." (2권, 84쪽)

율촌댁은 청암부인을 닮은 효원이 탐탁지 않다. 청암부인에게 빼앗겼다고 느꼈던 종부의 자리는 다시금 효원에게 옮겨진다. 이런 율촌댁에게 매안 문중 밖의 공간은 중요하지 않다. 종부로서의 자신의 위치를 지키고자, 효원과의 갈등이 이어진다.

비교적 남성과의 관계맺음이 잘 되었음에도 불구하고, 율촌댁에게 매안 문중이라는 장소는 안정적인 거주의 공간은 아니다. 남편의 어머니로 인해 혹은 아들의 부인으로 인해 율촌댁의 위치는 안정적이지 못하다. 결국 율촌댁의 '장소상실'은 계속된다.

● 인월댁

'인월댁'은 혼례를 마치고 맞이한 첫날밤, 남편인 '기서'에게 소박을 맞는다. 이미 혼인을 통해서 친정에서는 '남의 집' 사람이 되었지만, 매안에서는 소박을 맞은 여인은 한 집안의 부인으로 인정할 수 없다는 의견으로 인월댁을 매안으로 데려올지 말지에 대한 논의가 벌어진다. '청암부인'은 '인월댁'의 처지를 딱하게 여겨 매안으로 데려오기로 결정하지만, 어디까지나 남편에게 소박맞은 여인이었기 때문에 매안의 종가에서 살게 할 수는 없었다. 결국 매안 종가와 거멍굴 사이에 초가집 한 채를 지어 '인월댁'의 거처를 마련한다.

그러나 '인월댁'은 매안 종가의 사람으로 인정받지 못함은 물론이고 스스로 매안 종가의 사람으로 살아갈 수 있다는 생각을 할 수도 없었다. 결국 '인월댁'의 '장소상실'은 '인월댁'을 죽음으로 이끈다.

> 기미년, 그때 서른 살을 막 넘기었던 그네는 아무 미련도 없이 초가삼간을 나섰다. 그네가 시집이라고 와서 십여 년 동안을 의탁하였던 집이었다. 그 사립문을 지그려 닫고 허청허청 원뜸의 방죽을 향하여 걸어가던 인월댁은 어둠 속에서 초가를 돌아보았다. 집은 마치 벗어 놓고 온 신발처럼 봄밤의 어둠을 쓸어 안고 있었다. (2권, 37쪽)

그러나 '인월댁'은 마을 사람들로 인해서 목숨을 건지게 되고 '청암부인'은 '인월댁'의 초가집에 '베틀'을 놓아준다.

그네가 깨어났을 때, 북향의 뒷방에는 청암부인이 보낸 베틀이 그네의 정신이 들기를 기다리고 있었다. 그것은 인월댁을 위하여 각별히 새로 맞추어 만든 베틀이었다. (2권, 43쪽)

집이라고 해야 부엌 한 칸과 창호지만한 안방, 그리고 베틀이 있는 뒷방뿐이었지만 하루 한나절도 손에서 북을 놓지 않았으니, 문득 생각하면 방안에 고인 냉기가 몸 속으로 스며들어 살이 식어 내리는 것도 같았다.

그네는 희미한 등잔불 아래 비치는 앉칭널을 바라본다.

(내가 반평생을 저기 앉아서 보냈구나) (2권, 12쪽)

결국 '인월댁'에게 '집'은 '베틀'이 놓여진 작은 '공간'으로 축소된다. '인월댁'에게 남겨진 '장소감'은 남편의 부재로 인해 매안 종가에는 물론이고 '인월댁'을 위해 만들어진 초가집에조차 제대로 이식되지 못한다. 결국 물리적인 '장소'에서 그 범위는 더 좁아져 '베틀'이 놓여진 '공간'으로 축소된다. '인월댁'은 베틀에서 머물면서 자신의 삶을 이어 나갈 수 있는 것이다.

'인월댁'의 남성과의 관계맺음은 온전하게 이루어지지 못했다는 점에서 청암부인과 효원과 닮아있다고 할 수 있다.

인월댁은 청상의 과수도 아니면서 자신이 소복을 입기 시작하던 날을 잊을 수가 없었다. 잊을 수가 없는 것만이 아니라 그날을 생각하면 뼛골이 사무쳐 왔다. 그날로부터 입기 시작한 올 굵은 무명옷은, 살아 있다 할 수 없는 그네의 반생을 그렇게 허연 빛으로 표백해 주고 있는 것인지도 모를 일이었다. (2권, 35쪽)

"처음 시집와서의 정경이야. 청암아짐께서 저보다 더 나으셨을

리가 있겠습니까. 사주에 천고를 타고난 것은 서로 같지마는, 아짐께서는 백대천손의 기틀을 잡으셨고, 저는 제 한 몸에 서린 업고에 시달리노라고 한세상의 세월을 보낸 것이지요. 그게 참 이상하데요. 누워서도 그렇고, 깨어 앉아서도 그랬지요. 숨을 쉬면, 담 결리는 것마냥으로 힘줄이 땡기면서 결렸어요. 숨을 쉬다가도 뜨끔 놀라서 통증을 가라 앉히느라고 한참씩 그대로 있곤 했습니다. 처음에는 잠을 잘못 자서 힘줄이 어긋났거나, 차게 자서 담이 결린 줄만 알었지요. 그런데 이것이 여러 해가 지나가도 풀리지를 않었어요……풀리기는커녕, 점점 더 사지 끝머리까지 뻗어 나가면서 결리더구만요. 그래서 지금도 저는 한숨을 제대로 못 쉰답니다." (3권, 94~95쪽)

그러나 '장소'에서 더 넓은 '공간'으로 확장시켜 갔던 청암부인이나 그럴 것이라고 예상되는 효원과는 달리 오히려 '장소'에서 더 좁은 '공간'으로 그 범위를 축소시켜 간다. '베틀'에서 내려서지 못하는 인월댁은 거주하는 것이 아니라 '생'을 이어가고 있는 것이다. 따라서 '베틀'은 물리적 '장소'이지만 '장소감'을 지닌 '장소'는 될 수 없다. 인월댁의 '장소상실'이 계속되는 것이다.

● 강실

'강실'은 이 소설에서 '장소상실'을 가장 잘 보여주고 있는 인물이다. 매안 문중의 여식인 '강실'은 '강모'와는 사촌지간이다. '강실'은 아버지인 '기응'과 어머니인 '오류골댁' 사이에서 전형적인 양반 여식의 모습으로 그려진다. 그러나 사촌오라버니인 '강모'와 애정관계로 얽혀 있는 '강실'의 운명은 평탄치 않을 것을 알린다.

'강실'이 머무르고 있는 '장소'의 이미지는 '강실'만을 통해서 나타나지 않는다. '오류골댁'의 이미지는 '강모'와 '강실'의 추억을 통해서 나타난다.

> 둥그런 초가지붕. 무지개 같은 강실아. 너 살고 있는 네 집의 정답고 욕심 없는 지붕이야 너에게 그물일 리가 있겠느냐……. 저 지붕은 너를 감싸고 덮어주는 너울일 것이어늘. (2권, 101쪽)

> 그렇게 강실이가, 늘 살던 곳에서 어디로도 가지 않고 살고 있다는 것만으로도 마음이 놓일 것만 같았다. (2권, 143쪽)

'강모'에게 '오류골 작은집'은 '강실'이가 머물고 있는 정답고 욕심 없는 곳이다. '강모'를 통해서 이야기되는 '강실'의 '집'은 다정하고 따뜻한 '장소감'을 지닌 '집'으로 이야기된다. '강실'에게도 '집'은 '강모'와의 추억을 통해서 비춰진다.

> 그 살구나무 고목은 어제처럼 아직도 사립문간에 그림자 드리우고 서 있는데, 그날보다 많이 늙어 검은 둥치가 바라진 살구나무 가지 머리 아마득한 공중에서 가슴 아린 살구꽃 구름 무리는 에이도록 연연하게 흩날리건만. 그 나무 아래 돗자리는 이미 걷힌 지 오래고, 마주 앉은 강모는 떠나가서 돌아오지 않는다. (6권, 100쪽)

위 인용 부분은 '강실'이가 자신의 집 살구나무 아래에서 강모와 소꿉장난 하던 기억을 떠올리는 부분이다. '강모'가 없는 '오류골댁' 그리고 '매안'은 '강실'에게는 의미를 주지 못한다. '강실'에게는 '집'도 '매안'도 의미를 갖지 못하기에 '장소상실'의 상태인 것이다. '강모'와 부적절한 감정을 가지고 있는 '강실'에게 '매안'이라는 공간은 편안할 수 없고, 또한 '강모'와의 추억이 있는 '집'이라는 공간에서도 따뜻함을 느끼지 못한다.

> 훌훌 다 걷어 내던지고 나도 아느실 형님마냥 이러저리 떠돌아 다닐 수 있었으면 그나마 좋으련만. (2권, 296쪽)

강실에게 '집'은 떠나고 싶은 곳이다. '강모'와의 추억을 통해 만들어진 '장소감'은 인정받을 수 없는 것이기에 집은 벗어나고 싶은 틀인 것이다. 그러나 '집'은 또한 떠나간 '강모'를 기다릴 수 있는 '장소'이며, 자신을 애지중지하는 부모님이 있는 '장소'이기도 하다. 이 같은 상황에서 강실에게 '집'은 머무를 수도 떠날 수도 없는 '곳'이 된다. 머무르고는 있지만 마음을 붙일 곳 없는 '장소상실'의 상태인 것이다.

더 나아가 '춘복'이와의 원치 않은 관계를 통한 임신은 '강실'에게서 머무르는 '장소'인 '집'마저 빼앗고 만다. '강실'은 거멍굴의 천민인 '춘복'이에게 겁간을 당하는 일을 겪게 된다. '춘복'에게 겁간을 당하기 전 '강실'은 자신이 이미 이승과의 연을 끊고 저승을 향해 가는 것처럼 느낀다.

> 자신의 몸이 지상에서 둥실 떠오르며 저승의 물 속으로 빠져들어가는 것을 그네는 역력히 느끼었다. 그것은 아찔한 현기증이면서, 두렵고 무서운 허기였다. (6권, 109쪽)

또한 '춘복'이에게 겁간을 당하면서 '강실'은 스스로 '강모'를 기다릴 자격을 잃고자 한다. 강모와의 추억이 담겨있는 '매안'과 '오류골댁'은 '강실'에게는 벗어나고 싶은 장소이다. 따라서 '매안'과 '오류골댁'에 머무를 수 없는 이유를 만들어 버린다. 스스로 '장소상실'의 상태를 만드는 것이다.

그렇게 '춘복'의 아이를 갖게 된 '강실'은 더 이상 매안에 머무를 수 없게 된다. 이 사실을 알게 된 '효원'은 '강실'이 매안을 떠날 수 있도록 돕는다. 이로써 강실의 '장소상실'이 본격적으로 나타나게 된다.

강실에게 '집'과 '매안'은 강모에 대한 그리움의 장소이다. 그곳을 떠나지 못하지만 심리적으로는 이미 '장소상실'의 상태가 계속되고 있었던 것이다. 이는 겁간사건을 통해서 그 정도가 심화된다. 겁간사건을 겪고 난 후 강실은 청호에 빠져 죽기를 시도한다. 다행히 목숨을 건졌지만, 강실은 이미 이승이 아닌 저승에 자신을 위치시키고, 따라서 이승에는 강실이 거주할 수 있는 곳은 없다. 머무르고 있는 '집'마저 떠나야 하는 '장소'가 되고, 강실의 '장소상실'이 본격적으로 진행된다.

지금까지 여성과 공간이라는 주제로 최명희의 『혼불』을 살펴보았다. 여성에게 '집'은 일차적으로는 남성과의 관계맺음을 통해서 가능하다. 태어나서 혼인을 하기 전까지는 '아버지의 집'에서 혼인을 한 후에는 '남편의 집'에서 그 삶을 꾸려가는 것이 일반적이다. 그러나 '집'을 '장소'에서 '공간'으로 확장시켜 가는 데에는 더 다양한 요소들이 작용한다. '장소'를 공유하고 있는 사람들과 주변의 상황들에 따라서 '장소'를 '공간'으로 확장시킬 수 있는 여부가 결정된다. 『혼불』에서 이러한 변화 양상을 다양하게 살펴볼 수 있었다.

이 장을 시작하면서 '여성'과 '공간'이라는 주제로 『혼불』이라는 작품 속의 여성인물들을 몇 가지 카테고리로 나눌 수 있을 것이라는 생각을 했다. 그러나 인물들이 처한 상황이 비슷하더라도 여성과 장소 혹은 여성과 공간의 관계 양상은 다양하게 나타났다. 다만 볼노가 말하는 참된 거주에 대립하는 양태[20]를 보이고 있다는 점 정도의 공통점을 찾을 수 있었다.

앞에서도 언급했듯이 『혼불』의 여성인물들은 '장소'에서 '공간'으로 확장되거나 축소된 '공간'으로 파고든다. '장소'에서 '공간'으로의 확장은 거주의 안정을 보여줄 수도 있지만 '장소'에서 안도감을 얻을 수 없어 '공간'으로 그 범위를 확장하는 경우도 가능하다. 『혼불』에서 이 같은 양상을 보이는 인물은 '청암부인'과 '효원'(소설이 미완의 상태이지만 '청암부인'의 혼을 흡입하는 등의 모습으로 살펴보았을 때 짐작할 수 있다), '강실'로 이야기할 수 있다. '청암부인', '효원'과 '강실'은 그 양상이 다르기는 하나 '청암부인'과 '효원'을 '매안 종가'라는 '장소'에서 안정감을 느끼고 '공간'으로 확장해 나갔다고 보기에는 무리가 있다. 일차적으로 남성과의 관계맺음이 제대로 이루어지지 않았다는 점과 따라서 '매안 종가'가 '안도'의 공간만이 될 수는 없었다는 점에서 말이다. 축소된 '공간'으로 소급되는 인물에는 '율촌댁'과 '인월댁'으로 이야기할 수 있다. '율촌댁'은 매안 종가의 안주인으로서 자리에 집착하는 모습으로 '인월댁'은 베틀이라는 사물로 그 범위를 축소시킨다.

『혼불』은 여성인물들을 중심으로 전개되는 서사를 통해 '장소'가 '공간'으로 확장되는 혹은 축소되는 과정을 보여주고 있다. 더 나아가 이러한 과정을 통해 '변동천하'라는 서사의 배경을 드러내고 있다. 전통적인 양반사회에서 여성의 위치가 '집'이라는 '장소'와 동일시되고, 안정을 느끼는 것과 달리, 『혼불』의 여성인물들은 '집'이라는 '장소'를 안정을 느끼는 장소로 인식하지 못한다. 따라서 더 넓은 '공간'으로 자신을 던지거나 더 좁은 '공간'에 집착하는 모습을 보이는 것이다.

『혼불』이 여성을 중심으로 전개되는 서사라는 점과, 그럼에도 불구하고 역사를 이야기하고 있다는 두 가지 사실을 잘 연결시켜 줄 수 있는 부분이 이 '공간'이라는 주제일 것이다. 선행 연구들을 통해서 밝혀진 『혼불』의 가치를 새로운 방향에서 다시 한 번 조명해 본다는 점에서 『혼불』에 대한 이 같은 논의는 의미를 가질 수 있을 것이다.

■ 조아름

| 주석 |

1 오세은, 『여성 가족사 소설 연구—『토지』, 『미망』, 『혼불』을 중심으로』, 서강대학교 박사학위논문, 2001. 오세은은 기존의 가족사 소설과 달리 가계의 근거를 남성이 아닌 여성에서 찾고 있음을 지적하면서 혼불을 '여성 가족사 소설'로 이야기한다.

2 이동재, 「『혼불』에 나타난 역사와 역사의식 론」, 『한국근대문학연구』 3권 2호, 한국근대문학회, 2002. 이동재는 『혼불』의 장르를 정의하는 다양한 논의들 사이에서 넓은 의미의 역사소설의 개념을 받아들여 '대하역사소설'이라고 명명하고 있다.

3 역사소설의 중심은 일반적으로 남성이 차지하지만 여성이 존재하지 않는 것은 아니다. 여성은 그 뒷면에 항상 자리하고 있다. 『혼불』은 역사소설에서 나타나는 '남성'과 '여성'의 일반적인 관계를 뒤집어 보여주고 있다.

4 오세은, 『여성 가족사 소설 연구—『토지』, 『미망』, 『혼불』을 중심으로』, 서강대학교 박사학위논문, 2001.

______, 「여성 가족사 소설의 '의례와 연대성'—<토지>, <미망>, <혼불>을 중심으로」, 『여성문학연구』 7호, 한국여성문학학회, 2002, 266～292쪽.

이덕화, 「『토지』와 『혼불』의 비교연구」, 『여성문학연구』 2호, 한국여성문학학회, 1999, 253～284쪽.

5 김희원, 「『혼불』의 여성인물 유형 연구」, 전남대학교 교육대학원 석사학위논문, 2007.

김정혜, 「『혼불』의 상층 여성인물 연구」, 인제대학교 석사학위논문, 2006.

최미영, 「『혼불』 여성 인물의 계층 간 현실 대응 양상 연구」, 전남대학교 교육대학원 석사학위논문, 2013.

강찬모, 「대하소설에 등장하는 여성의 인물 유형 연구—여사(女士)적 인물을 중심으로」, 『현대소설연구』 34집, 한국현대소설학회, 2007, 127～144쪽.

이덕화, 「가부장적 의식과 여성, 『혼불』에서의 여성의 운명」, 『논문집』 9권 2호, 평택대학교, 1997, 71～89쪽.

6 강지애, 「최명희 『혼불』의 공간구조 연구」, 전주대학교 교육대학원 석사학위논문, 2010.

신현순, 「『혼불』의 서사공간과 작가의식 연구」, 목원대학교 석사학위논문, 2001.

김영택·신현순, 「최명희 소설 ≪혼불≫의 공간성에 관한 일 고찰」, 『인문과학』 9집, 목원대학교 인문과학연구소, 2000, 57~79쪽.

장일구, 「서사 구성의 공간성 함의—『혼불』 구성 논의의 전제」, 『서강어문』 14집, 서강어문학회, 1998, 263~285쪽.

______, 「대하소설의 공간 형상 시론—『혼불』을 사례로」, 『한국문학이론과 비평』 14집, 한국문학이론과비평학회, 2002, 234~259쪽.

______, 「최명희 소설에 드러난 '집'의 공간 표상」, 『호남문화연구』 41집, 전남대학교 호남학연구원, 2007, 283~313쪽.

이혜경, 「문학적 토포필리아로 찾는 『혼불』의 자리」, 『한국문학이론과비평』 20집, 한국문학이론과비평학회, 2003, 134~152쪽.

7 오토 프리드리히 볼노, 이기숙 옮김, 『인간과 공간』, 에코리브르, 2011, 398쪽.

8 최명희, 『혼불』, 한길사, 1996. 이하 인용문 뒤에 '권수, 쪽수'만 표기한다.

9 공자는 여자는 어려서 어버이께 순종하고 시집가서는 남편에게 순종하고, 남편이 죽은 뒤에는 아들을 따르는 도리인 삼종지도를 이야기한다.

10 에드워드 렐프, 김덕현·김현주·심승희 옮김, 『장소와 장소상실』, 논형, 2005, 39쪽.

11 위의 책, 98쪽.

12 위의 책, 288쪽.

13 위의 책, 150쪽.

14 위의 책, 151쪽.

15 볼노, 앞의 책, 168쪽.

16 위의 책, 398쪽.

17 위의 책, 169쪽.

18 장일구, 「장소에서 공간으로—한국 근대소설에 드러난 이종공간의 몇 가지 표지」, 『현대문학이론연구』 36집, 현대문학이론학회, 2009, 26쪽.

19 위의 글, 같은 쪽.

20 볼노는 『인간과 공간』에서 참된 거주에 대립하는 두 가지 양태가 있다고 이야기 하는데 하나는 고향 없이 적대적인 공간에 내던져진 비거주이고, 다른 하나는 소심하게 집에만 집착하는 잘못된 거주라고 하였다. 볼노, 앞의 책, 398~399쪽 참조.

집의 공간적 의미망

『혼불』은 이야기의 배경지인 남원 지역을 구심으로 호남의 민속이나 풍속은 물론 삶의 지층을 묘파하여 기술함으로써 이미 문화지적 차원에 육박한 소설이라고 정평이 나 있다. 실제 이 소설에 접근하는 방향은 문화의 다양한 측면을 논급하는 쪽을 지향하는 경우가 많다. 복식 문화, 규방 문화, 민속 관념이나 종교 문화, 이야기의 배경인 당대와 해당 지역의 풍속과 민중의 생활상 등, 『혼불』과 관련하여 펼쳐진 논항은 문화 논의의 거개를 아우르는 수준이다.[1] 특히, 갈등의 구심점인 반상의 대립 국면이 '가家와 가문'에 관한 문화적 표상을 통해 주제화되고 있어 주목을 끈다.[2]

이는 『혼불』의 서사적 본질을 공간 차원의 표상으로 바꾸어 논급할 여지가 있다는 사실[3]을 고려할 때 특히 관심거리다. 저러한 관념 층위의 이념이 '집'에 관한 표상을 통해 구현[4]되는데, 존재의 저변에 상응하는 그 의미의 망이, 작가의 등단작인 「쓰러지는 빛」[5]에 드러난 집의 표상에서부터 직조되고 있다는 점이 눈길을 끈다. 미발표 유고인 「주소」[6] 또한 '집'에 관한 상념을 구심으로 한 이야기가 펼쳐지는데, 그 과정에서 공간에 대한 의식이 기술된다. 물론 집에 대한 의식의 저변을 섣불리 환원할 수 없으며, 층위나 범주가 다른 작품을 한데 묶어 연속된 관념을 읽어 내는 과정에서 범하기 쉬운 우를 염려하지 않을 수 없지만, 『혼불』의 한 주지主旨에 접근하는 일을 용이하게 하는 두 단편 소설을 거론하는 것은 어느 정도 타당한 선택일 것이다.[7]

이러한 맥락에서, 최명희의 단편 소설에서 엿보이는 집의 표상을 추론한 다음, 이를 단서로 『혼불』에 드러난 집의 표상에 결부된 가와 가문에 관한 의식과 서사적 형상을 추론하고자 한다. 이때 물리적 장소에서 표상적 공간으로 전이되는 '집'의 의미에 주목할 만하다. 또한 실존의 안정과 보호를 지향하는 장소의 속성이나, 실존의 저변이 되는 장소를 잃은 이들이 느끼는 상실감[8]이 어떻게 구현되는지 주목할 만하다. 이에 대해 존재의 자유감과 개방감을 북돋우어 기획을 돕는 구성적 의미체로 이해되는 공간 속성을 추론하는 것도 물론 관심사다. 이는 집의 장소적 구체성이 공간적 상징성으로 확산되는 과정을 추적하는 일과 상응할 것이며, 그 과정에서 집의 표상은 가와 가문이라는 이념적 표지가 서사적 공간 형상을 통해 기술된 국면을 해석하는 데 수렴될 것이다.

집의 장소/장소상실 표상

「쓰러지는 빛」은 아버지를 여읜 슬픔이 채 가시기도 전에 집을 팔고 이사할 수밖에 없는 처지에 내몰린 한 가족의 가슴 아린 현실과 회한에 찬 사연이 진한 감동의 여운을 남기며, 완성도 높은 단편 미학을 선보인다. 산업화와 도시화의 그늘이 드리운 듯한 시대를 배경으로 펼쳐지는 그 이야기의 구심에 '집'에 관한 표상이 자리잡은 덕에, 삶의 환경이 급격히 변화한 실상의 단면을 극화하는 데 유력한 제재를 서사화한 역작의 면모가 드러나는 것이다.

이 소설에 그려진 집의 형상은 실존을 안정되이 비호하는 장소의 본색을 여실히 표상한 것이어서 더욱 의미심장하고 보편적인 서사적 주제를 구현한 것으로 여겨진다. 특히 실존을 넘어선 존재의 아이덴티티를 '집'[9]을 통해 그리며, 집을 상실한 슬픔이 사적인 감정이나 감각에 그치지 않고, 장소를 상실한 현대인의 초상[10]으로 비약될 수 있는 여지를 시사한다. 특히 존재 저변의 상실감이, 아버지를 여읜 슬픔에 오버랩된 장소상실의 표상들을 통해 드러나게 함으로써 이야기의 보편성을 드높인 점이 인상적이다.

> 결국, 우리는 집을 팔고만 것이었다.
> 그보다는 잃어버리게 되었다는 편이 훨씬 더 알맞은 말일는지도 몰랐다.

'팔다'와 '잃다'를 대립적 언표로 설정한 데에는, '집'이란 경제적 거래로 환원할 수 없는 가치를 지닌 것이라는 의식이 내재해 있다. 집을 판 것은 곧 존재의 저변을 잃은 데 상응하는 상실감을 야기한다. 존재를 보호하는 보금자리라는 비유적 상념이 낯설지 않은 만큼, 집의 장소성은 수월하게 이해되는 상식 수준에 가깝다. 그런 집을 판 것은, 단순히 부동산을 매도했다는 정도의 허망감에 그치지 않고, 존재의 요새를 잃어버렸다는 공허감이나 불안감 같은 감각을 돌이키게 한다. 더욱이 그 집을 일군 아버지의 죽음에 이어 집마저 잃게 된 상황에 직면한 그들로서는 존재의 저변을 상실하였다는 생각에 절망할 수밖에 없었을 법하다. 아예 집 자체가 그들과 삶을 함께 하였던 존재로서 인식되는 터이기도 하니 더욱 그러하다.

> 아버지가 어머니와 혼인하시고, 작천鵲川의 친정에 어머니를 남겨 두신 채, 신행新行 후에 전주로 돌아 와 맨 처음 터를 잡은 곳이 바로 이 천변이었다.
>
> 삼십년 가까이 한 자리에 놓인 채 뿌리 깊은 사무처럼 묵묵히 서 있던 이 집은, 한쪽부터 서서히 흔들리기 시작하였다.
>
> 오랜 세월동안 너무나도 서로 낯이 익어, 이제는 이미 물건과 사람이라는 구분조차도 잘 되지않을 것 같은 이집과의 작별을 위하여 우리는 무겁게 움직이지 않으면 안되었다.

정주定住하여 안정된 삶을 영위할 수 있도록 돕는 집은 존재를 비호하는 장소의 속성을 고스란히 안고 있다. '처음 터를 잡은 곳'이기도 하려니와, 오랫동안 흔들림 없이 가족의 기반을 떠받치는 버팀목 같은 노릇을 하였으니 그러하다. 이미 사람처럼 친근한 대상이니, '집'이 실존의 안식처인 것은 말할 나위 없이 자명하다. 친밀한 소통의 상대인 그 집을 떠나 이사하는 일은 곧 '작별'과도 같은 것이며, 존재의 저변을 옮기는 일에 상응한다. 그러니, 집이 흔들린다는 비유적 언표는 장소를 상실한 이들의 실존적 불안감을 표상한 것으로 이해된다. 특히 그 집이 '아버지의 집'으로 의식되는 까닭에, 집을 잃는다는 것은 두겹 세겹에 걸쳐 존재의 저변을 상실하는 것으로 간주된다.

그러고 보면, "아버지가 돌아가신 지 육년"이 지났는데도 "지금도 우리와 함께 살고 계시다는 느낌이 체취처럼 스며들곤"하는 "아버지의 서재"를 내주어야 하는 저들의 심정이 사뭇 큰 정서적 자장을 형성한다. 아버지가 부재한 가운데도 '아버지의 서재'라고 부르는 심리의 저층을 이해하기 어렵지 않은데, 집의 장소성은 아버지의 존재 속성과 어우러짐으로써 그 함의가 더해진다.

이때 집은 한정된 물리적 장소의 한계를 넘어서서 표상적 의미를 안은 공간 형상으로 기획된 양태라고 할 수 있다. 존재의 기반을 상징적으로 얻고자 하는 이들의 열망이, 집이라는 물리적 대상에다가 존재 속성을 투영한 표상적 공간에 투사된 것이다. 현실적으로는 장소를 상실하였는데도, 여전히 존재의 저변을 보장할 집의 존재감을 요구하는 심리가 묘사되는 것은 수순이다. 장소를 상실한 실존은 물리적 한계를 넘어선 공간 형상을 창출하려고 도모하게 마련이다.

> 우리는 닷새 뒤에 이사를 가기로 되어 있었다.
>
> 그 닷새란… 실로, 벽의 사진틀이나 달력을 떼어내릴 때 함께 떨어지는 먼지들까지도 함부로 털어내 버리고 싶지 않은 애절한 심정 때문에 마지막 며칠만은 우리끼리만 가지고 싶은 그런 시간들이었다. …(중략)… 하다못해 뒤뜰의 담벽에 돋아 있는 부드러운 들 이끼에서도, 우리들의 어린 시절 술래잡기의 함성이나, 남모르게 손바닥으로 얼굴을 가리고 기대서서 울던 흐느낌, 나가지말고 숙제해라 하시는 어머니의 명령때문에 더욱 더 높아만 보이던 담벽의 안타까움들을 금방 손으로 만지듯 느낄수가 있었다.

존재의 숨결이 깃든, 그리고 그 숨결을 교감하는 거점이던 집을 떠나기 싫은 마음은 아쉬움을 넘어서, 존재로 의식된 집의 체취를 남은 동안이나마 묻히고 간직하고자 하는 간절함으로 승화된다. 그 집에서 보낸 '시간'을 간직하여 기억 속에 두고자 함으로써, 현재적 장소를 넘어선 공간을 기획하려는 의도를 내비친다. 장소를 상실하여 불안한 실존의 저변을 그리 재구성할 수 있을 텐데, 시간을 붙들어 물리적 장소의 변화를 용인하지 않으려는 의식이 곧 공간 기획의 전략에 맞닿는 것이다.

이때, 더 이상 안정된 장소로서 기능할 수 없는 '이사하기로 된 집의 구조'가 언급되어, 대조적인 형상이 조성됨으로써, 집에 관한 공간 의식이 보색처럼 짙게 도드라져 보인다.

> 우리가 이사하기로 된 집의 구조는 지극히 천박하였다.
>
> 우선 대문이 번화한 도로변으로 나있는데다가 오래 되고 낡아서 녹이 슨 철제鐵製였다.
>
> 그리고 마당은 거의 없다는 편이 옳았다. 그나마 손바닥만한 것을 시멘트로 빈틈없이 발라 놓았고, 방들은 오밀조밀 붙어 있어 갯수만 여럿일 뿐, 좁고 어두웠다.
>
> 그 중에 한방은 아예 전혀 채광 통풍조차도 되지않았다.
>
> 그것도 원래는 창문이 있었는데, 아마 바로 옆에 가게를 이어내느라고 막아버린 모양이었다.
>
> 그 가게란 양품점으로, 레이스가 많이 달린 네글리제와 여자용 속옷, 스타킹 따위를 고루 인형에 입혀 세워 놓은 곳이었다.
>
> 뿐만 아니라 그 가게를 중심으로 앞뒤에 같은 양품점들이 늘어서 있고 그 옆에는 양장점, 제과소, 음식점, 식료품 잡화상들이 있었다.
>
> 여기저기서 들려오는 불규칙한 마찰음, 무엇이 부딪쳐 떨어지는 소리, 어느 악기점에선가 쿵, 쿵 울려 오는 스피커 소리……끼익 하며

숨 넘어가는 자동차 소리.

한 마디로 그 집은, 아스팔트의 바둑판, 환락과 유행과 홍정의 거리에 금방이라도 쓸려버릴 것처럼 위태해 보였다.

새로 이사하여 갈 집의 대조적 형상을 통해 본래 살던 집의 장소성은 일단 더욱 부각된다. 본디 집에 비해 무장소성placelessness의 단적인 형상으로 그려진 '이사하기로 된 집의 구조'가 극히 선명한 형상을 띤다. 더 이상 존재를 비호할 수 없는 도시풍 경관과 건물 구조는, 비단 집을 옮기지 않더라도, 앞으로 닥쳐올 도시화의 큰 물결에 집의 장소성이 휩쓸릴 수밖에 없을 것이라는 점을 시사하고 있다고 해도 좋을 것이다.

과연 집의 확장 양태인 마을의 성원들이 이주하는 상황이 이야기된다. "새로 집을 짓는 집 귀퉁이에 쌓인 모랫더미속에 한 손을 깊숙이 집어넣고 손등 위에 수북하게 모래를 긁어 올린 뒤 다독거리며, 두껍아, 두껍아, 마당 쓸고 집 지어라, 하고 노래라도 부르듯 소리"치며 천진난만하게 뛰놀던 "그때 그 아이들은, 하나씩 둘씩, 더러 시집도 가고, 객지로 떠나기도 하고, 이사를 가기도 하였다."는 것이다. 삶의 저층이요 저변을 이루는 집과 마을의 장소성을 생각한다면, 이제는 장소를 구성하던 인자가 사라진 채, 무장소성의 상황에 직면하여 존재의 상실감이 커지는 형국이 펼쳐질 개연성을 예견할 수 있다. 집은 그 자체가 존재성의 지표인 까닭에 그러하다.

그 존재의 근거인 집을 상실한 것은 다시금 "아버지의 문패"가 떼어져 버려지는 사건을 통해 극화된다.

고운 향나무에 아버지가 손수 붓으로 글씨를 쓰신 뒤, 도장 새기듯 새겨둔 문패.

우리는 지금까지도 문패를 바꾸지 않고 그냥 그대로 두었던 것이다.

아무도 그것을 바꿀 생각조차 하지 않았었다.

우리가 아침 저녁 하루에도 수십번 드나드는 이대문에 아버지의 이름이 정답고 그립게 우리를 내려다보며 지켜 주고 계신것을, 단 한 사람도, 단 한번도 이상하게 생각한 적이 없었다.

그리고 그것은, 우리들의 부적符籍이었다.

도대체 어느 누가 그 문패만큼 확실하게, 육년동안의. 말로 다할 수 없는 외로움과 고통을, 잠 안 오는 밤의 상처 깊은 자존심을 지켜준 일이 있었던가.

또한 고달픈 아침 길과 서러운 저녁 길을 위로해 준 일이 있었던가.

그래…….

여전히 이 집의 주인은 아버지이시다.

그러나 그 따뜻하고도 신비로운 침묵으로 우리를 보호하여 주던 대문과 기둥을 우리는 한 순간에 잃어버린 것이다.

문패는 존재를 보호하는 집의 장소적 속성을 단적으로 함의한 상징체이다. 물론 그 자체는 물리적 대상으로서나 연장으로서의 의미나 가치를 매길 수 없으니 장소의 표지가 아니다. 게다가 그조차도 땅에 내동댕이쳐진 터라 더 이상 집의 보호 속성을 대변할 수 없다. 되려 집의 장소적 비호성이 저 상황에서는 짐짓 추억하거나 꿈꾸어서야 느낄 수 있는 열망의 대상일 뿐, 자칫 공허한 집착 대상으로 전락할 개연성이 큰 터다.

따라서 집의 의미는 더 이상 장소적 표지를 통해 구현되지 아니하며, 이미 공간 기획의 표상 층위로 전이되었다고 할 수 있다. 집의 비호성이 상실된 표지를 문패라는 표상의 제거로써 드러내는 위 대목은 그러한 전이 양상을 극화한 설정인 것이다. 장소성과 공간성을 절묘하게 넘나드는 그 표상을 통해, '집'의 의미를 구심으로 하는 최명희 소설의 본색 가운데 하나를 찾을 수 있다. 그것이 정신적 가치의 차원에서 '혼불'을 표상한 서사적 결정체와 조우하였을 법하다.

나아가, '문패가 떨어지다'는 '아버지의 죽음'에 관해 '떨어지다'를 구심으로 표명한 언표들과 조응하여 의미심장한 주제 의식을 공간 표상으로써 그려낸다.

> 운명하신 뒤, 관棺이, 방 안으로 들어 왔을 때, 나는….
>
> 아아, 아버지의 관은 저 벽오동을 베어서 짜드릴 것을…하고 신음하였었다.
>
> 툭.
>
> 몇 잎 남지 않은 잎 사귀가 펄럭이며 땅으로 떨어졌다.
>
> 툭.
>
> 아버지의 관 위로 무겁게 떨어지던 최초의 흙덩이 소리가 가슴에 울린다.
>
> …(중략)…
>
> 천지에는 가을이 깊어, 산 속에 들어찬 상수리나무 떡갈나무의 물 든 잎사귀들이 비내리듯 떨어져 내렸다.
>
> 온 산의 나무들은 죽음에 중독된 것처럼 황홀하게 요기妖氣를 띠며 옷을 벗고 있었지….
>
> 가볍게, 가볍게, 하염없이.
>
> 숲을 흔들던 바람.

오동나무 빈 가지를 흔들어 마지막 잎사귀를 떨어뜨리는 저 바람.

"저거 값이 꽤 나갈거야."

바로 유리창문 옆 모퉁이에서 남자와 여자가 수거근렸다.

이윽고 그들은 킬킬거렸다.

그 밤.

회색으로 음울하게 가라앉은 하늘의 저쪽에서부터 바람이 일어오고, 빈 가지를 삭막하게 뻗치고 서 있는 벽오동 나무가, 어둠 속에서 홀로

우우– 우– 우–.

하며 우는 곡哭소리를 나는 분명히 들었다. 그것은 빛이 쓰러지는 소리였다.

아버지의 죽음은 그 자체가 곧 '떨어짐'이다. 여기에다 오동나무 잎이 떨어지며, 관을 덮는 흙이 떨어지며, 산 속 나뭇잎들이 떨어지며, 모든 것을 돈으로 환산하는 식으로 인간성이 추락하며, 종내 '빛이 쓰러'진다. 조락의 계절에 아버지를 잃고 집을 잃고 인간에 대한 희망과 믿음을 잃은 이의 마음이 한없는 나락으로 떨어지는 것과 절묘하게 조응하는 형상들이 그려지는 것이다.

여기서 '쓰러지는 빛'은 곧 장소를 상실한 채, 장소와 동일한 층위에 병렬된 아버지의 정신이, 아버지의 혼이, 혹은 아버지라는 지주支柱가 쓰러지는 데 비견된 터다. 벽오동의 표상이 곧 아버지의 생명에 닿아 있다면, 이를 거래의 대상으로 삼는 이들을 극적으로 설정함으로써 장소상실의 표상은 구상적인 표지를 더한 셈이다. 곡소리와 빛이 쓰러지는 소리, 아버지가 쓰러지는 소리, 집이라는 장소적

저변을 잃어 존재가 쓰러지는 소리. 시대의 변화 탓에 쓰러지는 영혼의 빛이 자아내는 정서적 파장이 제법 크다.

공동체에 기반을 둔 전통 사회에서 계약 관계를 통해 이익 집단 형태를 띤 도시 사회로 전환된 터라면, '집'을 중심으로 한 안정된 장소를 구가하기 수월찮다. 도시적 환경에서는 집 자체만 하더라도 장소적 속성을 상실한 형국이다. 도시란 정주定住하여 살 곳이라기보다는, 생업을 위해 이방에서 모여든 이들이 방편 삼아 머무는 곳일 뿐이다. 그나마 살 집을 쉬이 구할 수 있는 것도 아닌지라, 도시에서 집은 더 이상 존재를 보호하는 장소 속성을 발휘하지 못한다. 「쓰러지는 빛」에서 도시화 와중에서 변모된 집의 속성에 대한 단서가 엿보였다면, 「주소」에서는 그 단면이 여실히 그려진다고 할 수 있다.

> 방房이라고 믿고, 사방 네 귀퉁이가 견고한 각을 깍지 끼어 나를 바깥 것들로부터 보호해주고 있는 공간이라고 믿고, 마음 놓고 잠들었던 곳. 몇 권의 책이며 쓰다가 둔 편지, 그리고 조그만 베개와 이부자리들은 별 것 아니면서도 내게는 살림살이의 전부였다. 허나 이것들이 안심하고 있는 방패가 이다지도 허술하다니.
>
> 그러나 이만한 공간조차도 호사였는가. …(중략)…
>
> 사실 내가 들어있는 이 방은 그나마도 이 근처에서는 제법 귀퉁이가 반듯한 편이고 부엌도 따로 있어서 지금보다 5십만 원을 더 받기에는 충분한 것이었다.

방의 비호성에 대한 의식과 비호성을 상실한 방을 얻은 소회가 대를 이루며 기술되어 있다. 이 가운데 장소와 공간에 대한 상념들이 도드라진다. 방과 방패의 표상적 상관성도 이러한 공간 의식을 보조한다. '이만한 공간'이라는 상념의 속내를 드러냄으로써, 짐짓 이율배반적인 공간과 장소에 관한 의식을 내비치기도 한다. 그 의식의 연원과 의미가 궁금해지는 대목이지만, 대조적 공간 형상에 대한 의식이 저러한 상념을 추동하고 있을 터, 장소에 대한 애착과 장소상실에서 오는 공허함이 그러할 것이라는 점을 수긍하기 어렵지 않다. 존재 근거를 잃었다는 상실감이 체념의 태도를 낳았을 것이기 때문이다. 그런데 이러한 체념의 저변에 작용하는 관념이 없을까 또한 궁금해진다.

무엇보다도 이곳은 객지客地였다.

이게 언덕받이 판자촌이라 그렇지 땅값이야 금값이지. 근데 왜 혼자서 차췰 하슈? 서울이 객진가?

바로 '객지'에 대한 의식에서 확장된 장소상실감과 이에 대응되는 공간 기획의 의지가 시사된다. 더욱이 이런 가운데 펼쳐지는 객지의 풍광은 장소성을 고집하거나 장소애topophilia에 집착할 수만은 없음이 넌지시 고지된다. 도시의 풍광이나 도시의 세태, 혹은 도시적 감각은 장소적 비호성과 거리가 한참 먼 이미지로 박진하게 그려진 터다. 이럴 때면 과연 존재의 안정이 보장될지 의심스럽기만한데, 불안하고 음울하며 때로 음험하고 음흉하기까지 한 도시 이미지가 형상화된 다음이니, 이러한 도시 이미지와 서사적 공간의 표상이 조응하는 맥락을 더듬어 볼 여지가 있다.

언덕 비탈 아래 시장市場을 낀 버스 종점이 나타났다. 즐비하게 들고 나는 버스의 매운 연기와 아우성치는 시장을 에워싼 집들은 한결같이 납작한 슬레이트 기와였다.

다닥, 다닥, 다닥.

이것이 그곳에 대한 첫 인상이었다.

어디 잠깐 바람을 피할 모퉁이 같은 것도 눈에 뜨이지 않았고, 속시원하게 바라볼 만한 풍경 한 조각도 없었다.

시장 입구에서는 끊임없이 싸구려 튀김 기름 냄새와 지글지글 기름이 엉기는 튀김 닭 냄새, 그리고 오뎅 국물 끓는 느끼한 냄새에 섞여 생선의 비린내가 풍겨 왔다.

그리고 거기 세월을 따라 쌓이고 쌓인 끈적이는 공기 찌꺼기.

길 거리 여기 저기에 함부로 구르며 날아다니는 털실 짜투리와 집집마다 들려 오는 치. 깍. 치. 깍 요꼬 짜는 소리, 그 금속성에 섞여서 거칠게 터져 나오는 애숭이 청년들의 음담패설, 그리고 직녀織女들의 킬킬거리는 웃음 소리.

이와 같은 형상을 띤 도시 속에서 거처가 불안하며 "흔들리는 주소"라는 비유적 공간 표상이 빚어진다. 존재의 저변을 위협 받은 실존의 불안감이 이야기되는 가운데, 이를 해소할 수 있는 서사적 공간은 요원한 것일까.

사람은 집을 만들고, 집은 사람을 만든다고 말한 사람은 누구였을까. 그것은 얼마나 절실한 말인가.

가을은 깊어가고 거처居處는 불안하다. 흔들리는 주소住所.

사실 나는 요즘요, 어째서인지 나의 인생마저도 이렇게 전세傳貰 사는 것처럼 여겨져요. 이 세상을 '나의 집'이라고 생각하며 마음껏 활개치고 구김 없이 뛰노는 것이 아니라요… 내가 아무리 공들이고 정들여서 쓸고 닦아도, 그리고 마당에 씨를 뿌려 물을 주며 어여쁘게 꽃나무를 길러 놓아도, 어느 하루 아침에 집 주인이 나타나서 너는 이 집을 비워 주어야겠다 라고 하면 단 한 마디 변명도 하지 못하고, 무엇으로 대신도 하지 못하고, 아무것도 돌이킬 수 없이… 그대로 두고 떠나야만 할 것 같은… 억울한 슬픔이… 지금 거기 계신가요? 여보세요?

존재가 머물 곳이 불안정한 정황에서, 짐짓 불안한 인생을 '전세'살이에 빗대어 일컫는 심회의 불안감이 선명하게 기술된다. 세상을 집에 빗대어 생각하는 만큼 삶의 공간 지표를 의식하고 있음이 저절로 드러나기도 한다. 집에 집착하는 작가(물론 내포작가)의 저변 의식이 어떠할지 명징한 표지를 찾기 힘들지만, 안주할 장소를 찾지 못한 채 삶의 부조리한 국면에 내몰리며 경계에 선 한 실존의 지향점이 불확정적이라는 점만이 명백할 뿐이다. 집을 갈구하는 갈급한 심회에 공감을 표하는 이라면 혹 그 정황을 이해할 수 있을까마는, 이해한다 손치더라도 장소상실에서 비롯된 실존의 불안감을 상쇄할 길을 찾을 수 없기는 매한가지다.

이때, 절묘하게 조응되는 "남루한 나의 방", 그 "빈방"을 지킨다는 "위태로운 빛"의 표상에 맞닥뜨리게 된다. 존재의 근거지, 혹은 그 거점을 지키는 '빛'이 위태롭다는 것은 존재의 근저를 잃고 불안해하는 실존의 정황을 표상하는 것인데, 이러한 표상이 '쓰러지는 빛'과 절묘하게 조응하는 것은 말할 나위 없다.[11]

집의 이념적 표지, 가와 가문

'집'은 실존을 보호하는 안주의 장소성을 넘어, 사회적 공간 표상으로 확산될 조짐을 보인다. 보호 속성이 때로는 존재 영역의 자유로운 확장을 가로막고 실존을 가두는 감금 속성으로 변질되기 십상이다. 집의 장소적 이중성이 이처럼 드러난다고 할 때, 집에서 탈주하고자 하는 기획이 빚어질지도 모를 일이다. 단편 소설의 한계 탓에, 응축되었으나 단편적으로 드러날 수밖에 없던 그러한 집의 표상이, 『혼불』[12]이라는 장대한 서사 속에서 각양으로 구현되고 있다.

무엇보다도 『혼불』을 통해서 사회 역사적 표지로 확장되는 집의 의미망에 주목할 만하다. 가와 가문에 집착하는 『혼불』 작가(내포 작가)의 의식을 읽을 수 있는 열쇠와도 같은 '집'의 표상은, 가家에서 가문家門으로, 가문에서 민족 단위의 장소로 확산되는 가운데, 역사적 공간, 사회적 공간, 혹은 문화적 공간의 서사적 표지들을 통해 변주된다. 우선, 가와 가문의 억압 기제 속에서 신음하는 강모에 얽힌 이야기를 단서 삼아 살펴보자.

> "우리, 날 풀리거든 다가봉 기슭에 움막이든지 초막이든지 하나 구해서 얻어 살자."
>
> 하고 강모가 이야기했을 때, 오유끼는 고개를 뒤로 젖히고 어린 아이처럼 웃었다.
>
> 심정 같아서는 비록 겨울이라고 할지라도 그런 집을 구하고 싶었다. 오는 이, 가는 이도 없는 산기슭에 풀잎으로 지붕을 엮은 한 칸 띠집을 짓고 아랫목이 따끈하게 군불을 때면, 갈자리 방바닥에서 따뜻한 흙냄새가 피어오른다. 이따금 귀를 기울이면 골짜기를 피리 삼아 불고 가는 바람 소리. 얼어붙은 용소의 빙판에 미끄러지는 눈보라의 경쾌한 몸짓은 또 얼마나 보기 좋은 것이랴.
>
> 그리고 몸에서 갓 피어난 연기 냄새를 풍기며 안겨 오는, 아무

> 욕심없는 어린 여자와 어울려 꽃잎처럼 희롱하는 아늑한 평화. 그 무엇에도 얽매이지 않고 밤과 낮을 보낸다는 것. 강모는 오유끼에게서 그런 길들여지지 않은 즐거움을 얻고자 하였다. (2권, 200쪽)

강모가 꿈꾸는 집은 삶의 안정과 안락을 누릴 수 있는 본연의 장소성에 근사한 형상이다. 누구나 꿈꿈 직한 집의 표상이다. 그러나 그가 처한 사회적 위상은 '가와 가문'의 이데올로기에 억눌린 채 불안감에 짓눌린 왜소한 실존에 불과하다. "집안의 종손으로서 가문의 지붕이 되고 중추"(5권, 22쪽)가 되어야 하는 것이 강모의 운명인 것이다. 저 잔혹한 가와 가문의 이데올로기가 집의 표상을 통해 이야기되는데, 그 이데올로기에 눌린 한 실존의 꿈이 저렇듯 소박한 집의 형상을 그리게끔 추동한다. 그러나 그저 꿈만 같은 형상일 뿐이다.

> 강모는 어이없게도 이기채에게는 단 한 마디 언급도 없이 홀연 집을 떠나 버리고 말았다. 비단 이기채에게만 그런 것이 아니라 할머니 청암부인, 어머니 율촌댁, 아내 효원에게도, 그는 아무 말도 하지 않은 채 떠난 것이다.
>
> 그리고 청암부인은 뒤미처 홀연히 세상을 떠났다.
>
> 만주滿洲. (5권, 23쪽)

결국 강모는 그러한 억압 기제인 집을 떠난다. 이와 때를 같이하여 청암부인이 숨을 거둔다. 강모의 홀연한 가출과 청암부인의 죽음이 맺어진 상관성은 전통적인 가와 가문의 이데올로기가 종언을 고하는 과도기의 상황을 우의한다. 종손과 종부가 사라진 가와 가문의 운명은 불을 보듯 뻔하다. 여기에 그가 간 곳 "마적떼 출몰하는 허허벌판" "만주"(5권, 23쪽)의 공간 표상이 자리를 대신하고 있으니, 안주할 삶의 터전인 집의 변질로 인해, 새로운 공간을 기획해야 하는 이의 방황과 고뇌가 예견되기도 한다. 이즈음 가와 가문에 결쳤던 집의 공간 표상은 일제에 강제점령 당한 민족이 처한 상황에 걸친 층위로 비약한다고 할 수 있다. 물론 실상이 아닌 표상 차원에서다.

이렇듯 장소의 보호를 받지 못하고 머나먼 이국에서 청암 할머니의 임종 소식을 접한 강모에게, '집'은 짐짓 사무치게 그리운 대상으로 전환되기도 하여, 집의 상대적인 장소성이 역으로 시사되기도 한다. 기실 청암부인은 일개 실존이라기보다 그 자체로서 가문의 지주支柱로 이해되는 까닭에, 그의 죽음은 곧 가문의 안정된 저변이 무너졌다는 의미로 전제된다. 이는 매안 이씨 가문의 존재 근거가 흔들리거나 주저앉을 위기에 처해 있다는 '서사적 현실'을 예견하기도 한다. 집의 장소감을 만끽하고 싶으나 억압되었던 열망을 돌이키는 강모의 심정을 통해, '비호와 감금' 혹은 '안정과 억압'이라는 집의 이중 표상이 아이러니하게 드러난다.

> 할머니.
> 아아, 할머니가 돌아가셨구나.
> 강모는 우두망찰 실색이 된 얼굴로 숨을 멈춘다. …(중략)…
> 이곳이 집이라면 얼마나 좋을까.
> 조금 전까지만 해도 결코 돌아가고 싶지 않았던 매안의 집이 이 순간에 강모는 사무치게 그리워. 잇살이 저린다. (10권, 92쪽)

사실 강모보다 더, '집'의 굴레에서 고통 받은 이가 '청암부인'이다. "퇴락한 집안을 열아홉 청상의 여인 몸"(1권, 269쪽)으로 일으켜 세워야 했던 청암부인의 운명과 과업이 모두 가문의 문제에 연관되어 이야기되는데, 이러한 관념적(혹은 이념적) 표상이 집의 형상을 통해 그려지고 있다.

> 부인의 위세와 기상으로는, 산이라도 허물어서 옥토를 만들고 싶었으나, 그도 어쩔 수 없는 일이기는 했다.
>
> 하지만 때때로, 무너져 가는 고가古家의 지붕과 묵은 흙냄새를 풍기며 푸슬푸슬 먼지를 날리던 행랑채, 덩그러니 집채만 남았을 뿐, 거기 사람의 훈김 없던 열아홉의 시절을 회상하면, 이만한 정도라도 위안이 되기는 되었다. (1권, 88~89쪽)

물론 사실 연관을 따져 보더라도, 쇄락한 가문은 그 집의 형태부터가 '무너져 가는 고가' 형태일 것이니 별스럽지 않은 기술로 보일 수 있다. 하지만, '무너져 가는/묵은/푸슬푸슬/덩그러니/훈김 없던' 등으로 꾸며져 기술된 집의 형상이 예사롭지 않다. 청상의 청암부인이, 시'집'와서 체감한 것은 안락한 장소성이 아니라 무장소성이었던 것이다. 장소로서의 본색이 퇴색된 그 집을 반듯하게 중건하는 일은 곧, 쓰러져 가는 가문을 일으키는 일에 상응한다. 가문으로 환원된 집이라면, 가문의 중추인 청암부인의 존재에 비견되는 표상으로 전환될 개연성을 안고 있다. 실로 청암부인의 인물 형상 또한 집의 형상에 비견되어 드러난다.

> 그리고 고샅에 돋아나는 풀포기 하나라도 뽑아내고, 발끝에 채이는 돌멩이 한 개라도 골라내는 것이었다. 그것은 청암부인의 성품이, 보이지 않는 곳에까지 서려 있기 때문이었다.

고샅을 지나는 사람의 마음이 그러할진대, 그 댁의 마당은 말하여 무엇하겠는가. 그대로 맨발로 디뎌도 흙이 묻어나지 않을 만큼 반드럽고 탄탄하였다. 네모진 귀퉁이의 날카로운 각은 누가 보더라도 그 집안의 서슬을 느끼게 하였다.

…(중략)…

"집안에 먼지 일게 허지 마라. 마당 하나 쓰는 데도 정성이 들어가야 합심이 되는 법이거늘, 쌓인 흙이라고 마구 쓸어내면 종당에는 마당이 돌짝밭 되고 마는 것이다. 세상에 그저 되는 일은 없느니."

그렇게 단속하는 청암부인의 성품 탓으로 큰일, 작은일, 큰손님, 작은손님이 끊일 사이 없는 종가의 부엌 행주에서는 언제나 맑은 물이 뚝뚝 떨어졌다. (1권, 282쪽)

일개 실존으로서 누릴 수 있었을 행복감이나 안락한 삶의 감각이 거세된 청암부인은 가문의 중심이라는 존재적 표상으로 치환된 지 오래다. 여인의 처지에서 가문을 중건해야 하는 터라면, 그의 모든 실존적 조건이 이념적 표상에 묻힐 수밖에 없다. 가와 가문의 이데올로기는 냉철하고 때로 냉혹한 현실적 감각을 강요한다. 청암부인의 '서슬' 퍼런 성품은 타고난 것이라기보다 사회적 조건에 의해 조장되고 신장된 것이다. 그 성품이 곧 '집안의 서슬'을 통해 구상적으로 표상된 것이 위 대목이다. '종가'에서 풍기는 위세의 이면을 장악한 이념적 굴레가 동시에 느껴지는 이 대목을 통해, 가와 가문에 얽히고설킨 공간 형상과 이데올로기를 실로 체감하듯 확인할 수 있다.

이처럼, 일 개인의 삶을 옭죄는 굴레와도 같은 집은 가혹한 운명과 긴밀히 조응하면서 가문의 이데올로기를 주제의 한 국면으로 전하는 『혼불』의 서사를 풍성하게 한다. 가령, '인월댁'이 짊어져야 했던 가혹한 운명 또한 집과 관련된다. 그네를 죽음 직전까지 몰아간 '한'이 바로, 청상으로 지켜야 했던 '공방'에서 빚어졌던 것이다. 집은 존재를 보호하기는커녕 그녀의 육체와 정신 모두를 감금하고 억압하는 기제로 작용한 셈이다. '집 밖'으로만 떠도는 남편의 역마와 극명하면서도 아이러니하게 대조되는 저 삶의 형국을 목도하고서 가슴아리지 않을 이가 있을까 싶을 정도로, 곡진한 심회가 집의 표상을 통해 형상화된다.

'신랑이 없는 집'에서 "그 긴 세월 동안 집을 비운 일이라고는 손가락 안에 꼽을 정도였"으며, "그림자처럼 홀로 살아왔"(2권, 46쪽)던 청상과부의 심정과 애틋한 처지가 '집'의 형상을 매개로 드러나고 있는 것이다. 인월댁에게 맺힌 '한'의 연원을 짐작하고도 남음이 있을 정도로, 기구한 운명과 신산한 삶의 고역에서 빚어졌을 형태 없는 '한'마저도 집의 형상을 통해 구상화된다. 그 한의 옥죄임에서 벗어나 자유롭고자 하는 몸부림은 비극적이게도 죽음을 택하는 데 이어지는데, 가혹한 운명의 굴레와 이중적인 집의 표상이 이를 통해 서사적 개연성을 얻는다고 해도 좋을 것이다.

> 청암부인은 인월댁을 안쓰럽게 여기며, 집 한 채를 내려 주었다.
>
> 그때 청암부인의 나이 서른일곱, 인월댁은 열아홉이었다. …(중략)… 그 개울을 경계로 저쪽은 거멍굴이었고 이쪽은 문중의 마을이었다. …(중략)…
>
> 인월댁은, 신랑 기서가 잠깐 나갔다 올 것처럼 일어서서 장지문을 열던 모습이 눈에 선하게 밟혔다. …(중략)… 기서는 그 길로, 매안에도 들르지 않고 경성으로 떠나 버렸다. (2권, 39~40쪽)

거기다가 집이라고 해야 부엌 한 칸과 창호지만한 안방, 그리고 베틀이 있는 뒷방뿐이었지만 하루 한나절도 손에서 북을 놓지 않았으니, 문득 생각하면 방안에 고인 냉기가 몸 속으로 스며들어 살이 식어 내리는 것도 같았다.

그네는 희미한 등잔불 아래 비치는 앉칭널을 바라본다.

(내가 반평생을 저기 앉아서 보냈구나.)

그네가 금방 벗어 놓은 부테가 앉칭널 위에 얹혀 있는 것이 마치 무슨 허물 같다. (2권, 12쪽)

내게 아무러면 소쩍새만한 한恨이 없으랴.

가미년, 그때 서른 살을 막 넘기었던 그네는 아무 미련도 없이 초가 삼간을 나섰다. 그네가 시집이라고 와서 십여 년 동안을 의탁하였던 집이었다. 그 사립문을 지그려 닫고 허청허청 원뜸의 방죽을 향하여 걸어가던 인월댁은 어둠 속에서 초가를 돌아보았다. 집은 마치 벗어 놓고 온 신발처럼 봄밤의 어둠을 쓸어 안고 있었다.

하기야 그네가 매안의 이씨 문중으로 오게 된 것부터가, 기구하다면 기구하였고 억지라면 억지였다. (2권, 37쪽)

이렇듯 가문의 이데올로기로 비화된 '집'의 표상은 종내 신분적 질서와 위계 관계를 드러내는 지표로 작용한다. 반상을 막론하고 집은 '가와 가문'의 표지로 이해되는 까닭에 물리적 장소로서 전제되지 않을 뿐만 아니라, 존재를 보호하는 고유의 장소성과 무관한 표상으로서 의미를 지니는 것이다.

지대가 높은 산 밑의 집이라 이씨 문중 대종가에는 저녁밥 짓는 연기에 섞여 벌써 푸릇한 집 그늘이 드리워지기 시작하고 있다. (1권, 68쪽)

오류골 작은집은, 대문을 나서면 바로 내려다보인다.

종가의 대문 아래 두번째 집은, 수천 작은집, 기표가 살고 있고, 그 건너 나지막하게 엎드린 초가가 기응의 집이다. (1권, 69쪽)

우리 집은, 집이라도 그냥 집이 아니라 종가다. 장자로 내려온 핏줄만 가지고 종가라고 한다면, 그게 무에 그리 대단하겠느냐? 그 핏줄이 지닌 책임이 있는 게야. (1권, 157쪽)

'그냥 집이 아니라 종가'라는 이념이 『혼불』에 펼쳐지는 갈등의 씨앗임은 말할 나위 없다. 청암부인이나 인월댁, 강모나 효원이 짊어지고 겪어야 하는 삶의 무게는 전적으로 가문의 이데올로기에서 비롯되며, 그 관념적 표상이 집이라는 구상적 표지를 통해 그려지는 식으로 『혼불』의 사건은 회오리 몰아치듯 퍼져 나간다.

가령, 계급적 위계와 차별에 관한 이야기는 '집'에 빗대인 담화를 통해 다음과 같은 식으로 드러난다. 집은 곧 운명과도 같은 존재의 기반인 동시에 정치경제적 표지로 의식된 셈이라고 할 것이다.

"대갓집 서까래가 씨러지면, 거그 귀영탱이다 집 짓고 살든 쥐새끼들도 따라서 쏟아져 부리제잉. 넘으 집 씨러지는디 내 둥지도 씨러지능 거이 또 우리 같은 사람들 팔짜 아닝갑서?" (3권, 16쪽)

"됩대 우리 같은 사람덜한티는 잘된 일이제 머. 이런 때 성씨도 하나 새로 맨들고 이름도 처억 바꿔 불면 누가 누군지 알 거잉교? 그러다가 누가 아요? 우리도 지아집 짓고 종 부림서, 에얌, 허고 사는 날이 올랑가아……. 하도 요상헌 시상이라, 알 수 없제." (1권, 262쪽)

위에서 강실이의 모습(이미지)이 대갓집의 위세와 대조된 형상으로 그려지며, 가문의 몰락은 '헛간'으로 전락한 집의 형상으로 그려진다. 가와 가문의 상관성이 담론된 이 대목에서 은유적 공간 형상이 주목을 끄는 것이다. 이런 가운데, 『혼불』 사건의 중핵 가운데 하나인 '춘복이의 변동천하 야심' 또한 집에 대한 의식을 통해 이야기된다.

> 심지어 옹구네조차도 그 태깔만은 인정하고 시샘을 참지 못하던 사람이 바로 강실이 아닌가. 거멍굴을 잡아먹을 듯이 으르렁거리고 있는 대갓집의 골기와 지붕 아래 오붓하게 감추어진 채, 언감생심 이쪽에서 감히 건너다보지도 못하게 감싸여져 있던 사람.
>
> (그것도 인자 옛날 이얘기다. 청암마님 돌아가세 바라. 아직끄장은 그래도 그 훈짐이 끊어지들 안했응게 버티고 있겄지마는 오늘 니얄 숨 떨어지면 그 집도 헛간 된다. 누가 지킬 사램이 있어야제. 되야가는 꼬라지가 손바닥 뒤집어보디끼 한눈에 훤히 뵈는디? 누가 누구를 지킬 거이냐?) (3권, 23쪽)

> 그때, 춘복이는 쇠여울네의 통곡이 이기채의 고함을 잡아먹을 만큼 커지기를 간절하게 바라며 어금니를 맞문다.
>
> 그리고 지금. 이기채를 잡아먹은 통곡 소리가 성난 물결처럼 소용돌이치며 솟구쳐 올라온 마을을 뒤덮고, 강실이네 오류골댁 초가집을 한입에 삼켜 버리는 환각에 등을 부르르 떤다. (3권, 40쪽)

이처럼 가문의 몰락이나 반상의 계급적 질서의 전복에 관여된 표상이 '집'을 매개로 드러난다. 반상의 구분에 균열이 생기던 격동기에 신분 차별의 모순을 해체한 '변동천하' 담론을 그리는 데 지향하는『혼불』의 주제 의식은, 가와 가문에 주목하는 이들의 언설을 통해 구체를 얻는 것이다. 이는 개인적 심성과 별개인 구조적 표상으로 작용하는 집의 공간성을 통해 표상된 결과다. 가령 "고래등 같은 기와 집에 대하여 아무 원한도 없는 사람"(3권, 36쪽)인 평순네의 '온순한 심덕'은 가문의 이데올로기로 조장된 모순을 바로 잡으려는 구조적 인식에 환원된다. 집은 더 이상 장소적 비호의 표상이나 개인적 체감의 대상이 아니라 공간적 상징체로 작용하여 의미망이 넓어진다.

같은 맥락에서, '매안의 종가'에 대응되는 '거멍굴' 또한 물리적 장소로서보다 표상적 공간으로 형상화된다.

> 그는 부어터져서 철갑같이 잠긴 눈도 떠지지 않고, 매맞은 몸뚱이가 천 근이라, 바윗덩이를 마주 문 입술도 벌어지지 않았으나, 오직 두 가지 사실만을 뚜렷하게 짚어 낼 수가 있었다.
>
> 작은아씨 강실이가 지금 거멍굴의 옹구네 집에 와 있다는 것.
>
> 그리고 그네가 지금 아이를 배었다는 것.
>
> 아아, 세상은 무너져도 좋았다. (8권, 39쪽)

춘복이의 변동천하 야심이 '강실이로 하여금 자기 자식을 낳게 한다'는 전략으로 압축된다고 할 때, 실제 그 아이를 수태한 강실이가 거멍굴로 납치되어 옹구네 '집'에 기거하게 되는 사건을 통해 그 야심이 구체화되고 있다는 데 주목하게 된다. 강실이의 거처가 거멍굴로 이동했을 때라야 비로소 변동천하일 수 있다는 의식이 표상된 셈이다. 공간이 계급적 의식과 표상적 함수 관계에 있음이 명증되는 대목이다.

이러한 공간적 이분화 양상을 상쇄함으로써 반상 차별의 극한치를 상쇄하고자 하는 '적극적 인물positive hero' 유형에 해당하는 '강호'가 품은, 집에 대한 의식이 의미심장하다. "예사 사람이 아니라 문중의 어른인 문장 이헌의의 장손 된 자"(8권, 56쪽)인 강호가 거멍굴에 찾아 든다.

> "만동이 집은 또 어디고?"
>
> 미리 알아 두려는 것처럼 강호는 길라잡이하는 공배네 뒤에 대고 묻는다. 공배네는 손을 들어 조심스럽게 시꺼먼 동산 기슭을 가리킨다. 외짝 지게문이 불그름한 불빛을 머금고 있는 것이, 꼭 눈에 피벌겋게 돋은 눈구녁을 뜨고 있는 것 같은 집이다.
>
> 그 집을 눈여겨 바라본 강호는 백정 택주가 사는 곳도 물었다.
>
> 만일에, 그가 이렇게 매안의 그 누구도 모르게 오밤중이 겨운 시각에 거멍굴로 찾아와 서성거리는 것을 어른들이 아신다면
>
> "네가 지금 무슨 조정암이 흉내를 내는 것이냐? 이런 당치않은 꼴을 보았나. 백정 택주가 경사자집經史子集에 능통했다는 말 내 일찍이 못 들었는데 글공부하러 갔더냐? 동경 유학으로는 모자라서? 네가 소위 매안이梅岸李의 자식으로서 지금 온당한 자리에 서 있느냐? 철딱서니없는 것. 옛어른 흉내, 아무나 내는 것 아니다."
>
> 하며, 크게 진노하여 꾸중하실 것은 너무나 자명한 일이었다. 또한 다리가 성치 못할 일이었다. 더욱이나 지금은 때가 때인 만큼 강호가 섣불리 거멍굴 행보를 하는 것이 미묘하기 짝없는 정황 아닌가. (8권, 54쪽)

그의 거멍굴 행보는, 집의 비유적 표상을 통해 계급적 의식을 대유하려는 『혼불』의 기본적 공간 표상 함수를 따르며 의미를 얻는다.

진보적 지식인 격인 강호의 혁명적 의식이 이처럼 집에 대한 표상의 관성을 깨뜨리는 데 수렴되고 있으니, 『혼불』에 드러난 주제 의식(역사 의식)이 공간 표상을 통해 형상화되고 있는 셈이다. 거멍굴 상민들에게 존대를 하면서 그들의 '집'의 위치를 묻는 행동을 통해, 역사적 격동기를 겪어 내야 하던 이들의 고뇌에 찬 의식과 실천의 조응을 확인할 수도 있다. 반상의 구분과 차별이 없는 이상적 사회상을 꿈꾸는 이들이 서로 어우러지는 공간을 기획하는 것도 이러한 서사적 공간 표상의 한 귀결일 것이다.

집의 표상을 통해 구조적 모순을 응축하여 전하는 서사는 그 범위를 키운다. 빈부의 구조적 모순을 함축한 집과 땅의 표상이 식민지 유민의 구조적 궁핍상에 오버랩되면서부터다.

> "만주 동북으로 이주한 조선인의 구 할 이상이 거의 대부분 파산 농가 아니면 빚에 쪼들려 도망온 사람들이었으니. 죽지 못해 살길을 찾아오는 이들의 비참한 정경은 이루 다 말로 할 수 없는 것이지." (10권, 11쪽)

"가도 가도 망망하여 끝이 보이지 않는 지평선"(10권, 125쪽)으로 대유된 이국의 땅은 그 자체로서 보호는커녕 존재를 위협하는 공간이다. 이는 식민지 유민의 처절한 현실을 실로 보이는 환유적 표상이기도 하다. '정착'할 수 없는 그 곳, 그 땅에서 착취에 고통 당하는 이들의 삶이 공간 표상 속에서 묘파된다.

> 대부분 갚을 수 없는 빚에 쪼들리거나, 오랜 가난, 또는 왜놈의 그악스러운 공출 등쌀에 시달리다가 더 견디지 못하고, 부득불 살던

고향을 등진 농민들이라, 가진 것이라고는 빈 주먹에 눈물과 쪽바가지뿐이어서, 지게 하나 변변한 것이 없었으니. 집단농장에 정착을 한다 해도 쟁기질을 할 소와, 파종할 씨앗이며, 우선 당장 오늘 먹을 식량까지 모든 것을 만척으로부터 비싼 이자를 물고 빌리지 않으면 안 되었다.

땅도 물론 만척의 것이었다. (10권, 125쪽)

"끝간 데 없이 무연한 황토 벌판에 집들은 모두 성냥갑처럼 납작한데. 누른 흙을 다져서 세운 벽과 흙 바른 지붕들이 켜켜이 누런 황토 먼지를 뒤집어쓰고 있거나 퍼런 기와를 얹은 것이, 웬일인지 음산하게 보"여서 "살아 낼 성싶지 않"(10권, 127쪽)은 집의 속성이 무장소성인 것은 말할 나위 없다. 식민지 상황에서 '집'을 잃은 이들의 장소상실성이 국토를 잃은 민족의 처지와 절묘하게 조응하면서, 『혼불』의 공간 표상은 격동의 시절을 헤쳐 살아가야 하는 이들의 적극적 삶의 태도를 예시豫示하기도 한다.[13]

『혼불』에서 표상된 집의 모형은 다음과 같아서, 집은 그저 물리적 장소가 아닌, 깊이 있는 정신이 응집된 표상이며 존재의 모든 것을 응축한 양태로 전제된다.

단정하고 맑은 정신을 갊아 놓고, 밝은 눈으로 들여다보면 거기 혈이 어찌 보이지 않으랴. 이제는 바로 그 자리에 꼭 알맞은 모양의 당호를 앉혀야 하리라. 집이든 정자든.

그런다면, 그 정신의 경치가 수려·우미함이 어찌 빼어난 산수보다 아름답지 않겠느냐. 그런 정신은 저 자신의 아름다움으로 둘레를 두루 향기롭게 만들고, 제 몸 담은 주변 풍경까지도 귀격으로 높여 놓으니, 어느 누가 그것을 고귀하다 하지 않으리, (4권, 16쪽)

경치고, 정신이고, 인생이고, 결혈의 묘처妙處는 오직 한 군데 아니면 많아야 두 군데에 불과할 것인즉, 이 자리를 소중하게 아끼고 잘 갊아서 제 생애를 다한 집을 세워야 하리라. 그래야만, 생애는 이 집을 바라보고, 집은 생애를 돌아보는 묘미가 있지 않겠느냐." (4권, 18쪽)

이렇듯 이상적이고 이념적인 형상으로 전제됨으로써, 집이 단순한 대상이 아닌 것만은 분명하다. 게다가 저러한 이상적 모형에 담긴 집의 본색이 퇴색되는 무장소의 현실 속에서 각양의 공간 기획 양상을 이야기하게 되니, 집은 표상으로 다루어질 수밖에 없다. 이러한 집의 표상 층위가 단편 소설에도 걸쳐 있음은 이미 살핀 바 그대로다. 이러한 표상이 『혼불』의 공간 형상에 수렴됨으로써 그 의의가 더해진다는 점도 마찬가지다.

개화와 근대화, 산업화와 도시화 도정에서 과도기 때마다 삶의 안정을 잃고 안주할 수 없었던 이들의 사정이 개인 차원에 걸치지 않고, 사회 전반이나 역사의 문제로 확산됨을 이야기한 최명희 소설의 가치를, 공간 표상의 해석으로써 재확인할 수 있을 것이다. 집의 공간 표상, 이는 최명희 소설의 원형질이자 『혼불』의 구심을 이루는 표상적 의미망을 구성하는 주요 인자로서 주목을 요한다.

■ 장일구

1 김열규의 「민속지적 서사문학의 전형을 위하여」(『한길문학』, 한길사, 1991년 봄호)와 강은해의 「한국민속의 전통과 현대소설—최명희의 『혼불』에 주목하여」(『한국학논집』 18집, 계명대 한국학연구원, 1991)를 통해 논의가 시작된 이래, 장일구의 『혼불읽기 문화읽기』(한길사, 1999)에 이르기까지, 『혼불』에 대한 초창기 논의의 구심은 '문화'에 관한 것이었다. 작가의 사후에 본격적으로 펼쳐진 논의들 또한 문학에만 국한되지 않고, 문화적 상호텍스트로서 지니는 의의를 논급하는 데 수렴되는 경우가 많다. 매년 혼불기념사업회에서 주관하여 열리던 혼불학술대회의 주제도 '전통문화, 민속, 언어, 소통'에 관한 것으로, 이 소설이 점하는 문화적 차원의 의의를 명변한다. 『혼불과 전통문화』(전북대 전라문화연구소 편, 신아출판사, 2003)는 이런 맥락을 아우르는 중요한 결과물이다.

2 그런데 이에 대해 본격 논급한 결과를 찾기 어렵다. 가문의 이념에 얽힌 주제적 관념을 논급함으로써 갈등 양상을 이해하고자 한 것만으로는 가와 가문의 표상을 온전히 논급한 결과라고 하기는 어렵다.

3 필자는 이전에 『혼불』의 공간 형상에 관해 시론 수준에서 논급한 바 있는데, 그 논점을 심화하는 가운데, '가와 가문'의 문제에 주목하게 되었다. 이 외에도 '『혼불』의 공간'에 대해 논급할 수 있는 하위 논점들은 더 있는데, 이 글에서는 최명희의 단편 소설과의 연속성에 주목하는 터라, '집'의 표상에 국한하여 논점으로 삼는다. '최명희 소설의 공간'의 두 번째 장에 상응하는 셈이다(장일구, 「대하소설의 공간 형상 시론—『혼불』을 사례로」, 『한국문학이론과 비평』 14집, 한국문학이론과비평학회, 2002 참조).

4 이재선, 「가족사소설과 집의 공간시학」, 『한국문학의 원근법』, 민음사, 1996, 102~103쪽 참조.

5 <1980년 신춘 중앙문예> 당선작.

6 1982년에 씌어진 미발표작으로, 현재 '최명희 문학관(http://www.jjhee.com)'을 통해 해당 작품을 구하여 볼 수 있다.

7 이 두 작품은 어느 정도 단편 소설로서 완성된 면모를 갖춘 대표작이기도 하다.

8 에드워드 렐프, 김덕현 외 옮김, 『장소와 장소상실』, 논형, 2005, 19쪽 참조.

9 렐프는 하이데거의 견해를 인용하면서 장소와 존재성의 관여성을 명증한 다(위의 책, 같은 쪽 참조). 이러한 장소성의 가장 중요한 거점이 '집'이라는 점도 위 책의 곳곳에서 논급하고 있다.

10 문맥에 따라 달리 쓰이곤 하는 장소상실이나 무장소성placelessness에 관해서도 렐프의 위 책에 잘 논급되어 있다.

11 「이웃집 여자」에서 단편적으로 드러나는 집의 의미도 눈에 띈다. 도시화 와중에 전통적 주거를 대체한 아파트는 장소의 진정성이 표백되었거나 횟빛으로 퇴색된 도시적 주거 환경의 그늘과 함께, 인정적 친밀감을 잃은 도시인의 피폐한 정신 세계를 표상하여 보이고 있다.

12 최명희, 『혼불』, 한길사, 1996. 이하 인용문 뒤에 '권수, 쪽수'만 밝힘.

13 더 펼쳐질 이야기의 범위나 규모가 상당한 만큼, 그러한 공간 표상의 확산 양태와 귀결 양상이 어떠할지 궁금하지만, 더는 살필 수 없으니 안타까울 따름이다.

매안마을의 다층적 공간 표상

이 장은 최명희의 『혼불』을 텍스트로 삼아 소설에서의 공간이 원경으로 제시되는 것 이상으로 서사의 핵심적 요소로 자리 잡고 있음을 논하고자 한다. 『혼불』은 한일합방 이전인 1930년대 후반부터 그 이후인 1940년대의 일제강점기를 배경으로 하는 전권 10권 분량의 방대한 양의 작품이다. 작품은 청암부인을 중심으로 하는 남원지역 문중인 매안 이씨 가문을 비롯해 그들과 함께 살아가는 거멍굴, 고리배미 사람들의 이야기가 주축을 이룬다. 『혼불』이 10권에 해당하는 대서사인만큼 작품에서 다루는 공간 역시 매안에만 한정되지 않고 대실과 전주, 만주 봉천, 넓게는 일본의 동경으로까지 확장되어 나간다. 그러나 다수 인물들의 이야기가 전개되며 『혼불』에서 가장 핵심적인 사건이 발생하는 공간을 꼽으라면 단연 매안을 들 수 있다. 매안은 단순히 배경이나 장소의 의미를 뛰어넘어 『혼불』이라는 작품 전체의 의미를 다채롭게 구현해 나가는 서사의 장과 같은 역할을 한다.

매안은 『혼불』에 나타난 그 어떤 공간보다도 인물의 삶과 가깝게 밀착되어 있다. 인물이 공간과 관계 맺는 양상은 매안을 다양한 성격을 지닌 공간으로 사유할 수 있게 하는데, 이는 곧 『혼불』에서 매안에 주목해야 하는 까닭이기도 하다. 핵심은 매안이 위치·지리상으로는 단일하게 규정된 장소의 맥락에서 이해되면서도, 또 한편으로는 인물의 삶의 의미를 통해 다층적이고도 확장적인 공간의 가능성을 열어두고 있다는 지점에 있다. 즉 장소가 아닌 공간의 맥락에서 이해할 때, 매안은 각기 다른 층위에서 다양한 서사가 구현되며 이러한 서사가 겹겹이 층을 이루어 『혼불』이라는 대서사를 이끌어가는 근간으로 작용하고 있는 것이다.[1]

그럼에도 불구하고 공간의 형상화는 인물이 한 장소에서 그곳이 지닌 장소의 정체성이나 장소 표지를 인식하는 것에서부터 출발한다. 장소는 단순히 위치정보를 제공하는 것 이상으로 인간의 삶의 영역에 깊이 천착되어 있기 때문이다.[2] 『혼불』 속 매안 역시 마찬가지이다. 매안은 장소와 공간의 경계에 위치하고, 장소에서 공간으로 넘어가는 과정에서 기획되어 서사의 완성을 이루어 나가는 곳이라 볼 수 있다.

이 장에서는 렐프와 볼노의 논의를 중점에 두고, 이를 통해 읽어낼 수 있는 장소와 공간의 관계에 주목하여 매안이 지닌 서사공간으로서의 가능성을 밝히고자 한다. 이에 각 절에서는 인물의 장소감과 장소 표지를 통해 구현되는 개인적 공간으로서의 매안에서부터, 장소의 구획 및 통합이 이루어지며 화합과 갈등이 교차되어 나타나는 공동체적 공간으로서의 매안, 마지막으로 장소 정체성의 전이와 공간의 범주 확장을 통해 사회적·시대적 맥락의 의미를 담고 있는 매안까지를 확인해 보도록 할 것이다.

이렇듯 장소의 개념에서 한발 더 나아가 공간의 범주에 속하게 되는 매안의 의미를 살펴봄으로써 동일한 듯 보이지만 각기 다른 층위의 매안이 존재함을 확인할 것이다. 이와 더불어 매안에서 일어나는 주요 서사가 개별적으로 존재하는 것이 아니라 겹겹의 그물망을 형성하고 『혼불』 서사의 단초가 되고 있음을 밝히고자 한다. 이를 통해 매안으로 대표되는 『혼불』 속 공간이 단순히 작품 내에서 배경으로 머무는 것이 아니라 서사를 가능하게 하는 핵심적 원리로 작용하고 있음을 확인할 수 있을 것이라 기대해 본다.

장소 표지를 통한 공간 기획

공간으로 형상화된 매안은 서사의 추이를 어떠한 관점으로 읽어가느냐에 따라 여러 방향으로 나아갈 잠재성을 지닌다.[3] 그중 이 절에서 우선적으로 논의의 대상으로 삼는 서사는 청암부인이 매안에 자리매김 해가는 일련의 과정에 있다. 청암부인은 복잡하게 얽힌 『혼불』[4]의 서사에서 중심에 있는 인물이며 매안은 그녀의 삶과 더불어 흥망성쇠를 이룬다. 따라서 청암부인의 삶에 따라 매안은 그녀의 개인적 공간으로서의 의미를 갖고, 이것이 점차 확장되어 다층적 의미망을 축적해 나간다고 볼 수 있다.

청암부인은 혼례를 올리자마자 남편을 여의고 홀로 매안에 입성하여 몰락한 이씨 가문을 다시 일으켜 세워야 할 의무를 지니게 된 인물이다. 청암부인이 매안에 자리매김을 이루는 양상은 그녀가 매안에 시집 온 직후부터 죽음에 이르는 순간까지 긴 시간동안 지속된다. 이미 가세가 기울어져 삭막할대로 삭막한 매안에 도착한 후 그녀는 "내 홀로 내 뼈를 일으키리라."(3권, 129쪽)고 스스로 다짐하며 이후 매안 내에서 자신의 입지를 다지는데 주력하는 모습을 보인다.

공간 기획 및 구성의 문제는 장소의 문제와 결부되어 있기 때문에 "공간의 의미는 직접 경험하게 되는 실존적, 지각적 장소에서 나온다"[5]고 볼 수 있다. 『혼불』에서 청암부인이 매안을 개인적 공간으로 성립시키는 과정 역시 구체적 장소 표지로서의 매안을 획득하는 것에서부터 시작한다. 청암부인은 매안에 온 직후부터 문중의 경제적 기반을 마련하고 자신의 위치를 확고히 하기 위해 땅을 넓혀나간다. 이때 땅의 획득은 단순히 물리적 지평의 확장만을 의미하는 것이 아니라 청암부인이 매안에 육체적·정신적으로 체화될 수 있도록 하며, 그녀의 자리매김을 가능하게 만드는 실체적 장소 표지로 기능한다. 땅을 사는 행위는 그곳에 자신의 기반을 마련하고 거주로부터 시작되는 삶을 가능하게 만들기 때문이다. 이렇듯 청암부인이 땅을 획득하고 자기 것으로 인식하는 과정을 겪음으로써 매안은 곧 그녀의 정착이 이루어지며 삶이 결부된 개인적 공간의 의미를 갖게 된다.

> "나는……자네와는 정반대였는지도 모르지……자네는, 잘라내고 없어지려고 태어난 사람이라고 했지만, 나는 뿌리를 내리려고 살아온 사람일세……무서운 집념으로, 더 질기게……더 깊이……자네는, 자네를 비우려고 베틀에 앉았지만……나는……나를 채우려고 땅을 샀네." (3권, 99쪽)

> "정경이 기막힌 중에도……어쩌든지 심신을 수습해야 허겄길래……함 속에 든 예단을 팔아……돈으로 바꾸었네. 형형색색 곱기도

> 한 비단들이, 내 한평생에 소용도 없었거니와……입던 옷이라도 팔어서 한 뙈기 논이라도 사야 할 형편 아니었던가. 허나, 그것이 한이 될 줄이야……다른 것은 다 몰라도……그 양반이 나한테 준 단 한 가지 정표였던 것을 뒤늦게야 깨달았지마는, 이미 논으로 바뀐 다음에, 깨달으면 무얼허겠나……저 논이 그 비단이려니, 저 논에 그 양반 넋이 어려 있거니, 그렇게 생각하려 해도 부질없는 일. 그 허전함을 메우려고 논을 사고 또 사도, 아무것으로도 그 빈자리는 메꿀 수가 없었네. 대신할 수가 없었어. 한평생." (3권, 102쪽)

청암부인이 땅을 통해 매안에 자리매김 해가는 양상은 작품의 곳곳에서 보여진다. 위의 인용문은 청암부인과 인월댁 사이에 오가는 대화의 일부분으로 그녀가 땅의 소유에 집념하는 이유가 드러나는 대목이다. 인월댁은 시집온 직후 남편에게 소박을 맞고 베틀에 의지하여 평생을 살아가는 인물이다. 자신의 처지를 비관해 스스로 목숨을 거두려다 실패한 인월댁을 마주한 청암부인은 그녀와 비슷하면서도 다른 상황에 놓여있던 자신의 삶을 회고하며 감춰왔던 속마음을 드러낸다. 소멸하였으면 하는 마음을 가졌던 인월댁과는 반대로 청암부인은 문중의 종부로서 끝까지 매안에 뿌리를 내려 집안을 일으켜 세워야 했기에 죽음 대신 땅을 택하여 스스로를 다잡았던 것이다.

덧붙여 남편이 준 하나뿐인 정표를 팔아 땅을 산 것에 대한 한스러움은 청암부인으로 하여금 허전한 마음을 채우기 위해 끊임없이 땅을 사도록 하였고, 이것이 결국 스스로의 몸과 마음을 매안에 붙들어 놓고 자리매김하는 방식으로 자리 잡게 되었다. 청암부인이 땅의 소유에 얽매이는 이유가 제시됨으로써 매안의 곳곳은 단순히 그녀에게 주어진 환경이 아닌 애착의 장소가 된다. 즉 청암부인과 매안 사이에 일종의 '토포필리아'[6]가 형성됨에 따라 매안은 그녀가 지니는 장소감을 바탕으로 청암부인 개인의 공간이 되는 것이다.

> "되렌님, 저그 뵈능 게 다아 할머님 땅인디요, 저걸 할머님 혼잣손으로 이루셌지요. 그렁께 되렌님은 넘의 땅 하나 안 밟고 쩌어 산 밑이까지 가실 수 있지라우."
>
> 맨 처음 늦바우 고개에 강모를 내려놓고 소피를 시킨 다음 안서방이 한 말은 그것이었다.
>
> 강모는 속으로 놀랐다.
>
> 저 바다 같은 들판이 모두 할머니 것이라니……. 가물가물한 산 밑에까지도. 그것은 얼마나 광활하고도 아득한 넓이였는지. (1권, 57쪽)

청암부인이 땅을 통해 자리매김 해온 결과는 그녀와 오랜 세월을 함께 한 안서방의 말을 통해 확인할 수 있다. 그녀는 매안 곳곳에 땅의 장소 표지를 확보함으로써 몰락했던 이씨 가문을 일으켜 세우고 자신의 세력과 입지를 확고히 할 수 있었다. 그녀는 위치·지리정보에 불과한 장소 표지였던 매안에 자신의 삶을 개입시킴으로써 매안을 삶의 이루어지는 공간으로 기획하는데 성공한 것이다.

이와 같은 양상은 또 다른 장소 표지인 청호를 통해서도 확인할 수 있다. 청호가 기획되는 과정 역시 그녀의 자리매김 양상과 맞물려 있다. 해마다 물이 부족한 매안에서 농사지을 물을 넉넉히 마련하고 살림을 늘려가기 위해 만든 것이 청호이기 때문이다. 따라서 청호 또한 땅의 표지와 마찬가지로 매안에서 그녀의 영역을 확장시켜가는 장소 표지로 기능한다.

청호는 청암부인의 택호를 본떠 만든 저수지로, 물리적·실체적 장소임과 동시에 그녀의 의식이 오롯이 담겨있는 상징적 표지이기도 하다. 마을의 물이 부족하다는 것을 알면서도 선대의 조상 누구도 저수지를 축조하려 하지 않았었다. 저수지의 축조는 막대한 시간과 비용이 소요되는 대규모의 공사이기 때문이다. 청암부인은 아녀자임에도 불구하고 이전에는 아무도 시도하지 못했던 저수지의 축조를 기획한다. 이 순간 아들인 이기채 역시 청암부인을 두고 차마 아녀자라고 하지 못하며(1권, 155쪽), "여기서 청암부인은 단순한 개인이 아니라 영험한 존재로 각인된다."[7] 청암부인이 보여준 행보는 남성들에게조차 유례없는 일이었기에 많은 사람들은 그녀의 능력과 추진력에 경의를 표하게 된다. 따라서 청호는 여성의 한계를 뛰어넘어 스스로의 권위를 증명하며 그녀의 위용을 드러낸 의식적 공간이 된다.

> 아침부터 시작한 일이 하루 꼬박 걸려 어둑어둑해지면서야 겨우 끝났는데, 드디어 그 모습을 드러낸 바위는 영락없는 조개의 꼴이었다.
>
> 엄청나게 커다란 조갑지를 엎어 놓은 것과 너무나도 여실하였다.
>
> 그 형국은 동쪽편으로 머리를 둘러 둥두럿이 불쑥 솟아오른 곳이, 높이가 거의 일고여덟 자 남짓이나 되고, 거기서부터 갈라 퍼져 부드럽게 내리깔은 가장자리로는 대여섯 치 높이로 둘러나가 있는데, 보면 볼수록 엎어 놓은 조갑지 형상이었다.
>
> …(중략)…
>
> "세상에……천산같은 흙더미에 짓눌려서 숨도 못 쉬고 죽어가던 신령님을 구해내셨구만……어쩌면……."
>
> "누가 아니라는가요? 그러니까 꿈에 미리 현몽을 하셨든가? 그렇

게 기어이 일을 시작허시드니.”

“이제 두고 보게 가운家運이 창성할 것이네.”

“정말로 청암아짐 뵐 적에마다 예사 어른이 아니다, 아니다, 싶드니마는. 이런 제세 인물도 다 타고나는 것이지요이?”

“그렇고말고. 참말이지 이번에 큰일을 두 가지나 한꺼번에 허신 것 아니요? 저수지 쌓아서 치수하고, 신령님 구해드리고.”

“엄청난 조개바우지. 그 큰 조개가 흙에 묻혀 물을 못 먹었으니…….”

“이제는 양껏 잡수시고 맑은 물에 부디 편히 지내소서.”

문중의 부인들은 그 조개바위에 대하여 마음속으로 심정을 빌었다. 어느덧 거멍굴이나, 건넛마을 둔터, 구름다리, 배암골 그리고 고리배미 쪽에서는 그 바위의 영검에 대해서까지도 소문이 나고 있었다. (1권, 163~164쪽)

위의 인용문은 청호에서 주민들에 의해 신령으로 모셔지는 조개바위가 발견되는 대목이다. 흙더미에 파묻혀있던 조개바위가 청호 축조로 인해 물과 맞닿게 됨으로써 마을 사람들은 매안의 앞날이 창성하게 될 것이라 기대한다. 그리고 이러한 결과는 모두 청암부인의 영험함으로부터 비롯된 바, 매안 내에서 그녀의 위상은 더욱 더 높아진다. 즉 청호는 문중과 더불어 마을에까지 뻗쳐있는 그녀의 권위를 상징적으로 보여주는 표지가 된다.

매안에서 그녀의 자리매김은 땅을 통해 시작하였고 청호를 통해 끝마쳐졌다. 청호의 완성은 시집온 직후부터 계속되어 온 그녀의 자리매김이 드디어 완성되었음을 의미한다. 따라서 청호에 대한 그녀의 애착과 유대관계는 당연한 것이다. 이는 청호가 단순히 물리적 환경이나 장소가 아닌 그녀의 정신과 삶이 담긴 공간으로 변모하였음을 의미한다.

"공간은 그 자체로 이미 존재하는 것이 아니라, 숲(아직 공간이 아닌 것)에서 벌목하는 식으로 인간의 행위를 통해 얻어지는 것"[8]이라는 분노의 말은 인간의 의도에 따라 얼마든지 공간이 기획될 수 있음을 타진한다. 『혼불』에서는 청암부인이 그러했다. 빈손으로 매안에 온 그녀는 가문을 다시 일으키고 자리매김을 이루고 말겠다는 일념 하나로 매안의 곳곳에 장소 표지를 마련해 나갔다. 그리고 이는 결국 매안을 그녀 자신의 삶이 깃든 공간으로 기획해 낼 수 있도록 하였다.

장소 구획에 따른 공간 구도

매안은 청암부인의 자리매김이 이루어지는 개인적 공간임과 동시에 한편으로는 이씨 가문의 집성촌으로 청암부인, 율촌댁, 효원으로 이어지는 3대의 인물들이 기거하는 공동의 공간이기도 하다. 춘복이, 옹구네, 공배네 등 거멍굴의 인물들과 그 외 민촌의 사람들 역시 매안을 근거지로 삼아 왕래하며 매안을 공동의 공간으로 만드는 역할을 한다. 자의든 타의든 그들은 마을의 지주격인 이씨 가문의 사람들과 교류하여야만 삶을 지탱해 갈 수 있기 때문이다. 『혼불』에서는 청암부인을 비롯한 이씨 가문의 사람들과 거멍굴로 대표되는 하층 민중의 사람들이 매안을 공동의 공간으로 삼아 때로는 협력과 화합을 도모하기도 하고 때로는 이해관계에 얽힌 갈등을 빚어내기도 한다.

이때 장소의 통합과 구획의 문제는 이들 집단간의 관계로부터 발생하는 공동체적 공간의 의미를 설명하는데 결정적 역할을 한다. 이 장의 서두에서는 인물이 느끼는 장소감과 공간 기획에 대해 논의한 바 있다. 즉 거멍굴을 매안의 범주에 포함시켜 동일한 장소로 보느냐 그렇지 않느냐에 따라 인물이 느끼는 장소감은 달라지며, 이는 결국 매안의 공동체적 성격을 규명하는 관건이 된다. "공동체와 장소 사이의 관계는 사실 매우 밀접해서 공동체가 장소의 정체성을, 장소가 공동체의 정체성을 강화"[9]시킬 수도 있기 때문이다.

매안과 거멍굴을 하나의 마을 단위로 이해하고 동일한 성격의 장소로 범주화 할 경우, 인물들 역시 매안 내의 구성원으로 존재하게 되며 동일한 장소감과 목표의식을 가지고 공동체간의 화합을 이루어 낸다. 그러나 지리적 경계와 사회의 규율에 따라 매안과 거멍굴을 엄연히 다른 장소로 이해하게 될 경우, 인물들은 서로 다른 정체성을 지닌 집단으로 양분화되며 매안에 대해 갖게 되는 인식 또한 달라질 수밖에 없다. 결국 이들은 매안을 공동의 생활공간으로 여기면서도 하나의 공동체로 맺어지지 못하고 갈등을 겪게 된다.

이렇듯 매안과 거멍굴의 경계는 『혼불』의 서사에서 중요한 핵심으로 여겨지는데, 이를 결정짓는 인물이 바로 청암부인이다. 청암부인은 매안과 거멍굴에 두루 영향력을 끼치며 이 두 장소를 모두 포섭하는 정신적 지주의 역할을 하기 때문이다. 따라서 청암부인이 굳건히 건재하며 위용을 떨치던 시기에는 매안과 거멍굴이 하나의 공동체를 이루며 화합하는 양상을 보이지만, 그녀의 죽음을 전후로 한 시기에는 두 장소를 통합시켜 줄 인물이 부재하게 되는 바, 공동체는 다시금 해체되고 매안과 거멍굴은 갈등의 관계로 돌아서게 된다. 즉 앞의 절에서 살펴 본 청암부인의 자리매김 양상은 개인의 문제에만 국한되지 않고 공동체와 그로 인한 공간 구도에도 영향을 끼치고 있는 것이다. 청암부인이 매안과 거멍굴을 하나의 공동체로 인식하고 장소의 통합을 이루는 양상은 곳곳의 대목에서 보여진다.

> 매안의 아랫몰 한쪽에 비스듬히 살고 있는 타성바지 아낙이, 그 날, 날이 저물도록 밭에서 콩을 따고 있는데, 마침 도선산都先山의 잔등이 하나 너머에 있는 작은집 동네 구선동에 안서방네를 데리고 다녀오던 부인의 밭에 엎드린 타성을 불렀다.
>
> "내 오다 보니 그 집에 연기가 안 나던데, 오늘이 너희 조부 제삿날인 것을 알고 있느냐?"
>
> 그 말에 깜짝 놀란 아낙은 목덜미가 홍시같이 붉어지며 당황하여
>
> "아이고 마님, 오늘이 메칠잉기요?"
>
> 소리조차 차마 하지 못하고, 연신 송구스러운 몸짓으로 두 손만 비비고 있었다. 아낙은 타성들 중에서도 귀가 빠지는 상민이었다.
>
> …(중략)…
>
> 그런 아낙을 뒤로 하고 원뜸으로 올라온 그네는, 안서방을 시켜 조기와 과일 몇 가지를 아낙의 집으로 내려 보냈다. (3권, 149쪽)

매안은 개울을 경계로 하여 아래쪽의 민촌 및 거멍굴과 지리적으로 분리된다. 그러나 청암부인이 관여하는 영역은 비단 개울의 위쪽인 이씨 가문의 일에만 해당하지 않는다. 청암부인은 아랫물에 사는 타성바지 상민의 대소사에도 꼼꼼하게 신경 쓰는 모습을 보인다. 이는 그녀가 장소의 구획에 관계없이 개울의 아랫물까지도 매안의 범주에 편입시켜 관심과 애정을 쏟으며 하나의 공동체로 인식하고

있음을 보여준다. 한편 매안을 청암부인 개인의 공간으로 기획하는 데 일조하였던 청호 역시 공동체 공간의 토대가 되기도 한다.

> "그 많은 품을 어디서 다 불러오며 얼마나한 시간이 들어야 하겠습니까? 또 그 비용은 다 어떻게 감당하고?"
>
> …(중략)…
>
> "내가 한 해 실농을 한 셈칠 것이다."
>
> …(중략)…
>
> "열 섬지기 짓는 사람은 이웃에 배 곯는 자 있으면 거두어 먹어야 하느니라. 백 섬지기 짓는 사람은 고을을 염려하고, 그보다 다른 또 어떤 몫이 있겠지. 우리 집은, 집이라도 그냥 집이 아니라 종가다. 장자로 내려 온 핏줄만 가지고 종가라고 한다면, 그게 무에 그리 대단하겠느냐? 그 핏줄이 지닌 책임이 있는 게야." (1권, 155~157쪽)

청암부인은 스스로 실농을 결정하면서까지 청호를 축조하고자 했는데 그 배경은 종가로서 지녀야할 책임감을 인식하는 것에서부터 비롯된 것이었다. 그녀는 자신의 책임이 닿아야 할 대상을 이씨 가문으로만 한정하지 않고 매안을 둘러싼 마을 전체로 확장시켜 나간다. 이 역시 위의 경우와 마찬가지로 거멍굴과 여타 민촌들까지 매안의 범주에 속하는 장소로 인식하고 있기에 가능한 일이다. 청암부인은 자신의 권위를 통해 매안과 거멍굴의 사람들을 하나의 공동체로 이어주는 매개자 역할을 한다. 그 결과 마을 사람들은 관수공사를 무사히 끝마치고 청호를 완성할 수 있게 되었다.

따라서 청호가 완성된 후, 축제와 흥분에 빠져들었던 이는 청암부인뿐만 아니라 매안을 둘러싼 사람들 전체였다. 청호는 청암부인 혼자의 힘으로 만든 것이 아니라 공동의 노력으로 일구어낸 결과물이기 때문이다. 사람들은 청호가 이씨 가문은 물론이거니와 마을 전체의 수호신이 될 것이라 생각하며 청호에 치성을 드리러 찾아오곤 하였다. 이러한 모습은 많은 사람들이 청호를 공동의 것으로 생각하고 공유하고 있음을 보여준다. 즉 청호는 공동체의 노력으로 기획되며 공동체의 삶을 관통하는 장소 표지라는 점에서 매안과 거멍굴, 그 외의 민촌들을 하나로 통합시키는 상징이 된다. 이렇듯 매안은 공동체와 합일의 성격을 강화하는 상징적인 장소 표지가 존재하게 됨으로써 분리된 장소의 통합을 이루고 "공동의 노력으로 만들어진 근원적인 공동의 공간"[10]으로 자리할 수 있게 된다.

그러나 매안이 항상 협력과 화합을 도모하며 공생의 공간을 이루는 것은 아니다. 매안과 거멍굴 사이에는 지리적·사회적으로 분명한 경계가 존재하며 인물들 또한 이를 인지하고 있기 때문이다.

> 매안의 아랫몰로 넘어가는 개울의 나무 다리 위에 서서 평순네는 허옇게 언 물을 굽어본다. 이 개울은 별로 크지도 깊지도 않은 도랑물이나 한가지이지만, 평순네에게는 실로 깊고 넓은 강물보다 건너기 어려운 경계선이다. 그것은 거멍굴 사람 누구에게나 마찬가지였다. 이 물 건너 매안은 늘 두려웠다. 그곳은, 이쪽에서는 감히 넘볼 수 없는 기상의 날이 서 있어서, 고개 한 번 바로 들고 가 본 일이 없었다. 자칫 그 날에 베일까, 스스로 움츠러들곤 하였다. (3권, 132쪽)

거멍굴의 사람들에게 매안은 항시 어렵고 두려운 기운이 서려 있는 곳이다. 개울의 위쪽은 자신들이 범할 수 없는 양반의 기상을 내보이며 그들 스스로가 신분의 차이를 인식하고 움츠러들게끔 만든

다. 따라서 개울은 단순히 장소의 구획만을 의미하지 않는다. 개울은 공동의 삶을 이루면서도 결국엔 융화될 수 없는 그들의 관계를 상징적으로 보여주는 표지이다.

그들을 이어주던 청암부인의 부재와 공동체의 상징이던 청호의 쇠락 역시 통합되었던 장소에 균열이 생기고 공동체의 공간이 해체될 것임을 암시한다. "공간의 당초 공동성이 사라지면 개인 공간을 차지하려는 경쟁적이고 치열한 다툼"[11]이 생기기 마련이다. 이때 개인 공간은 개인적 욕망을 실현시키기 위함이다. 거멍굴에는 신분에 따라 결정된 위계질서에 불만을 가진 자들이 다수 존재한다. 청암부인이 건재할 당시 이들은 부인의 위엄에 의해 자신의 욕망을 억누르고 공동체의 일원으로 합류한다. 그러나 청암부인이 부재하게 된 상황에서는 스스로가 억눌러왔던 욕망을 인식하며 공동체 공간이 아닌 개인 공간을 획득하려는 시도를 한다. 결국 청암부인과 청호에 의해 봉합되었던 두 장소 사이의 균열은 가속화되고 매안은 화합과 협력이 아닌 갈등이 증폭되어 나타나는 공간으로 변모한다. 쇠여울네로부터 비롯된 다음의 사건은 갈등의 공간으로 변해버린 매안의 모습을 보여주는 사례이다.

> 쇠여울네는 홱 몸을 돌이키더니, 맨발로 내리달아 안채의 대청마루까지 단숨에 올라간다. 창졸간에 온 집안에 공포가 뒤덮인다. 효원은 건너방 문고리를 몸으로 틀어막으며 두 팔을 버린다. 댓돌 위에 서 있던 율촌댁이 뒤따라 치솟으며 쇠여울네의 뒤에서 팔을 틀어쥔다. 뒤쫓아 올라온 안서방과 머슴, 호제, 종들이 한꺼번에 쇠여울네를 싸잡는다. 그러나 순식간에 놓치고 만다.

그네는 쇠스랑으로 대청마루를 찍는다.

…(중략)…

쇠여울네는 물 건넛마을 쇠여울〔金灘〕에 살고 있는 타성 사람이었다. (3권, 31~33쪽)

이씨 문중과의 토지거래에서 손해를 입고 전전긍긍하던 타성바지 쇠여울네는 마지막 남은 아들을 잃자 그 원인을 매안에서 찾고 이기채를 공격하려 든다. 매안을 중심으로 통합된 공동체가 청암부인의 권위와 신분제 질서에 기대어 이루어진 것임을 감안할 때, 이 사건은 청암부인의 집이자 위계질서의 시작인 이씨 가문의 종가에서 이루어졌다는 점에서 기존의 상하관계가 깨어지고, 더불어 이를 통해 구축되던 공동체적 공간이 제 기능을 상실했음을 보여준다. 즉 쇠여울네는 매안의 깊숙이 침투함으로써 위계질서로부터 비롯된 공동체의 사슬을 끊어내려는 시도를 한 것이다.

쇠여울네의 시도는 실패로 돌아가지만 이는 전조前兆에 불과하다. 평상시 매안에 불만을 가지고 있던 아랫몰의 사람들은 이 사건을 계기로 매안과 거멍굴을 융화될 수 없는 각기 다른 장소로 분리하고 공동체로서의 공간이 와해되었음을 인식하게 된다. 더군다나 공동체의 수장 역할을 하던 청암부인의 죽음 이후에는 공동체 공간의 통합을 이룰 가능성을 잃고 이전보다 더 큰 파급력을 지닌 갈등이 발생하게 된다. 이에 대표적인 사건은 춘복이를 통해 발생한다. 춘복은 거멍굴의 그 누구보다도 기존의 위계질서에 적대적인 인식을 보이는 인물로, 그는 매안의 강실을 범함으로써 변동천하를 꿈꾼다.

> 시간이 더 기울기 전에 어서 매안의 원뜸 오류골댁 살구나무 아래로 가야만 한다는 조바심이 그의 발걸음을 헛뜨게 하였다.
>
> …(중략)…
>
> 그는 앞발이 조바심으로 내딛는 걸음을 뒷발로 지그시 누르며, 빠르되 신중한 걸음으로 물을 건너고, 아랫물을 지나고, 중뜸을 지나고, 원뜸에 이르렀던 것이다. (6권, 60~61쪽)

춘복은 강실을 범함으로써 자신의 천한 신분과 기존의 질서를 끊어내고자 한다. 춘복이 자신의 욕망을 실현시키기 위해서는 매안을 중심으로 통합된 거멍굴을 분리시키고 공동체적 공간을 해체, 더 나아가 파행시켜야 한다. 봉건적 질서로 정비된 공동체 내에서 상민인 춘복은 감히 양반인 강실을 넘볼 수 조차 없기 때문이다. 따라서 청암부인이 부재하는 시점에 맞추어 매안으로 향하는 그의 발걸음은 다분히 의도적이고 계획적일 수밖에 없다. 그의 입장에서 매안은 거멍굴을 포용하고 통합하는 장소가 아니라 침투하고 유린하여야 할 타인의 장소에 불과하다.

춘복이와 함께 강실을 납치하고자 계획한 옹구네 역시 같은 맥락에서 이해할 수 있다. 강실을 통해 신분적 한계를 극복하고자 하는 춘복은 개울 위 매안으로 향한다. 반대로 강실을 자신의 밑에 두고 그간 겪었던 설움을 풀어내고자 하는 옹구네는 강실을 개울 밑 거멍굴로 데려간다. 이는 매안과 거멍굴 사이의 경계를 분명히 인식하고 있음에서 비롯된 행위이다. 이렇듯 양반인 강실을 끌어내리는 행동은 두 집단을 유지하는 질서를 유린하고 통합된 공동체적 공간을 해체하는 상징적인 행위라 볼 수 있다.

매안은 『혼불』의 핵심적인 서사가 진행되는 공간으로서 다수 인물들의 이해관계에 따른 화합과 갈등의 반복적 교차를 보여준다. 그리고 그 이면에는 장소의 경계를 통해 구획되는 공동체적 공간의 통합과 단절의 양상이 존재하고 있다. 주목할 점은 공동체적 공간으로서 매안이 갖는 의미가 앞의 절에서 확인한 청암부인의 개인적 공간의 연장선에서 이루어지고 있다는 점이다. 공동체의 화합 양상은 물론이거니와 갈등양상 역시 청암부인으로 비롯된 위계질서를 통해 형성된다. 따라서 핵심은 매안이 하나의 장소를 기반에 두면서도 층위를 달리하여 공간적 의미를 달리 설정할 수 있고, 이것들이 한데 얽혀 『혼불』의 대서사를 구축하는 기반이 된다는 것이다.

장소 정체성의 전이와 공간의 범주 확장

앞의 두 절에서는 매안을 토대로 하는 인물들의 삶이 서사화되는 과정을 살펴보았다. 이때 매안은 위치·지리적 장소에 입각한 실제 공간의 성격을 지녀왔다. 그러나 매안을 통해 당시 조선의 모습이 그려지기 시작하면서 매안은 더 이상 장소 개념과 결부되지 않은 새로운 의미를 갖게 된다. 매안 자체가 하나의 표지가 되어 동시대를 반영하는 사회적·시대적 공간으로 변주되기 때문이다. 따라서 이 절에서의 관건은 지금껏 매안이 지녀 온 장소적 제약의 한계에서 벗어나 장소 정체성의 전이를 통해 새로운 공간적 의미망을 형성하는 데에 있다.

따라서 이 절에서는 매안이 당시 조선 사회의 모습을 집약해서 보여주는 공간으로 재구성되는 지점에 주목해야 한다. 매안은 조선이 지니는 장소 정체성의 획득을 통해 한정된 장소의 영역을 벗어나 조선 전체를 보여주는 공간으로 범주를 확장해 가기 때문이다. 이와 같은 사실을 염두에 두었을 때 새로운 세대인 강태, 강모가 이씨 가문의 관향貫鄕에 해당하는 전주에서 유학하였다는 사실은 그저 우연이 아니다. 그곳에서 만난 심진학 선생은 그들로 하여금 자신의 근원에 대한 고민을 하게 하였고, 이는 곧 매안을 삶이 얽매이는 장소가 아닌 역사와 사회적 의미가 발현되는 공간으로 재고 할 여지를 마련해 주었기 때문이다. 훗날 강모는 전주에 처음 방문했던 날을 떠올리며 매안과 전주, 조선 사이의 연관성을 인식하게 되는데, 이는 곧 매안이 "특정 장소로서의 구체적인 모습으로 그려지지 않고, 조선을 대유하는 공간 형상"[12]으로 자리 잡게 될 것임을 시사한다.

> 그때 그는 태어나서 처음으로 기차를 타고 외지에 나갔었다.
>
> 그것도 자신의 관향이며, 이씨 조선 오백 년을 낳은 태조 이성계의 아득한 시조 이한李翰공으로부터, 몇 백 년 뒤 후손인 이태조의 사대조인 목조穆祖 안사安社에 다다르기까지, 십팔 대를 두고 면면히 선조 대대로 부성의 이름난 토호로서 전주 인근을 누르며 살아왔던, 임금의 선영 요람지로 들어가는 것이어서, 여나믄 살 어린 소년 마음에도 조상의 땅을 찾아가는 감회가 자못 남달랐던 기억은 아직도 생생하다.
>
> "전주는 일찍이 우리 조선의 발상지다, 해서, 예로부터 경향간에 두루 지중히 받드는 곳이니라."
>
> …(중략)…
>
> "거기다가 무엇보다 전주는 우리 성씨의 관향이다."
>
> 시조께서 나신 땅이란 말이다. (8권, 76~78쪽)

전주는 결국 왕을 낳았다.

왕의 관향이 되었다.

…(중략)…

그러나……오백 년 유장하던 그 나라는, 지금 여지없이 짓밟히어 찢기고, 갈갈이 흩어진 조선의 강산은 이제 일본의 더러운 발굽에 능욕을 당하고 있다.

전주는 또 다시 나라를 잃어버린 것이다. (8권, 103~106쪽)

첫 번째 인용문은 매안을 떠난 강모가 전주를 떠올리는 대목이다. 전주는 조선을 세운 태조 이성계의 기원이 되는 곳이자 조선의 발상지이다. 이기채가 강조하듯 매안 이씨의 뿌리 역시 전주에서부터 시작한다. 이씨 가문의 뿌리를 거슬러 올라갔을 때 조선을 건국하는 이들과 맞닿아 있는 사실은 매안이 지리산 노적봉 밑에 위치한 양반가 이상으로 조선을 대표할 수 있다는 당위성을 제시해 준다. 단순히 어느 한 시대를 배경으로 취하기 때문이 아니라 조선의 모습을 축도縮圖할 역사적 근거를 찾음으로써 매안은 장소 차원을 넘어서 조선 전체에 상응하는 표상의 차원으로 환원되는 것이다.

두 번째 인용문 역시 같은 맥락에서 이해할 수 있다. 전주는 왕의 관향이 되었지만 곧 나라를 잃고 만다. 매안 역시 조선의 맥을 이어받았지만 그 맥은 곧 끊어지게 된다. 따라서 매안을 토대로 전개되는 서사에는 나라를 잃은 조선의 상황과 격변하는 시대의 분위기가 감지되어진다. 즉 매안은 조선이 갖는 장소 정체성의 전이를 통해 그 시대를 대변하는 사회적·시대적 공간으로 범주를 확장하고 당시 조선의 모습을 담아 낼 수 있게 되는 것이다.

『혼불』은 서술자의 논평과 인물의 변화양상을 통해 당시 사회의 모습을 재현해낸다. 먼저 작품은 서술자를 통해 창씨개명과 식량공출, 황국신민화 정책 등 역사적 사실들을 객관적으로 기술하며 이에 대응하는 인물들의 모습을 그려낸다.

> 창씨개명의 법령은 이미 소화昭和 13년, 서력西曆으로 1939년 11월, 조선 민사령民事令이 개정됨으로써 시작되었는데, 이듬해인 올 이월부터 전국적으로 실시되고 있는 중이다.
>
> 남차랑南次郎 총독은 도지사, 군수, 면장, 동장, 그리고 심지어는 말단의 순사들까지도 동원하여 창씨개명을 강행하고 있었다. (1권, 209쪽. 인용자 밑줄)

위의 인용문은 창씨개명에 대한 서술자의 구체적 설명이 이루어지는 대목이다. 인물들은 이러한 상황에 대해 각기 다른 반응과 대처를 보인다. 청암부인은 창씨개명을 권고하는 일본 순사를 향해 호통을 치기도 하고, 거멍굴의 사람들은 성씨를 잃고 자신들과 동등한 처지가 된 매안을 향해 조소를 보내기도 한다. 서술자는 당시 상황에 대한 설명과 함께 이러한 일들이 비단 매안에서만 일어나는 것이 아님을 언급한다. 이렇듯 사회적 공간으로서 매안이 부각될 때 매안이 지니는 장소적 맥락에 대한 고려는 부재하게 된다. 매안이 장소 개념을 염두에 두고 논하여 지는 것이 아니라 조선을 대표하는 공간으로서의 의미를 갖게 되기 때문이다. 따라서 위와 같은 상황 역시 조선을 상징할 당위성을 지닌 매안을 빌려 서사 되었을 뿐, 실은 조선 전체의 상황과 같다 볼 수 있다.

다음으로, 자신의 위치나 상황 혹은 세대에 따라 변화하는 인물 역시 급변하는 당시 조선의 정세를 보여주는데 일조하고 있음을 알 수 있다. 이러한 양상은 주로 신문명과 교육의 혜택을 접한 이씨 문중의 남성들에 의해 보여지는 경우가 다수이다. 청암부인의 다음 세대인 이기채와 이기표는 동복형제임에도 불구하고 종가의 종손이라는 위치가 주는 제약에 따라 서로 다른 삶을 사는 인물들이다. 따라서 이들의 삶에서 보여지는 간극은 각각 기존의 조선 사회가 고수하고 있던 봉건적 사상과 당시 새롭게 받아들여지기 시작한 서구사상을 가리킨다. 자연스레 같은 뿌리를 둔 형제가 이러한 차이를 보이는 것은 새로운 변화가 시작된 조선의 모습을 연상시킨다.

> 이기채는 흰 버선발이고, 기표는 엷은 회색양말을 신었다. 기표는 그 차림까지도 양복이다. 하기야 문중에서 맨 먼저 상투를 자른 사람이 기표였고, 그의 저고리가 단추가 여섯 개씩이나 달린 양복으로 바뀌고, 신발이 숭숭 뚫린 구멍에 검정 끈을 이리저리 꿰어 잡아당겨서 묶어 메는 구두로 바뀐 것도 이상할 것 없는 일이었다.
>
> 이제 오히려 기표의 그런 모습은 당당하기까지 하고, 그 나름대로 차림이 몸에 익어, 보는 사람의 눈에도 익숙해져 버린 터였다.
>
> 이기채는 그런 기표와 달리, 아직도 두루마기에 갓을 쓰고 다니지만, 내심 기표를 나무라고 있지는 않았다.
>
> 자신과 기표의 처지가 같지 않기 때문이었다. (1권, 207~208쪽)

서로 다른 이들의 처지는 비단 의복을 비롯한 외양에만 영향을 주는 것이 아니다. 문중의 종손으로서 이기채는 청암부인의 땅을 물려받게 될 지주이지만 이기표는 스스로 개척하는 삶을 살아야만 하는 인물이다. 따라서 이기채는 가문을 이어받아 전통적 질서를 고수하는 삶을 살아가게 되고, 이기표는 자연스레 명분보다 실리를 추구하며 변화하는 조선 사회의 움직임을 읽어 가는데 몰두하게 된다. 양반의 신분을 지녔다 하더라도 전통사회의 질서만으로는 삶을 보장받을 수 없는 시대가 도래했기 때문이다. 이처럼 같은 매안 이씨 가문 내에서도 양반들은 서로 분화하는 양상을 보인다. 그리고 이는 곧 매안의 가문 내에서만 발생하는 일이 아니라 조선 전체에 상응하는 일로 이어진다.

한편 이씨 가문의 3세대에 해당하는 강호, 강태, 강모는 이전 세대에 비해 더욱 더 적극적이고 진보적인 모습을 보인다. 이기표의 변화가 기존의 전통적 체제를 바탕에 둔 보수적인 변화였다면 이들은 양반으로서 갖는 마지막 틀 마저도 탈피하고 벗어나려는 급진적인 모습을 보인다. 특히 서구사상의 직접적 영향을 받은 강태는 계급과 토지제도의 모순에 비판적인 시각을 지니며 자신이 느낀 부조리함에 정면으로 대응한다. 강태는 강모와의 담화를 통해 프롤레타리아 사상을 노골적으로 드러낸다. 그의 시각으로 볼 때 청암부인이나 강모를 비롯한 양반가들은 권리와 신분을 보장받고 태어난 대표적인 부르주아 계급이다. 따라서 강태의 날 선 비판은 할머니인 청암부인을 겨냥하게 된다.

> "노동자는 자기 생존을 위해서 일한 노동력 전부에 대하여 원시사회의 물물교환처럼 올바르게 보상받는 것이 아니고, 오로지 몇 시간 몫 어치만을 임금으로 받고 만다. 나머지의 노동 시간은 보상받지 못해. 그러니까 그 나머지 잉여 노동 가치는, 모두 기업가나 자본가, 혹

은 지주가 갖게 되는 거지. 노동자는 자기 노동의 극히 일부분만을 값으로 받는 셈인데, 자신의 노동, 거의 대부분의 노동은 고용주가 차지하게 될 잉여 가치를 생산하기 위해서 바치는 것이다. 할머니와 소작인의 관계도 마찬가지였어."

강모는 그 말에 고개를 흔들었다.

"큰일 날 말씀입니다."

"아니다. 할머니가 생전에 이루신 엄청난 재산이라는 것이, 뒤집어 말하면 소작인들에게서 가장 많은 이윤을 남기고 그악스레 긁어모았다는 증명밖에 더 되겠어? 도저히 그런 재산은 모을 수가 없는 일이야. 상식적으로 생각해봐도 그렇지 않으냐? 그 양반은 지주로서의 특권과 횡포를 최대한으로 누리신 분이라고 할 수 있지." (3권, 61~62쪽)

강태는 사회적 환경으로서 인간 모두에게 주어진 토지가 사유재산화 되면서 계급이 발생하고 갈등이 생길 수밖에 없다고 강조한다. 더불어 자신이 노동한 만큼 대가를 보상받지 못하는 제도에 비판을 가하며, 할머니인 청암부인 역시 지주로서 무산가들을 착취한 대표적인 인물이라고 규정한다. 이는 곧 청암부인이 땅이라는 장소 표지를 통해 일궈낸 그녀의 개인적 공간을 부정하는 것이며, 전통사회에서 유지되어 온 양반중심의 토지제도를 인정하지 않고 기존의 조선 사회가 지닌 모순을 꼬집고 있는 것이다. 강태 자신이 기득권층인 양반에 해당함에도 불구하고 이러한 제도적 모순을 지적하는 것은 아이러니하게 보인다. 하지만 강태의 이례적인 행보는 오히려 당시 조선 사회에 이루어진 신교육과 서구사상의 영향력이 얼마나 큰 파급효과를 지녔는지를 보여준다. 강태에 의해 매안은 양반체제의 근간이 흔들리고 변화의 기로에 서 있는 조선의 모습을 담아내고 있다.

이는 작품의 후반부에 등장하는 강호 역시 마찬가지이다.

> "내가 내 힘으로 내 몸 움직여서 근로하고, 그 노동과 근로를 통해서만 내가 먹을 밥과 내가 읽을 책을 산다는 것이 얼마나 떳떳한 일인가요. 내가 흘린 땀을 꼭 그만큼의 밥과 책으로 바꾸는 것이야말로 가장 정확한 교환 방법이고, 또 정직한 소득인 거지요." (7권, 257쪽)

강호 역시 강태와 마찬가지로 신교육을 통해 사상의 전환을 이룬 인물이다. 강호는 여기서 한발 더 나아가 스스로 노동을 하고 소득을 취함으로써 자신에게 주어진 신분이나 환경에서 벗어나 스스로 변화하는 사회를 실감하고자 한다. 강호에게 있어 기존의 조선이 유지해 온 체제는 중요한 것이 아니다. 오히려 그의 입장에서 이는 타파되어야 할 굴레에 해당한다. 스스로 학비를 벌었다는 강호의 말에 문중의 어른들은 '불경스럽다'(7권, 259쪽)는 반응을 보이지만 강호 스스로는 이를 자랑스럽게 여긴다. 문중의 어른들과 강호의 담화가 이루어지는 대목은 단지 한 가문 내에서 일어나는 갈등이 아니라 전통사회의 질서를 고수하는 기존세대와 새로운 변화를 맞이하는 신세대가 교차되는 지점을 보여준다.

그러나 이씨 가문의 3세대 중 가장 눈여겨보아야 할 인물은 강모에 해당한다. 비교적 자유로운 삶을 살아온 강태, 강호와 달리 가문의 질서에 얽매여 살아온 강모의 만주행은 『혼불』에 등장하는 인물들 중 가장 파격적인 행보이기 때문이다. 종손의 위치에서 가문을 버리고 떠난 그의 행동은 자신의 과오를 회피하고 자유를 찾기 위한 개인적 욕망에서 비롯된 것이었다. 그러나 이는 곧 더 이상 가문이나 질서만이 우선시 되지 않으며 조선이 개인의 열망을 추구하는 사회로 진입하였음을 뜻하기도 한다. 따라서 강모의 탈주는 가문을 중심으로 하는 질서가 무너지고 양반 스스로가 이를 깨뜨리려 하는 새로운 사회의 움직임이 포착되는 사건이라 볼 수 있다.

이 절에서 보여지는 사건들은 매안을 중심으로 발생하면서도 기존의 매안이 지니는 위치·지리적 장소 개념과 결부되어 있지 않다. 오히려 장소 개념으로 인해 발생하는 제약을 넘어서 장소 정체성의 전이를 통해 공간의 범주를 확장시킬 수 있음을 보여준다. 이때 매안은 역사적 맥락에서 조선을 대표할 수 있는 근거와 당위성을 찾고, 서술자의 논평과 인물의 변화양상을 통해 일제강점기와 격동의 시대를 맞이하던 당시 조선의 모습을 보여준다. 이를 통해 장소의 차원을 넘어선 공간을 구성하여 매안이 『혼불』의 배경 이상으로 서사를 전개시켜 나가는 한 축을 담당하고 있음을 확인할 수 있다.

한편 이 절에서 언급하는 사건들이 앞의 절에서 확인 해 온 매안의 공간적 의미와 무관하지 않다는 사실에 주목할 필요가 있다. 가령 기존의 체제에 의구심을 품고 새로운 사상을 받아들이는 강태, 강호는 위계질서를 중심으로 형성된 매안과 거멍굴 사이의 공동체적 공간을 거부하며 반발하는 양상을 보인다. 이기채와 강모의 경우 역시 청암부인을 통해 기획된 그녀의 개인적 공간을 이어받아야 할 인물들로서 책임감을 느끼거나 혹은 탈주의 욕망을 갖고 고뇌에 휩싸이는 모습을 보이기도 한다. 즉 매안이 사회적·시대적 공간으로 변주되는 양상을 보이며 기존에 지녀온 장소 개념과 결부되지 않는다 할지라도 『혼불』 내에서 일어나는 서사는 매안이 갖는 다양한 공간의 의미를 토대로 하여 그 맥을 유지하고 겹겹이 층을 이루고 있는 것이다. 이는 곧 매안이 『혼불』의 다층적 서사를 엮어가는 데 핵심적 역할을 하고 있으며, 단순한 배경 이상의 의미를 갖고 서사를 이끌어 나가고 있음을 의미한다. 결국 『혼불』의 서사는 매안이 지닌 다층적 공간의 의미망을 축적을 통해 완성을 이루고 있는 것이다.

수학적 개념으로 공간을 파악할 경우 단일한 장소나 범위만을 가리키는 한정적인 의미를 지니게 된다. 하지만 인간의 삶과 결부된 생활터전으로 바라볼 때에는 그 지평을 얼마든지 확장시켜 나갈 수 있는 가능성을 지니게 된다.

『혼불』에서 서사의 근간이 되는 매안 역시 마찬가지이다. 이 장 전체에서는 이와 같은 사유를 바탕으로 매안이 지닐 수 있는 공간적 의미의 확장에 대해 살펴보았다. 이때 매안은 장소 표지의 획득을 통한 개인적 공간에서부터 장소 구획에 의한 공동체적 공간, 마지막으로 장소 정체성의 전이를 통한 사회적·시대적 의미를 담을 수 있는 공간으로까지 기능하였다. 따라서 매안은 동일한 범위의 장소이면서 동시에 다층적 범위로 확장될 수 있는 공간이라 볼 수 있다.

주목해야 할 사실은 『혼불』의 서사가 하나의 사건이 단선적으로 배열됨으로써 형성되는 것이 아니라 각각의 층위에서 일어나는 사건이 다른 층위의 사건에까지 영향을 끼치어 서로 얽히고설키면서 이루어진다는 사실이다. 즉 앞서 살펴본 바와 같이 개인적 공간의 범주에서 일어난 사건은 공동체적 공간의 범주에서 일어나는 사건으로, 공동체적 공간의 범주에서 일어난 사건은 사회적·시대적 공간의 범주에서의 사건으로까지 이어져 나간다. 이는 매안이 단순히 공간적 배경으로 존재하는 것이 아니라 다층적으로 일어나는 사건이 층층이 겹을 이루게 하여 『혼불』이라는 대서사를 끊이지 않고 이루어지게 근간으로써 작용하고 있음을 반증하는 바이다.

따라서 『혼불』에서의 매안은 단순히 지시적 의미로 바라볼 것이 아니라 작품의 대서사가 가능하게 하는 가능성의 공간으로 보아야함이 마땅하다. 매안을 통해 『혼불』은 각각의 인물들과 연계된 다양한 사건의 추이가 전개되고 이를 엮음으로써 총체적인 서사적 의미망을 갖추게 되기 때문이다.

■ 정도미

1 매안이 지닌 공간의 성격을 추론하기 위해서는 우선적으로 매안이 장소 개념을 넘어서 공간의 범주에 속하는 자질과 성격을 지니고 있는 논항임을 검증하여야 한다. 이 장에서는 이와 같은 논의를 하기 위해 에드워드 렐프, 김덕현·김현주·심승희 옮김, 『장소와 장소상실』, 논형, 2005 및 오토 프리드리히 볼노, 이기숙 옮김, 『인간과 공간』, 에코리브르, 2011의 내용을 중점적으로 참조한다.

2 렐프(2005), 39쪽 참조.

3 공간은 인간의 삶의 양상에 따라 주관적이고 상대적으로 그 범위를 규정하고 폭을 확장시켜 나갈 수 있다. 볼노, 앞의 책, 32~54쪽 참조.

4 최명희, 『혼불』, 한길사, 1996. 이하 본문 인용 시 인용문 뒤에 '권수, 쪽수'만 표기한다.

5 렐프, 앞의 책, 73쪽.

6 '토포필리아'는 사람과 장소 또는 배경의 사이에 존재하는 정서적 유대감을 의미하는 것으로 장소에 대해 갖게 되는 지각, 태도, 가치, 세계관 등을 통해 형성되어진다. 이러한 개념은 이-푸 투안, 이옥진 옮김, 『토포필리아』, 에코리브르, 2011, 17~21쪽의 내용을 참조한다.

7 이윤영, 「『혼불론』—인물유형과 갈등구조 연구」, 『한국언어문학』 44집, 한국언어문학회, 2000, 452쪽.

8 볼노, 앞의 책, 40쪽.

9 렐프, 앞의 책, 86쪽.

10 볼노, 앞의 책, 346쪽.

11 위의 책, 같은 쪽.

12 장일구, 『서사공간과 소설의 역학』, 전남대학교출판부, 2009, 199쪽.

인물의 뿌리 내리기 전략

'혼불'이라는 단어를 국립국어원의 『표준국어대사전』에서 찾아보면 다음과 같이 방언으로 소개되고 있다.[1]

> 명사
>
> [방언] 사람의 혼을 이루는 바탕. 죽기 얼마 전에 몸에서 빠져나간다고 하는데, 크기는 종발만 하며 맑고 푸르스름한 빛을 띤다고 한다(전남, 전북).

최명희의 소설 『혼불』을 읽어본 이들은 '혼불'이라는 단어를 들으면 아마도 소설 3권에서 청암부인의 혼불이 빠져나가는 장면을 떠올릴 것이다. 실제로 『혼불』 1권부터 10권까지 '혼불'이 등장하는 부분은 3권 청암부인의 임종과 관련된 대목뿐이다. 그렇다면 『혼불』에서 가장 중추적인 역할을 담당하는 인물은 청암부인이라는 것인가. 이 장은 이와 같이 소설 『혼불』의 제목과 관련하여 작품 속에 등장하는 인물에 대한 호기심으로부터 시작되었다.

전 10권에 이르는 소설 『혼불』[2] 속에는 다양한 인물이 등장한다. 그리고 이러한 인물들의 다양한 욕망이 충돌하거나 융합하는 양상은 이 작품을 매우 흥미롭게 이끌어가는 요소 중의 하나이다. 따라서 그동안 『혼불』의 등장인물에 대한 연구는 매우 다양했으며 그 중에서도 등장인물들의 욕망에 대한 연구 역시 다수 존재한다. 이 장에서는 기왕의 논의들과 중복되는 부분은 최대한 배제하면서, 『혼불』 속 인물들의 욕망이 특정한 공간을 지향하는 형태로 이루어져 있음에 주목하여 인물들의 '뿌리 내리기' 전략의 양상을 살펴보았다. 특히, 인물들이 지향하는 공간과 관련한 욕망을 표현하는 데에 유독 청암부인의 삶과 관련하여 '뿌리'라는 용어가 자주 등장하는 것에 착안하여 이러한 방향을 설정하게 되었다. 욕망을 가지는 것은 인간으로서 지극히 당연한 모습일 것이다. 그래서 이러한 욕망을 분석한다는 것이 큰 의미가 없다고 생각할 수도 있으나, 다른 관점으로 생각한다면 정신적으로 의지할 대상을 찾거나 지향점을 추구한다는 것은 말 그대로 인간이 갖는 지극히 보편적인 양상이므로 오히려 연구할 가치가 있다고 본다.

인물들의 욕망이 공간이나 장소와 크게 관련이 없다고 생각할 경우에는 무리하여 해석하지 않으려 노력하였으며, 이 장의 제목과 논의의 방향을 제시하는 과정에서 청암부인이 자주 언급되고 있으나 이 장에서 다루게 될 11명의 인물들 사이에 위계관계를 설정하거나 각각 차등을 두어 살피는 것은 아님을 밝혀둔다. 인물들을 계급적 양상으로 나누어 고찰한다는 것은 기존의 논의들과 크게 다르지 않은 내용, 즉 이분법적인 관점에 따라 승리자·패배자 분석에 그치거나, 가해자와 피해자라는 의미밖에 찾을 수 없을 것 같아 이러한 분석은

지양하고자 한다.[3]

공간과 장소에 대한 이론은 오토 프리드리히 볼노의 『인간과 공간』, 이-푸 투안의 『공간과 장소』 등에서 필요한 부분을 인용하였다. 또한 그 밖에도 주석에 제시된 『혼불』과 관련한 각종 논저들을 필요시에 인용하는 식으로 논지를 보완하였다. 먼저, 공간의 의미를 살펴보면, "공간은 운신의 여지이며 사물과 사물 사이의 공간, 인간을 둘러싼 자유로운 공간 등 다양한 의미를 포함하고 있다. 또한, 공간은 언제나 무언가를 위한 공간이고, 특히 움직임을 위한 자유로운 공간, 자유로운 펼침을 위한 공간"[4]이라고 한다. 또한, "장소는 안전을 의미하며, 공간은 자유를 의미한다. 즉, 우리는 장소에 고착되어 있으면서 공간을 열망한다"[5]는 점 역시 본격적인 논의에 앞서 생각해보아야 할 부분이다. 즉, 이 장에서는 공간에 대한 열망은 소설 속 인물들의 욕망이나 이상을 대변할 가능성이 있다고 판단했다. 이 장은 이러한 점을 바탕으로 소설 『혼불』의 등장인물 중 '청암부인, 효원, 인월댁, 강실, 강모, 강호, 강태, 오유끼, 옹구네, 춘복, 부서방' 등 11명을 대상으로 그들의 '뿌리 내리기' 전략을 살펴볼 것이다.

'청암부인'의 뿌리 내리기 양상

"거주한다는 것은 공간 속에 고정된 자리를 갖는 것, 그 자리에 속하는 것, 그 안에서 뿌리를 내리는 것이다. 그러나 인간이 이 자리에 머물고 편안함을 느끼려면 거주의 '장소'를 우리가 체험공간 본래의 중심점이라고 말했던 단순한 점, 인간이 걷는 길의 기준이 되는 점으로 이해해서는 안 된다. 그곳에서 여유 있게 살려면 어느 정도 확장된 공간이 필요하다. 그곳에서 인간은 일정 영역 안에서 움직일 수 있어야 한다. 거주에는 일정한 공간이 필요하다."[6]

『인간과 공간』에 제시된 이 부분을 통해 청암부인의 삶의 일부에 대한 이해가 가능할 것이다. 청암부인은 소설 속에 제시된 바와 같이 신행을 오기 전 남편의 갑작스러운 죽음으로 인해 소복을 입고 시댁으로 들어오게 된다. 또한 청암부인이 시집올 당시 시댁의 경제적 형편은 "발로 차면 외양간이 무너질 정도"로 극도의 궁핍한 상태였다. 청암부인의 뿌리 내리기 양상은 종부로서 한 가문을 지탱하고 이끌어 나가기 위한 노력으로 정리할 수 있을 것이다. 그 양상 또한 소설 속에서 다양하게 제시되고 있으나 먼저, 저수지 축조를 중심으로 살펴볼 수 있다.

청암부인은 어린 이기채와의 대화에서 저수지 축조를 결심하게 된 계기를 밝힌다. 매안 근처는 산이 많으나 근처의 토질이 척박하고 산자락의 계곡물조차도 수량이 많지 않아 여름에는 몹시 가뭄을 탄다는 것이다. 일의 절차도 어렵고 더구나 아녀자의 몸으로 한층 더 부담이 될 수 있는 일이지만, 청암부인은 머릿속의 이상으로만 이러한 일을 꿈꿨던 것이 아니었다. 품을 팔러 온 사람에게 삯을 쳐주고, 소작을 하는 사람은 그 삯으로 소작료를 탕감하여 줄 것이라는 매우 구체적인 계획까지 준비되어 있었다.

> 청암부인은 이기채의 말을 조용히 듣고 있었다.
>
> "저수지를 넓히고 깊이 파서 물이 넘치고 고이면, 저희만 쓰는 것입니까? 모두가 쓸 것인데, 가세에 따라 층이 진다고 해도 성의를 모아서 해야 할 것입니다."

"네 말이 맞지 않는 것은 아니다. 그렇지만 사람은 자기 몫을 스스로 알아야 한다. 한 섬지기 농사를 짓는 사람은 근면하게 일하고 절약하여 자기 가솔을 굶기지 않으면 된다. 그러나 열 섬지기 농사를 짓는 사람은 이웃에 배 곯는 자 있으면 거두어 먹여야 하느니라. 백 섬지기 짓는 사람은 고을을 염려하고, 그보다 다른 또 어떤 몫이 있겠지. 우리 집은, 집이라도 그냥 집이 아니라 종가다. 장자로 내려온 핏줄만 가지고 종가라고 한다면, 그게 무에 그리 대단하겠느냐? 그 핏줄이 지닌 책임이 있는 게야. 장자란 누구냐? 아버지의 맞잡이가 되는 사람 아니냐? 아버지를 여의면 장자가 아버지 역할을 한다. 그래서 장자는 소중하고 귀한 사람이지. 그렇다면 그런 장자로만 이어져 내려온 종가란 문중의 장자인 셈이다. 어른인 게지. 어른 노릇처럼 어려운 게 어디 있겠느냐? 제대로 할라치면, 이 세상에서 제일 힘들고 어려운 것이 어른 노릇이니라." (1권, 156~157쪽)

위의 대화에서 청암부인은 본인을 한 명의 아녀자라는 존재에 한정시키지 않고, 문중을 이끌어갈 책임이 있는 존재로, 더불어 스스로를 '어른'으로서 마땅히 올바르게 마을을 이끌어 가야 할 사회적 책임이 있는 존재로 인식하고 있음이 드러난다. 이는 청암부인이 자신의 사회적 위치를 파악하고 그에 알맞은 책임을 스스로에게 부여한 것으로 볼 수 있다. 또한 이러한 사회적 역할이 남편을 잃고 시댁에 홀로 들어와 있던 청암부인에게 자신의 삶을 지속시켜야 할 강력한 뿌리가 되어 준 것이다. 청암부인은 단순히 가문을 보존하고 이끌어 나가야 한다는 개인적 차원의 인식뿐만 아니라 여기에서 한 단계 더 발전하여 마을 전체와 사회에 대한 책임까지도 의식하고 있는 인물인 것이다. 그렇기 때문에 인월댁처럼 자신의 삶을 포기하려는 경향을 보이지 않고 자신이 속한 공간과 삶의 제반 조건들을 확고하게 다져나가려는 양상을 보인다. 인월댁과의 대화에서도 청암부인은 남편을 따라 자결하는 것이 마땅하나 종부라는 책무 때문에 그리하지 못했다는 이야기를 한 적이 있다.

> "똑같은 꿈을 내가 꾸었더라면, 나는 달리 생각했을 것이네. 나는……자네와는 정반대였는지도 모르지……자네는, 잘라 내고 없어지려고 태어난 사람이라고 했지만, 나는 뿌리를 내리려고 살아온 사람일세……무서운 집념으로, 더 질기게……더 깊이……자네는, 자네를 비우려고 베틀에 앉았지만……나는……나를 채우려고 땅을 샀네. 열아홉에 소복을 입고, 홀로 텅 빈 집에 신행을 오면서, 나는 많이 울었지 …(후략)…" (3권, 99쪽)

이상은 인월댁의 꿈에 대하여 청암부인이 이야기한 것으로 이를 통해서도 청암부인의 삶을 대한 의지를 확인할 수 있다. 청암부인은 '뿌리를 내리려고 무서운 집념'으로 살아왔음을 스스로 밝히고 있다.

"인간 삶의 공간성 문제는, 되도록 쉬운 말로 표현하면, 공간에 대한 인간의 관계라고 한다. 인간 삶의 공간성 문제는 공간이 어떤 식으로 인간의 본질에 속하느냐의 문제이다. 인간은 사물들 중의 하나가 아니라 주변 세계와 관계를 맺는 주체이며, 그런 의미에서 인간은 지향성Intentionalitiät이라는 특징으로 설명해야 한다. 인간이 공간과 관계를 맺는 한, 인간은 공간 내적인 존재가 아니다. 사물들에 대한 인간의 관계는 오히려 그의 공간성을 통해 설명되어야 한다. 인간이 공간 속에 존재하는 방식은 그를 둘러싼 세계 공간에 대한 규정이 아니라, 주체로서의 인간과 관련된 지향적 공간에 대한 규정이다."[7] 이는 청암부인의 삶과도 연관지어 생각해 볼 수 있는 점이다. 청암부인은 매안이라는 공간에 가문을 이끌어 가야 할 책임감을 느끼고 존재한다. 그리고 자신을 둘러싸고 있는 매안이라는 공간을 규정한 것이 아니라 주체로서 청암부인 스스로가 매안이라는 공간을 인식하고 있었다고 볼 수 있다. 따라서 스스로의 책무를 다하는 것이고, 삶의 과정에서 나타나는 상태를 자신이 노력하여 거주의 상태로 바꾸기 위한 노력의 일환이 '저수지 축조'로 나타나고 있는 것이다. 그리고 여러 연구에서 이야기하고 있는 점이지만, 저수지 축조 과정에서는 조개바위에 대한 이야기를 빼놓을 수 없을 것이다.

> 그러다가 한 해 겨울을 나고, 이태에 걸쳐 하던 일이 거의 마무리가 될 무렵, 일하던 사람들이나, 구경을 나온 사람들 모두가 입을 쩍, 벌리고 만 일이 생겼다.
>
> 마지막 일손을 서두르던 삽끝으로 퍼올려지는 흙 속에 뭉시르한 바위등이 묻혀 있었던 것이다. 삽은 바위에 부딪쳐 튕겨졌다. 그 튕겨지는 서슬에 놀랐던 사람들이, 이제는 다른 일은 다 제치고 한 속으로 달려들어 진흙을 떠내기 시작했다.
>
> 뒷산 발치에 검은 등허리를 보일 듯 말 듯 드러내고 있던 바위는 한 삽 한 삽 흙을 파내는 동안에, 그 몸이 벗겨지고 있는 셈이었다. …(중략)…
>
> 그렇게 다시 한나절이나 진땀을 흘렸는데도 바위는 더욱더 둥실한 몸의 등허리만을 드러낼 뿐 캐내어지지 않았다.
>
> 점차 사람들은 삽을 들고 바위 주변으로 모여들었다.
>
> 아침부터 시작한 일이 하루 꼬박 걸려 어둑어둑해지면서야 겨우

끝났는데, 드디어 모습을 드러낸 바위는 영락없는 조개의 꼴이었다.

엄청나게 커다란 조갑지를 엎어놓은 것과 너무나도 여실하였다.

(1권, 162~163쪽)

저수지를 축조하는 과정에서 뜻하지 않게 거대한 조개바위를 캐내게 된 것에 마을 사람들은 다음과 같이 큰 의미를 부여하고 있다.

대저 조개라 하는 것은 물 속에서 물을 먹고 사는 생물이 아니랴.

물 속에 있어야 목숨을 부지하고 종족을 번식시킬 조개가 엉뚱하게도 산기슭에 자리를 잡았다는 것부터가 상서롭지 못한 일이었다. 그런데다 그것도 무거운 흙더미에 깔려 숨조차 제대로 쉴 수가 없다니, 그 조개는 빈사 상태에서 죽어가고 있었을 것이 분명하였다. 그나마 눈앞에 바짝 방죽이 보이고 그곳에 사시사철 푸른 물이 찰랑거리고 있다면, 그 목마르고 애타는 심정이 오죽하겠는가. 몇 백 년 동안.

자연 마음속에 앙심이 솟아 엉뚱한 이씨 문장 대종가의 부인들, 반남박씨, 청주한씨를 비명에 잡아가고, 남양 홍씨부인을 달아나게 하였다고 수군댔다.

그것만으로도 모자라서 청암부인의 초립동이 신랑 준의를 열여섯의 나이에 조세早世하게 하였다는 것이다.

조개가 그렇게 캄캄한 흙 속에 파묻혀 짓눌린 채 목이 말라 있으니 자손이 번성할 리가 없다고들 하였다. 산 속에 묻히는 것은 곧 죽음이고, 죽음은 무덤을 의미하지 않느냐는 것이다.

그 조개는 용궁의 신령님이라고도 했다.

그 신령님을 이제 종손부 청암부인이 구해 드렸다.

죽어가던 조개를 살려 내고, 그것도 세세생생世世生生 물 속에서 살 수 있도록 넓으나 넓고 깊고 깊은 집까지 마련해 드렸으니, 이보다 더한 공덕이 어디 있으랴. 해원解寃을 해 드린 것이다.

말랐던 조개에 물이 오르면 자식을 낳을 수 있다. (2권, 31~32쪽)

위의 서술에서 직접적으로 드러난 것처럼 조개는 생산성, 풍요로움 등을 상징하는 것처럼 보인다. 또한 의도치 않게 발견된 이 조개바위는 저수지 축조의 정당성을 한층 더 강하게 입증해주며, 더불어 '자식을 낳을 수 있다'는 의미로까지 확장되기에 이른다. 우연처럼 보일 수 있는 사건이기도 하지만, 이미 마을 사람들에게는 단순한 바위가 아닌 신령님이라는 존재로까지 그 의미가 격상된 것이다. 그리고 청암부인의 죽음이 얼마 안 남은 시점부터 저수지의 물이 마르기 시작한다는 것에서도 저수지가 청암부인의 삶과 밀접한 관련성이 있음을 알 수 있다.

청호晴湖라고 불리는 저수지의 넘치던 물이 어느 날부터인가 마르기 시작하더니, 기어이 물 밑바닥이 뒤집히고 있는 모양이었다.

저수지의 둘레가 사방 오 리라고 소문이 나 있는 청호는 지난번만 하여도, 조개바위의 등허리가 거뭇 비치다가 잠기다가 할 만큼 줄었었다. 청암부인이 웅덩이만 하던 것을 그렇게 넓고 깊게 파 놓은 뒤에는, 웬만한 가뭄에도 수면이 파랗게 찰랑거리며 물비늘을 일으키던 청호는 날마다 내리쪼이는 뙤약볕에 드디어 견디어 내지를 못하였다. (2권, 13~14쪽)

조개바위의 등허리가 잠길 듯 말 듯 할 정도로 마르기 시작한 물은 거멍굴 사람들이 저수지에서 물고기를 건져낼 수 있는 정도에 이르며 결국 매안 이씨 문중의 앞날에 심상치 않은 분위기가 조성되고 있음을 보여준다. 이처럼 저수지는 매안 이씨 문중과도 밀접하며, 청암부인이라는 한 인물과도 운명을 같이 하는 모습을 보인다. 저수지 이름을 청암부인의 택호를 따서 '청호碃湖'라고 지은 것에서도 저수지 축조와 청암부인의 삶은 긴밀한 관계임이 드러난다.

이와 같이 여자의 몸으로 이루기 힘든 일들을 해나가며 강인한 뿌리 내리기 양상을 보였던 청암부인 역시 내면에서는 인간적 고뇌와 한을 지니고 있었음이 드러난다. 이는 뒤에서 살펴볼 효원의 경우와도 유사하다 할 것이다.

> 아아, 천산天山에다 쇠기둥을 박고 동아줄로 비끄러매도 인간이란 검불같이 흩어지기 쉬운 존재들이거늘, 어찌 그 한 생애를 베개 하나, 엽전 한 닢, 그리고 바늘 한 개에 의지하여 버틴단 말인가.
>
> 젊은 청상 청암부인은 머리맡에 칼을 놓고 잤다.
>
> 잘 갈아서 푸르게 날이 선 낫 같은 칼 두 자루를 머리맡에 사람 인人자로 놓아두고, 사람 기척 없는 빈 방의 찬 자리에 차가운 이부자리를 펼치는 그네의 온몸에는 상도霜刀에 돋는 서릿발이 베이게 어려 있었다. 십장생 백수백복白壽百福 꽃 병풍을 두르는 대신, 시퍼런 칼의 쌍날을 머리 위에 광배처럼 두른 채, 반은 자고 반은 깨어 그네는 한 세월의 밤을 보냈다. …(중략)…
>
> 어쩌면 그 칼날은 무엇을 '잃지 않으리라'는 마음이 아니라 '지키리라'는 결연한 각오 위에 '일으키겠다'는 다짐을 세우게 하는 날이었는지도 모른다.
>
> "내 뼈로 내 몸을 일으키리라."
>
> 고 그네는 각골刻骨하였었다. (6권, 30~31쪽)

목숨만큼 소중한 것은 세상에 없지. 껍데기만 살었다고 목숨이 있는 것도 아니다. 살어 있으면서도 죽은 것은 제가 저를 속이는 것이야. 살어 있다고 믿고 있지만 실상은 죽어 버린 것이 세상에는 또한 부지기수니라. 어쩌든지 있는 정성을 다 기울여서 목숨을 죽이지 말고 불씨같이 잘 보존허고 있노라면, 그것은 저절로 창성허느니."
…(중략)…

"어쩌든지 마음을 지켜야 한다. 사람의 마음이 곧 목숨이니라."

"마음을 잃어버리면 한 생애 헛사는 것이야"

"내가 이대로 죽는다 해도 너를 믿고 갈 것이니라. 내가 비록……죽더라도……나는 죽지 않고 살어서, 네 속에 남을 것이다." (6권, 123쪽)

위의 대목은 청암부인이 효원에게 이야기하는 부분이다. 여기에서 효원도 청암부인에게 크게 의지하지만, 청암부인 역시 효원을, 강모를 대신하여 집안을 이끌어 나갈 존재로서 각별히 생각하고 있었음이 드러난다. 청암부인의 뿌리 내리기 양상은 절박한 상황 속에서 매안 이씨 가문을 이끌어 나가야만 하는 사회적 자아로서의 책무에서 출발하여, 이러한 책무를 대신할 존재로서 손부 효원에게 그 자리를 이양하기까지의 과정으로 정리할 수 있을 듯하다. 따라서 청암부인은 이 장에서 대상으로 하는 11명의 인물 중에서 자신의 삶에 대한 의지와 뿌리 내리기 양상이 상대적으로 강한 편에 속하는 인물이라고 할 수 있다. 비록 소설 속에서는 죽음을 맞이하지만, 청암부인의 사후에도 그녀의 정신력과 삶의 태도가 강모, 효원을 비롯한 여러 인물들의 삶에 지속적으로 영향을 준다는 점에서 청암부인은 한 여자로서의 개인적인 삶보다는 매안이라는 공간 자체에, 그리고 이씨 가문 자체에 깊이 뿌리 내리고자 한 인물이었음을 알 수 있다. 그리고 청암부인은 소설 초반에만 등장하지만, 뿌리 내리기를 하는 소설 속 인물들 중에서 뿌리를 내리려 노력하는 과정 및 결과가 가장 구체적으로 드러난 인물로 판단된다.

'효원'의 뿌리 내리기 양상

『혼불』 1권에서 10권까지 효원은 아직 본격적인 실체를 다 보여 주는 인물은 아니다. 틀림없이 청암부인의 삶과 밀접한 관련을 가지고 가문의 부흥에 비중 있는 역할을 할 것으로 기대되기는 하나 아쉽게도 그 구체적인 서사를 풀어 나가기 위한 실마리만 제시된 채 10권이 끝나고 만다. 그렇다 하더라도 혼불의 전체적인 내용을 살펴보면 효원이 그 당시의 시대적 분위기에 맞는 전통적인 여성상은 아니며 범상치 않은 인물임에 대해서는 반론의 여지가 없을 것이다.

효원의 뿌리 내리기 양상은 남편 강모와의 원만하지 못한 결혼생활로 인한 한이 시할머니 '청암부인'에 대한 지향으로 옮겨가는 과정이라 할 수 있다. 하지만 작품 곳곳에 제시된 효원의 성품으로 미루어 짐작해 볼 때, 남편과의 관계가 원만했다 하더라도 단순히 남편을 내조하는 여성상에 머무르지는 않았을 것으로 보인다. 결국 효원은 소설 속 큰 위치를 차지했던 청암부인의 죽음 이후 그 자리를 대신할 만한 강인한 여성상으로 부각되는 동시에 남편을 비롯한 가정사로 인한 한을 내면화하는 여성의 모습으로 인식된다.

> 창호지의 불빛은 그렇게 나직이 말하고 있었다. 청암부인의 목소리는 효원의 살 속으로 배어든다. 목소리는 불빛을 머금은 채 그네의

살을 푸르게 물들인다. 그네의 몸에서 인광燐光이 돋는다. 저절로 투명하게 비늘을 일으키는 불꽃이 그네의 전신을 휩싸며 타오른다. 그것은 물결처럼 굽이를 치는 눈물이었다.

(할머님 가신 한 생애를, 내 또 그대로 살게 될 것이다. 정처없이 떠나가 버린 그 사람은 언제나 돌아올는지 아무도 알 수 없는 일. 내 홀로 내 뼈를 일으키리라, 하시던 할머님. 그 뼈를 다 태우시고 이렇게 한 점 푸른 불꽃으로 떠올라 이승을 하직하시면서……나한테 점화하고 가시는 것을.)

효원은 언제까지나 마당에 선 채로 빈 하늘을 우러른다.

저 총총한 별들의 그 어떤 별빛이, 금방이라도 가던 걸음을 멈추고는 뒤돌아보며

"아가."

하고 그네를 불러줄 것인가.

효원은 사라지는 불꼬리를 놓치지 않으려고 온몸을 조이며 숨을 죽인다. 마치 흡월정吸月精을 하던 때와도 같은 무서운 정성으로 그네는 청암부인의 혼불을 빨아들인다. 한번 들이마신 그 기운이 행여 새어 나갈까 하여 그네는 죽은 듯이 고요히 숨을 참는다.

드디어 그네의 온몸에, 실핏줄의 끄트머리에까지 청암부인의 넋이 파도 물마루보다 아찔하고 아득한 기운으로 차 오르며, 그네는 숨이 가빠져, 그만 둥실 허공으로 떠오르고 만다.

이제 그네는 청암부인을 낳을 것이었다.

그리고, 내일 아침 날이 채 새기도 전에 온 마을과 문중, 그리고 거멍굴에도 이 소문은 번질 것이었다.

소문이 은밀하게 차 오르고 있는 한밤중의 허리가 검푸르게 휘어진다. (3권, 111~112쪽)

위의 장면은 효원이 청암부인의 혼불이 빠져나가는 것을 목격

하는 부분이다. 그리고 흡월吸月을 하듯 흡혼吸魂하는 장면이 이어진다. 이 소설에서 흡월이나 흡혼을 하는 인물은 효원과 춘복 둘뿐이다. 이 둘은 소설 속에 나오는 인물 중에서도 자신의 삶에 대한 의지가 강하고 뿌리 내리기 양상도 비교적 뚜렷한 인물이라고 할 수 있다.

또한, 청암부인의 혼불을 목격하는 인물 또한 두 명인데, 효원과 인월댁이다. 이 둘의 태도를 비교해 보아도 효원의 소설 속 역할과 성품을 짐작할 수 있을 것이다. 인월댁은 청암부인의 혼불을 목격하고 청암부인의 그간의 삶을 위로하며 저승으로 혼이 부디 잘 가기를 염원하는 태도를 보이는 반면에 효원은 경건한 마음으로 청암부인의 삶에 대한 계승의지를 강하게 드러낸다.

> 인월댁이 청암부인의 혼불을 목전에 두고 간절한 마음으로 공수를 펼치고 있던 그 시각, 효원은 '이상하게도 사무쳐' 오는 혼불을 온몸으로 들이마셔 체화하는, 비밀스런 의식을 스스로 펼치고 있었다.[8]

특히, '이제 그네는 청암부인을 낳을 것이었다'라는 부분에서 앞으로의 효원의 삶이 청암부인이 살아왔던 삶과 밀접한 방향으로 전개될 것임을 알 수 있다.[9] 효원이 청암부인에게 정신적으로 크게 의지하였다는 점은 다음의 대목에서도 명시적으로 드러난다.

> 효원은 자신의 머리 위가 열린 채 비어 있는 것은, 청암부인의 임종 때문이 아니고 남편 강모 때문인 것을 깨닫는다.
>
> 그리고 순간, 이 세상은 거대한 항아리인가 싶어진다.
>
> 항아리 속에 들어앉아 몰라도 좋은 세상은 안 보아도 좋았는데, 어느 하루 써늘한 기운에 고개를 들었을 때, 지붕처럼 덮여 있던 뚜껑

은 간 곳 없고, 서리 비낀 찬 하늘만 텅 빈 우주에 홀로 걸린 것이 보이니.

그 하늘이 이제 뚜껑 없는 항아리 속으로 내려앉아 효원이 짓눌리는 것 같다. 가슴을 누르는 것은, 빈 하늘이다.

아, 빈 것이 이렇게 무거운 것이구나.

그런데 그 뚜껑을 벗겨 들고 간 사람은 강모였다.

남의 세상을 황량하게 열어 놓고 자신은 자취를 감추어 버린 남편 강모를 대신하여, 효원이 의지하고 있었던 것은 오직 청암부인이었다. (3권, 170~171쪽)

뚜껑 없는 항아리에 앉아 있는 것처럼 머리가 비어 있다는 효원의 심리는 근본적으로는 남편에게 정신적으로 의지할 수 없는 데에서 오는 것이라 할 수 있으나 이러한 남편을 대신하여 의지하고 있었던 대상이 청암부인이라는 것이 명시되면서 효원의 삶에서 청암부인의 존재는 특별하다는 것을 알 수 있다. 청암부인 또한 며느리 율촌댁을 처음 마주한 상황에서 '더불어 큰 일을 의논할 상은 아니다'라고 평가하면서 상대적으로 손부인 효원에게 거는 기대가 더욱 클 것임을 보여주는 부분도 있다.

그러나 그네의 반듯한 이마에는 벌써 푸른 긴장이 팽팽하게 어린다. 눈빛도 새파랗게 일어선다. 그리고 입시울을 단단히 마무려 안서방네를 지그시 건너다보았다. 쏘아보는 시선이다. 그 시선에 서릿발이 돋는다.

젊은 새아씨 눈기운이 어이 저리 청암마님맹이신고. (7권, 65쪽)

이는 안서방네가 효원에 대해 평가하는 부분에서도 확인된다.

소설 속 다른 인물의 눈에도 효원은 청암부인의 존재를 대신할 만한, 혹은 청암부인의 정신적 지향과 일치하는 인물로 비춰지고 있는 것이다. 이처럼 이씨 문중에서 청암부인과 효원으로 대표되는 두 여인의 관계는 밀접하며, 따라서 자연스럽게 이들의 삶의 양상 또한 관련지어 볼 수 있다.

더불어 소설 속에서는 효원이 청암부인의 삶을 '백복령'의 이미지로 구체화하기도 한다. 소설 속에 제시된 '백복령'이란 관목으로 잘라낸 아름드리 나무 밑둥의 뿌리가 둥치가 없음에도 여전히 땅의 정기를 빨아 들여 위로 솟구쳐 올려 보내다가 다시 뿌리로 내려가 어린 소나무의 정기라고 한다. 정기를 빨아 들였다가 다시 뿌리로 내려가는 그 기운을 몸을 잃은 혼백으로 표현하면서 효원의 시선으로 백복령의 이미지를 청암부인으로 중첩시켜 제시하고 있다.

> 헌데, 분수처럼 위로 솟구친 양분은 둥치가 잘렸으므로 더 가지 못하고 다시 뿌리로 내려간다. 그 소나무 정기가 뿌리의 끝끝까지 하얗게 어리어 백설기처럼 덩어리져 엉겨 있는 것이 바로 백복령이다. …(중략)…
>
> 백복령이 그렇게 어리는 것이 어찌 하루아침의 일이리오.
>
> 살아 있는 줄 알고 전심전력 힘차게 솟구쳐 올려 보낸 기운이, 제 몸통 잘려 버린 자리에서 얼마나 허망했을까.
>
> 거기 이미 둥치는 없고, 막막한 하늘만 무심한데,
>
> 가자, 도로 가자. 갈 곳이 없다.
>
> 어둠 속으로 우우 내려가는 그 기운은, 어쩌면 몸을 잃은 혼백일는지도 모른다.
>
> 어둠의 뿌리 끝으로 다시 돌아가는 기운이야 솟구치는 기운하고

어찌 같으리. 적막한 혼백을 뿌리에 부리고 눈물같이 하얗게 어리는데, 그런 줄도 모르고 뿌리는 다시 새 기운을 빨아 올려 지상으로 보냈다가 도로 내려와 뿌리 끝에 어리는 세월이 칠백여 일, 이 년이나 쌓이면, 이토록 휘황한 한세상이 열리는 것이다.

베어진 둥치를 잃어 버리고서야 비로소 이만한 백복령이 어리는 것이, 효원은 예사롭지 않아서 오래 그 일을 생각했었다.

"죽지 않고 천 년을 산 소나무는 그 가슴속에 구슬이 열린단다. 송진이 어리고 어려서 고약마냥 엉기고, 또 세월이 가고 가서 한 천 년 지나면 이제는 돌덩어리같이 단단하고 해같이 말간 구슬이 되는데, 그게 바로 호박琥珀이니라."

송진이 마치 안개나 이슬같이 맑은 어린 소나무가, 어떤 간난신고 비바람과 헤아릴 수 없는 고통의 세월을 살고 살면 천 년이 가며, 그 천 년이 어떻게 어리면 그토록 투명하고 영롱한 구슬이 될 것인가.

도려 낼 수도, 베어 낼 수도 없는, 그 댓진보다 끈끈한 점액을 가슴에 담고, 엉기고 엉기게 두어, 뒤엉긴 송진이 옹이로 박힌 소나무. 차마 삭이지도 못한 그 무슨 진액인가.

그러나, 그것이 구슬이 된다니.

효원은, 백복령을 뿌리에 하얗게 남겨 두고 온 소나무 관목으로 짠 관 속에 누우실 할머님을 생각해 본다.

그리고 효원의 가슴속에 뻗으신 할머님의 뿌리에 백복신 정령精靈이 서럽게 눈부시게 어리는 것이 보이는 것만 같아진다.

아아, 할머님. 구슬은 어디에 열리시려는고. (3권, 174~176쪽)

이 대목에서 '노송'은 청암부인을 표현한 것으로 보아도 무방할 것이다. 소설 속의 노송은 둥치가 베어져 없어졌음에도 불구하고 뿌리는 살아남아 끝까지 백복령을 어리게 하는 것이다. 이는 청암부인의 육신은 죽음을 통해 지상에서 소멸하지만 효원에게로 이어지는 일종의 정신적 뿌리를 상징하는 셈이다. 또한 소나무의 가슴 속에 열리는 구슬은 간난신고 비바람과 헤아릴 수 없는 고통의 세월을 살고 나서 형성되는 한을 뜻하며, '도려낼 수도, 베어낼 수도 없는' 것이고, '가슴에 엉기고 엉기게 두어'야 한다는 부분에서 이러한 한의 속성을 형상화한 것으로 보인다. 그래서 효원은 청암부인의 혼불을 목격한 이 시점에서 백복령을 떠올리며 할머님의 뿌리와 가슴 속의 한에 대해 생각해 보게 되는 것이다. 그리고 이 뿌리는 효원에게로 이어져 청암부인과 같은 굳건한 삶을 살 것임을 암시하며, 더불어 젊은 나이에 남편을 잃고 가슴 속의 한을 소나무의 송진처럼 간직해야 했던 청암부인의 한이 효원에게도 비슷하게 이어질 가능성도 제시한다.

청암부인은 『혼불』 3권에서 물리적으로는 죽음을 맞이하지만, 청암부인의 정신적 지향과 종부로서의 굳건한 삶의 의지 등은 사라지지 않고 계속하여 효원을 통해 소설 속에서 이어지는 양상을 보인다. 그러나 이것은 효원의 삶이 청암부인의 대리인이라거나 무조건적인 모방이라는 의미는 아니다. 청암부인의 경우는 남편과 사별했으나 효원은 남편이 생존해 있다는 점, 청암부인은 친자가 아닌 양자 기채가 있지만 효원은 강모와의 사이에서 낳은 친자식 철재가 있다는 점, 청암부인이 시집올 당시 그녀가 정신적으로 의지할 만한 대상이 없었으나 효원은 청암부인이라는 존재를 의지하고 있다는 점[10], 청암부인이 살았던 시기는 반상班常의 구별이 비교적 엄격하여 양반으로서의 권위를 드러내기에 충분한 환경이었으나 효원이 매안 이씨 가문을 이끌어 나갈 시기에는 이러한 신분 경계가 해체되는 움직임이 보인다는 점 등에서 차이점을 찾을 수도 있다. 그래서 효원이 어떤 식으로 자신의 삶을 이끌어 나갈지는 한마디로 단정할 수 없고, 다만 청암부인의 삶과 관련하여 효원의 삶 속에서 큰 틀을 차지할 하나의 맥락을 읽어낼 수는 있을 것이다.

청암부인의 죽음 이후 효원의 본격적인 시련은 강모와 강실이의 일을 콩심이에게 전해 들으면서 시작된다.

> 콩심이를 내보낸 효원은 곧추세운 무릎 위에 손을 얹고 곰곰이 그 말씀들을 하나하나 속으로 짚으며 골똘한 생각을 하고 있다.
>
> 마치 그 구절들에 매달리는 사람처럼.
>
> 그것을 놓치면 그만 까마득한 벼랑의 낭떠러지로 떨어져 걷잡을 수 없는 급류에 휘말리고 말 것만 같은 그네는, 밧줄에 마음을 묶어 '구용', '구사'에 걸고는 주먹을 움켜쥐었다.
>
> 손아귀에 잡힌 치맛자락이 후르르 떨린다.
>
> 내, 이런 일은 짐작도 못하였다…….
>
> 효원의 눈에 분노와 절망과, 어이없어 오히려 그 분노와 절망이 허망한 골짜기로 깊이 패인다. 그네는 어디랄 것도 없는 벽 모서리를 뚫어지게 바라볼 뿐 아까부터 미동도 하지 않는다.
>
> …(중략)…
>
> 회오리 도는 흙먼지 저만큼에 강실이가 빗기어 서 있다. 황사 바람꽃 너머 그림자로 비치는 모습이다.
>
> 나오라.
>
> 이리 나와서 나를 보라.
>
> 효원은 그림자를 향하여 두 다리를 버티고 섰다.
>
> 아아, 너는 누구이냐.
>
> 너를 보이라.
>
> 버티고 선 효원은 장승 같다. (6권, 71~72쪽)

청암부인의 강인한 이미지를 이어받아 소설 속에서 대체로 강하고 의연한 모습을 보이는 효원도 남편 강모와 사촌 시누이 강실이의 이야기를 전해 듣고 커다란 혼란에 빠진다. 하지만 극도의 분노로 치달을 수 있는 상황임에도 불구하고 효원은 할머니 청암부인과 가문의 종손인 남편 강모의 빈자리를 메워 갈 인물답게 이러한 혼란을 차분하게 수습해 나가려는 의지를 보인다.

> "기왕에 드러난 일은 드러난 일이려니와, 만일에 작은댁 어른들이나 수천샌님, 큰방마님이시라 할지라도 이리 된 연유 하문하시는 경우, 절대로 모르는 일이라고 말씀드려야 하네. 공연히 새서방님 함자나 거멍굴것 이름 들먹이지 말고. 아주 참사가 날 것이니."
>
> "예."
>
> "지금 당한 일만 가지고도 회오리가 무서운데, 엎친 데 덮친 격으로 생사람들 오장 찢어 피 토하는 일은 막어야 할 것 아닌가."
>
> 그것은 곧 내 가문이 찢기는 것이요, 가문이 찢기면 내 아들, 우리 철재가 찢기는 것이다. 내 가슴이 찢기는 대신, 일평생 함봉하고 나 홀로 견디는 대신, 철재를 이 몸으로 막아 주어야 한다. (7권, 66쪽)

이는 효원이 안서방네에게 강모와 강실이, 춘복이의 사건에 대해 다시 한 번 당부를 하는 장면이다. 강실에 대한 분노를 아들 철재에 대한 애정으로 억누르며 사건을 해결해나가려는 노력이 보이는 부분이다. 심지어 춘복이의 아이를 가진 강실이를 비접避接이라는 명목으로 자신의 친정 근처 암자로 떠나보낼 계획을 세우며 자신이 혼수로 가지고 온 옷감과 패물들까지 내어주기도 한다. 그리고 비접을 가던 강실이가 옹구네에 의해 납치되어 중간에 소식이 끊기면서는 부디 강실이가 살아있기만을 바라며 오히려 강실이에게 마음으로 용서를 빌기도 한다. 사촌지간이면서도 남편과 부정을 저지른 존재인 강실이에 대한 분노를 억누르기도 힘들 것이나 효원은 이러한 감정적 차원에만 머무르지 않는 신중한 성품을 가진 인간이며, 성숙한 사고를 하는 존재이다. 이러한 면에서도 효원이 정신적으로 뿌리 내리기의 대상이었던 청암부인의 모습과 유사하다고 하겠다.

그러나 이렇게 사려 깊고 신중한 효원이지만 남편 강모가 첩인 오유끼와 함께 봉천에서 살고 있다는 말을 듣는 순간 심정적 혼란을 일으키는데, 이러한 면에서는 효원 역시 여린 마음도 가지고 있는 여인이라는 것을 보여준다.

> "모르실 리가 없겠지요."
> 효원의 단호한 말에 강호는 그만 말문이 막혀 입을 다물었다.
> 두 사람 사이에 겹을 두른 어둠이 점점 무거워진다.
> "지금 같이 살고 있었습니다."
> 그 말을 듣는 순간 효원의 머리 속이 거꾸로 뒤집히면서 노랗게 비어, 그네는 그만 현기증이 일어나도록 노란 허공에서 무중력으로 아득히 떨어져 내리는 자신을 붙잡으려고 두 손을 내밀었다. 그네가 무망간에 움켜쥔 것은 허공보다 더 짙노란 절벽이었다. 깎아지른 절벽의 살은 칼 맞은 자리같이 험악하게 패어 나가 싯붉은 상흔을 드러내며 바람을 삼키고 있는데, 효원은 그 절벽을 손아귀로 붙움킨 것이다. 그리고 붙움킨 채로 주루루 거꾸로 미끄러졌다. (7권, 284~285쪽)

앞서 백복령의 이미지와 더불어 내면의 한을 상징하는 '송진'이 제시되었듯이, 이러한 대목을 살펴보면, 효원의 순탄치 않은 삶, 특히 남편 강모로 인한 한이 지속될 것임을 확인할 수 있다. 종부로서의 삶을 이어나가야 하는 존재라는 점에서 강인함의 이미지가 뚜렷하게 부각되는 인물이지만, 남편에 대한 정신적 지향이 전혀 없었다고 할 수는 없을 것이다. 그리고 강실에 이어 오유끼라는 첩에 대한 이야기를 전해 들으며 심정적으로 동요를 겪기도 하는 것이다.

이상의 모습들처럼 강인함의 표상인 효원이지만, 여성으로서의 여린 면모도 지니고 있으며, 아들에 대한 강한 애정과 할머니 청암부인에 대한 정신적 의지와 계승의식, 남편의 빈자리를 메워 나갈 임무 등이 효원의 삶을 더욱더 강하게 하고, 삶에 대한 의지를 키워나가는 시련이자 원동력이 된다 할 수 있다.

'강실'과 '인월댁'의 뿌리 내리기 양상

강모와 마찬가지로 인월댁과 강실이 역시, 뿌리 내리기라는 개념부터 생각해 볼 필요가 있다.[11] 청암부인과 효원이 상대적으로 적극적이고 삶에 대한 강인한 의지를 보이는 유형이라면 인월댁과 강실이는 수동적이며 희생을 강요당하는 이미지가 강하고, 적극적으로 환경에 맞서지 않는 조용한 성격의 인물이라는 점에서 비슷하다 할 것이다. 또한 인월댁과 강실은 둘 다 실패로 끝나기는 하나 자살시도를 한다는 점까지 비슷하며 둘의 삶의 양상이 유사한듯하여 더욱더 이들의 삶에 대한 안타까움을 자아내는 요소가 된다.

먼저, 인월댁의 경우는 청암부인의 삶과 극명하게 대조를 이루는 부분이 나타나는데, 이 부분에서 인월댁의 뿌리 내리기 양상을 정리할 수 있을 것이다.

"그래서 더 그렇게 베를 짰지요. 북이 올 사이로 번개처럼 지나갈 때마다, 제 몸 속에 뻗어 나가던 뿌리를 잘라 내는 것 같았습니다……그것은 칼질이나 한가지였어요. 어쨌든지 일구월심 그렇게만 빌었습니다. 잘라 내자. 잘라 내자. 원도 한도 다 잘라 내자. 내 마음이 업의 근원이라, 이 마음속에서 뻗어 나가는 업의 뿌리가 나를 사로잡고 있어서는 안된다. 산 채로 죽은 듯이 누워 있던 꿈속 생각이 한시도 저를 떠나지 않았지요……. 소멸……모든 마음의 뿌리를 잘라내고, 없애고, 없애면서, 드디어는 몸을 이루고 있던 사대까지도, 공중의 티끌마냥 흩어져 버리게 하는 것이 저의 소망이었습니다. 그렇게만 된다면, 저는 제 모진 목숨의 업을 다 갚고, 이 미망에서 벗어나 자유로워질 것 같았지요." (3권, 98쪽)

이덕화(1997)는 작가의식을 통해서 본 서술형식과 인물구도에 관하여 "작가는 고통을 통하여 더 큰 환희를 꿈꾸는 삶의 인식전환을 요구하는 것이다. 고통을 고통으로가 아니라 더 큰 것을 위한 인내로서 받아들이기를 요구하는 것이다"[12]라고 제시한다. 사실, 작가의식이라는 개념의 범주에 대한 논의도 필요하겠지만, 이 부분만 일단 놓고 생각해 보자면 인월댁의 경우에는 이러한 상황이 적용되지 않는 것 같다. 그네의 삶은 한恨 그 자체를 형상화한다고 볼 수 있는데, 베틀에 의지하여 한평생을 이끌어 나가는 삶은 무엇인가를 위한 희생의 의미보다는 현재를 버티기 위한 행위가 아닌가 싶다. '인내'라는 말은 인월댁의 상황에 부합할 것 같으나 '더 큰 것'을 위한 삶은 아닌 것으로 판단된다.

그렇다면 인월댁의 뿌리 내리기 양상은 어떻게 분석을 해야 할 것인가. 인월댁의 경우 적극적인 삶의 개선을 위해 노력하는 인물은 아니다. 인월댁과 관련하여 가장 두드러지는 소재는 베틀이다. 인월댁은 베틀에서 베를 짜는 것으로 자신의 한을 그나마 가장 잘 표출하고 있는데, 이 베틀 또한 인월댁 스스로가 선택한 것이 아니라 그녀의 자살이 실패에 그친 후 청암부인이 내려준 것이다.

> "한꺼번에 다 살려고 하지 말게나. 두고두고 살아도 꾸리로 남는 것이 설움인데, 원수 갚듯이, 그렇게 단숨에 갚아 버릴 생각일랑 허지 말어……. 그런다고 갚아지는 것도 아니니니." (2권, 43쪽)

청암부인은 위와 같은 말을 하며 인월댁에게 베틀을 내려준다. 그리고 그 후로 이십여 년의 세월 동안 인월댁은 베틀에 앉아 동무라면 오로지 속으로 흥얼거리는 베틀가 한 자락이 전부인 채로 삶을 유지하게 된다. 심지어 인월댁의 베틀이 놓여 있는 방조차 한낮에도 볕이 들지 않는 북향 뒷방이라는 공간이며, 인월댁의 심리를 제시하는 부분에서는 그늘, 굴과 같은 공간적 이미지가 계속해서 제시된다. 따라서 인월댁의 삶의 양상을 읽어내는 것은 베틀과 베틀방이라는 공간을 생각하는 것이 필요하다. 이 절에서 생각하는 인월댁의 뿌리 내리기 양상은 그녀의 베틀방이 통과의례나 재생의 의미조차도 찾아보기 힘들다는 점에서 오지 않는 남편에 대한 끝없는 기다림과 무의미한 삶을 베틀이라는 수단과 함께 지속하는 정도로 나타나고 있는듯하다는 것이다. 베를 짜는 것이 삶의 근원적 목적이라고 하기도 힘들고, 그렇다고 해서 베를 짜는 것 말고는 인월댁의 삶에서 크게 의미있는 사건은 거의 존재하지 않는다.

인월댁의 삶의 대부분을 차지하고 있는 것이 베틀이라고 할 때,

강실이의 삶의 대부분을 차지하는 것은 무엇일까. 앞서 이야기한 바와 같이 인월댁과 강실이를 비슷한 맥락에서 바라볼 수 있다. 그러나 강실이의 삶은 인월댁에 비하여 그보다 더 뿌리 내리기에 실패하고 의지할 대상조차 주어져 있지 않은 듯하다. 강실이의 이러한 삶의 양상을 결정하는 것은 그녀 스스로의 판단이 아니다. 끊임없이 외부적 요인들에 의하여 흔들리고 고통당하는 존재인 것이다. 사촌오빠 강모와 상피를 저지르고, 뒤이어 춘복이의 아이를 임신하게 되며, 결국은 집을 떠나 옹구네에게 납치를 당하기까지 강실이의 삶은 파란만장하게 전개되며 그에 비하면 오히려 인월댁의 삶이 순탄해 보일 정도이다.

강실이의 뿌리 내리기 양상을 잘 보여주는 부분은 액막이 연과 관련된 부분인데, 이 부분은 이미 다수 논저에서 많은 분석이 이루어졌다.

> 어느 것보다 높이 날아, 하늘 꼭대기 상상의 갈피로 점 하나처럼 반짝이며 오르던 연이, 아칠아칠 비틀거리는가 싶더니, 힘없이 어깨를 떨구면서, 아득히 떨어져 내리는 것이 눈에 들어왔다. 실이 끊어진 모양이었다. 그러나 그것은 쉽게 땅으로 내리박혀 떨어지지는 않았다. 가라앉을 무게조차 가지지 않은 가벼움 때문이리라. 그래서 그것은 실이 끊어져 버린 연이면서도, 살아 있는 다른 연들보다 아직은 더 높은 곳에서, 바람에 실리어 부유하고 있는 것이다. 연은 아까보다 훨씬 더 먼 곳으로 날아가고 있었다. 다시는 돌아오지 못할 곳으로.
>
> 웬일인지 강실이는 그 연이 자기 자신인 것만 같아, 얼른 눈을 거두지 못하고 언제까지나 그렇게 서 있었다. (5권, 233쪽)

이 연은 가벼운 존재이다. 가라앉을 무게조차 가지지 않은 상태이다. 강실이 스스로가 이 연을 자신과 동일시하는 양상을 보이는데, 강실이는 어딘가에 정착하거나 뿌리를 전혀 내리지 못하고 부유하는 인간형으로 묘사되어 있다. 앞서 살핀 인월댁이 베틀이라는 사물에 의지하여 삶을 적극적이지는 않지만 하루하루 영위해 나가는 양상으로 삶이 표현되어 있다면, 강실이는 아예 정착할 곳을 잃어버린, 심지어 너무 가벼워 가라앉지조차 못하고 여기저기를 부유하는 이미지인 것이다. 다시 말해서 인월댁의 뿌리 내리기 양상은 삶의 목적이나 의지가 뚜렷할 여건이 아니기 때문에 확고하지 못하지만, 강실이라는 존재는 인월댁보다도 더 뿌리 내리기라는 용어가 적합하지 않은 인물로 볼 수 있다. 또한 인월댁은 말 그대로 있는 듯 없는 듯 베틀과 함께 하며 삶을 영위하지만, 강실이를 둘러싼 환경은 그녀를 가만두지 않는다. 사촌오빠 강수의 혼례가 있던 날, 혼례를 구경하러 가자는 제안을 한 것도 강모였으며, 강실이를 범한 것도 강모이다. 또한 옹구네의 한마디 말에서 춘복이는 강실이에 대한 욕망을 키우며, 끝내 강실이를 범하고 만다. 그리고 결국은 춘복이의 아이를 임신하게 되며, 이러한 사실을 효원과 강실이의 부모가 알게 되고, 효원과 오류골댁의 뜻에 따라 비접을 떠나게 된다. 이러한 일련의 사건들이 벌어진 과정을 살펴보면 강실이의 주체적 판단이나 의지가 작동하여 이루어진 일은 없다. 다른 인물들의 욕망과 요구에 의하여 강실이의 삶은 결정되는 것이다.

> "강실아, 너 어디로 시집갈래? 숟가락 한번 잡어 봐라."
>
> 수천댁은 언제인가 밥상머리에 앉은 강실이를 보고 그렇게 말했다.

조막만한 강실이는 영문도 모르고 제 숟가락을 들었는데, 어린 마음에 무슨 일인가 싶어 숟가락 잎사귀 바짝 가까이를 쥐었다.

"하하, 고것 참. 너 어디 담 너머 이우제로 갈래? 어머니 못 잊혀서? 그렇게 뽀짝 곁으로 시집가면 나도 좋지. 이쁜 질녀 오며 가며 복받고 사는 것 구경도 허고. 느그 어머니는 더 좋겠다. 산 넘고 물 건너서 가기도 오기도 어려운 데로나 시집을 가 놓으면, 보고 자와도 갈 수가 있는가, 오고 자와도 올 수가 있는가. 그래 어디로 갈랑고? 옆집으로는 못 갈 테니, 둔덕이로 갈 것인가? 머 그 동네사 여기서 제일 가까운 동제간同儕間이니까." (6권, 95~96쪽)

작은어머니인 수천댁이 유달리 어여뻐 했던 강실이가 숟가락을 잡는 부분에서 가까운 곳으로 시집갈 것이라는 내용이 암시된다. 강실이를 유달리 어여뻐했던 수천댁의 별다른 의미 없는 대화로 치부해버릴 수도 있는 대목이겠으나 강실이가 후에 춘복이의 아이를 임신하고 거멍굴—좀 더 정확히는 옹구네 집—에 기거하게 된다는 점을 생각해 볼 때, 이 대화는 독자들에게 씁쓸함을 주면서 강실이에게 벌어질 비극적 삶에 대한 연민을 한층 더 강화시킨다.

이러한 강실이의 삶은 우유부단하고 조용한 그녀의 성격에서 비롯된 것일 수도 있고, 연모의 대상이 강모라는 사촌오빠이기 때문에 윤리적인 기준을 바탕으로 할 때, 그 어떤 노력을 할 수도 없는 처지라는 것에서 비롯된 것일 수 있다. 그러나 소설 속에서 이러한 삶을 살아가게 되는 강실이는 옹구네와 같이 억척스럽게 시련을 이겨나갈 만한 가능성이 있는 인물도 아니며, 청암부인이나 효원과 같이 강인한 의연함을 가진 존재가 아님에도 불구하고, 큰 사건들을 연속적으로 맞닥뜨리게 된다는 점에서 가장 안타까운 뿌리 내리기 양상을 보인다.

지친 듯 그리운 듯 잠잠히 살구나무를 지나 은행나무로 날아간 새의 날개 치는 소리가 멎은 하늘은 아까보다 조금 더 내려앉았다.

집을 두고 한데서 잠을 자는 새는 없다.

한낱 미물에 불과한 이 새들이 어찌 날이 저문다고 이렇게 저의 둥우리로 돌아갈 줄을 안단 말인가. 아무리 멀리 날아가 있다가라도.

그것은 어쩌면 나무들이 목 놓아 부르기 때문인지도 모른다.

해가 넘어가면 사립문간으로 나와 고샅에서 제 아이들을 길게 부르는 어미처럼, 한 자리에 붙박이어 서 있는 나무들은 그의 머리칼 속이나 가슴패기에 얹힌 둥우리를 이고, 안고, 온몸으로 제 새들을 부르는 까닭일는지도 모른다.

나무가 어둠을 빨아들이는 것은 곧 간절하게 새들을 부르는 소리여서, 저녁 새는, 나무가 어둠을 빨아당기는 그 흡인의 기류에 실려 둥우리로 돌아오는 것이 아닐까.

나무는 새들을 찾아 나설 수가 없다.

오직 저 혼자, 새를 부르며, 선 자리에 선 채로 목 놓아 어둠이 깊어지는 수밖에는.

그렇게 나무가 어두워져야 새들은 돌아온다. (4권, 169~170쪽)

"여자는 그 일생에 오색으로 치장을 두 번 하는데, 한 번은 시집 가는 가마를 탈 때고, 한 번은 저승 가는 상여를 탈 때지."

옆에서 누군가 그렇게 낮은 소리로 말했었다.

강실이는 오채 찬란하게 흐느껴 울면서 물살처럼 고샅을 굽이굽이 흘러내려가는 만장輓章을 앞세우고, 덩실하니 높이 떠서 눈물의 물마루를 타고 가는 상여를 뒤에서 배웅하였다.

그 휘황한 슬픔의 물살은, 웬일인지 강실이의 몸에서 빠져 나간 모든 색깔을 싣고 그렇게 멀리멀리 흘러가는 것처럼 느껴졌다.

어루만져 볼 길도 없이.

저만큼.

아득하게.

강실이는 저의 한세상에서 저렇게 고운 색깔들을 다시는 볼 수 없을 것이라는 생각이 사무치게 들어, 오래오래 그 상여의 행렬을 바라보았다. 자신의 한 생애를 다한 색깔들이 떠나는 것을 배웅하듯이. (4권, 182~183쪽)

강실이가 강모에게 받은 상처 이후로 강모를 떠올리는 부분들이다. 새를 찾아 나설 수 없는 나무, 그리고 어두워져야 나무에게 오는 새의 존재. 이러한 존재의 관계에 대한 생각들은 강실이로 하여금 본인의 잘못이 아님에도 불구하고 자신의 삶에서 '다시는 고운 색이 없을 것'만 같은 비극적 인식으로 이어지고 마는 것이다. 또한, 강실이는 강모를 '대나무의 꽃'과 같은 존재로 인식한다(6권, 107쪽). 대나무에 꽃이 핀다는 것은 변고이며, 그것은 결국 대나무의 죽음을 뜻한다는 것이다. 세상의 모든 나무가 꽃을 피워내는 것이 순리이지만, 강실이에게 강모라는 존재는 피어서는 안 되는 꽃이었던 것이다. 이러한 순리에서 어긋난 강모와의 일만으로도 이미 강실이에게는 파란만장한 삶이 예고되어 있으나 앞으로 벌어질 춘복이와의 사건까지 생각한다면 이러한 서술 대목은 큰 안타까움을 자아낸다.

단도같이 잘린 달빛들이, 무수히 부서지는 댓이파리에 날을 갈며 강실이의 온몸에 꽂혀, 푸르게 난자한다.

꽃잎들은 칼날이었다.

칼날은 참혹하게 난도질한다.

꽃잎을 찢는다.

강실이는 비명도 지르지 않는다.

좌통우치左痛右治의 법이 침 놓는 의원에게 있다고는 들었지만, 참으로 왼쪽이 아프면 오른쪽을 다스려 낫게 할 수 있을 것인가. 왼쪽에 통증을 느낄 때, 꼭 그 통증 있는 부위의 정반대 오른쪽 자리에다 침을 놓아 주면, 그 아픔에 놀라 왼쪽 통증에 대한 감각이 순간 무디어져 못 느낀다 하였다. 못 느끼다 낫는다 하였다.

그렇다면 오른쪽 아픔이 크면 클수록 왼쪽 아픔은 더 잊을 수가 있는 것일까. 일부러 만든 아픔일지라도. (6권, 132쪽)

한쪽의 아픔이 클수록 다른 쪽의 아픔을 잊을 수가 있는 것인지, 강모라는 상처가 아물기도 전에 춘복이라는 새로운 존재의 등장으로 강실이의 아픔은 배가 될 것만 같다. 강실이의 성품상 이러한 시련들은 결국 인월댁이 과거에 그러하였던 것처럼 강실이 역시 저수지에 몸을 던져 자살을 시도하는 것으로 이어진다. 그러나 소설 속 강실이의 행동 중에서 그나마 가장 적극적인 행위로 볼 수 있는 자살시도조차도 효원의 당부로 강실이를 지켜보고 있던 안서방네에게 제지당함으로써 결국은 실패한다.

청암부인의 무섭게 일그러진 얼굴이 노여운 질책으로 덮쳐오고, 그 옆에 어머니 오류골댁의 가엾게 질린 낯빛, 위의威儀가 후중厚重하면서도 기상이 있는 효원과, 입이 단정하고 작은 율촌댁의 모습들이 겹겹으로 강실이를 둘러선다. 깐깐하고 메마른 듯한 수천댁도 보인다. 이마가 넓고 인중이 곧은 저 부인은 누구일까. 희고 맑은 귓바퀴에 귓밥이 도톰한 부인의 모습도 얼핏 비친다. 반달처럼 아름다운 눈썹에 머리 털빛도 윤택한 부인이 엄숙한 눈초리로 강실이를 직시한다. …(중략)…

그 눈매들은 한결같이 강실이를 뚫어지게 정시하고 있었다.

덕석에 말리는 것보다 더 숨막히게 조여오는 그 부인들의 무리가 일제히 손가락을 들어올린다. 그리고는 칼끝같이 꼿꼿이 날을 세워 강실이 배를 가리킨다.

손가락들은 표창鏢槍이었다.

손가락들이 날아온다. 비 쏟아지는 것 같다.

표창들은 속수무책 강실이의 온몸을 난자하며 박혀들었다. (8권, 223~224쪽)

그리고 자살 시도에 실패한 강실이가 옹구네에 납치되어 옹구네 집에 기거하며 느껴야 했던 것은 죄책감이었다. 여성의 정절을 목숨보다도 소중하게 여기던 당시의 시대 상황을 고려한다면 죄책감을 느낄 수는 있으나, 강실이에게는 자신에게 벌어진 일련의 사건들이 자신의 의도나 의지와 전혀 무관한 일이었다는 부분에 대한 인식은 전혀 없는 것 같다. 강실이와 같은 인물은 어쩌면 스스로의 삶에 애착을 갖거나 욕망을 갖는다는 것 자체가 어색할지도 모르겠다.

그러고 나서 열흘이 지난 사월 오늘, 열여드렛날.

옹구네는 아직도 기차표를 구해 오지 않았고, 강실이는 홀로 남의 집 빈 방에서 흐느껴 울며 체읍으로 절하고 청암부인의 복을 벗었다.

눅눅해진 소복을 벗으며, 강실이는 고꾸라져 목줄이 아프게 울었다.

나는 울 자격도 없다.

그것이 복받쳐 그네는 벗어 놓은 소복 위로 어푸러진 채, 옷자락을 붙움키며 꺼억, 꺽 마지막 제 몸에 남은 눈물과 진액을 다 토해 내버리려는 것처럼 몸부림쳤다.

나는 그리워할 자격도 없다.

이 세상에 자격이 있는 사람들은 얼마나 좋을까.

아무리 처참해도 슬플 때 울 자격이 있는 사람.

못 보아도 보고플 때 그리워할 자격이 있는 사람.

나는 이미 그 자격을 다 잃어버린 사람이다.

이제는 할머님의 탈복도 하였으니, 떠나기만 하면 되는데.

어찌해서 기차표를 구하기는 이렇게 어려우며, 남도에 간 황아장수는 어이하여 이다지도 못 오고 있는가. (9권, 260~261쪽)

스스로를 울 자격도, 그리워할 자격도 없는 사람으로 치부하면서 서럽게 우는 강실이의 모습은 비극적인 삶에서 비롯된 한을 독자들이 간접적으로나마 공감하기에 충분하다.

인월댁과 강실이의 삶은 뿌리 내리기 양상이라는 개념으로만 접근하자면 가장 뿌리 내리기에 실패한 유형의 인물들이 될 것이다. 인월댁의 경우 북향으로 난 베틀방이라는 공간적 이미지가 주어져 있기는 하나 지향점이라고 할 수는 없고, 또한 이 베틀방은 적극성을 띠는 공간이 아니기 때문에 '삶의 영위' 수준으로만 그치며, 강실이의 경우 인월댁에 비해 하나의 정착된 공간에 머물지 못하고 계속하여 떠도는 연의 이미지가 그대로 삶의 모습이 되어버리는 듯하다. 그리고 이 두 명의 인물은 스스로의 판단이나 노력이 아닌 외부적인 존재나 환경 때문에 이러한 삶이 나타난 것이기 때문에 전통적인 제도와 삶 속에서 희생당하는 이미지가 강한 여성들의 모습이라 생각할 수도 있을 것이다.

'강모'의 뿌리 내리기 양상

강모의 뿌리 내리기 양상을 한마디로 표현하자면 '도피'이다. 그렇다면 과연 도피를 하는 인물에게 어떠한 욕망의 형태가 구체적으로 존재한다고 할 수 있을지 의문을 제기할 수 있다. 사촌형 강태가 사회주의와 항일운동이라는[13] 비교적 뚜렷한 목표 의식을 가지고 만주로 떠난 반면에 강모는 종손으로서 지녀야 할 부담감과 효원과 강실에 대한 죄책감 및 부담감으로 현실을 도피하려는 측면이 커 보이는 것이 사실이다. 『혼불』이 10권에서 완결된 소설이 아니기 때문에 만주로 간 강모의 삶이 구체적으로 어떻게 마무리될 것인지는 속단할 수 없으나, 필자는 강모가 만주행을 택한 것 자체도 주어진 현실을 그대로 감당해내는 것에 비해서는 적극적인 태도라고 판단되어 나름의 노력으로 평가한다.

볼노의 설명에 따르자면, '좁음'Enge을 뜻하는 불안감Angst이 들면 마음이 움츠러들고, 즐거운 기분이 충만하면 마음은 다시 넓어진다고 한다. "일반적으로 인간은 좁은 공간을 자신을 괴롭히는 압박으로 느낀다. 그는 여기에서 벗어나 자유롭고 넓은 곳으로 나가고 싶어 한다. 넓은 곳은 언제나 활동 영역의 개방을 뜻한다. 그곳에는 인간의 확장 욕구와 공간으로의 진출을 가로막는 게 없다. 그래서 넓은 지역이라는 말 또한 일반적으로 넓은 세계라는 말을 사용한다. 넓은 곳이란 구체적인 목적지를 말하는 것이 아니라, 어딘가를 떠나는 행위, 답답한 좁은 곳에서 벗어나는 행위에 개방된 장을 뜻한다. 따라서 넓은 곳은 지향점이 없다. 비유의 의미에서도 마찬가지이다. 마음이 넓어지면 가슴이 넓어지고 세상의 모든 다양함을 받아들인다"[14]는 것이다. 위의 설명에서 강모의 행위를 이해하자면, 물리적 공간의 좁음과 넓음으로 판단하기보다는 강모로 하여금 부담감과 불안감을 유발하는 공간이 자신의 집, 매안마을이었음을 알 수 있다.

강모는 대낮의 폭양에 희부연 회색으로 빛이 바래 버린 골기와 지붕을 올려다본다.

암키와 수키와가 이를 맞물고 골을 만들어 빈틈없이 엉키어 있는 것이 눈에 들어오자 현기증이 나고 어지러웠다. 울컥 토할 듯한 어지러움이었다. 기왓장의 한 조각 한 조각이 질서정연하게 행렬을 짓고 자리를 지키면서, 몇 십 년 몇 백 년을 두고 그렇게 그물코처럼 얽혀 짜여져 있다는 것을, 그는 처음으로 본 것 같았다.

(그물. 저 그물에 걸려 꼼짝없이 나포拿捕되어 버린 불쌍한 사람, 내가 저 치밀한 그물코를 어떻게 벗어날 수 있단 말인가. 속절없는 몸부림일 뿐이다. 날마다 저 그물을 머리에 쓰고, 자고, 깨고, 먹고……저 속에서 숨진다.)

강모는 하늘로 머리를 치켜 올린 용마루의 탐욕스러운 대가리를 본다. 거대한 검은 몸뚱이를 서리 틀고 앉은 채로 그것은 목에 힘줄을 돋우고 줄기차게 무엇인가를 탐식하려 하고 있다.

그 용마루 너머에는 아무것도 없다. 허망할 만큼 텅 빈 하늘이 무심하게 아득하게 드리워져 있을 뿐이다. 그리고 몇 조각의 구름이 아무뜻없이 떠서 모였다 흩어졌다 하였다.

(차라리 내 저 하늘을 떠도는 바람 같은 구름이나 되었더라면 얼마나 좋았으리.)

방랑과 자유.

그 말은 사무친 음향으로 강모의 가슴에 울려 왔다. 그것은 어쩌면 신음 소리와도 같았다. 아니면 반란의 음모처럼 숨막히게 그리고 음험하게 숙덕이는 것도 같았다. (2권, 92~93쪽)

위의 장면에서는 골기와 지붕으로 대표되는 구속감과 구름으로 대표되는 자유로움의 상반된 태도가 드러난다. 그러나 강모가 느끼는 감정은 일단은 막연해 보인다. 강모의 삶에 대한 태도를 엿볼 수 있는 부분은 강모가 만주로 떠나며 생각하는 다음 장면이다.

그런데 이제 강모는 강태를 따라 낯선 곳으로 떠나갈 수 있게 된 것이다. 강태가 무슨 목적으로, 무슨 사상을 가지고, 무슨 일을 하러 가는지는, 물을 것도 없고 알 바도 아니었다.

다만 그는 강태가 가는 길목만 따라가면 그뿐이라고 생각했다. 그래서 국경을 넘으면 거기서는 어떻게든 또 다른 일을 할 수 있으리라.

어쨌든 떠나기만 하면 된다.

매안으로부터 멀어지면 멀어질수록 좋은 것이다. 어디든지 더 먼 곳으로, 세상의 막바지까지라도.

그렇게 달아나 버리면 그가 두려워하는 모든 것으로부터도 멀어질 수 있을 것만 같았다.

…(중략)…

비단 그것은 강실이에 대한 살의만은 아니었다. 그는 할 수만 있다면 뻗쳐 오르는 증오로 종가의 용마루와 서까래, 대들보까지도 무너뜨려 버리고 싶었다. 검은 기운이 서려 있는 것 같은 솟을대문도, 칼로 자른 것처럼 네 귀퉁이 반듯한 중마당, 안마당도, 거기 각 방마다 뿌리를 서리 틀고 앉아 있는 사람들의 중허리도, 그는 마구 뒤흔들어 무너

뜨려 버리고 싶었다. (3권, 85~86쪽)

강모가 만주로 떠나려는 동기는 복합적 원인이 작용했다고 볼 수 있다. 종손으로서 모든 가족들의 기대를 한 몸에 받아왔던 강모이지만 아이러니하게도 이러한 가족들의 기대는 강모에게 엄청난 속박이 되었으며 더욱더 방랑과 자유를 지향하게 하는 계기가 되었음은 부정할 수 없는 사실이다. 또한 강모는 '강실이에 대한 살의'를 느낄 정도로 죄책감의 형태가 왜곡되어 있으며, 숙부 이기표로부터 부인 효원에게 '눈치껏 운을 띄워 약차藥借하시라는 친정의 성의라고 해도 좋고 다른 무슨 구실이라고 해도 좋으니' 친정의 물질적 도움을 얻어내기를 바라는 말까지 듣고 나서 치욕스러움과 역겨움마저 느끼게 된다. 그리고 이는 강모 스스로가 '나는 한없이 무기력한 사람, 만드는 대로 만들어지고 말았다'는 자기비하를 느끼는 데에 이르게 된다.

강모가 향하는 '만주'라는 공간은 강모가 이야기하는 것처럼 꼭 만주가 아니어도 되는 것이다. 이 공간은 어떤 특별한 의미를 가진 장소의 개념은 아닐 것이다. '매안'이라는 공간은 강모에게 부정적인 감정을 유발하므로 오히려 특별함을 지닌 장소이지만, '만주'라는 공간은 도피의 의미를 갖는 불특정의 공간이다.

기차를 타고 만주로 향하는 동안에도 강모의 복잡한 심경은 계속하여 표출된다.

> 기차는 공중에 떠 강 바닥을 드러낸 한내의 다리 위, 철교를 지난다.

나는 이상해. 왜 오늘이라는 현실, 현실이라는 오늘은 늘 그렇게 몽상적일까. 삶이 실감나지 않아요. 내 몸이 구체적으로 그 어떤 사건을 겪고 있을 때에도, 그것은 꼭 감각 없는 껍데기가 저 혼자 몽유하는 것 같고, 그 몽유 혼몽의 무감각 안쪽에 오히려 눈뜬 내가 또 하나. 냉소로 나를 바라보는 것만 같으니. 그 두 사람이 서로 일치해 본 일이 나는 없어요.

유체幽體와 신체身體 사이.

그 중간에 나는 떠 있습니다. (4권, 43쪽)

강모는 무기력하고 무중심적인 삶을 살아가는 인물인 듯 보일 수 있으나, 종손으로서의 책무를 거부하고 만주라는 공간으로 도피를 함으로써 종가 중심의 가문 보존적 사고에 대해 문제 의식을 지니고 있으므로 가문 중심 질서에 대항하는 인물로 분석하는 연구도 있다.[15] 더불어 강모는 만주로 향하는 기차에서 심진학 선생의 말을 떠올리는데, 이 말의 의미에 대해서도 생각해 볼 필요가 있을 듯하다.

심진학 선생은 말했었다.

저항과 풍류.

"어쩌면 이 두 가지는 아주 상반되어 보인다. 그러나 이미 이루어 가진 자는 저항하지 않으며, 억울할 일 없는 자, 혹은 세상을 거머쥐려는 욕망으로 들끓는 사람의 검붉고 걸쭉한 혈관에는 풍류가 깃들지 못한다. 풍류는 빈 자리에 고이고, 빈 자리에서 우러나며, 비켜 선 언덕의 서늘한 바람닫이 이만큼에서 멀리 앉은 세상을 바라보는 마음이 아니면 울리지 않는 것이기 때문이다. 그래서 이 둘은 한 바탕 한 뿌리에서 뻗은 두 가쟁이다."

이명처럼 맴도는 선생의 음성이 뙈애액, 기적의 비명에 먹힌다.

아, 나는 지금 모든 것을 다 버리고 새로운 땅 만주로 가고 있는데, 왜 지나간 날 들었던 멸망의 옛이야기만을 이다지도 끝없이 떠올리고 있는 것일까.

한번도 실체로서 오늘을 살지 못한 채, 오늘이 어제가 되면 그제서야 비로소 그 어제에 발목이 묶여, 헤어날 길 없는 어제를 오늘 사는 어리석음.

그것이 싫다. (4권, 46~47쪽)

'저항과 풍류'는 상반된 의미로 보이지만 한 바탕 한 뿌리에서 뻗은 가지라는 것이 심진학 선생의 말이다. 그렇다면 만주로 향하는 강모는 '저항'으로 볼 수 있을 것인가, '풍류'로 볼 수 있을 것인가. 강모는 '이미 이루어 가진 자'가 아니며, '세상을 거머쥐려는 욕망으로 들끓고 있는 사람'도 아니다. 한 명의 인물을 이분법적인 방법이나 극단적인 기준으로만 분석하는 것은 무리이지만, 본문에서 제시한 '저항과 풍류'의 개념, 그 어디에도 아직 강모는 속하지 못하는 유형일 것이다. 이는 강모의 삶이 아직까지는 뿌리 내리기에 성공하지 못하고 계속된 방황과 혼란을 겪고 있음을 뜻한다. 그리고 강모의 삶과 관련하여 반드시 살펴보아야 할 부분은 앞서 이야기했던 부담감과 속박으로부터 탈출을 감행한 강모가 드디어 만주에 도착하여 느끼는 심리이다.

말로만 듣던 북국의 도시에 첫발을 내렸을 때, 한겨울 새벽이 트이는 남의 나라 하늘을 무심코 바라보는데, 무거운 회색 덩어리로 왈칵 가슴을 치며 달려든 것은,

구우웅 우와왕.

울부짖는 바람이었다. 바람 소리는 갈기를 날리는 맹수처럼 이빨을 허옇게 드러내고 강모한테로 덤벼들었다.

강모는 가만히 앉아 있다가도 문득 그 바람 소리가 물어뜯은 가슴팍이 시리게 벌어져, 저도 모르게 식은땀을 흘리곤 하였다.

떠나 왔구나.

하는 서러운 실감과 불안, 그리고 결국은 버리지 못한 채 부둥켜안고 온 그림자들이, 그 벌어진 자리의 절벽 한쪽에 웅크린 냉기로 얼어 엉긴 탓이었다.

이렇게 멀리 도망을 와도 그만큼 더 멀리 따라오는 사람.

정녕 내 살아서는 지울 수가 없을 것인가. (5권, 65쪽)

뒷부분에서 강모는 사촌형 강태에게 "버리고 떠나오면 버려지는 것인 줄 알았다"(5권, 109쪽)는 고백을 하는데, '멀리 도망을 와도 그만큼 더 멀리 따라오는 사람'이라고 느끼는 부분을 볼 때, 결국은 만주로 도피를 하여 현실의 속박으로부터 벗어나고자 했던 강모의 목적은 소설 속에 제시된 부분을 통해서만을 볼 때는 실패한 듯 보인다. 또한 소설 8권에서는 봉천에 정착하게 된 강모가 전주를 그리워하는 부분이 제시되고, 더불어 매안 사람인 부서방을 만나면서 고향과 가족에 대한 심정이 간접적으로 표출되고 있다.

다 같은 사나이로 이 한세상 태어나서 누구는 천추 만대의 위업으로 나라를 세우고, 누구는 징검돌을 헛디디어 허방다리 제 인생에 곤두박질치고 말아. 붙잡을 길 없는 허공, 빈 손짓도 못해 본다.

아아, 사실은, 손짓마저 싫어.

(이미 모든 것은 돌이킬 수 없다).

그냥 이렇게 떠내려갈 뿐.

가는 데까지.

그러나 기차는 어둠이 무거운 듯, 가려고 미끄러지다가 다시 뒷걸음을 치고, 뒷걸음을 치다가는 앞으로 덜컹, 급정거하면서 한참 동안 머뭇거렸다.

기차는 검은 여울 같았다.

나둥그러진 나를 싣고 과연 너는 어디까지 가려는가.

…(중략)…

그 부유와 부랑의 물살에 실려, 만주 봉천, 이제는 조선 왕조의 발상지가 아니라 청나라 왕조의 발상지. 강모는 삭풍 속에서, 맨 처음 향리를 떠나던 전주로 입성할 때 아버지가 들려주시던 말씀과, 그 전주를 버리고 떠나 오던 정회를 되돌이키며,

"머무는 곳을 소중하게 알아야 한다."

하셨으나, 이 낯설고 먼 세상의 어디에도 도무지 마음을 내릴 수 없는 자신이 춥고 쓸쓸하여 서성거린다.

그는 전주가 그리웠다. (8권, 108~109쪽)

강실과 효원으로 대표되는 매안의 속박에서 벗어나기 위해 기차를 탄 강모는 봉천에 도착해서는 전주라는 장소에 대한 그리움을 느끼게 된다. 강모는 삶에 대한 강한 집착이나 의지를 지녔다고 보기는 힘든 인물이다. 주어진 상황에서 도피하는 것이 강모의 선택이며, 도피를 한 후에도 남겨두고 온 것들로부터 자유롭지 못하다. 이러한 강모의 심리에 대한 원인은 복합적일 것이나 다음에 제시된 대목을 통해 볼 때, 청암부인의 존재와 관련하여 생각해 볼 가능성이 있다.

조금 전까지만 해도 결코 돌아가고 싶지 않았던 매안의 집이 이 순간에 강모는 사무치게 그리워. 잇살이 저린다.

할머니가 돌아가시다니.

내가 설령 천하에 다시 없는 불한당이요, 오사리 잡놈이며, 불효막심한 자식이라 할지라도, 마지막에, 할머니 임종을 할 수만 있었더라면.

생의 한 자락을 용서받을 수가 있었을 것만 같은데.

이제는 할머니가 돌아가셨다.

이 세상 어디에도 계시지 않는다.

불러도 대답하실 수가 없다.

그 사실이 이렇게도 허전하고 애통할 수가 있을까.

강모는, 제 목숨 깊이 뿌리를 박고 있던 커다란 기둥 하나가 어금니 뽑히듯 뽑히어 쓰러지고, 스러지는데, 그 뿌리 뽑힌 잇몸에 검은 구덩이 하나가 차고 습한 아가리를 동굴처럼 벌리고 있는 것을 본다.

무섭고, 슬펐다. (10권, 92~93쪽)

강실이나 효원 못지않게 할머니 청암부인의 존재 또한 강모가 매안을 떠나게 만드는 이유였음은 확실하다. 청암부인은 강모에게 종손으로서의 책무, 매안 이씨 가문을 이끌어 나가는 존재임을 늘 환기시키는 존재였기 때문이다. 그러나 강실이나 효원과는 달리 청암부인이라는 존재는 강모에게 단순히 구속감을 주는 존재로만 그치지는 않는다. '자신의 목숨에 깊이 뿌리를 박고 있던 커다란 기둥 같은' 존재였음이 차별성을 지닌다.

할머니 청암부인을 여읜 그는, 자신이 흡사 천장에 거꾸로 매달린 거미와 같다고 생각한다. 이씨 문중 대종가 종손의 몸으로 한 가문의 둥치가 되어 중심을 이루는 사람이 되기는커녕, 달아나고만 싶어서, 저 광활하고 견고한 천장을 이루는 조상들의 문명에 대동맥처럼

> 연결되지 못하고, 아주 버리지도 못한 채, 이처럼 불안하고 위태롭게 매달려 허공에 떠 있는 존재.
>
> 끊어질 듯 아슬아슬한 거미줄 한 가닥에 저를 맡기어 명색이 새로움을 찾아서 떠나왔으나, 나는 아직도 착지하지 못했다.
>
> 발바닥이 땅에 닿아 착지를 해야만 그때부터 실을 뽑든 집을 짓든, 어디로 도망을 가든 할 수가 있을 것 아니냐.
>
> 세계와 생의 어느 한 점에도 끈끈한 발을 내리지 못하여, 헛되이 절지節肢의 마디발로 낯선 허공을 저으며 헛발질하는 한 마리 거미.
>
> 그것이 나다.
>
> 그런데 이제 그는, 그의 지상에서 단 하나, 흔들리고 출렁이는 물살 위에, 늙은 거북이처럼 떠서 그네의 넓은 등으로 받쳐 주던 착지점을 잃고 만 것이다.
>
> 청암부인은 그에게 속박이고 근원이었던가.
>
> 언제라도 자기를 받쳐 주고 받아 주었던 그 한 점 등판을 순식간에 영영 잃고, 허공의 허방에 거꾸로 매달린 강모는, 닿을 곳 없어 시린 발을 외롭게 옹크린 제 모습을 아무에게도 들키지 않으려고, 울음을 죽인다. (10권, 99~100쪽)

청암부인의 존재는 '속박이고 근원'이라는 구절에서도 잘 드러난다. 다시 말해 청암부인은 강모에게 고향을 대표하는 구심점이자 정신적 위안을 얻을 수 있는 대상이라는 점에서 매안의 다른 여인들—강실, 효원, 오류골댁—과 차이를 보이는 인물인 것이다. 더불어 강모는 강실이에게는 죄책감을, 만주까지 자신을 따라온 오유끼에게는 증오를 느끼는 등 주변 사람들에 대한 심리적 반응을 통해서도 자신의 삶의 태도를 드러내고 있다. 특히, 강실이에 대해서는 예수와 강실이를 동일시하며, '죄 없는 존재'이나 매안이 사람들이 강실이를 못박는다면 강실이의 죄목은 '상했다는 것'이라고 하며 부서방에게 강실이의 안부를 묻고 싶으나 자격지심 혹은 두려움으로 인해 차마 먼저 묻지 못한다.

오유끼는 처음 모지쯔끼에서 만났을 때와 달리 오유끼를 자유의 몸으로 놓아준 순간부터 오히려 강모가 그녀에게 또 다른 구속을 느끼며, 만주까지 따라온 오유끼로 인해 이러한 구속이 극도의 증오로 표출되는 모습을 보인다.

> 강실아, 너도 죄 없으나……나마저 버리고 온 형장에서, 너는 무엇을 위하여 매맞고 짓뭉개져 울 것이냐. …(중략)…
>
> 나도 아마 죽겠지.
>
> 죽게 되겠지.
>
> 너에게 못박고, 모른다, 떠나온 나.
>
> 그 대못이 오장을 꿰뚫어 피멍 들며 녹슬어도, 네 손으로는 뽑지 못해, 너는 썩고 말리라.
>
> 대못을 붙잡는다 기둥이 되어 주랴.
>
> 상한 녹내 자욱한 너를, 사람들은 매안의 언덕에서 못박겠지.
>
> 너의 죄명은 상했다는 것.
>
> 예수는 머리에 가시로 엮은 왕관을 쓰고 유대인의 왕이라는 죄패를 붙였지만, 너는 나의 꿈속에 자운영 화관을 달무리 눈부신 햇무리마냥 휘황하고도 아련히 두르고 저만큼 선 죄, 자운영 꽃잎이 톱날처럼 내 가슴에 에이게 박힌 죄, 연두 저고리 연분홍 치마, 무지개같이 둥글고 이쁜 죄, 뿐이었는데.
>
> 무엇이라 죄패를 붙이리야. 네 머리에는.
>
> 강모는 돌아서서 금방이라도, 뒤따라 오고 있는 부서방한테 강실이 안부를 넌즈시 아닌 척, 들키지 않고, 물어 보고만 싶었다. 그 무슨

실마리가 잡히는 말 한 마디면, 강모는 저간의 사정을 짐작할 수 있을 것만 같은데. 먼저 말문을 열기는 쉽지가 않았다. 자격지심 때문인지도 모른다. 아니면 두렵기 때문에. (10권, 198~200쪽)

질긴 것이 천한 것인가. 천한 것은 본디 질긴 것인가.

사람의 기척을 깡그리 무시하면서 머리카락 끝까지 뻗친 오기로 돌덩어리처럼 굳은 주리를 틀고 앉아, 제 오장을 으긋으긋 파먹을 듯 엉버틴 채, 죽이라, 하는 저 천연덕스러움의 비천함.

강모는 화염같이 솟구치는 증오심을 억누를 수가 없어, 하마터면 오유끼의 멱살을 쥐어틀고 잡아 일으켜 눈바닥에 패대기를 칠 뻔하였으나, 저도 역시 속눈썹끝조차 까딱 안하고, 그냥 계집의 앞을 지나쳐 안으로 들어가 버렸다. …(중략)…

다 버리고 온 내가 너 따위한테 걸려서 감겨 자빠지다니. 이게 무슨 꼴이냐. 저년이 필경 저 구덩이 아가리로 나를 잡아먹고 말지.

오늘따라 왜 이렇게 마음이 극한으로 치닫는 것일까.

…(중략)…

나는 이제 더 이상 너를 견디지 않겠다. 굳이 갈 곳이 없다면 들어와 자든지. 어디로 가겠으면 나가 자든지, 옆에 와 있든지, 멀리 가 없어지든지, 나는 모른다. 너는 있어도 없는 것이다. (10권, 225~226쪽)

오유끼라는 인물은 특히 예상치 못하게 만주까지 강모를 따라옴으로써 강모의 속박감을 더욱더 증폭시킨다. 1권부터 10권까지에 한해서는 강모의 뿌리 내리기 양상은 적극적이거나 뚜렷하다고 보기는 힘들다. 오히려 주어진 인간관계를 끊어내는 하나의 방편으로 택한 것이 도피일 뿐이다. 따라서 '만주'라는 공간은 강모에게 처음부터 의미가 있는 장소라고 볼 수는 없다. 하지만 『혼불』이 완결되지 않은 소설임을 고려하여 앞으로 강모가 만주에서 자신의 의식을 넓혀줄 새로운 사건을 겪거나 새로운 인물을 만나게 되어 사회적 연결망을 새롭게 형성할 수 있다면, 새로운 삶에 대한 뿌리 내리기는 충분히 가능한 부분이라고 판단된다. 다만, 이러한 경우에도 본인의 의지는 아니므로 강모가 자신의 삶에 대한 욕망이 강하다고 평가할 수는 없다.

'강호'의 뿌리 내리기 양상

강호는 노비들을 면천할 것을 주장하고, 노동을 통해 스스로의 학비를 마련하는 등 건실한 생각을 가진 생활력 강한 인물이다. 얼핏 보면 사회주의적 가치관을 가진 것으로 보여 강태와 강호가 비슷한 유형의 인물이라고 생각할 수 있으나, 강호는 강태에 비해 소통을 지향하고, 인간적인 면모를 더욱 보이는 인물이기도 하다. 외양 또한 강태가 소설 속에서 강파르고 날카로운 이미지로 묘사되어 있는 반면에, 강호는 다음과 같이 평가받는다.

> 가만히 앉아 있어도 평온한 얼굴에 미소가 번지는 얼굴이면서 희고 맑은 이마가 둥글게 높이 솟아, 시원하고 명윤明潤 반듯한 강호의 모색은 보는 사람 마음을 환하게 한다.
>
> "매안이梅岸李 인물."
>
> 이란 말을 듣기에 조금도 손색이 없는 상형相形이었다.
>
> "강호는 이마가 일품이지. 너무 넓어 헤벌어지게 허하지도 않고, 오종종히 좁아서 옹색 답답하지도 않고, 편안 넉넉하면서 저렇게 수기秀氣가 밝으니, 저 이마 속에 든 한세상이 다 펼쳐지는 것을 보는 날

까지 내가 살어 있을라는가 어쩔라는가 모르겄구나."

생전에 청암부인은 자라나는 소년 강호를 보고 기꺼워하며, 그렇게 말한 일이 있었다.

"거기다가 눈썹은 단정하게 빛이 나고, 눈은 가늘고 길어서 봉안鳳眼인데 흑백이 분명하며, 그 광채가 총민聰敏해서 사람을 쏘는 듯 압도허잖어? 그런 눈이 자칫 매섭고 차갑기 쉬운데, 안광에 문기文氣가 은은히 감돌아, 보는 이를 겁나게 하고 위협하는 것이 아니라 저절로 따르고 싶게 하니. 청수한 사려로 감화시켜 깨닫게 하는 눈이라. 기특하다. 이만한 용모로 태어나 네 어찌 할 일이 없으랴." (7권, 254~255쪽)

어려서부터 영특함을 칭찬받으며 동경으로 건너가 와세다 대학에서 법학을 공부하는 강호는 지혜로움과 총명함뿐만 아니라 인품으로 사람을 따르게 만드는 인물로 평가받는다. 또한 인력거를 끌기도 하고, 빈 병을 주워 팔기도 하며, 노동의 가치를 긍정적으로 평가할 줄 아는 인물이고, 소설 속에서 가장 생산적이면서도 활력 넘치는 모습을 보이는 인물에 속한다. 강호에게 있어서는 뿌리 내리기가 투철하다는 표현보다는 자신의 삶에 대한 애정이 강한 인물이고, 특히 소외된 계층들에 대한 돌봄의 역할을 하는 인물로서 화해와 소통을 지향하는 역할이 커 보인다. 빈 병이나 폐지를 주워다 파는 일을 '넝마주이', 인력거를 끄는 일을 '가마채 잡는 교군꾼'이라고 평가하는 문중 어른들의 입장과는 달리 강호는 그것이 '제일 깨끗한 고학苦學'이라고 생각하며, 폐물의 생산 작용에 대한 재미를 느끼기도 한다. 노동에 대한 강호의 가치관은 다음과 같은 대목에서 여실히 드러난다.

"내가 내 힘으로 내 몸 움직여서 근로하고, 그 노동과 근로를 통해서만 내가 먹을 밥과 내가 읽을 책을 산다는 것이 얼마나 떳떳한 일인가요. 내가 흘린 땀을 꼭 그만큼의 밥과 책으로 바꾸는 것이야말로 가장 정확한 교환 방법이고, 또 정직한 소득인 것이지요."

강호의 음성은 평소에도 울림이 있어 낭랑한 편인데, 격성을 내는 일이 거의 없는지라, 무슨 이야기든지 담론을 하는 것처럼 들린다. (7권, 257쪽)

강모와 같은 종손의 입장은 아니지만, 매안 이씨 가문의 자제로서 몸소 노동을 통해 학비를 마련하겠다는 생각은 매우 파격적이라 할 수 있을 것이다. 소설 속 인물인 강태조차도 나름의 사상이 소설 속의 대화를 통해 뚜렷하게 드러나고 있기는 하지만 강호처럼 직접적인 노동의 형태로 그것이 구체화되고 있지는 않다. 이런 점에서 볼 때, 강호는 강태에 비해 더욱 실천적인 자세를 보이는 인간으로서 삶의 뿌리 내리기 양상이 확고한 인물로서 평가받을 수 있다. 또한 노동을 하는 삶에 대한 자부심은, 강호가 소설 속 인물들 중에서는 그리 나이가 많지 않은, 젊은 세대임에도 불구하고 경험을 통해 삶의 지혜를 충분히 체득해온 인물임을 알 수 있게 하는 부분이다.

그런가 하면 강호는 신분과 계급에 대해서는 자신의 견해를 명확하게 피력하기도 한다. 하위계층[16]을 '자신의 노력이나 자질과는 아무 상관도 없이 자신에게 숙명적으로 지워진 신분의 굴레 때문에 환경에서 벗어나지 못하는 무산자들'로 평가하면서 '진정한 순리란 누구도 누구를 해치지 않으면서 공생하고 상생해야 한다는 것'이라고 말한다(7권, 259~260쪽). 강호의 특징은 앞서 말한 바와 같이 이러한 사상들이 행동으로 비교적 구체화되는 인물형이라는 점인데, 백단이가 시아버지 홍술을 청암부인의 묘에 투장하여 덕석말이를 당한 사건을 통해 매안의 배타성을 지적하면서, 이러한 세상이 반드시 바뀔 것이며, 머지않아 바뀌고 말 것이라고 예감하기도 한다.

강호는 잠을 못 이루었다.

(내가 이 세상을 향하여 세운 이상을 나는 꼭 실현해 내고 싶다. 비천하고 상스러운 하천下賤의 폭동 보복이 두렵다거나 그 계급에 대한 기득권자의 측은지심 연민 때문이 아니라, 당당한 이상으로서, 인간이 지향할 수 있는 가장 바람직한 세상을 이 땅에 나는 이룩하고 싶다. 비록 작은 힘이지만. 사람 하나의 진정한 뜻과 올바른 마음은 결코 작은 것이 아니리라.)

잘못되고 부서진 것들은 복구되어야 한다.

제도와 관습이라는 허울로 사람이 사람답게 살 수 있는 기회와 환경을 빼앗아 박살하여 버린 횡포는, 마땅히 역사와 사회로부터 철회되어야 한다. 그리고 그 기회와 환경을 모든 인간 앞앞에 각자의 몫으로 다시 되돌려 주어야 한다.

그것을 받은 자가 제 몫을 어떻게 쓰든지 간에. (8권, 29쪽)

이 '세상'에 대하여 가지고 있던, 세상을 바꾸어 이 땅 위에 새롭게 세워 보고자 하는 '꿈'을, 그 순간 강호는 그렇게 그리워하며 흠모하였던 것인지도 모른다.

형체 없는 것에 대한 그리움은 간절하였다. (8권, 47쪽)

그리고 앞서 이야기한 바와 같이 강호의 이러한 사상은 덕석말이를 당하고 쓰러진 춘복이의 집, 그리고 만동이와 백단이를 간호하는 백정 택주의 집을 방문하여 약값을 전하는 것으로 이어진다. 인력거를 끌고, 넝마주이와 다름없는 일을 한다는 사실만으로도 상당히 파격적인 행보이지만, 거멍굴에 방문하여 자신이 번 돈을 약값에 쓰라고 전하는 강호의 모습은 구체적 행동이라는 의미뿐만 아니라, 거멍굴과 매안이라는 공간을 연결하는 매개이자, 두 공간에 소통이라는 새로운 맥락을 부여할 것으로 기대된다.

강호는 공배네를 비롯하여 거멍굴에서 만난 사람들에게 하대하지 않고, 말끝을 올려 그들을 당황하게 만들지만, 이렇게 외면적으로 드러난 형식적인 대우뿐만 아니라 춘복이의 손을 잡고 진심을 전함으로써 인품으로 사람들을 감복시키는 면모도 보인다.

> "내가 별다른 것은 못해 주고, 여기 돈을 약간 놓고 갈 터이니 장독杖毒 풀리는 약이나 한 첩 써 보게. 아주 약소하네만, 거저 생긴 돈도 아니고 부모한테 탄 것도 아니야. 내가 낯선 땅 남의 나라에서 인력거 끌고 빈 병 팔아 고학하며 아깝게 모은 학비야. 내가 왜 이런 말까지 다 하는고 하니, 우리가 서로 나눠 씀직한 돈이란 말을 하고 싶어서 그래. 그러니 다른 데 쓰지 말고 꼭 약을 지어 먹어."
>
> 강호는 교복 윗저고리 단추를 풀더니 안주머니에서 누런 봉투를 꺼냈다. 그리고 춘복이 손에다 제 손 대신 그 봉투를 쥐어 준다.
>
> …(중략)…
>
> 춘복이 손을 잡고 지성으로 말을 이르던 모습이며, 돈을 꺼내어 쥐어 주던 것, 옹구네를 젖히고 자기한테 약수발을 명하던 것들이 자꾸만 눈물겨워 공배네는
>
> (아아, 양반은 다르시다.)
>
> 느껍게 이 말만을 삼키었다.
>
> 강호가 춘복이를 대하고 있는 동안, 그 낯뻔뻔한 옹구네마저 단 한 마디 말은커녕 침조차 제대로 못 삼키게 오갈이 들어, 구석지 한쪽

에 숨죽이고 앉아 있게 하는 그 위엄과 기품, 그리고 이토록 사람을 눈물나게 하는 온화함은 대체 어디서 나오는 것일까. 나이 아직 젊고 적은데.

공배네는 강호를 배웅하러 나가면서도 그 생각만 하였다.

아까 그렇게나 부글거리던 마음이 이상하리만치 가라앉아 그네는 이대로 어디만큼까지라도 강호를 따라 가고 자운 마음이 들었던 것이다.

나이로야 춘복이보다도 아래인데, 이 늙은 사람이 물색 없이, 그 깃에 기대어 의지하고 싶어지다니.

알 수 없는 일이었다. (8권, 63~64쪽)

위에 제시된 대목에서와 같이 강호는 나이 많은 공배네로 하여금 기대어 의지하고 싶은 생각이 들게 할 정도로, 믿음을 주는 인물이면서 동시에 온화함도 지닌 인물인 것이다. 더불어 백정 택주에게 받은 나무화병을 보며, 춘복이와 백단이, 만동이의 새로운 세상은 무엇일지 생각하는 대목도 의미가 있다.

강호는 말했었다.

"속량贖良을 하십시요. 집안 노복 종들을 모두 면천免賤을 시켜 주세요. 더 늦기 전에 지금 풀어 주시지요. 세상은 이미 옛날의 세상이 아닙니다." (8권, 251쪽)

천예賤隷.

그 중에 대부분은 그대로 썩어서 없어져 버린다.

하지만 이 나무 화병을 깎아 내는 나무토막처럼, 요행히도 열에 하나는 이렇게 제 살 다 떨어져 나가게 썩으면서도 골격이 남아, 화병이나 그릇으로 다시 깎이어 쓰이는 것이다.

살아나는 것이다.

하지만 살아 남은 이 나무토막의 세상도 세상일 것이냐.

시궁창에서 견디는 그 세월 동안, 제 가슴이 썩어서 저절로 쪼개지며 벌어지는 아픔을 못 견디다가 스스로 지치게 겨워 저 혼자 아물리고, 제 몸의 진액을 악쓰듯이 아악, 아악, 다 토해 내어 꺼멓게 얼룩진 눈물 자국 피 맺힌 먹줄같이 남기며, 그래도 파고든 시궁물 시퍼런 그림자 얼룩 문신을 지우지 못해, 명암이 심절深切해지나니.

썩고 삭아 문드러진 상흔투성이 나무토막을 시궁에서 건져 올린 장인은, 이제 이를 흐르는 냇물에다 몇몇 날, 몇몇 달, 몇몇 세월을 잊어 버리도록 담그어, 말갛게 헹구는 것이다.

이 진저리나게 더러운 나무토막의 모세혈관 끄트머리 속속들이 들이박힌 시궁물 시궁내가 다 씻겨 내리도록.

그렇게 씻어서 투명해질 수만 있다면 얼마나 좋으리야.

하지만 씻어도 씻기지 않은 시궁물 멍든 빛은, 아련히 그윽한 비취빛으로 남는다.

헹구어 낸 나무토막 고갱이는 이제 그늘에서 말린다.

서러운 세월을 갚아 주듯 땡볕에 바짝 말리는 것 아니라, 아직도 남은 세월 있는 것처럼, 조금 더 슬프라고 매달아 둔 처마밑 그늘. 응달에서 달래며, 말리는 나무토막. 고갱이.

나무는 바람이 된다.

그런 다음 장인은 칼을 들어 깎는다.

그래서 이 모든 것 품어 안아 드러내며 새로이 이루는 이러한 화병이 태어나는 것이다.

(그렇다면 거멍굴의 춘복이나 만동이 백단이는, 끝끝내 썩지 않고 버티어 살아 남을 나무토막들일까. 양반 선산에 투장을 하여 조상의 뼈를 몰래 옮기고, 반골의 뼈를 꼿꼿이 곧추세워 몸뚱이 맞는 저들이, 결국은 이 역사 앞에 온몸 드러내 저마다의 무늬로 새 경치를 아로

새길 것인가.)

그 어떤 경치를. (8권, 261~262쪽)

위의 대목만 보더라도 강호는 신분차별적 가치관을 타파하고자 하는 의식이 강하며, 진보적인 사상으로 시대의 흐름을 읽을 줄 아는, 의식이 깨어 있는 인물임을 알 수 있다. 또한, 강호는 작품 속에서 이기채를 비롯한 문중 어른들에게 만주에 있는 강태와 강모의 소식을 전하는 역할을 하며, 효원에게는 강모의 소식을 전함으로써 소통의 매개로서 기능한다.

이처럼 강호는 소설 속에서 주인공이라 하기는 어려울지 모르지만, 상당한 비중을 가진 인물인 것만은 확실하며, 진보적 사상을 보여주는 건강한 젊은 계층으로서 생명력을 가감 없이 보여주는 상당히 활동적인 인물이다. 또한 소설 속에서 피지배계층으로 대표되는 춘복, 백단, 만동이를 비롯한 거멍굴 사람들을 인격적으로 대우해 주고, 화합을 지향하려는 의지가 가장 뚜렷한 인물로서 평가할 수 있을 것이다.

'강태'의 뿌리 내리기 양상

『혼불』 속 강태는 강모와 함께 만주로 이동하여 새로운 삶을 시작하는 인물이다. 그러나 강태는 강모와는 성품이나 삶의 양상이 뚜렷이 다른 면모를 보이는 인물이다. 어린 시절부터 강태의 성품은 다음 대목에서 볼 수 있듯이 강모와 뚜렷이 다른 모습으로 나타난다.

강실이는 같은 사촌간이라도 수천 숙부의 아들 강태康泰보다는 강모와 훨씬 잘 놀았다.

강태는, 강실이의 소꿉동무 같은 것을 해 주는 일은 거의 없었다.

성질이 급하고 날카로운 강태로서는 꽃잎으로 밥을 먹는 따위의 일에 관심조차도 없었으며, 틈만 나면 칼을 들고 무슨 연장 같은 것을 깎아 만드는 것이 일이었다. (1권, 59쪽)

또한 소설 속에서 강태의 성품을 알 수 있는 부분은 강태의 아버지 기표에 대해 설명되어 있는 부분과 소설 속 인물들이 강태에 대하여 설명하는 부분에서도 알 수 있다.

기표는 목소리를 누르며 말했다.

그는, 본디 그의 부친 병의씨로부터 물려받은 문장文章과 필재筆才가 남달랐다. 거기다가 명석, 민활하였다. 그리고 일찍부터 외처外處의 바람을 많이 쐰 탓인지, 현실에 적응하는 것도 그만큼 빨랐다. 그 눈의 형형함은 장형 이기채에 못지 않았다. 그러나 이기채의 눈빛이 강단과 집념에 빛나고 있다면, 기표는 날카롭게 꿰뚫어 보는 것 같다고나 할까. 작고 가늘면서도 각이 진 눈의 안광은 차가웠다. 사람들은 아들 강태가 꼭 아버지를 닮았다고도 하였는데, 그 눈빛은 때때로 남 모르게 번쩍이며 푸른 빛을 띠었다. (1권, 118쪽)

또한 강태는 청암부인만큼이나 뿌리 내리기 양상이 매우 뚜렷한 인물이라고 할 수 있다. 강태는 또한 삶 속의 지향점이 소설 전체에서 시종일관 흔들림 없이 명확하다. 1권에서 10권에 이르기까지 강태가 등장하는 부분에서는 어김없이 강태의 굳은 신념을 읽어낼 수 있다. 강태의 신념은 바로 사회주의 운동에 관한 것인데, 강모와 이에 대하여 논쟁하는 부분이나 심진학 선생과의 대화 부분, 또한 부서방과 청암부인에 대한 강태의 평가 등에서 그가 사회주의 사상이 투철한 인물임을 알 수 있다. 그리고 이러한 사상은 강태 스스로가 민족의 현실과 사회에 대한 깊은 관심을 가지고 있었던 것에서 비롯되었으며, 부유浮游하는 인간형으로 드러나는 강모와 대조되면서 강태의 뿌리 내리기 양상이 확고함을 보여준다.

> 강태는 강모가 끼어들 틈을 주지 않고 침착하고도 날이 선 목소리로 한 마디 한 마디에 힘을 주어 말했었다.
>
> "동경의 강호형도 누구보다 이런 일을 잘 알고 있지."
>
> "강호형이요?"
>
> "방학이면 다니러 올 때마다, 우리는 밤을 새워 이 세상의 구조가 가진 모순에 대해서 토론했다. 너는 잘 몰랐겠지만."
>
> 순간 강모는 무안했었다.
>
> "계집아이같이."
>
> 라고 놀리는 그들의 목소리가 들리는 듯해서였다.
>
> "형이 가진 생각은, 혼자서 하게 된 건가요? 아니면 강호형……."
>
> "배우기도 하고 책도 읽지. 또 나 혼자서 골똘히 생각하던 일들이기도 하고. 무릇 사상은, 제 속에 그런 소양이 있을 때 급진적으로 받아들여지는 것이니까."
>
> 강태는 입귀를 칼끝같이 다물며 말했었다. (1권, 150~151쪽)

강태가 사회주의 사상에 투철한 인물이라는 점은 외양과 눈빛이 비슷한 것으로 평가받는 그의 아버지 이기표와 결정적인 차이점이라 할 수 있다. 이기표는 강태의 말에 따르자면 협의원에 선출되었고, 일본 시찰도 다녀온 인물이다. 또한 면의 행정에도 참여하면서, 기반을 구축하고 있는 인물인 것이다. 호별세 오 원 이상의 납부자, 다액 납세자의 명단에 오른 것을 기뻐하는 인물이다. 강태 스스로가 어린 시절 가난하였음을 언급하며, 자신의 아버지가 "큰집 살림을 등에 업고, 큰집 사랑과 마름 사이를 오가며 한 가마 두 가마씩 남기기 시작한 거간 노릇을 이날까지 해온 것"이라고 말한다(3권, 68쪽). 아버지 이기표가 현실과 적당히 영합할 줄 알며, 세상 물정에 밝은 인물로서 자신의 잇속을 어느 정도 챙길 줄 아는 인물임을 생각해 볼 때, 강태는 아버지와 달리 부르주아를 경멸하고, 혁명의 아름다움을 생각하는 인물로서 대조되는 면모를 보인다.

따라서 '만주'는 강태에게는 혁명가로서의 이상을 실현할 특별한 장소의 의미를 획득하는 공간이 된다. 기차를 타고 만주로 떠나는 대목에서는 강모의 심정만이 주로 서술되고 있기 때문에 강태의 심경을 파악하는 것은 어려우나 지도자가 되기 위한 공부를 위해 떠나는 강태의 심정이 어떠하였을지는 어느 정도 짐작할 수 있을 것이다. 또한 만주에서 보고 듣는 것, 마주하는 사람들에 대한 반응에 있어서도 강태와 강모는 다른 관점을 보인다. 먼저 강모와 강태의 차이는 토지에 대한 반응에서 나타난다.

> "그렇지. 이거 봐, 강모야. 내, 한 가지 물어 보자."
> 강태의 눈빛이 강모를 향하여 번쩍 빛났다.
> 강모는 공연히 그 눈빛에 움찔하였다.
> "토지라는 것이 무엇이냐? 너는 그것이 무어라고 생각해?"
> 강모가 말문이 막혀 아무 대답도 하지 못하는 것은 어쩌면 당연

한 일이었는지도 모른다. 그것은, 한번도 토지와 자신을 분리시켜서 따로 그것에 대해서만 생각해 본 일이 없기 때문이었다.

토지, 그것은 그에게는 하나의 '존재'였다.

강모가 알든지 모르든지, 그 자리에 광활하게 엎드려 있는 넓은 땅은 언제나 변함없이 강모를 향하여 다소곳이 순종하고 있었다.

그리고 그것은 곧 '소유'이기도 하였다.

철 따라 익어 넘치던 곡식과 채소와 과일들의 무더기가, 곳간에, 헛간에, 마당에 쌓이는 것은 얼마나 자연스러운 일이었던가.

그런데 그것에 대하여 무엇을 말하라는 것일까. (1권, 148~149쪽)

위의 대목에서 알 수 있는 것처럼 강모에게 있어 '토지'는 자신과 분리되지 않는 하나의 '장소'이다. "추상적인 의미에서의 공간은 처음부터 존재하는 것이 아니라 고향을 만들려는 인간의 공동 노력을 통해 만들어져야 한다. 이 공간은 공동의 노력으로 만들어진 근원적인 공동 공간이다. 공동의 벌목과 개간으로 정착 공간을 확보하는 과정도 이런 바탕에서만 이해할 수 있다"[17]고 할 때, 강모에게 있어서의 토지란, 할머니 청암부인을 통해 축조되어 온 근원적인 공동 공간으로서 어려서부터 자신의 삶의 일부이자 소유의 대상으로 자연스럽게 인식해온 장소라 할 수 있을 것이다. 강모 스스로가 이야기하고 있듯이 토지의 문제는 '소유'라는 개념으로 강모에게 자연스럽게 체득되어 있었으며, 따라서 그에 대해 한 번도 비판의식이나 의문을 가질 수가 없었던 대상인 것이다. 그에 비하여 토지에 대한 강태의 생각을 알 수 있는 대목은 다음과 같다.

"토지란, 분명히, 하나의 사회적 환경이야. 그것은 사유재산이 될 수 없는 것이다. 어느 한 특권 개인이 제 마음대로 이용할 수 있는 게 아니란 말이지. 이것은, 이 지표에 살고 있는 모든 인간에게 태초부터 공으로 거저 주어졌던 공공환경이란 말이다. 누구나 필요한 자가 필요한 만큼 누릴 수 있는 것이지. 그것은 모든 사람의 권리다. 토지는 모든 인간의 생존 단위이고 생활 기반인즉, 토지는……."

강태는 말을 잠시 끊고 있더니, 잇사이에 물린 깡깡한 소리로

"만인이 고루고루 같이 누리고 나누는, 만인의 공유여야만 해."

하고 잘라 말했다.

"그런데."

강태가 다시 한번 강모를 번쩍 하는 눈으로 쳐다보았다.

"실제로는 어때? 토지 없는 농민이 대다수다. 실제로 땅바닥에 엎드려서 고개 들 날이 없는 사람은 제 땅이라고는 한 뼘도 없는데, 하얀 주먹 쥐고 앉아 소출을 고스란히 받아먹고 있는 몇몇 사람은 아무 일도 안하고 불로소득이야. 손가락 까딱 않고 앉은 자리에서 받아들이는 재산이 얼만 줄 알어? 이게 모순이라고 생각되지 않는단 말이냐?"

강모가 무어라고 미처 하기도 전에 강태는 손바닥으로 밀어내듯 빈정거리는 투로 말을 던진다.

"강모 너도 나면서부터 가진 게 너무 많아. 그러니 부르조아 맛이 너무 들어서, 내가 무슨 말을 하는지 알아들을까?"

"형."

"그렇게 해서 자연히 인간 사회에 계급이 생길 수밖에. 서로가 서로에게 적대심을 품고서 말야. 낡은 부르조아지 사회의 근원적인 모순이지. 있는 자는 없는 자를 경멸하고, 그러면서도 노동력을 착취한다. 반면에 없는 자는 있는 자를 증오하고, 그러면서도 생존을 위하여 노동력을 바친다. 이게 얼마나 야비하고 비굴한 상태냐. 이런 체제는 반드시……무너져야 한다. 무너뜨려야 한다." (1권, 149~150쪽)

강태에게 있어 토지란 철저하게 계급을 부정하는 관점에 따라 소유할 수 없는 대상인 것이다. 강태의 위치가 종손이 아니기 때문이기도 하지만, 강모에 비해서 청암부인의 토지에 대한 애착이 없음은 물론이고, 주어진 공간으로서의 토지조차 부정하는 형태로 드러나고 있다. 생존이나 생활 단위로서의 필요성을 인정한다는 점에서 토지는 강태에게 하나의 공간으로 기능할 수는 있다. 그러나 그것이 소유의 문제로 이어져서는 안 된다는 점에서 강모가 생각하듯이 장소의 의미를 획득하지는 못하며, 이는 착취의 문제로 연결되는 현 체제를 무너뜨려야 할 정당성을 표출하는 도구로서 기능하고 있는 것이다.

사실 강모나 효원과 같은 인물도 마찬가지였으나, 『혼불』 전 10권에서 강태의 이러한 가치관이 구체적 행동으로 표출된 부분은 뚜렷하지 않다. 가장 큰 사건이라 할 수 있는 것은 만주로 이동하는 것인데, 여기에서부터 강태의 사회주의적 가치관에 따른 뿌리 내리기가 본격적으로 실현될 것임은 예측이 가능하지만, 소설 내에서 구체적인 양상이 나타나 있지는 않다. 그러나 강모를 비판하며, 자신의 가치관을 피력하는 부분에서 강태 또한 뿌리 내리기 양상이 매우 뚜렷하며 주체적으로 살아가는 인물임을 확인할 수 있을 것이다.

특히 강태의 뚜렷한 사회주의적 가치관은 강모와 함께 할머니 청암부인에 대해 평가하는 것에서도 드러난다.

> "착취, 착취, 도대체 착취가 아닌 관계도 있을 게 아닙니까? 이 세상이 그렇게 극단적인 것입니까? 그렇다면 우리 집안의 할머니도 착취자란 말씀인가요?"
>
> "그렇지."

"뭐어요? 형님. 그런 말씀이 어디 있어요? 정말로 그렇게 생각하신단 말입니까?"

"물론이다."

"아닙니다, 형님. 그런 말이 어디 있습니까? 할머니도 처음에는 빈손이셨습니다. 당신 혼자 힘으로 그 재산을 이루신 거예요."

"그래서, 할머니는 훨씬 지독한 착취를 하신 거다. 교묘한 방법으로, 전혀 눈치채이지 않게, 한쪽으로는 덕을 베푸는 척하면서, 소작인으로부터 빨아들일 수 있는 마지막 한 방울의 재산까지라도 흘리지 않고 악착같이 빨아들인 거지." (3권, 60쪽)

가문의 종손으로서 어려서부터 할머니 청암부인의 사랑을 받으며 자랐던 강모와 달리 강태에게 있어서 청암부인은 계급적 관점에서 평가할 때, 소작인에게 착취를 해온 부르주아 계급이 지나지 않는 존재인 것이다. 이어지는 대화에서도 강태는 자본주의적 본질에 대한 비판을 통해 자본가에게 노동자가 자신의 몫을 빼앗기고 있는 논리에 대해 설명한다. 그리고 할머니 청암부인과 소작인의 관계 또한 이와 마찬가지였다는 점을 피력한다. 이에 대해 강모는 큰일 날 말씀이라며 고개를 가로젓는 것으로 감상적 반응을 보이지만, 강태는 자신의 논지를 굽히지 않고, 소작인의 착취를 통해 청암부인이 그만한 재산을 축적할 수 있었다는 것을 이야기하며, 지난번 쇠여울네의 사건을 언급하며, 이제 그것과는 비교도 되지 않을 혁명이 시작될 것이라고 이야기한다. 그리고 그것은 피할 수 없는 숙명이자, 역사의 본능과도 같은 것이며, 그 혁명의 아름다움을 아는 강태로서는 그것을 위해 지도자로서의 소양을 기르기 위한 철저한 준비를 하고 있는 셈이다.

강모에게 청수정으로 하숙을 옮기라고 했던 할머니의 이야기를 꺼내며, 이러한 격리가 강태에게 흉터로 남았음을 이야기하는 대목(5권, 77~78쪽)도 있으나, 강모에 비해 강태는 감상적인 유형의 인물은 아니며, 소설 전체적으로도 개인적 원한이나 작은 일에 연연해하지 않는 담대한 면모를 보여준다. 심지어 강태는 봉평에서 만난 부서방에게 할머니 청암부인의 부고訃告를 전해 듣고 나서의 반응도 강모와 확연히 다르다.

> 피톨 하나 섞이지 않은 강모는 흡사 부모를 여읜 고애자孤哀子처럼 머리를 찧으며 질정을 못하겠는데, 강태는 지친의 죽음보다 아랫것 부서방의 일에 관심이 더 많다.
>
> 부서방을 제 방 구들칸 한쪽에서 자라고 이른 뒤, 강모는 부리나케 칠흑 같은 밤길을 가르며 시칸방의 강태한테로 내달아왔던 것이다.
>
> "할머님이 돌아가셨답니다."
>
> 이보다 더 급한 전갈이 없기 때문이었다.
>
> "이제라도 영연靈筵에 가 뵈어야 하는 것 아닐까요?"
>
> 근심스럽게 묻는 강모한테 강태는 잘라서 말했다.
>
> "산 부모를 버리고 온 자식이, 죽은 할머니를 뵈러 간단 말이냐?"
>
> "그래도 자손으로서 도리가 있지 않습니까. 돌아가셨는데……."
>
> 강모는 강태가 청암부인을 가리켜 서슴없이 '죽은' 할머니라고 하는 데 놀라, 가슴이 벌렁벌렁 뛰는 바람에 끝말을 삼키고 말았다.
>
> …(중략)…
>
> "아버지 혼자서 영연을 지키고 계실 것도 걱정이 되는데……이런 불효 중첩을 어찌해야 할까. 잠시라도 다녀옵시다."
>
> 강태가 단호하니, 강모도 반작용으로 강경하게 말했다.

"죽은 자의 일은 죽은 사람한테 맡기고, 산 자의 일들은 산 사람이 해야 하지 않겠냐? 산 사람들 살아갈 궁리가 나는 더 급하다."

단칼로 내리치는 이 말에 억장이 막혀 강모는, 강태의 새파랗게 날선 눈을 피해 버린다. 마주보기에 섬뜩하면서도, 이상하게 부신 광채가 날카롭게 가슴을 찌르는 그 눈빛은, 부딪칠 때마다 사람을 놀라게 하는 까닭이다. (10권, 103~104쪽)

할머니의 죽음에 대해 강모가 큰 충격과 슬픔에 빠진 반면, 강태는 오히려 할머니보다는 부서방에게 관심이 많다. 강모의 시선으로 제시되는 강태는 냉정한 사회주의자의 면모를 보인다. 이어지는 대목에서 강태는 강모에게 할머니 청암부인이 가문을 위해서만 살다간 것이 아깝다고 이야기한다. 보다 큰 세상을 위해서 뜻을 세우고 살았어야 한다는 것이다. 그리고 "세상을 거꾸로 보아야 새 길이 있으며, 새 길이 아니면 새 세상으로 갈 수가 없다"는 의미심장한 말을 하기도 한다(10권, 105쪽).

만주에서 우연히 재회한 부서방과의 대화에서도 강모와 강태는 사뭇 다른 면모를 보인다. 부서방은 원뜸의 종가댁에 곡식을 훔치러 갔었던 날과 그 날 청암부인에게 들켰으나 청암부인이 용서하고 곡식을 내어 준 이야기를 한다. 그런데 그 이야기를 들은 강모와 강태의 반응은 매우 다르다(10권, 112~114쪽).

부서방의 이야기를 들은 강모가 감상적인 면모를 보이며, 할머니의 일부를 나누어 가진 것처럼 부서방에게 애틋한 동질감을 느끼는 동안, 강태는 '광 속의 곡식'에 집중한다. 그리고 부서방에게 당시의 상황을 당연한 것으로 받아들이지 말고, 자신의 것을 빼앗긴 것은 아닌지 비판적으로 접근해 볼 것을 이야기하는 것이다.

또한 강태는 만주에서 만난 김서방이라는 인물에 대한 평가 또한 냉철하다. 서탑소학교 아이들이 당번을 정해서 김창호라는 조선 사람의 집을 청소를 하는 것이 부럽다는 이야기를 듣고, 강태는 강모에게 "무지 몽매의 비극"이라고 평가하는 것이다. 농민에게서 헐값에 부당하게 사들인 땅을 굴리고 불려 부자가 된 착취자의 집에 대리석 계단을 닦으라고 아들을 보내면서도 긍지를 느끼기 때문이다(5권, 70쪽).

그러나 강태는 계급적 관점에 치우쳐 다소 냉정해 보이는 부분이 강하지만, 만주에 도착한 강모는 전에 볼 수 없었던 강태의 자상한 면모를 발견하기도 한다.

> 뜻밖에도 강태는 자상하였다.
>
> 얼핏 보아서야 강모가 훨씬 부드럽고 온화한 인상 모색이었으나, 그는 자기한테 상관없는 남의 이야기란 터럭만큼도 듣고 싶지 않은 속성질이 있었고. 강태는 낯선 데 와서 보니, 처음 만난 사람이나 험상궂은 막벌이꾼과도 곧잘 허물없이 이야기하는 면모가 있었다.
>
> 사람들도, 인상대로라면 강모한테 말붙이기가 더 쉬울 것 같은데 오히려 날카롭게 보이는 강태 쪽으로 먼저 말을 건네기 예사였다. (5권, 92쪽)

또한 심진학 선생과의 일화를 통해서도 강태의 사려 깊은 면모를 확인할 수 있다.

> "아이쿠, 이런. 깜빡했네."

갑자기 강태가 소스라치는 바람에, 골똘한 생각에 빠져 걷고 있던 강모는 깜짝 놀란다. 눈이 둥그렇게 커진 강모가 강태를 바라본다. 서탑 끝에 거의 다 와서야 비로소 떠오른 생각에 강태는 아차, 했던 것이다.

그는 문득 걸음을 멈췄다.

"무언데?"

강모도 따라 선다.

"동국사략 등사본을 빌려 주셨잖어? 그걸 놓고 왔다."

"아, 그렇군. 참."

강모도 맞장구를 쳤다.

"얼른 갔다 와야겠는걸."

홱, 몸을 돌려 세우며 강태가 동문사로 되돌아 가려는데 강모가

"지금?"

만류하듯 묻는다.

"응."

"기왕 나왔고, 밤도 늦었는데 내일 가지, 왜."

이 말에 강태는 고개를 저었다.

"사람이 작은일로 크게 섭섭할 수가 있어. 큰일당하면 오히려 대범해지지. 생각해 봐라. 선생님께서 고향을 버리고 만주로 피신해 오실 적에 책 한 권도 무겁고, 무서운데, 기어이 품고 오신 동국사략 등사본을 우리 꼭 읽어 보라고 기꺼이 빌려 주셨지 않냐. 그게 어떤 책이라고……. 그런데 소위 제자란 것들이 챙기기는커녕 터억 놔두고 홀짝 그냥 갔다면, 선생님 심정이 어떠시겠어? 홀대받았다고 생각하실 게다. 그리고 우리를 신뢰하기 어려우실 거야. 서로의 값을 떨어뜨린 다음에는 회복할 수 없어. 우리는 실수를 했다." (10권, 200~201쪽)

강태는 소설 속 인물 중에서 모험적 성격이 다분하며, 주어진 현

실에 안주하지 않을 뿐만 아니라 아버지 이기표와 달리 현실에 영합하는 안정적 삶을 거부한다. 오히려 현실을 비판적으로 인식할 줄 알고, 혁명을 꿈꾸는 진보적 인간형이라 할 수 있을 것이다. 원대한 꿈을 가지고 만주라는 공간을 무대로 삼아 자신의 이념을 실현해 나가는 강태는 냉철한 듯 보이기도 하나 생각이 깊고, 자신의 삶에 대한 철저한 계획과 준비를 통해 뿌리 내리기를 적극적으로 실현할 가능성이 많은 인물로 평가할 수 있다. 또한 이러한 뿌리 내리기 양상이 옹구네나 춘복이, 혹은 자신의 아버지 이기표와는 달리 개인적 욕망에 치우친 것이 아니며, 효원이나 청암부인이 가문의 보존을 위한 노력에 치중하는 것과 달리 강태의 삶은 가문보다 더 확장된 큰 세상을 위한 자기희생과 노력이라는 점에서 한층 더 진보적인 인물형으로 평가할 수 있을 것이다. 그리고 이러한 노력이 강태의 신중하고 사려깊은 성품과 맞아떨어지면서 지도자로서의 소양을 기르기 위한 공부와 더불어 이러한 욕망의 실현 가능성이 충분할 것으로 예상한다.

'오유끼'의 뿌리 내리기 양상

이 장에서는 여러 번 언급한 바와 같이 계급적 관점에 대한 분석[18]은 지양하고, 각 인물들의 개성이나 인물이 처한 환경에 특수성이 있다면 그러한 점들을 주로 고려하여 분석한다. 오유끼의 경우도 이러한 내용에 초점을 두고 분석할 것이다.

오유끼의 뿌리 내리기 양상을 살피고자 할 때, 빠질 수 없는 인물은 당연히 강모이다. 오유끼는 강모가 자신이 관청에서 관리하던 공금 삼백원을 빼내어 몸값을 치르고 모지즈끼에서 해방시켜준 여자이다. 그러나 역설적으로 오유끼는 모지즈끼에서 해방됨과 동시에 강모에게 집착하는 양상을 보인다. 그러나 강모 역시 자신을 억압하는 모든 것에서 벗어나고자 하는 인물이기 때문에 오유끼의 이러한 집착은 더욱더 큰 심적 부담이 된다. 따라서 만주라는 공간으로 일종의 도피를 시도하지만, 결국 오유끼는 만주까지 강모를 따라감으로써 더욱더 강모를 놓아주지 못하고 집착하는 양상을 보인다. 따라서 오유끼에게 있어서 뿌리 내리기란 강모라는 존재에 대한 집착으로 정리할 수 있을 것이다.

여기서 강모라는 존재가 오유끼에게 어떤 의미인지가 중요하다. 즉, 오유끼에게 의미를 갖는 존재가 강모라는 존재만으로 국한되는지, 아니면 굳이 강모가 아니어도 오유끼를 모지즈끼에서 해방시켜 줄 수 있는 그 누군가인지에 대해 생각해보아야 할 것이다. 소설 속에서는 강모에 대한 오유끼의 심리가 많은 비중으로 서술되어 있지는 않으나 전체적으로 추론해 볼 때, 강모라는 존재에 대한 특별함의 의미가 더 클 것 같다. 그렇기 때문에 만주라는 공간까지 강모를 따라나선 것으로 판단된다. 다만, 오유끼에게는 '자유'라는 경험이 제대로 체험되지 않은 상태였고, 갑작스럽게 강모를 만나 이러한 자유를 예상치 못한 순간에 체험하게 되었기 때문에 강모라는 존재의 의미가 컸던 것이 아닌가 생각된다. 즉, 오유끼에게는 심리적인 안정감을 줄 수 있는 든든한 기반이 필요했을 것이다.

"인간이 이 세계에서 살아가면서 자신의 과제를 이루려면 안도감과 평화를 주는 공간을 확보해야 한다. 인간이 외부 세계와 싸우고 지쳤을 때 돌아와 심신의 긴장을 풀고 다시 본연의 모습으로 돌아올 수 있는 공간 말이다. 이 심신의 휴식과 정신 집중 과정은 공간을 논하는 우리의 연구에는 속하지 않는다. 그러나 중요한 것은 인간이 자신의 모습을 되찾는 이 과정에는 특정한 공간적 조건이 필요하다는 점이다. 인간은 거주자일 때만, 집을 소유하고 있을 때만, 공공의 영역과 분리된 "사적인" 영역을 확보하고 있을 때만 자신의 본질을 실현할 수 있고 온전한 의미에서 인간이 될 수 있다. 인간이 살아갈 수 있으려면 그런 든든한 영역이 필요하다."[19] 오유끼에게 있어서도 사적인 영역으로서 집을 소유하고 강모라는 기반을 확보하는 것이 필요했을 것이다. 그래야만 안도감과 평화를 느낄 수 있고, 방향을 잃어버린 막연한 자유에서 뿌리 내리기에 성공한 진정한 자유가 가능할 것이다. 다만 오유끼가 추구한 '자유'의 방향이 자유를 함께 해야 할 상대방인 강모가 추구했던 '자유'의 방향과 일치하지 않았기 때문에 결국은 둘의 조화가 깨어진 것으로 생각된다.

강모에게서 온전히 충족되지 못한 오유끼의 뿌리 내리기 양상은 가구에 대한 집착으로 왜곡되는 모습을 보인다.

> 어느 날부터인가 오유끼는 정신 없이 가구를 사들이기 시작했던 것이다. 오유끼는 여염집 안방의 가구 집기를, 텅 빈 방의 한쪽에서부터 채워 넣었다. 그리고 어떻게 하든지 살림의 손때가 묻은 집안의 흉내를 내보려고 애를 썼다. 그리고, 늘 반짇고리를 가까이 두었다.
>
> …(중략)…
>
> 방안의 세간이 하나씩 늘어날 때마다 강모의 마음은 점점 죄어들었다. 그리고 발목을 잡힌 자신의 모습에서 자기가 쳐놓은 덫에 스스로 걸려든 짐승을 보고, 그 어리석은 후회에 진저리가 났다.
>
> 방안은 날이 갈수록 효원의 건넌방을 닮아갔고, 청암부인의 큰방 흉내를 내고 있었다.

그는 탄식하며 한숨지었다.
그가 추구하던 것은 쾌락이 아니요 해방이었다.
그리고 욕망이 아니라 탈피였었다.
어찌하여 그것은 이다지도 어렵단 말인가. (3권, 87~88쪽)

그러나 끊임없이 가구를 사들임으로써 안정된 장소를 확보하고자 했던 오유끼의 욕망은 결정적으로 중요한 것이 결핍되어 있었고, 그리고 강모에게는 효원과 청암부인의 큰방과 다를 바 없다는 인식을 주었다. 그래서 결과적으로는 강모의 마음을 붙잡아두려는 것이 오유끼의 목적이었다면 이러한 차원에서의 안정된 삶에는 실패한 것으로 볼 수밖에 없다.

이 가구와 집기들로만 보면 어느 한다 하는 대갓집의 안방과 견주어 조금도 뒤질 바가 없다. 오히려 턱없이 으리으리한 편이었다. 그것들은 등잔불 아닌 전등의 주황빛을 받아 더욱 휘황하게 어루어져 있다.

다만 눈여겨 살펴본다면 사방탁자 아래칸에 놓여 있어야 할 함函이 빠져 있을 뿐이다. 그러나 이 함이란, 혼인 때 신랑 집에서 예물을 넣어 보내는 것으로, 새각시가 신행 올 때 그대로 가지고 오는 소중한 물건이었다. 그리고 이 함 속에는 반드시 혼서지가 곱게 들어 있어 일생 동안 소중하게 간직되다가, 훗날, 부인 된 여인이 죽어 명부로 떠날 때, 저승의 강물을 건너서 낯선 길 아득히 홀로 가는 발에, 종이 신발로 만들어 신고 가는 것이다.

그래서 안방의 세간살이에 이것이 빠져 버리면, 가구 집기가 아무리 호화로워도 첩이라 할 수밖에 없었다. (3권, 89~90쪽)

오유끼의 집이라는 공간에서 결정적으로 결핍된 것은 '함'이었던 것이다. 그렇기 때문에 가구와 집기들로 외양을 화려하게 장식한 집이라 할지라도 이 집은 오유끼에게도, 강모에게도 결국은 장소가 아닌 공간에 머무르고 마는 결과가 된다. 아무리 가구로 치장을 하는 방이라 하더라도 결정적인 조건이 빠져 버렸기 때문에 외양만 존재하는 공간일 뿐 오유끼 자신에게도 강모에게도 '가정'의 의미가 될 수는 없었던 것이다. 이는 오유끼 스스로도 강모에 대한 자신의 존재가 무엇인가 하는 의문으로 이어지게 된다.

> 그러던 하룻날, 선생이었던 늙은 기생이 웬일로 오유끼한테 그런 이야기를 들려 주었던 것이다.
>
> 그때는 그저 그럴 법하다고만 생각했었는데, 이 저녁에 낯선 나라 낯선 도시 빈 방의 한쪽에 앉아 왜 이토록 가슴 후벼 내게 그 이야기를 구구절절 떠올리고 있는 것일까.
>
> 나는, 기생인가, 소실인가.
>
> 아니면 아무것도 아닌가.
>
> 아아, 그저 한낱 창부에 불과한가. (5권, 117~118쪽)

"아늑하다"라는 낱말은 '울타리', '둘러싸다', '에워싸다' 같은 느낌이 드는 말이라고 한다. 즉, "아늑하다"라는 말은 만족스럽고 편한 집에서 느끼는 기분 좋음을 뜻하는 모든 말로 의미가 좁혀질 수 있다는 것이다.[20] 가구로 가득 채워진 오유끼의 집은 '아늑함'에 실패한 듯 보인다. 그것은 제도로써 인정받지 못한 관계였기 때문이며, 애정이라는 심리적 만족감도 온전하지 않은 관계였기 때문이다. 따라서 작품의 후반으로 가면서 오유끼의 내면 심리는 한恨으로 점점 극대화되어간다.

누가 오라고 해서 따라온 길도 아니었다.

좇아온 것을 반기지도 않은 사람이었다.

열녀 춘향 수절이어서 오로지 세상에 나 이 한 사람 알았던 것도 아니었다.

그런데 나는 왜 내 발로 이 사람을 뒤쫓아와, 놓칠세라 부여잡고 한없이 잠겨 들어가는 것일까. 안개의 늪. 그래, 이 사람은 안개의 늪으로 나를 끌어들인다. 안개에 홀리면 넋을 앗기지.

그 몽롱한 부실함. 아무리 허우적여도 끝끝내 잡히지 않으나, 한 번 안개에 갇히면 풀려날 수가 없다. 안개가 걷히어야만 비로소 자유로워진다. 안개가 스스로 몸을 거두거나 스러지지 않는 한, 안개에 빠진 사람은 헤멜수록 길을 잃는다. 안개는 형체도 없는 것이, 보이는 것들은 물론이고 남의 운명까지도 가두어 깊이 삼켜 버린다.

그 식은 안개를 들이마신 오유끼의 가슴이 시려서 얼고 있었던가.

동상이 걸린 듯 가렵고, 진물 나고, 벌겋게 부었다.

그 말 못할 자리를 긁어 내면, 저처럼, 등판까지 마창이 나서 구멍이 뚫릴 것인가.

그러면 바람이 좀 통할까.

어리석은 년.

오유끼는 강모한테 칼질을 해 보라고 대들고 싶어진다.

차라리 잘라 내지. 여지도 없게. 왜 가만 두어, 왜 나를 그냥 두어. 보아 줄 것같이로. 머물면 머물 수 있을 듯, 왜 내비두어…….

오유끼 목에 울음이 맺힌다. (10권, 207~208쪽)

위의 대목은 봉천에서 만난 부서방의 어린 딸이 동상으로 얼굴이 상하자, 가위로 오려내는 장면인데, 이 과정을 지켜본 오유끼가 그 상처를 자신의 한과 동일시하며 표현해나가는 부분이다. 자신을 달가워하지 않는 강모의 마음을 알면서도 봉천까지 따라온 것은 오유끼 스스로의 판단에 의한 것이었으나 막상 계속되는 강모의 무관심으로 인해 이러한 한이 생긴 것이다. 강모와 오유끼의 관계는 애매할 뿐만 아니라 계속해서 어긋나는 모습을 보인다.

> 이 안방마님, 부인의 고유한 영역과 권위는 아무도 침범하지 못하였다.
>
> 안방의 아랫목 한가운데, 가장 따뜻하고 아늑한 자리는 부인의 것이었다. 그래서 만일 무슨 일이 있어 사랑의 남편이 안방에 든다 해도, 부인의 자리에는 함부로 앉지 않았다. 존중하는 것이다.
>
> 그리고 부인 또한 그 자리만큼은 자신의 것이어서 당당히 누리었다.
>
> 그러나 첩한테는 안에서나 밖에서나 그 자리가 없었다.
>
> 그리고 역할도 없었다.
>
> 그래서, 노릇도 할 필요가 없었다.
>
> 오직 서방님의 사랑을 다투는 것밖에는.
>
> 오유끼로서는 결코 대하기 쉽잖은 강태가, 연유야 무엇이든, 명색이 저희 집 문짝을 열고 들어갔다가 강모와 설왕설래한 끝에 다시 나와, 강모의 배웅을 받으며 문간에 발을 걸치고 있는 와중인데도 저렇게 오모가리 단지처럼 으그대고 앉아서 머리카락 솜터럭 한 낱 까딱 않는 것 역시 첩이라 그러할까.
>
> 햐아.
>
> 그런 기질이 저렇게 드러나는 모습에 어기가 차 아까 문득 강태의 뇌리를 뚫고 수천댁 이야기가 떠올랐는지도 모른다.

하는 양은 서로 다르지만 속에 깔린 '짓'의 바탕은 같지 않은가. (10권, 223~224쪽)

위의 대목은 강태가 오유끼를 보고 '첩은 다르다'는 어린 시절 어머니의 이야기를 떠올리는 부분이다. 사회와 제도가 인정하는 테두리 안에서 강모와 혼인한 사람은 효원이며, 강모의 마음 속에 자리한 사람은 강실이다. 물론 그 두 여성의 존재를 오유끼가 알고 있는 것은 아니지만, 제도권 안에서 남성과의 관계를 정식으로 인정받지 못한 여성으로서의 한을 표출하고 있다는 점은 옹구네와도 일맥상통하는 면이 있다 할 것이다. 그리고 위의 대목에 제시된 것처럼 혼인이라는 제도로서 정식으로 인정을 받을 수 없는 첩의 위치상 '서방님의 사랑을 다투는 것'이 전부라고 하지만 오유끼는 강모와의 관계에서 이 또한 순탄치 않다.

오유끼에게 있어 집이란 아늑함을 추구하기 위해 노력한 공간이었으나 결국은 이러한 아늑함을 느끼는 데에는 실패한 공간이라고 보아야 할 것 같다. 따라서 삶에서의 안정감을 찾기도 어렵다. 그러나 앞서 살펴본 강실이가 본인의 의지나 의도와 관계없이 비극적 양상으로 삶이 흘러가는 데 반해 오유끼는 봉천까지 강모를 따라가는 등 본인의 의사에 따라 적극적인 양상을 보이기 때문에 자신의 삶에 대한 의지는 비교적 강한 인물로 평가할 수 있다. 오유끼가 추구하는 대상인 강모와는 서로가 추구하는 지향점이 달랐기 때문에 오유끼의 뿌리 내리기는 일차적으로는 실패했다고 볼 수 있으나, 만주라는 공간에서 강모와의 삶이 지속되는 상태로 10권이 끝나기 때문에 무조건 실패라고 단정하기는 힘들어 보인다.

'춘복'의 뿌리 내리기 양상

이제까지 분석한 이 소설의 인물들 중 춘복은 가장 진취적이고 목표 의식이 뚜렷한 인물이다. 또한 오유끼의 뿌리 내리기를 이해하기 위해 강모라는 존재가 필수적이었던 것처럼 춘복이의 욕망을 이해하는 과정에서는 옹구네라는 인물, 그리고 강실이가 큰 비중을 차지한다. 앞서 살펴보았던 청암부인이나 효원 또한 비교적 삶에 대한 의지가 강한 인물이었으나 이들은 자신에게 주어진 것들을 지켜내야 한다는 일종의 사명감에서 이러한 의지가 비롯되었고, 춘복의 경우는 삶에서 주어진 것들을 거부하고 새로운 목표를 자발적으로 추구해 나갔다는 점에서 삶에 대한 의지는 더욱 강한 것으로 평가할 수 있을 듯하다.

춘복이는 평민의 자식으로 태어났음에도 불구하고 자식에게 그러한 삶의 방식을 세습하고 싶지 않아 결혼도 거부하고, 혼기가 찼지만 홀로 사는 인물이다. 매안 이씨 가문으로 대표되는 양반 신분 제도에 대한 불만을 은연중에 키우고 있었으며, 거멍굴 사람들과 함께하는 자리에서 빈번하게 이러한 불만을 직·간접적으로 표출하기도 한다. 이러한 춘복이에게 목표의식을 확고하게 심어주는 계기는 여러 가지인데, 그 중에서도 '변동천하'에 대한 이야기와 '강실'이에 대한 욕망을 들 수 있다. 변동천하에 대한 분석은 여러 연구에서 이미 행해진 바 있다. 이 장에서는 우선 춘복이가 강실이라는 목표 대상을 구체화시키게 된 과정에 주목해 본다.

"그러먼? 그러머언. 원뜸에 강실이가 자개 차지 될 중 알었당가?

거그는 대체나 더 좋겄네? 양반 중에 양반잉게. 맵씨 좋고 태깔 좋아 향내가 난당가 냄새가 난당가, 남원골에 쩌르릉 허는 양반의 따님인 디, 거그다가 몸뗑이도 헌 것 되야 부렀겄다. 온전헌 시집 못 갈 것은 불 속을 디리다보디끼 훤허고, 나이는 먹고, 오란 디는 없고, 잘 되얐네. 업어오지 그리여? 오매불망 정든 님은 기생첩을 옆에 찌고 전주로 도망가 부렀담서, 더 잘 되았네 그리여."

순간 춘복이의 눈이 어둠 속에서 번쩍 빛났다. 마치 부싯돌을 맞부딪친 것 같은 시퍼런 빛이었다. 그 느낌이 옹구네에게까지 전해져 오는 섬뜩하고도 예리한 안광眼光에, 오히려 말을 내쏘던 그네가 멈칫하고 몸을 움츠린다. …(중략)…

(……강실이……?)

아까 옹구네가 내쏘던 말이 그대로 춘복이 가슴 복판을 꿰뚫고 있는 것이다. 뚫린 복판에 꽂힌 이름은 곧 화살이었다. 정신이 아득해질 만큼 소스라치게 놀라운 발견에 그는 아직도 흥분에서 깨어나지 못하고 있었다. …(중략)…

춘복이는 어금니를 지그시 물며 다시 한번 오류골댁 쪽을 노려본다.

(작은아씨. 내 자식 하나 낳아 주시요. 나는 작은아씨한테 양반 자식 하나 얻고, 작은아씨는 나한테 상놈 자식 하나 얻으시요.)

칼로 새기듯 또박또박 한 마디씩, 끓어 오르는 심정을 오류골댁 쪽의 하늘에 새기는 춘복이는 다시 한번 부르르 떤다. (3권, 20~25쪽)

바로 위의 장면이 춘복이가 강실이에 대한 생각을 구체화하는 부분이다. 여기서도 알 수 있듯이 춘복이는 강실이라는 대상을 남몰래 연모하고 있었던 것도 아니며, 강실이를 처음부터 목표로 한 것은 아니었다. 다만, 옹구네의 말을 통해 순간적으로 통찰을 하게 된 것이다. 어쩌면 춘복이의 마음속에는 그 형상만 구체화되어 있지 않았을 뿐 신분상승이라는 다소 추상적인 형태의 목표가 늘 내재해 있었을 것이므로 강실이라는 이름을 들은 순간 낯설지 않음을 느꼈을 지도 모른다. 옹구네 역시 강실이라는 구체적인 대상을 점찍어 주기 위한 목표가 아니라 춘복이에게 반감을 표출하는 과정에서 생각 없이 내뱉은 말이었지만, 이 말이 춘복이의 목표를 구체화시키는 결정적인 계기가 된 것이다. 상민의 신분으로 양반가의 아씨를 넘본다는 것 자체는 엄청난 생각이다. 그런데 이러한 엄청난 사건의 계기가 옹구네의 스쳐 지나가듯 내뱉는 말 한마디에서 시작되었다는 것은 춘복이의 뿌리 내리기 양상을 이해하고자 할 때, 옹구네에 대한 이해가 필수적임을 보여준다.

> 그러나 춘복이는 아무 대답도 하지 않았다.
> 그리고 웃지도 않았다.
> 뻣뻣한 눈썹 터럭이 솟구쳐 일어선 그의 눈빛은 새파랗게 빛났다.
> 그것은 등잔 불빛을 받아 벌겋게 이글거리는 것처럼도 보였다.
> 그는 어금니를 지그시 물고는 몸을 부르르 떨었다.
> 그러는 그의 눈앞에 강실이의 모습이 선연히 떠오른다.
> 작은아씨.
> 내 자식 하나 낳아 주시요.
> 나는 작은아씨한테 양반 자식 하나 얻고, 작은아씨는 나한테 상놈 자식 하나 얻으시요.
> 춘복이의 손이 안으로 오그라진다.
> 그는 병아리를 채려는 솔개처럼 발톱을 모으며 눈에 모를 세운다.

"인자는 더 안 지달를란다."

춘복이는 하마터면 소리 내서 말을 할 뻔하였다.

속에서 솟구쳐 터지려는 그 말 대신에 그는 이 말을 자르듯 토했다.

"변동천하" (4권, 214~215쪽)

위의 장면은 강실이라는 존재에 대한 목표가 춘복이의 마음 속에 내재해 있던 변동천하라는 또 하나의 목표와 만나는 모습을 보여준다. 그리고 이러한 두 가지의 목표는 춘복이의 강렬한 욕망으로 이어지게 된다. 춘복이의 욕망은 달을 통해 소원을 비는 장면에서 더욱 구체화되어 드러난다.

그리고 둥그런 달이 하늘 높이 떠오르는 광경을 마음속에 그린다.

달님. 내 소원 하나만 들어주시요.

부디 매안에 작은아씨, 내 사람 되게 해 주시요.

그 말을 삼키고 있는 춘복이의 가슴 한복판에서 달이 둥두렷이 떠오른다. 참으로 희고 맑은 달이었다. 눈이 시릴 만큼 차가운 달빛을 투명하게 머금은 달은, 그의 흉중을 미동도 하지 않고 가만히 들여다보았다. 마치 너무나도 맑아서 손끝만 스쳐도 그대로 지문이 찍히는 명경明鏡처럼.

그 달은 바로 강실이의 얼굴이었다.

춘복이는 행여 그 달이 흔들릴세라 숨도 크게 쉬지 않았다.

그리고 동녘 하늘 저만큼을 숨죽이어 바라보았다. …(중략)…

춘복이는 점점 마음이 초조해졌다.

이상하게도 달이 너무나 절실하게 기다려지면서 가슴이 무겁게 뛰었다. 그것은 제의祭儀 같았다. 이제부터 하려는 무슨 일에 대하여 신명에게 고하고 그 도움을 받으려는 사람의 심정이라고나 할까.

이 떠오르는 달은 그냥 단순한 정월 대보름 달이 아니라 그것이 곧 강실이일 것만 같았다.

그래서 그 달을 맨 먼저 보고

"달 봤다아."

내 것이다, 고함치며 차지했을 때, 그대로 강실이조차 내 것이 될 것만 같은, 그러나 그 순간을 놓치면 그네 또한 그렇게 놓치고 말 것만 같은 초조함이 일었다. 다른 때는 몰라도 오늘 이 순간만큼은 자신의 염력念力이 둥근 달에 닿으면, 그것이 바로 강실이에게 투사되어 염력대로 될 것이라는 예감이 그를 강력하게 사로잡고 있었던 것이다. …(중략)…

그리고 드디어는 이렇게 달을 보고 만 것이다.

달을 차지하고 만 것이다.

춘복이는 숨이 막혀 지레 가슴이 터져 나갈 지경이었다.

"작은아씨를 내 사람 되게 해 주시요."

북받치는 이 말을 속에 삼키고 달을 향하여 그는 어금니를 윽물었다. (5권, 174~177쪽)

그러나 떠오르는 달을 처음으로 보고 소원을 빈 춘복이의 심리는 미묘하다. 마치 떠오르는 달을 보면 강실이를 정말로 차지할 수 있을 것만 같았는데, 막상 달을 처음 본 순간 그 거대함에 입을 다물지 못하는 것으로 표현된다. 보통 때는 무심코 올려다보면 눈 안에 들어오던 달이었지만, 지금은 그의 두 팔을 벌린 아름으로는 당치도 않게 거대하여 가라앉을 것만 같은 무게감으로 다가온다는 것이다. 생각과는 다른 달의 크기에 춘복이는 소름이 돋을 정도의 무서움과 두려움을 느끼지만, 결국은 그것을 극복하기 위해 다음 장면과 같이 흡월을 하는 것으로써 달과 대결한다.

> 그것은 두렵고 무서웠다.
>
> 춘복이의 등줄기를 써늘한 소름이 훑어 내렸다.
>
> 저 달의 어디에 대고 인간의 소원을 빌어 볼 수 있단 말인가. …(중략)…
>
> 달은 무서운 기세로 점점 가까이 부딪칠 것처럼 다가왔다.
>
> 그것은 어찌 보면 너무나 견고한 빛의 바위덩이 암벽 같기도 하였다.
>
> 아아, 차라리 저 달에 부딪쳐 산산조각으로 부서져 죽고 싶다.
>
> 춘복이는 몸을 일으켰다.
>
> 그리고 달을 향하여 가슴을 내밀고 온몸으로 버티고 마주섰다.
>
> 달은 아까보다 숨막히게 더 가까웠다.
>
> 가까이 온 달은 다시 싯누렇게 뒤집히어 붉덕물을 일으키면서, 거뭇거뭇 멍든 골짜기로 춘복이를 빨아들여 삼키려 하였다.
>
> 내가 너를 삼키리라.
>
> 어금니를 물고 주먹을 부르쥔 그의 두 다리가 후드르르 떨린다.
>
> …(중략)…
>
> 머리꼭지 정수리에서 어깨뼈와 가슴팍, 그리고 단전과 손가락 발가락 끝까지 터질 만큼 차 오르도록 달빛을 들이켜는 춘복이의 몸은 둥그렇게 부풀어 올랐다.
>
> 내가 너를 삼키리라.
>
> 그는 드디어 달빛에 딸려 오는 달이 덩어리째 삼켜질 때까지 그렇게 사나운 짐승처럼 서서 흡월을 할 작정인 것 같았다. (5권, 183~185쪽)

이 장면에서 춘복이에게 달은 강실이와 거의 동일시되고 있는 대상이다. 그런데 어찌된 일인지 처음 떠오르는 달은 춘복이의 생각보다 거대한 양상이었고, 오히려 달이 춘복이를 삼킬 듯하다. 이는 강실이라는 대상을 매개로 신분 상승이라는 근원적인 욕망을 가진 춘복이의 심리가 부담에 직면하였음을 보여주는 것이라 생각된다. 강실이라는 대상으로 목표를 구체화하였지만, 신분의 격차와 더불어 그로 인해 파생되어 나올 위험 부담, 계획의 어려움 등이 달에 대한 두려움으로 표현된 것이 아닐까 한다. 그러나 춘복이 역시 달을 보고 소원을 빌기만 하면 강실이를 차치할 수 있을 것 같다는 처음의 각오와는 달리 무서움과 두려움을 느끼기도 하지만 결국은 흡월의 형태로 달과의 표면적인 대결에서 두려움을 극복해 나가는 양상을 보인다.

앞서 잠깐 언급한 바와 같이 이 소설에서 흡월을 하는 인물은 효원과 춘복 둘뿐이다. 또한 이 둘은 삶에 대한 의지가 비교적 강하고, 뿌리 내리기 양상이 뚜렷한 인물로 분류할 수 있음도 언급한 바 있다. 춘복이 또한 그동안은 막연한 불만의 형태로만 자리했던 욕망이 강실이라는 대상이 부여됨으로써 구체화되고 있기 때문에 강실이를 통해 뿌리 내리기 양상이 매우 뚜렷해졌다고 할 수 있다. 그렇다면 과연 춘복이는 처음으로 달을 보고 소원을 빌었고, 두려움을 극복하고 흡월까지 하였으므로 춘복이의 뿌리 내리기는 성공한 것인가. 어찌되었건 춘복은 강실이를 범하고, 이는 강실이의 잉태로 이어지며, 결국은 옹구네의 도움을 받아 강실이를 납치하는 데까지 성공한다.

그러니까 강실이는 그 혼자 도려낸 듯 떨어져 나와 따로 선 누구가 아니라, 그 달 속에 서 있는 한 처녀, 그러나 달과 그 처녀가 도무지 서로 구분되지 않게 뒤엉키어 녹아든 형상으로, 두려우면서도 기어이 그것을 삼켜 버려야 할 어떤 절박함을 춘복이한테 덮어씌우고 있었다.

덮어씌우다니. 그것은 맞는 말이 아니었다. 강실이는 그에게 한 일이 아무것도 없기 때문이다. 그러나 강실이가 거기 있다는 것, 매안의 원뜸 솟을대문 아래 그 집의 지친으로 어여쁘게 돋아나 꿈결같이 그림같이 살고 있다는 것, 아니 그런 말이 아니어도 어쨌든지 강실이가 '있다'는 사실이 춘복이한테는 지금 엄청난 강박으로 덮어씌워지고 있었다. 오로지 그 존재 자체가 강박이 된 것이다. (6권, 47쪽)

그러나 춘복이에게 있어 강실이라는 존재는 단순한 성취의 대상이 아니라 엄청난 강박을 주는 존재이기도 하다. 다시 말해서 지고지순한 연정의 대상이라기보다는 보다 큰 욕망을 위해 성취를 해야 할 대상이고 그에 따른 부담을 극복해 나가야만 하는 존재인 것이다.

강실이와 정식으로 혼인을 하는 것은 아니지만, 정월대보름 달맞이가 끝난 후 춘복은 홀로 이씨 선산으로 간다.

나, 이씨 조상 신명님들 따님 하나 훔칠랍니다.

주시요.

저 하나 주시요.

이씨 조상님들은 이 따님말고라도 대대 후손 열두 집안 수수백천 자손들이 꽃 같고 달 같어서 꽃밭맹이로 흐드러져 피어날 거잉게, 이 꽃 한 쇙이 저한테 주시요.

내가 오늘 그 꽃 훔치로, 꺾으로 갈랑게, 나한테 감응허사 이씨 조상님들 기운 좀 주십시요. 여러 신명님들한테는 수수만만 꽃쇙이 중에 하나겄지만, 지는 이 꽃 한 쇙이가 지 전부요. 내 한세상으 전부요.

저한테 주시기라우. 상놈 손자 한 놈 보시기라우.

백옥 같은 이씨 조상님들 깨끗허고 높은 덕에 검불 같고 티끌 같은 흠절이 찍히는 거이겠지만, 저 높은 디서 뜨는 달도 자세 보면 얼룩얼룩 얼룩이 많습디다. 그거이 머이겠능교. 그거이 다 흠절 아닝교. 시컴시컴 얼룩배기 달 속도 무단히 그렁 거는 아닐 거이요. 그렇게 얼룩 있고 멍들었어도 달이 어디 꼬물만치라도 그것 때미 어둡등교. 그께잇 거 데불고도 천지에 휘황 찬란, 캄캄헌 밤에 그만치 큰 광명이 어디 다시 있겄습니까. (6권, 50쪽)

춘복이가 이씨 선산에 온 이유는 '웬일인지 와야 할 것 같았다'라는 것이다. 말 그대로 춘복이 자신만의 숭고한 의식인 셈이다. 춘복이 스스로도 강실이를 훔치는 일이라고 고백하고 있지만, 도선산 신명들의 기를 받아 자신감을 북돋울 필요가 있었으며, 두렵지만 선망이 되는 공간이라는 것이다.

모든 상황은 춘복에게 유리하게 돌아가는 듯 보인다. 이씨 선산에서 춘복이는 만동이와 백단이가 청암부인의 묘에 아버지 백술이의 유골을 투장하는 것을 목격하며, 이어서 오류골댁 앞을 지나가다가 거짓말처럼 그는 강실이를 우연히 만나 자신의 목적을 달성하게 된다.

결코 허사가 되어서는 안되며, 어디로도 가지 말고 거기 가만, 가만히 있으라는 것만도 아닌 안타까움. 그것은 강실이가 멀다는 것이었다. 이상하게도 그네를 마음에 품고 그토록 염원하고 있을 때는, 가까이서 본 일도 없는 그네가 제 것인 양 가득 차게 느껴지던 것이, 웬일인가, 지금 이 순간에는 참으로 그네가 자신이 닿을 수 없이 먼 곳에, 아득히 무감하게 떠 있는 것을 절감하다니.

"작은아씨. 인자 작은아씨는 지 사람 되야 부렀응게요. 인자는 지 자식 하나만 낳아 주시면 되야요."

그 안타까움을 밀어내 보려고 춘복이는 소리 내어 강실이한테 말한다.

그런데 조금도 그 말은 절실하지 못했다. 공허한 울림에 불과할 뿐. 바로 조금 전까지만 해도 그토록 절실하게 빌었던 말인데, 왜 이제 소원을 이룬 이 순간에 강실이는 도저히 자신이 가서 닿을 수 없는 곳에 있는 것을 무참하게 느껴야 하는가. (6권, 135쪽)

그러나 역설적이게도 강실이를 마음에 품고 있을 때는 항상 제 것인 것만 같던 춘복이의 마음은 강실이를 범하고 난 뒤, '자신이 닿을 수 없는 먼 곳'에 있는 존재임을 느낀다.

춘복이의 존재는 이기표가 이기채에게 춘복이의 관상을 이야기하는 부분에서 이미 평범한 인물이 아니라는 것이 어느 정도 암시된다.

"저놈 눈썹이 칼눈썹이라. 검미劍尾, 첨도미尖刀眉라 허는 것이, 제 속은 따로 두고 남한테는 드러내지 않는데다 성질이 사납고, 포악하고, 성급허고. 또 고집이 있어 놔서 제 마음에 한번 먹은 것은, 신념이랄까, 만용이랄까, 그걸 기어이 관철하겠다고 좌충우돌 거칠게 부딪치니, 화합은 어렵고 다툼은 많아서 결국 스스로 제 몸을 극하는 상 아닙니까. 그것만 해도 흉상인데 꽁지에 가서 선모旋毛(머리의 가마)까지 있으니 설상가상이요. 선모미형旋毛尾型은 성격이 일정치 않어서 변화가 많고, 특히 반골기질이 강한 법인즉. 겉으로는 수그려도 속에서는 반발이 치밀어, 역겨운 생각에 욱성으로 무슨 엉뚱한 일을 저지를는지 알 수 없는 일이니, 저놈 언동을 늘 주시해 두십시요. 근본 없고 미친헌 놈이 자칫 세상 변헌 것 믿고 날뛰면 물인지 불인지 아무 분간 못허고 치닫기 쉬운 법이니까요. 뺨 맞고 잘못했단 말 들으면 무엇합니까. 당헌 다음에 덕석말이 한다 해도, 한번 당해 버린 일은 물릴 수가 없는 것. 저런 놈한테 무단히 방심했다 허虛 찔리지 말고 미리 단속하셔야 헐 겁니다." (4권, 187~188쪽)

소설 속 이기표는 세상 물정에 밝으며, 이씨 문중의 살림을 실질적으로 도맡아 하는 인물이다. 따라서 사람에 대한 인식이나 안목은 어느 정도 트여 있다고 볼 수 있다. 한 자리에 있던 기응이 "복록이 면면해서 끊이들 안허고, 영웅이나 무관에 이런 눈썹이 있으면 천기天機를 받게 된다고"(4권, 188쪽) 이야기하는 것과 상당히 다른 평가를 보인다. 특히 기응의 말에 대한 반박으로 기표가 "기골 장대헌 놈이 저 날 데 가서 못 나고 울분 많은 데 가서 나 놓으면 반골·역신 되는 것은 천하에 정한 이치"(4권, 188~189쪽)라고 못박아 설명하는 부분에서 이씨 문중에서도 춘복이를 문제적 인물로 예의주시하고 있음을 알 수 있다.

또한 춘복에 대한 주변인물의 평가로 동경에서 유학을 하다가 매안에 돌아온 강호가 찬규와 춘복을 동일시하는 대목도 있다.

이백 년 전에 이미 죽어 효수당했던 찬규의 목이 아직도 죽지 않고 살아서 매안에 숨어 울고 있다니.

푸른 힘줄이 돋은 그 울음의 멍든 옹이에 춘복이가 감긴다.

그러더니 '찬규'와 '춘복이'는 서로 엉크러들면서 한 몸에 한 얼굴로 겹쳐져 버린다. 그리고 '남원도호부'와 '매안'이 저절로 일목요연하게 비유되며 그들의 반대쪽으로 떠올랐다.

찬규와 남원. 춘복이와 매안. 찬규와 춘복이. 남원과 매안.

그 대비 환영幻影들은 도저히 떼쳐내 버릴 수 없는 주문이나 무슨 예감처럼 강호에게로 파고들었다.

"춘복이 하나 때문에 어쩌면 매안을 송두리째 잃을는지도 모른다. 인근에 떨치던 이 위세도, 대대로 지켜오던 명예도. 그리고 그런 날은 뜻밖에도 그다지 멀지 않은 장래에 닥쳐올는지도 모른다."

강호는 아무리 해도 춘복이 얼굴과 형상에 연이어 당골네 백단이, 무부 만동이가 덕석말이로 너덜너덜해진 몸뚱이에 피칠갑을 한 채 절룩이며 날 저무는 매안에서 쫓겨 나가는 모습과, 그 걸음으로 다시 매안을 향하여 그들이 중음신 그림자들처럼 걸어 들어오는 환영을 지우기 어려웠다. (8권, 27~28쪽)

이와 같이 춘복이가 평범한 인물이 아님은 이미 소설 속 인물들의 시선을 통해 여러 차례 드러난다. 그리고 이 소설 속 인물들의 예상이 적중하기라도 하듯, 춘복이는 다른 인물들이 상상하지도 못할 일을 실제로 벌이고 만다.

표면적으로는 춘복의 뿌리 내리기는 성공한 듯 보인다. 그러나 춘복의 이러한 욕망 성취는 옹구네의 도움 없이는 이루어지기 힘들다. 따라서 춘복의 뿌리 내리기는 다른 인물인 옹구네의 욕망과 융합되어 드러나는 양상을 보이며, 삶에 대한 의지는 강하지만 목표 달성 과정이 자력으로 이루어지는 것은 아니다. 작품 속에 등장하는 모든 인물이 그러하기는 하나 『혼불』의 마지막 10권까지를 보더라도 춘복이의 뿌리 내리기가 성공했는지 실패했는지는 단언하기 힘들다. 하지만 춘복이의 생각과는 달리 순탄하게 욕망이 성취되기 보다는 옹구네라는 존재의 개입으로 인해 또다른 방향으로 전개될 가능성이 많아졌다고 할 수 있다.

춘복이라는 인물은 자신의 목표 의식이 비교적 뚜렷하며 기존의 사회에 대한 반감도 많아 소설 속에서 사건을 일으킬 가능성이 충분히 제시된다. 그리고 이러한 사건은 강실이라는 대상으로 구체화되면서 춘복이는 소설 속 인물들 중에서는 비교적 자신의 뿌리 내리기를 단계적으로 실현해가는 양상을 보인다. 그러나 춘복이가 자신의 욕망을 성취하기 위해서는 신분상의 제약을 극복해야하지만 그러한 신분상의 제약은 극복되기 어려운 문제라는 점에서 춘복이의 앞날은 순탄치 않아 보이며, 혼자만의 힘으로는 욕망 성취가 사실상 불가능한 듯 보인다. 따라서 옹구네라는 다른 존재가 일단은 조력자인 듯 등장하게 되나 옹구네의 욕망과 춘복이의 욕망은 하나의 지점을 향한 동일한 욕망이 아니었기 때문에 옹구네 뿌리 내리기 양상과 춘복의 뿌리 내리기 양상이 만남으로써 춘복이의 삶은 다양한 예측이 가능해지는 상태로 마무리된다.

'옹구네'의 뿌리 내리기 양상

옹구네는 앞서 이야기한 춘복이라는 인물과 가장 밀접한 양상을 가지고 있는 인물이다. 특히, 『혼불』에 등장하는 모든 인물들 가운데에서 가장 개성 있고 생동감 넘치는 인물이다. 옹구네는 춘복이보다도 더 욕망의 양상이 뚜렷이 드러나는 인물이다. 욕심이 많고 남의 말하기를 좋아하며 다소 비열한 면모가 있는 듯하면서도 자신의 삶에 대한 애착과 더불어 강인한 면모를 보여준다. 옹구네는 소설 속에서 자신의 욕망과 논리를 가장 체계적으로 실현해 나갈 가능성이 농후하다. 이러한 옹구네의 욕망이 분출하게 되는 계기는 그녀의 가장 큰 욕망의 구심점인 춘복이 때문이라 할 수 있다.

> 아이고, 설워라.
>
> 이래서 사나 지집은 쾨를 벗고 만나도 예禮를 치러야여. 허다못해 찬물이라도 한 그륵 떠 놓고. 글 안허먼 아무 쇠용이 없어.
>
> 글 안허먼 넘이여, 넘.
>
> 그 찬물 한 그릇을 떠 놓지 못한 사람이어서 옹구네는 방에 머물 수가 없었으니, 엄동의 깊은 밤중에 찬 바람 속으로 걸어 나와야 했다. (4권, 228쪽)

옹구네는 전문적인 교육을 받은 여성도 아니며, 남편이 있는 여성도 아니다. 따라서 옹구네는 양반계급과 남성 가부장제도와 결혼제도의 타자이다. 그녀는 여성 하층민으로서, 유교가부장제의 심부에서 스스로의 판단과 욕망, 방법으로 봉건적 억압에서 벗어나고자 했던 행동하는 하위주체였다고 평가하는 연구도 있다.[21]

옹구네의 뿌리 내리기 양상은 춘복이라는 대상을 통해 이루어지는데, 춘복이의 욕망을 먼저 실현하고, 뒤이어 자신의 욕망을 실현하겠다는 단계적인 과정을 통해서 이루어진다. 그렇기 때문에 옹구네의 욕망은 누구보다도 치밀하고 논리적인 과정을 거칠 뿐만 아니라 소설 속 인물들 중 가장 욕망이 현실화될 가능성도 커 보인다. 이것은 옹구네의 성격에서 기인하는 바가 크다고 하겠다. 또한 옹구네의 말은 경험을 통해 쌓여 습득하여 나름의 논리적 기반을 충분히 갖추고 있으며, 화가 날수록 더욱더 차분해진다는 옹구네의 화법 또한 이러한 설득력을 강화해준다.

"우리요?"

춘복이는 눈썹을 찡기면서도 어느새 옹구네 이야기에 귀를 기울이고 있었다.

"비 올라먼 하늘에 구름이 몬야 몰리고, 너구리 잡을라먼 굴 앞에 생나무 때서 연기를 자욱하게 피우잖이여? …(중략)…

저그 고리배미 비오리네 주막허고, 정그장에 새로 생긴 새 술막에다 일단 말을 흘리먼, 주막이란 디가 양반 상놈 헐 것 없이 아무나 오고 가는 디고, 또 귓구녁 철벽허고 일부로 안 들을라먼 몰라도 여그저그서 허는 이얘기 자연히 듣게 되는 디가 주막이여. 또, 들으먼 욍기게 되능 거이 말이고. 그렁게 소문을 낼라먼 주막이 젤이여. 근디, 암만 소문나 봤자 고리배미, 거멍굴, 이러다 말먼 쇠용이 없제. 혼인 말 오고 갈 즈그 동아리 되는 양반들이 알어야는디, 점잖으신 양반들이 발개고 앉어 책만 읽는디 그런 소문을 어디서 듣겄능가? 다 아랫것들이 조잘조잘 허는 소리 듣고 알제잉. 그렁게 주막에다 퍼치는 소문이 시작이여.

그러고 나서는 놉으로 일허로 가든지, 머심방에 마실 가서 지내가는 말맹이로 한 마디 뗀지고. 그러먼 기양 지름 조우 불 붙디끼 화악 번질거이그만. 소문이. 발 없는 말이 천 리를 간다고, 그께잇 거 오래 걸리도 안헐 거이네. …(중략)…

그런디 소문이 나 노먼 그게 달르제. 상피붙은 집안이다, 소문이 나먼, 본인 혼삿길은 더 말헐 것도 없고 즈그 문중 양반 가문에 개 짐생 똥칠을 하는 거이라, 즈그가 몬야 강실이를 놓고 쥑이든지 내쫓든지 헐 거이라고. 그런 일은 소문 안 나게 넘모르게 허겼지맹. 쉬쉬 험서. 근디, 정이 더런 거이라 쥑이든 못헐 거이네. 부모 자식 정리로 어뜨케 차마 생목심을 쥑일 수야 있겄어? 쫓아내기 쉽제. 그렁게, 소문만 익으먼 홍시감 꼭데기 빠지디끼 강실이는 톡 떨어지게 되야 있어. 자개 앞으로. 그러먼 줏어 오먼 되잖여. 멋 헐라고 하나뿐인 목심 걸고 일을 에렵게 헐라고여? …(중략)…

"그 대신, 내 말대로 되야서 강실이가 이 방으로 들오고 나면, 그 때는 내가 큰마느래 노릇을 해야겄어. 그런 중 알어 두어. 귀영머리 마주 풀고, 육리 갖촤 혼인허든 못했지만, 저보다는 내가 몬야 이 방으서 비개를 비었고, 서방님 숨소리를 들어도 저보다 내가 몬야 들었응게. 찬물에도 우아래가 있다는디 이건 꼭 다짐을 받어 두고 넘어가야겄어. 강실이보단 자개 대답을 나는 꼭 들어야겄는디, 어쩔랑가. …(후략)…" (4권, 243~246쪽)

위의 장면은 춘복이에게 옹구네가 자신의 계획을 차근차근 설명하는 부분이다. 이미 옹구네는 '우리'로 대상의 범위를 춘복이와 자신으로 묶고 있으며, 강실이에 관한 소문을 퍼뜨릴 계획을 이야기한다. 춘복이의 욕망을 일단 실현하고 나서 그 다음은 자신의 욕망을 달성하겠다는 것이다. 특히, 자신의 논리대로 일이 이루어질 경우, 요구 조건은 큰마누라 노릇을 하겠다는 것이다. 춘복이는 부유한 계층의 인물도 아니며, 신분 역시 옹구네와 같이 거멍굴에 거주하는 평민이다. 따라서 위의 대화를 통해 나타난 옹구네의 욕망은 물질적인 차원이나 신분의 상승에 대한 욕망이 아니라는 점에서 춘복이의 욕망과 일단 다르다고 할 수 있다. 즉, 춘복이의 욕망은 강실이라는 존재로 대표되기는 하나, 강실이라는 인물 자체에 대한 욕망이 아니라 강실이를 통한 신분 상승의 욕망이다. 그에 비하여 옹구네는 춘복이를 또 다른 욕망의 매개로 삼는다기보다는 춘복이라는 인물 자체가 그녀의 지향점이라 할 수 있을 것이다. 큰마누라 노릇을 한다는 부분에서 안정된 가정에 대한 욕망을 생각할 가능성도 있으나 앞서 살펴본 바와 같이 일단은 춘복과 강실이의 사이에서 안정된 자신의 위치를 확보하는 것이 우선적인 것으로 보인다.

여기서도 다시 한 번 옹구네의 치밀하고 무서운 성품을 알 수 있는데, 자신이 원하는 바를 얻기 위해 강실이에 대한 질투와 자신의 위치에 대한 수치심, 춘복에 대한 애정과 복수심 등 모든 감정을 자제하고, 춘복이의 욕망을 먼저 충족시킨 다음, 자신의 계획을 이루어 나가겠다는 것이다. 이러한 점을 근거로 필자는 이 소설 전체의 인물들 중에서 옹구네가 가장 뿌리 내리기에 근접해 있고 또 성공 가능성이 많을 것이라 평가한다.

> 옹구네가 얼른 말을 끄집어내지 못하며 앉은 자리에서 엉덩이를 옴질옴질 하고 있는데, 비오리는 더 채근하지 않고 그냥 내버려 둔다.
>
> 그래야 더 빨리 말을 하리란 것을 건너짚어 본 것이다.
>
> "저그……매안에 원뜸 오루꿀덕 강실이 말이여."
>
> "그 작은아씨가 왜?"
>
> 그제야 비로소 비오리는 의아하다는 낯색으로 옹구네를 바라보았다.
>
> "작은아씨는 무신. 홰냥년이등만."
>
> "이?" …(중략)…
>
> "하아. 그 일이 있고는 도망을 가 부렀제이. 잘못을 해도 어디 에지간히 했어야 얼굴을 들제, 죽어도 못 들겄잉게 아조 먼 디로, 만주로 가분 것 아니라고? 그것도 벌쎄 언지 쩍 이얘긴디? …(중략)…
>
> 옹구네는 제가 전에 궁리해 놓은 일도 있는지라 장담하고 나섰다.
>
> "얌전한 강아지 부뚜막에 올라앉는단 말도 있기는 하지만. 하이고매, 시상에. 그게 그렇그마잉."
>
> 비오리어미가 고개를 절레절레 흔든다.
>
> 옹구네 입김이 불길같이 뜨거웠다. 그 입김에 묻은 말이 비오리

와 그 어미에게 옮겨 붙은 것이다. 이제 이윽고 오늘 밤, 이 소문은 산더미 같은 달집처럼 활활 무섭게 타오르며, 그 달집 앞에 모여 선 사람들 속으로 일렁일렁 혓바닥을 너훌거려 번질 것이었다.

그리고 순식간에 고리배미 불길을 넘어 이웃 마을과 매안의 문중으로도. (5권, 136~138쪽)

위의 장면은 옹구네가 계획의 첫 번째 단계로 말했던 것처럼 비오리네 주막에 소문을 내기 시작하는 부분이다. 그리고 음행의 소문이기 때문에 궁에서 쫓겨나야 했던 선화 공주의 이야기를 통해 강실이의 비극적 운명을 암시하고 있다. 다른 사람이 아닌 옹구네의 입에서 나오는 계획이기 때문에 이 계획은 그 가능성도 뚜렷해 보이고 더욱더 강실이에게 불리하게 작용할 것만 같은 느낌이 든다.

옹구네 생각은 한 갈래 외곬수가 아니었다. 복잡하였다.

내가 강실이 일 한쪽 귀영텡이 거들어 주고는, 성사되면 큰마느래 노릇 톡톡히 험서, 이 원통허고 설운 분, 곁다리 아낙의 신세 무안하고 처량했던 것을 모질게 갚어 주리라.

싶은 생각에 열심으로 제 일마냥, 고리배미 비오리한테로 갔다가, 우례한테로 갔다가, 안서방네한테로 갔다가, 은근히 앵두어미 임서방한테도 말을 묻히며 딴에는 춘복이 일을, 아무도 눈치 못 채게, 들키라고 서두르고 다녔다. 그러니까 동서남북 네 갈래 여덟 갈래 길에다가, 화르르, 부싯돌만 치면 불이 붙어 삽시간에 타오르게끔 불쏘시개를 만들고 다닌 것이다.

그러나, 그러면서도, 그 마음이 다가 아니었다.

야 이 웬수엣놈아.

아무리 문서 없이 오다 가다 만나서 더러운 맹세나마 한 마디 한 일도 없이 산다고는 허지만, 이것도 사능 것은 사능 거인디, 너도 참 낯빤대기 두껍기는 두껍다. 문서가 없다고 심정도 없겄냐?

그리여, 나는 귀영머리 마주 풀고 찬물 바쳐 육리 갖춘 마느래도 아니고, 양반의 따님으로 고귀하신 지체도 아니다. 거그다가 나이 에려 꽃 같고 달 같은 청상에 과부도 아니제. 너보돔 나이 많은 홀에미, 단물 빠진 늙다리, 자식끄장 딸린 년이다만, 아무리 그렇다고 사람 박대를 이렇게 막 대놓고 헌단 말이냐. …(중략)…

옹구네는 아무리 생각해도 분이 나서 견딜 수가 없었다. (7권, 115~116쪽)

이처럼 옹구네라는 인물의 개성은 탐욕에만 국한되지 않는다. 분노가 치미는 순간에도 그 분노를 표출하기에 앞서 실리를 따진다. 평소의 행실을 보아서는 감정과 욕구에 충실할 것 같은 인물이지만, 실상은 보다 큰 목표를 위해 눈앞의 작은 분노는 의연하게 넘길 줄도 아는 치밀한 인물이기도 하다. 강실이에 대한 분노를 다스리고 가문의 앞날—정확히는 아들 철재의 미래—을 위해 대인배의 면모를 보였던 효원과도 비슷하다는 느낌을 받을 수 있을 것이다. 그러나 효원은 개인적 욕망을 앞세워 강실이를 '용서'한 것은 아니라는 점, 또한 옹구네는 춘복이라는 대상을 쟁취하기 위한 목적으로 표층적으로만 '협조'하고 있다는 점 등이 다르다.

옹구네에 대한 윤영옥(2014)의 평가는 옹구네는 작품에서 비열한 악인이라는 것이다. 하지만 그녀는 하위계층 여성으로서 특정한 전문 지식이나 학력 없이 자신이 욕망하는 것을 얻기 위해 스스로 생각하고 판단하고 행동하는 과감성을 보이며, 자신의 알고 있는 전통적 지식과 인맥을 활용하고, 새롭게 취득한 정보를 적절히 유효할 줄 아는 인물이라는 점도 덧붙이고 있다. 바로 이러한 점들이 소설 초반에는 그저 입심 좋은 인물 정도로 작품 안에서 큰 비중이 없을 것이라 판단했던 옹구네가 소설을 읽어 갈수록 사건을 이끌어 가는 역할을 할 수 있는 근거가 될 것이다.

다른 인물들과 마찬가지로 옹구네 역시 뿌리 내리기에 대한 성공 실패를 단정하기는 어려우나 필자는 옹구네의 성격을 고려할 때, 성공 가능성이 많은 인물로 평가한다. 또한 치밀한 계획이나 계획의 실현 가능성 및 옹구네의 성품을 바탕으로 평가할 때도 그녀의 욕망은 가장 현실에 근접해 있다.

'부서방'의 뿌리 내리기 양상

『혼불』 속에는 그들의 삶을 '비극적'이라고 이야기할 수 있을 만한 인물이 대부분이다. 오히려 순탄한 삶을 사는 인물이 거의 없는 듯하다. 그 중에서도 '부서방'은 『혼불』 전 10권에서 많은 비중을 차지하지는 않으나, 청암부인과의 특별한 인연과 만주로의 이동을 보이는 인물이라는 점에서 살펴보아야 할 만하다.

부서방의 등장은 5권에서 청암부인의 죽음 이후, 영언에 와서 통곡하는 사건을 통해서부터 시작된다. 부서방은 가까운 피붙이도 아니고, 일가친척도 아니었으나, 청암부인의 영연 앞에 찾아와 옆에서 말려도 좀처럼 울음을 그치지 못했던 것이다. 붙이내림들 중의 하나인 부서방은 가난한 형편에 재바르고 부지런한 성미가 아니어서, 언제나 뒤처지는 인물이었다. 여기에 예닐곱이나 되는 아이들과 만삭이 다 된 부인은 부서방이 책임져야할 가솔들이다. 심지어 조선 팔도에 유례없는 대흉작이 들고, 각종 공출로 인해 그의 삶이 나아질 기미는 전혀 보이지 않고, 고통은 더욱더 가중되기만 한다. 이러한 극한적 상황은 부서방으로 하여금 도둑질이라도 해야겠다는 생각을 갖게 만들었고, 결국 그믐날 밤, 청암부인의 광을 털게 된다. 그러나 광은 쉽게 열리지 않고, 결국 부서방은 어둠 속에서 청암부인을 만나고 만다(5권, 267쪽). 제발 살려달라는 부서방의 간청에 청암부인은 뜻밖에도 도둑질을 하러 온 부서방에게 곡식 가마를 내어 주며, 이 일을 아무에게도 발설하지 말 것을 당부한다.

부서방은 수동적인 인물형은 아니다. 강태와 강모와는 다른 차원의 이동이기는 하지만, 남원에서 만주라는 긴 거리를 이동하면서 새로운 삶의 뿌리를 찾고자 노력하는 인물형이라 할 수 있을 것이다. 강태가 지도자 공부를 위해서라는 목표가 있었고, 강모가 현실을 벗어나기 위한 도피처로서 봉천을 택한 것과는 달리 부서방은 생존을 위한 새로운 공간으로서 봉천을 지향했다고 볼 수 있다.

어린 딸이 동상에 걸려 귀가 떨어져 나가도록 걷고 걸어 도착한 봉천은 부서방에게 어떤 공간이었을까. 만주로 가서 열심히 살아 사람처럼 사는 모습을 청암부인에게 보여주고 싶었다는 부서방은(5권, 272쪽) 무작정 찾아간 봉천에서 위기의 순간에 뜻밖에도 강모를 만나게 된다.

> 강모는 망연히 서서 김씨와 유민들을 물끄러미 바라보았다.
>
> 거러지와 다를 바 하나 없는 그들의 초라하고 참담한 짐보퉁이를 묶은 끈에는 어김없이 이 빠진 바가지 쪽박들이 디룽디룽 매달려 있었다.

저것이 무슨 의관이라고.

시큰, 콧날이 메어 울적하게 돌아서는 강모의 심사가 찢긴다.

오랜만에 들은 전라도 사투리에 고향이 묻어서일까. 전에 없던 연민이 처음으로 그의 가슴을 싸아 물들이며 서글프게 한다. 희끗희끗 눈발 날리는 봉천의 하늘이 황량하게 보인다.

아까는 심진학 선생을 뜻밖에 만난 기쁨으로 빈 하늘이 가득했는데, 지금은 저 거러지와 다를 바 없이 남루한 일가족의 비참한 정경이 눈에 들어온 순간, 가슴이 시렸다.

그는 외투깃을 여미며 돌아선다.

그로서는 어쩔 수 없는 일이기 때문이다.

"아이고오, 서방니임. 서방님 아니싱교잉?"

누군가 다급하게 튀어나와, 돌아서는 그의 뒷덜미를 나꾸어채듯 부른다. 하도 찰지게 낯익은 전라도 가락의 남원말이라, 강모는 본능적으로 아는 사람인가 싶어 펀듯, 고개를 돌린다.

"맞그만이요오, 이잉. 서방님. 새서방니임."

그만 감격에 숨이 차서 울부짖듯이 고꾸라지며 길바닥에 털퍽, 무릎을 꿇고 엎드리는 사람은, 점방에서 쫓아나온 부서방이었다.

"누구시요?"

강모가 얼른 그를 못 알아보고, 절하는 남정을 내려다본다.

"저요잉, 저 아랫몰 부서방인디요오."

이미 눈물로 범벅이 된 얼굴을 쳐든 부서방이 목을 놓아 운다.

"오오, 부서방. 그렇구만……."

어쩐 일인가, 자네가, 여기.

강모는 반갑다기보다 웬일인지 가슴이 철렁하여, 순간 그를 경계한다. (10권, 64~65쪽)

부서방은 강모와 강태에게 청암부인의 죽음을 알리는 정보 전달자로서의 역할과 더불어, 특히 강모에게는 각별한 의미를 지니는 인물로서 기능한다. 내심 고향을 그리워했으며, 강실이에 대한 마음한 구석의 아련함을 간직하던 강모에게 부서방은 이러한 지향을 어느 정도 간접적으로나마 대신해 줄 수 있는 존재였던 것이다. 청암부인이 자신에게 준 쌀 한 톨도 아까워서 쓰지 못하고, 어린 딸의 귀와 바꾸어 가며 만주까지 열심히 걸어온 순박한 인물이며, 춘복이와 같이 신분 상승에 대한 욕망을 꿈꾼다거나 상층의 신분을 지향하는 의식 없이 청암부인과 강모에게 자발적으로 순종하는 인물이다. 그리고 이러한 점들이 강태로 하여금 부서방을 비판하게 만드는 면모가 되기도 한다.

그러나 부서방의 뿌리 내리기 양상은 다소 막연해 보이는 부분이 있다. 구체적인 계획을 가지고 출발한 공간이 아니라는 점에서, 특히, 만주가 어떤 공간인지에 대한 구체적 정보도 없이 무작정 새로운 삶을 위해 걷고 걸어 도착했다는 점은 가족에 대한 부양의 의무와 청암부인에 대한 은혜갚음의 의미로서 부서방의 의지를 드러내주기는 하나, 그가 강태나 강호, 춘복과 같은 인물에 비해 삶에 대한 철저한 욕망이나 계산은 뒤떨어지는 인물임을 알 수 있게 하는 부분이다.

위기의 순간에 강모를 만나지 않았더라면, 만주에서 부서방의 삶이 어떠했을지는 짐작이 갈 것이다.

> 아아, 그리고는……누가 믿었을까. 짐작도 할 수 없었던 일이 벌어지고 말았으니. 강모를, 청암마님의 손자, 매안이씨 종가의 젊은 종손, 대실서방님, 강모를 천만 뜻밖에도 바로 그 집 점방의 문지방 안에서, 꿈만 같이, 하늘이 도우사 무심치 않으셔서 불쌍히 여기시고 인

도하여 이렇게, 만났던 것이다.

부서방은 숨이 차서 말이 안 나왔다.

오직 눈물이 앞을 가려 억, 억, 신음을 토하였다.

시상에는 헛짓이 없고나. 그 노인네 지게 지고 나타나서 여그까지 데다 주고 간 거이, 꼭 꿈속에 산신령이 선몽現夢허고 간 것맹이네.

짜고 와도 이렇게 딱 맞아떨어질 수는 없을 것만 같은 감격도 잠깐이고, 부서방은 심장 속이 후들후들 떨렸다.

전율이었다.

마님이, 청암마님이 손 잡어서 여그다 데다 주신 거이여. 사셔서도, 생전에 나를 살게 해 주시고, 돌아가겨서도 나를 요렇게 당신 손지 지신 디로 데다 주신 거이여. 마님은 안 돌아가겼어. 살어 지시여. 시방 나를 똑 보고 지시능 거여.

안 그러고서야 여그가 어디라고 옆집도 아니고, 누가 주소 적어 갈쳐 준 것도 아닌디, 기차 타고 가도 가도 보름 밤낮 간다는디, 중국 천지 넓은 디서, 여뜨케 요러케 만날 거이냐.

내가. 질도 몰르고, 글도 몰르고, 말도 몰른디.

넘도 아니고 꼭 우리 마님 손지 양반을, 내가 어뜨케.

저 많고 많은 점방 중에 나는 왜 똑 이 집이로 들오고 싶었으며, 우리 서방님은 어디 갔다가 똑 그때 외겼으꼬. 내가 만약 아까 이 집을 놔 두고 딴 집으로 들으갔거나, 이 집으로 들왔어도 쥔이 모질어서 쬐께났거나 했이먼, 서방님을 못 만났제. 나 쬐게난 담에 서방님이 외겼어도 나는 못 만났제.

부서방은 청암부인 서릿발 같은 안광이 부시게 비치는 것 같아서, 눈을 질끈 감았다.

그리고 무서웠다.

죽어서도 사는 힘이 그를 꿰뚫는 것만 같았던 것이다.

꺽, 꺽, 마디 잘린 부서방네 울음 소리는 건너채 강모네 방안에까지 넘어왔다. 그 울음 소리의 허리를 바람이 쓸고 간다. 쓸리어 잘리는 울음의 허리에 부서방의 울음이 얹힌다.

강모 앞에 마주앉은 부서방도 울고 있는 것이다.

알 수 없는 곡절에 사무친 부서방의 울음이 왠지 불안하기까지 했으나, 강모는 굳이 그를 말리지 않는다. (10권, 84~86쪽)

부서방이 만주로 오겠다고 결심하게 된 계기 또한 살펴볼 필요가 있다. 부서방은 조선인 농장에서 일을 하며, 요하의 북안에 도착하게 된다. 그 영구농장의 이름은 영흥촌으로, 북지사변이 일어나면서 만척에서 급작스럽게 세운 것이었다(10권, 128쪽). 거기서 양판식을 만난 부서방은 만척이 사람들을 선동했던 것과는 다르게 열악한 영구농장의 처지에 탈출을 결심하게 되고, 결국 양판식과 그 식솔들을 이끌고 밤에 도주한다. 그러나 양판식의 처와 태어난 지 얼마 되지 않은 갓난아이가 도주 중에 죽는 사건이 생기고, 아이의 죽음도 비극적인 사건이지만, 죽은 아이를 묻는 과정에서 보다 비극적 사건이 발생한다.

양판식은 그 마을 뒤 야산 기슭을 떠나지 못하고, 넋나간 사람처럼 날이 저물도록 멀거니 앉아만 있었다.

결국 이튿날, 허름한 객점에서 뜬눈으로 밤을 새운 뒤.

길을 떠나면서, 내 새끼 묻힌 흙이라도 한 번만 더 만져 보고 싶다고, 애처로운 어깨를 추욱 늘어뜨린 채 찾아간 그 무덤에서 그들은, 못 볼 것을 보고 말았다.

"애기 무덤에다 묻어 준 보따리를, 밤 새이에 누군가 파가 부렀드만이요. 그리고……더 기가 맥힌 것은……죽은 애기를 홀딱 벳게 놓고……새옷이랑 포대기랑, 귀마개랑, 신발이랑……싹 다 훔쳐가 부렀드랑게요……긍게. 어이구후."

지가 그런 시상을 봤습니다요.

부서방은 후루루우, 한숨을 쉬며 제 가슴을 쓸어 내렸다.

심진학은 눈을 내리감은 채 말이 없고, 강태도 강모도 입을 다물었다. (10권, 136쪽)

"왜, 그 지경이면 다시 조선으로 가지 않고, 아랫몰이 아무러면 그만 못할까. 거지보다는 상놈이 낫지 않은가."

강모가 진심으로 안쓰러워하며 말했다.

"저한테는 아랫몰도 만주보둠 더 낫을 것은 없습니다. 그러고 저는 상놈이 서러워서 만주로 뜬 것은 아니었어라우. 종이라도 배부르면 저는 아무 걱정이 없었을 거이그만요. 그런디, 지일 큰 것은, 지가 지 맘속에 굳게 먹은 약조였지요잉. 청암마님한테 했던 약조요. 한번 살어 볼란다고 맹세헌. 용서로 주신 그 쌀 한 가마니를 꼭 한번 지대로 살려 볼라고……그 곡식을 종자로 삼어서……내가, 죽어도, 여그 이 만주땅으서 한번 몸뎅이를 일으켜 볼라고……안 갔지요. 쎄를 물고. 마님이 저한테 그 큰 맘을 주셌는디, 그 맘을 허쳐 불 수가 없어서요."

부서방이 찻잔을 만지작거린다.

(마음……이라.)

강모의 가슴턱에 이 말이 바람 소리로 걸린다. (10권, 138~139쪽)

부서방 스스로가 이야기하듯이, 신분에 대한 불만 때문에 만주로 이동한 것은 아니라고 한다. 강태와 강호에 비해 전문적인 교육을 받을 기회가 없었기 때문이기도 하지만, 부서방의 성품 자체의 순박함과 무던함은 신분에 대한 비판적 인식을 스스로 차단할 것이다. 생존을 위한 욕구도 있었지만, 부서방이 만주로 이주한 이유는 '청암부인이 자신에게 준 맘을 허쳐 불 수 없었다는 것'이다. 비록 전문적 교육을 받지 못했고, 진보적 사고를 할 수 있는 유형의 인물은 아니지만, 자신의 삶을 수동적으로만 받아들이지 않는다는 점에서, 그리고 청암부인에 대한 의리를 충직하게 지킬 줄 아는 순박한 면모를 가지고 있다는 점에서 부서방의 뿌리 내리기 양상은 비교적 투철한 편이라고 할 수 있다. 그러나 부서방의 만주에서 뿌리 내리기의 과정 자체는 매우 비극적이다.

부서방은 비장하게 가위 든 손을 들었다.

찰나에 오유끼가 번쩍 고개를 치키며 강태를 바라보았다.

그것은 사나운 짐승에 쫓기는 여린 것이, 본능적으로 피할 구멍을 찾아 쏜살같이 달리듯 빠른 시선이었다.

아니면, 살려 달라고 애원하는 불쌍함.

빨리, 빨리. 좀.

강태는 영문을 알 수 없었지만 저도 모르게 그 눈빛에 찍혀 끌리면서 부서방 옆으로 성큼 다가가 허리를 구부렸다.

부서방은 부엌 바닥에 눕혀진 딸내미 벌건 뺨에다 불문곡직, 부젓가락을 꽂듯이 시커먼 가위 끝을 쑤셔 넣었다.

아니, 아니, 이런.

이보시오, 부서방.

미처 말릴 겨를도 없이 푹, 소리조차 내지않고 볼을 뚫고 들어간 가위를 힘겹게 벌리어 스걱, 스걱, 스걱……자르는 것은 살이었다. 얼어서 감각이 없는 볼때기 살은 가위끝에서 허옇게 부스러지며 잘리었다.

아이는 아프지도 않은 모양이었다.

이런 참혹한 정경은 상상도 해 본 일이 없는 강모는 진저리를 쳤다.

"동상에 걸린 볼때기가 막 썩어 들어가서, 더 가만 두면 금방 온 얼굴을 못 쓰게 되고 만대요."

오유끼는 영문을 모르고 놀라는 강모와 강태한테 알려 주듯이 말한다.

아아, 세상에는 이런 일도 있는가.

"매안서 떠날 적에는 갠찮했는디."

부서방은 혀끝이 오그라드는지 마른침을 삼킨다.

"오다가 얼어 갖꼬는 기양."

어지간해야 눈물도 나오는 법인가.

아비는 뜬정신에 울음도 없이 제 새끼 볼따구니를 자르고, 어미는 부엌바닥에 툭, 툭, 떨어지는 살점을 줍는다.

가시내는 드디어 볼때기 한복판이 펑 둥그렇게 뚫리어 그 옆구리로 위아랫니가 졸졸이 다 드러나보였다. 잘린 자리에서는 피도 나지 않았다. 피 대신 우묵하게 전등불 그림자가 고인다.

살점을 주워 치마폭에 고이 담는 아낙을 보고 가위를 바닥에 털그럭, 던진 남정이 버럭 소리를 지르며 역증을 낸다.

"봉숭아 꽃잎이나 되능게비네. 그께잇 노무 것을 멋 헐라고 줏어 담기는. 저리 치워어."

아낙은 그러는 남정을 무서워하지 않는다.

"묻어 주어야지. 아무 디나 내불 수 있간디이. 내 새끼 살인 디……." (10권, 204~205쪽)

결국 아이는 죽고, 볼의 상처는 동상 때문이 아니라 천연두 때문이었음이 사망의 원인으로 드러난다. 그리고 제일면점 주인 김씨의 걱정대로 부서방의 자식들 중 제일 어린 아이에게 천연두가 옮아 누이를 따라 죽고 마는 사건이 생긴다.

소설 속 부서방의 삶의 양상이 제시된 부분은 여기까지이나, 이러한 비극적 사건을 연달아 겪는 부서방이 앞으로 만주에서 어떠한 삶을 꾸려나갈지는 다양한 예측이 가능하다. 부서방의 삶은 강실이 만큼이나 안쓰러움을 자아내지만, 당대 민중들의 비극적 삶을 여실히 보여주고 있다. 또한 부서방은 만주까지의 험난한 여정을 어느 정도 이겨낸 만큼, 자식들의 죽음이라는 큰 사건을 극복해 내고, 청암부인에 대한 의리를 지키기 위한 노력을 계속할 것으로 예상된다. 따라서 부서방의 뿌리 내리기 양상은 비극적 사건을 극복해 나가는 과정 속에서 충직함과 성실함으로 주어진 현실을 잘 개척해 나가는 것이라고 본다.

지금까지 살펴본 바에 따르면, 이 소설의 대부분의 인물들은 안정감이 없는 상태로부터 출발한다. 인간은 공간에 버려진 듯이 느낄 수도 있고 공간에서 안도감을 느낄 수도 있다고 한다. 이 장에서 살펴본 11명의 인물들은 모두 안도감을 느끼지 못한 상태에서 출발하지만 그 전개 양상은 개인적으로 차이를 보이고 있다.

먼저, 비교적 뿌리 내리기 양상이 성공했다고 할 수 있거나 성공할 것으로 평가되는 인물들은 삶에 대한 애착이 강하고, 적극적인 성격을 가지는 인물들로서 청암부인, 효원, 춘복, 옹구네 등을 들었다. 또한 이 네 명의 인물들은 청암부인과 효원이 삶의 양상이 밀접하다는 점에서 관련이 있으며, 춘복과 옹구네 또한 둘의 욕망의 각각 다름에도 불구하고 강실이라는 대상을 통해 둘의 욕망이 접합하는 지점이 있다는 점에서 함께 고려했다. 또한 성공과 실패를 단정하기는 힘들지만 인물들의 성품이나 이들이 처한 상황을 고려할 때, 성공 가능성이 많을 것으로 평가할 수 있는 인물이 강태와 강호이다. 다만, 이들이 처한 공간과 환경은 비교적 어려운 점이 많지만, 이들의 의지가 강하고, 의식이 열려 있는 인물들이며, 전문적 교육을 통해 배운 이들이라는 점에서 성공 가능성이 많을 것으로 평가한다.

두 번째는 뿌리 내리기에 대한 욕망은 강했으나 소설 속에 제시된 부분만을 고려할 때 실패한 것으로 평가할 수 있는 인물이 오유끼이다. 실패라고 할 수 있는 인물은 이 한 명뿐인데 그 이유는 오유끼는 강모와의 삶이라는 비교적 구체화된 대상을 설정하고, 안정된 공간을 추구하는 모습을 보여주지만, 정작 중요한 대상인 강모가 그 공간 속에서 안정감을 느끼지 못했기 때문이다. 따라서 대상이 될 존재와의 융합에 실패하였기 때문에 오유끼의 뿌리 내리기 역시 실패했다고 보아야 할 것이다.

세 번째는 뿌리 내리기에 대한 욕망이 거의 없을 뿐만 아니라 수동적인 삶의 양상을 보이는 인물들이 있었는데 인월댁과 강실이다. 이들은 당연히 뿌리 내리기에 성공했다는 말을 쓰기는 힘들며, 실패라는 말조차 적절하지 않을 것이다. 그 이유는 인월댁과 강실이 스스로가 뚜렷한 목표 의식을 가진 적이 거의 없고, 추구하려는 바도 없었기 때문이다. 그러나 이들의 삶에서는 외부적인 요인이 큰 비중을 차지하고 있음을 고려해야 한다.

마지막으로 강모는 뿌리 내리기에 대한 성공과 실패를 판가름하기 어려운 인물이다. 이는 소설에서 제시되어 있지 않은 앞으로의 삶에 대한 가능성을 열어두고 내린 평가이기는 하나 만주로 도피를 했다는 것 자체는 나름의 노력이므로 뿌리 내리기에 대한 욕망으로 볼 수도 있고, 말 그대로 도피라는 점에서 순수한 성공으로 보기에는 어려운 점도 있다. 만주에서의 삶은 강모 개인에게 있어 의식의 성숙으로 이어지거나, 새로운 인물을 만나 사회적 관계망이 확장될 수 있는 가능성도 있으므로 강모에 대한 평가는 유보하도록 한다.

부서방 역시 성공과 실패라는 기준을 적용하기에는 다소 모호한 인물로 생각된다. 청암부인과의 인연을 계기로 만주로의 이동이라는 엄청난 계획을 실행하는 점 등은 상당히 진취적인 면모로 판단할 수 있으나, 그의 삶에서 맞닥뜨리는 비극적 사건의 강도가 매우 크다. 소설 속에서는 부서방이 이러한 비극성을 잘 극복하여 스스로의 삶을 잘 이끌어 나갈 수 있을 것인지, 포기할 것인지 판단할 수 있는 근거가 뚜렷하지는 않으나, 이 장에서는 부서방의 뿌리 내리기 양상도 비교적 긍정적으로 끝맺을 가능성이 많을 것으로 생각한다. 그 이유는 부서방의 공간 이동은 단순한 생존 욕구에만 바탕을 두고 있는 것이 아니며, 충직한 그의 성품에서 비롯된 청암부인에 대한 은혜 갚음이라는 의식이 무엇보다도 우선하기 때문이다.

■ 최옥정

1 국립국어원 편, 『표준국어대사전』, 두산동아, 1999. 국립국어원 표준국어대사전 검색 사이트(stdweb2.korean.go.kr) 참조.

2 최명희, 『혼불』, 한길사, 1996. 이하 인용문 뒤에 '권수, 쪽수'만 표기한다.

3 소설 『혼불』은 여러 명의 등장인물 중에서 청암부인과 효원이 비중 있는 인물임에는 틀림없으나 특정한 한두 명만을 주인공이라고 단정하기는 어려운 점이 많다. 거의 모든 인물이 대등한 비중을 가지고 서술되며, 그다지 중요한 역할이 아니라고 생각했던 의외의 인물이 서사 전개에 있어 중요한 축을 담당하는 모습도 볼 수 있기 때문이다.

4 오토 프리드리히 볼노, 이기숙 옮김, 『인간과 공간』, 에코리브르, 2011, 39~40쪽.

5 이-푸 투안, 구동회·심승희 옮김, 『공간과 장소』, 대윤, 1995, 15쪽.

6 볼노, 앞의 책, 168쪽.

7 위의 책, 352쪽.

8 장일구, 『혼불읽기 문화읽기』, 한길사, 1999, 49쪽.

9 이 말 때문에 "운명을 담대하고 의연하게 적극 수용하는 효원의 태도에서 감히 범접하지 못할 만큼 숭고한 의기가 발현되고 있음"을 느끼게 되며, "그래서인지 기묘한 희망이 암시되어 있음을 눈치챌 수 있다"고 보는 견해도 있다(위의 책, 같은 쪽).

10 박현선(2004)에서는 이 장에서 제시한 효원과 청암부인의 차이점 중에서 세 번째 항목, 즉, 청암부인의 경우 정신적으로 기댈 대상이 없었던 반면에 효원은 청암부인에게 정신적으로 기대고 있었음이 확인된다고 보아 이 부분에 중점적인 의미를 두고 연구하고 있다(박현선, 「『혼불』의 인물 유형과 갈등 구조」, 『한국현대문학연구』 15집, 한국현대문학회, 2004).

11 이 절에서는 사실 강실이를 분석의 대상에 포함시켜야 할 것인지에 대한 고민이 많았다. 인월댁의 삶의 양상을 분석해보면서 인월댁과 강실이가 유사한 부분이 상당히 많아 함께 제시하는 것이 더 의미 있을 것이라 판단되어 이와 같이 제시하였다.

12 이덕화, 「『혼불』의 작가의식을 통해서 본 '서술형식'과 '인물구도'」, 『한국문예비평연구』 1호, 한국현대문예비평학회, 1997, 7쪽.

13 소설 내에서 구체적으로 항일운동에 대한 부분이 언급되어 있지는 않으나, 강태와 강모가 신문 기사를 보며 대화하는 부분에서 필자는 추론할 수 있을 것이라 판단했다(5권, 57~63쪽).

14 볼노, 앞의 책, 114~115쪽.

15 김희원, 「『혼불』의 여성인물 유형 연구」, 전남대학교 교육대학원 석사학위논문, 2007, 53쪽.

16 서두에서 언급한 바와 같이 이 장은 인물을 계급적 관점에 따라 논하지는 않는다. 다만, 이 대목에서 계층에 대한 언급을 할 필요가 있어 편의상 양반가문이 아닌 부류를 '하위계급'이라고 부른다.

17 볼노, 앞의 책, 346쪽.

18 김희원(2007)에서는 인물을 지배층과 피지배층으로 양분하여 생각할 때, 오유끼를 옹구네와 같이 피지배층을 대표하는 인물로 분석하여 연구하고 있다.

19 볼노, 앞의 책, 176쪽.

20 위의 책, 193쪽.

21 윤영옥, 「『혼불』에 나타난 여성 하위주체의 재현방식」, 『현대소설연구』 56호, 한국현대소설학회, 2014, 9~11쪽.

몸의 공간화 양상

『혼불』은 1980년부터 1996년에 이르기까지 약 17년의 기간에 걸쳐 쓰인 작가 최명희의 대하소설이다.[1] 1930년대 중반부터 1940년 초반에 이르는 치열했던 일제강점기를 시대적 배경으로 하고 있는 『혼불』은 남원 지역을 중심으로 전개된 사건들을 서사화하고 있다. 특히 매안 이씨 가문을 잇는 3대의 양반들과 그들의 소작을 맡은 상민들 그리고 천민들의 삶의 애환을 그렸다. 소설 『혼불』의 서사는 다양한 측면에서 진행되었다. 그 중에서도 민족의 의식과 사상의 지류支流를 전통의식의 복원을 통해 드러내고자 한 것은 『혼불』이 갖는 독자성이라 할 수 있다.

소설 『혼불』의 서사구조는 시간의 흐름에 따른 전개가 아닌, 과거와 현재를 넘나드는 방식을 취하고 있다. 이러한 구성 방식에서는 공간적 요소가 전경화되는 경향이 나타나게 된다. 실제 작품 속에서도 공간적 배경은, 매안마을을 주축으로 한 고리배미와 거멍굴 그리고 만주 봉천 등으로 확장되면서 『혼불』의 서사를 이끌어간다. 서사 속에서 전경화된 공간적 요소는 어떤 문학적 의미로의 변용이라는 측면에서 의의를 갖는다. 이때 공간은 단순히 배경이라는 물리적 측면의 역할이 아닌, 암묵적이고 치밀한 문학적 효과로써 기여하게 된다. 그렇기 때문에 공간에 대한 새로운 해명은 작품을 이해하는 또 다른 통로가 될 수 있다. 이와 같은 관점에서 접근할 때 『혼불』에 제시된 공간의 의미는 더욱 주목할 만한 지점에 놓이게 된다.

이에 필자는 이 장에서 소설 『혼불』에 나타난 공간의 양상을 다양한 관점에서 살펴보고자 한다. 그 중에서도 중심인물들의 경험에 의해 체화體化되는 공간의 상징성을 해명해보고자 한다. 여기서의 공간은 어떤 하나의 장소가 아닌 상징적으로 재현되는 공간이며, 이는 중심인물과의 관계 속에서 형상화된다. 또한 이러한 과정 속에서 펼쳐질 때 비로소 경험에 의해 구성되는 구체적 공간으로 범주화된다. 경험적 공간은 그 안에서 체험하고, 관계를 맺는 과정에 의해 입증되며, 이를 통해 공간성을 확보한다. 이는 체험을 통한 공간성의 확보로 인간의 현존재는 실현되는 것을 의미한다.[2] 이때 경험의 주체로서 인간의 '몸'은 공간을 지각하는 일차적 조건이 된다. 즉 인간의 '몸'은 공간을 지각하는 한에서 주체이며, 한편으로 그러한 지각의 과정을 통해 공간을 구성하는 주체가 된다. 이에 중심인물들의 경험은 공간을 구성하기 위한 필연적인 신체적 수행이 된다. 이러한 관점을 바탕으로 이 장에서 필자가 관심을 두는 것은 중심인물들의 경험에 의해 펼쳐지는 공간화 양상이다. 특히 신체적으로 변용되면서 형상화되는 양상의 지점을 인식하는 것이다. 왜냐하면 이러한 특이성이야말로 신체적 경험을 통해 세계를 이해하려는 방법에 다름 아니기 때문이다. 이와 같은 과정은 세계를 이루고 있는 어떤 대상으로의 치환置換을 통해 가능해진다. 이때 드러나는 주·객의 일체감은 그 자체로 세계의 일부가 되는 현상이자, 새로운 세계인식의 계기가 된다.

인간의 신체적 경험으로 구성된 공간은 어떤 하나의 상황의 재현이라 할 수 있다. 이때 특정한 상황의 재현은 경험에 의해 구성된다는 점에서 신체적 조건의 소급은 필연적인 것이 된다. 필자가 『혼불』의 서사를 인간의 '몸'과 관련하여 해명하고자 한 것은 바로 이러한 '상황의 공간성'[3]에 주목한 까닭이다. 왜냐하면 여기서 중심인물들이 처한 상황은 불안정했던 당대를 대변하는 단서가 되기 때문이다. 소설 『혼불』의 서사에는 일제강점기의 식민통치와 봉건사상의 균열 등이 그들의 삶을 통해 재연되고 있다. 이때 봉건적 질서체제는 청암부인과 효원으로 이어지면서 그 명맥을 유지하고, 당시 과도기적 상황의 폐해는 강모와 강실의 삶으로 나타난다. 또한 새로운 세계를 욕망하는 춘복의 모습에서 전통적 가치질서의 균열은 감지된다. 이렇듯 중심인물들의 삶은 곧 그들이 처한 상황이며, 이는 역사적 또는 사회적으로 불운했던 당대의 모습으로 탈바꿈된다. 이와 같은 맥락에서 살필 때 『혼불』의 서사는 주인공들의 체험과 긴밀한 관계를 맺으며 형상화되는 공간적 요소들로 끊임없이 변주되고 있음을 알 수 있다.

인간의 자율적 내면성을 중시한 데카르트R. Descartes. 1596～1650의 사상은 당대의 도도한 세기의 흐름을 전근대라는 개념으로 분절시킴과 동시에 역사의 뒤안길로 퇴장시켰다. 이후 근대적 주체라는 새로운 테제가 무대의 중심으로 배치되었다. 여기에서 비롯된 주체의식은 사유 관점의 방향을 세계 또는 신神 중심에서 인간 중심으로 바꿔 놓는 역할을 했다. 그러나 그럼에도 불구하고 이때의 코기토cogito는 플라톤 사상의 존재를 끊임없이 알리는 것으로부터 자유롭지 못했다. 이러한 경향 속에서 전통철학은 정신과 육체의 이원론적 개념으로 함몰되어 있었다.

모리스 메를로 퐁티M. Merleau Ponty, 1908~1961는 '세계-에로-존재' 개념을 제시하면서 현상학자로 출발한다. 이때 메를로 퐁티가 해석하는 코기토cogito는 데카르트적 의미를 벗어난다. 즉 내가 존재한다는 것을 확신하는 것은, 내가 존재한다고 사고할 수 있기 때문이 아니라 그 사고들은 실제적 존재에서 나오며, 그러한 확실성은 내가 행하는 것, 바로 행동에서 나온다[4]라고 그 의미를 재해석한다. 여기서의 '나'는 의식의 존재이면서 동시에 그러한 의식을 가능케 하는 신체적 조건의 소급을 통해 완성된다. 이와 같은 사고思考는 인간 존재에 대한 새로운 통찰이며, 정신과 육체가 따로 분리될 수 없다는 사실을 인식하는 것이 된다. 더 나아가 세계에 대한 원초적 지각이 인간의 '몸'을 통해 이루어진다는 몸에 의한 실존성을 강조하게 된다. 이때 '실제적 존재'라는 것은 하나의 물리적 상황으로의 소급이며, 이는 바로 몸을 통한 경험적 사건에 해당한다. 따라서 세계와 인간은 각각의 고립된 어떤 것이 아니라 경험적 세계에서는 동일한 맥락에 놓인다는 명제가 성립된다. 여기서 경험의 주체인 인간의 '몸'은 세계를 지각하는 동시에 그 자체로 세계가 된다.

메를로 퐁티는 에드문트 후설E. Husserl, 1859~1938의 현상학을 비판적으로 계승하였다.[5] 즉 후설이 지각 등의 경험적 사유와 본질 직관을 구분한 데 반해, 메를로 퐁티는 본질을 파악함에 있어 우리의 신체적 경험을 통하는 방법을 택했다.[6] 이는 인간은 언제나 자신을 둘러싼 공간에 대한 관계를 통해 규정될 수밖에 없다[7]는 의미의 지점과 일치한다. 다시 말해 인간의 삶은 공간을 펼쳐나가는 과정에 다를 아니며 이러한 공간의 구성은 존재의 실존을 드러내는 일이 된다. 이러한 측면에서 살필 때 『혼불』[8]에 제시된 공간은 중심 서사를 구성하는 요소가 된다. 또한 서사적 의미는 주인공들의 체험과 긴밀한 관계를 맺으면서 형상화된다.

주체를 형성하는 공간으로서의 '몸'

매안 이씨 가문의 종부 청암부인은 남편 준의의 절명絶命으로 열아홉의 나이에 청상과부가 되어 이씨 종가의 문턱을 넘었다. 이와 때를 같이하여 재취再娶를 반복하며 박복한 신세를 한탄하던 시아버지마저 운명을 달리하고 만다. 당시 이씨 가문은 이미 그 운명이 쇠락한 채 빈 기둥으로만 남아있었기에, 종가의 앞날은 열아홉의 청상인 청암부인의 역할에 달려있었다. 이에 청암부인은 종부로서 가문을 일으켜 세우겠다는 일념을 다진다. 이를 위해 먼저 시동생 병의의 맏아들인 이기채를 양자로 맞아 종가의 대를 잇는다. 한편으로 가문을 일으키고자 한 청암부인의 의지는 삼천석이 넘는 농사를 일구면서 구체화되기에 이른다. 이후 부인의 굳은 심지와 높은 명망은 근처 남원일대까지 알려지게 된다. 특히 매안마을에 일으킨 저수지의 역사役事는 부인의 큰 도량이 빛을 발한 일련의 사건이 된다.

청암부인이 서른아홉 되던 해 일으킨 관수灌水 공사로 저수지는 완성된다. "이 태"만에 완성된 "청호碃湖"는 그 둘레와 깊이를 가늠하기 어려울 만큼의 거대한 크기로 거듭났으며, 물이 귀한 매안마을의 수호적 존재가 된다. 한편 저수지 바닥의 흙더미 속에서 출현한 거대한 모양의 조개바위는 신령스러운 존재로 의미화된다. 여기서 조개는 물속에 사는 생물임에도 불구하고 척박한 산 속 흙더미에 묻힘으로써 본래의 생명력을 소멸했었다. 그러나 저수지 공사는 이러한 생물에 물을 공급함으로써 상생相生의 기운을 되살려 놓았다. 물속의 생물이 산 속 저수지에서 생명력을 복원한 것은 그 자체로 상서로움의 의미를 지니며, 더불어 신성한 존재의 발현은 청암부인의 공덕이 된다. 또한 물이 지닌 생명력은 매안마을을 살리는 수호적 기능으로 작용한다. 이는 '농자천하지대본農者天下之大本'이라는 전통의식의 발로이며 "하늘받이" 매안마을에서의 '물'은 그만큼 중요한 존재였음을 알 수 있다.

> 조개가 그렇게 캄캄한 흙 속에 파묻혀 짓눌린 채 목이 말라 있으니 자손이 번성할리 없다고들 하였다. 산 속에 묻히는 것은 곧 죽음이고, 죽음은 무덤을 의미하지 않느냐는 것이다.
>
> 그 조개는 용궁의 신령님이라고도 했다.
>
> 그 신령님을 종손부 청암부인이 구해 드렸다.
>
> 죽어가던 조개를 살려내고, 그것도 세세생생世世生生 물 속에 살 수 있도록 넓으나 넓고 깊고 깊은 집까지 마련해 드렸으니, 이보다 더한 공복이 어디 있으랴, 해원解寃을 해 드린 것이다. (2권, 31~32쪽)

이와 같이 저수지의 역사는 청암부인의 공덕으로 연결되면서 '청호'라는 명칭으로 탄생하게 된다. 한편으로 '물'로 표상되는 저수지는 그 자체로 생명력을 지니는 여인의 몸으로 상징화가 가능하다. 이때 물이 갖는 상생의 기운은 청암부인의 '몸'과 연결될 수 있는 동질성을 지닌다. 부인이 열아홉 청상의 몸으로 흰 가마를 타고 들어왔을 때 이씨 종가는 멸문의 위기에 놓여 있었다. 그러나 청암부인은 이씨 가문의 종부로서 문중과 종가를 번성케 했으며, 한 가문을 일으키는 역할을 했다. 이후 청암부인은 이씨 문중은 물론 마을의 타성받이들까지도 포용하면서 매안마을 일대를 대표하는 큰 어른으로서 자리하게 된다. 이런 부인의 명망을 대변이라도 하듯 국권을 상실하는 위기를 맞았음에도 불구하고, 저수지가 완성되었을 때 마을에서는 큰 잔치가 열렸었다. 그만큼 저수지는 마을 사람들에게 수호신과 같은 존재였으며 유일한 희망이 됐다. 특히 이러한 믿음의 바탕에는 청암부인에 대한 신뢰가 자리하고 있었다.

저수지 공사가 마무리 될 무렵 공교롭게도 조선은 국권을 빼앗기고 일제 식민치하의 수렁으로 빠져들게 된다. 이와 때를 같이하여 완성된 저수지 청호는 또 다른 의미에서 하나의 희망이 된다. 당시 국권찬탈의 치욕은 내일을 알 수 없는 민족적 암흑기에 다름 아니었다. 그러한 때 크고 넓은 청호의 빛나는 "호면湖面"은 생명력을 담보하는 상서로운 기운으로 작용한다. 이에 청암부인의 몸과 저수지가 치환된 대상으로서 의미화가 가능한 것은 끈질긴 생명력에서 비롯된다. 부인이 한 문중의 종부로서 그 역할을 다할 수 있었던 것도 굳은 의지에서 비롯된 강인한 생명력에 있었다. 여기서 '물'로 표상되는 저수지는 바로 이러한 생명력이 구체적으로 발현된 공간이라 할 수 있다. 이로써 저수지 청호는 청암부인의 몸의 변용으로 형상화되면서 구체적이고 특이한 공간적 의미망을 지니게 된다. 이와 같은 관점은 바닥을 드러낸 저수지와 청암부인의 실섭이 거의 동시에 재현되었다는 점에서도 설득력을 지닌다.

그렇게나 공을 들이고 정성을 바치던 조개바위가 등허리를 내밀어 버린 것이 한 달여 전의 일이다.

그때 인월댁은 안서방이 조심스럽게 전하여 주는 말을 듣고는 가슴이 철렁하였다. 농사의 풍흉보다 훨씬 더 깊은 불길함을 그 속에서 느꼈던 것이다.

하늘받이 매안리에서 빗방울이 떨어지지 않으면 물이 마르는 것은 오히려 당연한 일이다. 그리고 저수지의 물이 마르니 그 속에 숨었던 조개바위 등허리가 솟아나고, 드디어는 누가 잡지도 않고 몇 십 년씩 신성하게 여겨 온 물고기들도, 물 바닥에 새까맣게 몰려 드글드글 뒤재비를 치며 흰 배를 뒤집을 수도 있는 일이리라. …(중략)…

"그러매, 저것이 혈穴이지, 혈."

그런데 지금 그 '혈'이 마르고 있는 것이다. (2권, 32~33쪽)

청암부인은 "사시사철 푸른 물이 찰랑거리는" 저수지와 같이 이씨 문중은 물론 매안마을의 큰 어른으로서 그 역할을 다 했다. 그러나 일제강점기 '창씨개명'의 충격은 결국 부인의 실섭으로 이어지고, 저수지 또한 가뭄으로 인해 말라가게 된다. 여기서 쓰러진 청암부인은 바닥을 드러낸 저수지와 동일시되며, 물 밖으로 드러난 조개바위의 검은 '등허리'는 부인의 죽음을 암시하는 것으로 의미화된다. 이는 다름 아닌 '혈穴'의 소멸이며, 동시에 수호적 존재의 부재를 불러온다. 패망의 시기에 즈음하여 완성되었던 저수지는 앞으로 도래할 희망의 상징이자 끈질긴 생명력의 보고寶庫였다. 그러나 식민치하에서의 창씨개명은 민족의 근본 뿌리를 뒤흔드는 충격적 사건이었으며, 이는 우리말 사용의 금지와 더불어 민족혼의 말살이라는 정책에 속한다. 때를 같이 한 청암부인의 실섭은 다름 아닌 당대 참혹했던 현실반영의 측면으로 해명이 가능하다. 이는 식민치하에서 민족의 주체적 공간의 소멸과 삶의 유린이 구체적으로 재현된 상황이기 때문이다. 생명력의 소멸은 창씨개명까지 강요하며 수탈을 강행한 식민지 상황과 무관하지 않으며, 이는 민족전체의 비극으로 서사화된다. 청암부인은 매안마을 그리고 인근 남원일대를 아우르는 상징적 인물로서 자리했다. 특히 가혹한 운명을 극복한 강한 생명력은 부인의 현존재적 삶의 소실점이었다. 여기서의 생명력은 다름 아닌 부인의 주체성을 담보하는 매개이며, 이때 저수지는 주체성이 구체적으로 발현된 공간으로 형상화된다. 이러한 발현은 '몸'과 '대상'의 동일시를 통해 가능했으며, 이러한 맥락으로의 해명을 통해 드디어 인간의 몸은 공간성을 확보하는 의미에서 주체가 되었다.

청암부인의 죽음 이후 매안 이씨 가문의 종부로서의 삶은 손부인 효원으로 이어진다. 효원을 통한 대물림은 끈질긴 생명력의 복원을 의미하며, 이는 민족적 전통의식의 자리매김이라 할 수 있다. 청암부인이 열아홉 청상의 몸으로 이미 기울어버린 가문을 일으켰다면, 효원에게 대를 잇는 일은 가문을 번성케 하는 일에 다름 아니다. 청암부인의 양자인 이기채와 그의 맏아들 강모는 매안 이씨 가문의 대를 잇기 위한 선택된 자리를 점하고 있었으며, 그렇기 때문에 효원의 역할은 더욱 특별할 수밖에 없었다. 이에 청암부인의 손부이자 이씨 가문의 종부로서의 효원의 삶 또한 녹록치 않은 과정으로 전개된다.

초례청에서의 상서롭지 못한 기운은 대례大禮를 치른 후의 신방으로까지 이어지면서, 그 무게와 압박감은 예견되고 있었다. 이후 효원은 남편 강모의 방황을 감수하면서 의연한 종부의 역할까지도 수행하게 된다. 여기서 효원의 현존재[9]는 매안 이씨 종가라는 한정된 장소의 영향을 받는다. 왜냐하면 이씨 가문의 종부인 효원은 가문의 대를 이어야하는 역할로부터 자유롭지 못하기 때문이다. 그럼에도 불구하고 강모와의 간격은 좁혀지지 않은 채 독수공방의 처지는 한동안 지속된다. 이때 남편 강모와의 소원한 관계는 여인네의 입장임에도 불구하고 자의식이 강했던 효원에게 깊은 상처로 남는다.

메를로 퐁티는 후기 존재론에서 지각은 우리의 눈(몸)이 볼 수 있는 주체의 가시적 측면과 움직일 수 있는 사물의 물질적 측면을 동시에 가지고 있음을 밝히고 있다. 즉 보는 주체이면서 동시에 보여지는 대상이자, 스스로를 주체와 객체로 동시적으로 지각할 수 있으며 보는 자가 보여지는 것에로 일체감을 형성하기도 한다[10]는 것이다. 즉 지각의 주체인 우리의 몸은 그것이 가진 특이성으로 인해 세계의 일부로서 대상세계와 하나로 연결될 수 있다는 것이다. 이러한 관점은 인간의 경험적 세계에서는 주체와 객체가 어떤 대립으로부터 자유로울 수 있다는 가능성을 시사하게 된다. 여기서 대립이 없는 주체와 객체는 더 이상 분리되지 않으며, 동시에 서로의 일부로서 세계를 이루게 된다. 이러한 맥락에서 살필 때 인물과 대상의 치환관계에 주목하는 것은 그 자체가 이미 서사적 기능으로 펼쳐진 공간에 대한 새로운 이해라 할 수 있다. 왜냐하면 인간의 몸은 주·객의 대립이 없는 체화의 순간을 통해 비로소 '몸의 공간화'를 수행하기 때문이다. 특히 소설 『혼불』에는 중심인물들의 상황이 어떤 하나의 대상과의 치환을 통해 드러나는 서사가 적지 않은 비중을 차지하고 있다. 이때 중심인물들의 몸은 대상으로의 변용을 통해 '공간화'를 이뤄내는 기능을 한다. 이러한 때 효원의 방에 놓인 놋화로는 효원의 '몸'과 치환이 가능한 사물이며, 이와 같은 형상화를 통해 그녀의 처지를 대변하게 된다.

> 날이 밝으려면 아직도 한참이리라.
>
> 효원은 경대 옆에 화각 반짇고리를 본다.
>
> 그 시선에 놋화로의 날카로운 놋쇠 빛깔이 부딪친다. 차갑다. 아직 잿불을 담을 때가 아니지. 불기 없는 놋화로는 그 비어있는 것이 이상하게 섬뜩하고 썰렁하여, 몸을 으스스 떨게 한다.
>
> 횃대에 걸린 저고리의 긴 고름이 문틈으로 스며드는 바람에 그러는 것인지 보일 듯 말 듯 흔들린다. 빈 벽에 길게 늘어뜨려 드리워진 옷고름 그림자가 검다. 금방 벗어서 걸어 놓은 저고리다. (1권, 175쪽)

신방임에도 불구하고 효원의 방에서는 냉기가 흐른다. 여기서 '불기' 없는 '놋화로'는 방의 분위기를 조성하는 대표적인 사물로써 기능한다. 차가운 '놋화로'는 '화각 반짇고리'와의 극명한 대비로 존재감을 드러낸다. 이때 '놋쇠'와 '나무'라는 물질적 성질로부터 시작된 이미지의 대비는, 변용되는 주체의 처지와 성격으로까지 확장된다. 화려한 화각 반짇고리는 그 기능에서부터 평범한 여인네의 삶을 대변한다. 반면 놋화로의 단단함에는 남편의 부재에도 불구하고 한 가문을 이끌어야하는 종부로서의 삶이 투영된다. 한편으로 잿불이 담기지 않은 차가운 놋화로는 아직 잉태하지 못한 효원의 몸으로 연결될 수 있으며, 이러한 상태로의 변용은 효원의 처지를 구체화하는 의미로 작용한다. 이와 같은 가능성은 주체와 객체간의 분리되지 않는 일체감 즉 주체와 대상의 치환을 통해 이루어진다. 이때 효원의 몸은 경험적 주체라는 존재의 실존을 드러내게 된다. 또한 '놋화로'는 일정한 때가 되면 불씨를 담을 수 있는 사물이라는 점에서 '가능성의 몸'

이라는 중층적 의미를 갖는다. 불씨가 담기지 않은 놋화로는 비어있음으로 인해 차가웠다. 이는 혼례 후에도 초야를 치루지 못한 채 잉태가 지연되고 있는 효원의 몸을 대변한다. 그러나 그럼에도 불구하고 놋화로는 뜨거운 불씨를 담을 수 있는 사물이라는 점에서 잉태의 가능성은 열리게 된다. 이러한 가능성의 구체적 실현은 '달'이라는 또 다른 대상으로의 전이를 통해 구현된다.

> 그것은 몸의 조수潮水이다.
>
> 자궁은 작은 달이지만, 또 달의 숨결을 따라 밀물과 썰물이 들고 나며, 그 차고 이움을 따라 조수가 높아지고 낮아지는 조화로 상응하듯이, 달의 인력에 따르는 바닷물을 담고 있는 땅이기도 하다.
>
> 이렇게 신비로운 달에 날줄을 맞추어 일어나는 몸의 흐름이라 이를 월경月經이라 하며, 그 이치가 조금·사리의 바닷물과 꼭 같아서 초조初潮·홍조紅潮라 하는가.
>
> 이 정혈은 생명의 비밀이었다. 쏟지 않고 소중하게 모두면 그 피 속에서 한 목숨이 돋아나는 것이다. 그런데 이 정을 강력하게 흡인하여 끌어내 쏟거나, 가만히 몸 속에 머물러 생명으로 어리게 하는 것은 오직 음의 어미, 달의 숨결이었다.
>
> 그래서 아들 낳기를 간절히 원하는 여인들은 몇 날 며칠 공을 들여 목욕 재계하고 더러운 것을 피하며 마음을 정하게 하여 초열흘이 되기를 기다렸다가, 그 달 아래 서서 흡월정吸月精을 하였다. (5권, 164~165쪽)

여기서의 '달'은 '신비로운' 존재로서 상징적인 것이며, 동시에 '생명의 비밀'을 간직한 여성의 '몸(자궁)'이다. 생산의 근원이 되는 '정혈'은 그 자체로 '음'이며 '어미'로서 상징적 존재로의 재현이 된다. 일년 중 가장 크고 밝은 정월 대보름의 둥근달은 '흡월정吸月精'의 의식이 진행되는 대상으로 형상화된다. 이때 둥근달의 정기를 빨아들이는 흡월의 의식은 그 자체로 주·객의 일체감이 재현되는 구체적 상황이며, 이로써 잉태하는 효원의 몸은 '달의 숨결'이 스며든 공간으로서의 의미를 지니게 된다. 강모에 의해 겁간처럼 행해진 뒤늦은 동침으로 철재는 잉태되며, 달과 몸의 일체감은 '잉태'라는 결과물로 반영된다. 철재의 출산은 이씨 종가의 대를 잇는 일이면서 동시에 종부인 효원의 주체적 위치를 굳히게 되는 계기가 된다. 철재의 탄생은 청암부인과 남편 강모의 부재에도 불구하고, 이씨 가문의 새로운 종부로서의 효원이 그 역할을 다하는 데 큰 힘이 된다. 이에 '놋화로'와 '달'은 효원의 몸의 변용으로 형상화된 대상이라 할 수 있다. 더불어 몸을 통한 구현은 주체적 공간화를 실현하기 위한 전략적 수행이 된다.

탈공간화[11]의 매개로서의 '몸'

대상세계는 인간과 사물, 사물과 사물간의 관계 맺음으로 이루어져 있다. 다시 말해 그러한 관계맺음 속에서 인간과 사물은 그 자체로 대상세계가 된다. 이러한 존재론적 차원에서는 서로 다른 성질의 물리적 구성을 구분하는 것은 무의미한 일이 된다. 이와 같은 맥락에서 대상세계를 이해할 때 주·객의 대립구도는 사라지고 온전한 '무無'의 세계가 성립된다. 그러나 이러한 존재자 전체의 무화에는 현존재의 자기소외로부터 자기회복의 계기가 포함된다.[12] 하이데거M. Heidegger, 1889~1976에게 '무'는 세계가 붕괴되는 것과 함께 현존재 자신이 스스로를 무상한 것으로 경험되는 것을 가리킨다. 이때 맞닥뜨리게 되는 불안은 세계 해석의 무의미함을 경험하게 하고, 현존재로 하여금 자신의 삶이 전적으로 자신에게 맡겨져 있다는 사실을 직면하도록 한다.[13] 즉 '나'라는 현존재의 존재적 의미는 스스로를 텅 빈 세계 속에 내던져진 그 자체로 인식하는 것이며, 그러한 인식의 순간에 비로소 현존재는 있게 된다. 이에 불안이 현존재 속에 분명하게 드러내 놓은 것은, 언제나 이미 그 자신으로 있는 가능성으로서의 존재의 본래성에 직면하게 하는 것이다.[14] 이와 같은 인식이야말로 지각의 과정이며 어떤 하나의 선험적 경험이 된다. 여기서 현존재의 본래성은 공간을 만들고 공간을 펼치는 존재로서의 인간이 된다.[15] 결국 인간의 삶은 곧 공간성을 확보하는 것으로 이루어지며, 동시에 공간과의 관계 속에서 지속된다는 것이다. 이러한 관점을 바탕으로 『혼불』을 이해할 때 중심인물들이 처한 상황은 더욱 분명하게 드러나게 된다.

강모와 강실은 세계 속에 내던져진 현존재로서 존재자이다. 그럼에도 불구하고 이들은 주체적 공간을 펼칠 수 없는 지점에 놓인다. 여기서 두 사람은 공간을 펼칠 수 있는 조건으로부터 제한된 위치를 점하고 있다. 엄격한 유교적 전통의 질서체제로부터 자유로울 수 없었던 그들의 처지는 이러한 해명을 가능케 한다. 당대의 상황은 국권이 상실된 채 식민지 이식문화에 노출되어 있었으며, 변화의 기류는 표면화되고 있었다. 그러나 강모와 강실로 대변되는 세대는 가부장적인 엄격한 틀 안에 갇힌 채 과도기적 현상을 마주해야만 했다. 특히 강모는 이씨 가문의 종손으로 키워졌으며, 가문을 책임져야 하는 역할은 이미 정해진 그의 몫이었다. 그럼에도 불구하고 근대 교육의 수혜자로서 변화에 대한 인식을 깨우쳤다는 점에서 괴리감의 소급은 필연적인 것이 된다. 근대적 인식과 전통적 가치관의 괴리감 속에서 방황하는 강모는 당시의 과도기적 상황에 놓였던 세대를 대변한다. 또한 강실은 가부장적 제도 아래 놓인 여성이라는 측면으로 이해가 요구된다. 여기서 강실의 몸은 전통적 가치관에 대항하기 위한 하나의 수단으로 전락한다는 점에서 위태로운 상황의 재현이라 할 수 있다.

강모와 강실은 세계 속으로 내던져진 현존재의 상황을 대변한다.[16] 그러나 이들이 펼칠 수 있는 주체적 공간은 허용되지 않는다. 즉 강모와 강실은 생활세계의 중심으로서 삶을 펼칠 수 없는 상황에 놓인다. 이는 곧 스스로의 삶을 이끌어가는 주체적 자리에서 내몰림을 의미한다. 이때 '근친상간近親相姦'이라는 일련의 사건은 두 인물을 중심적 공간으로부터 철저하게 소외시키기 위한 치밀한 전략이 된다. 그러나 그럼에도 불구하고 두 인물이 처한 위태로운 상황은 불안을 통한 세계인식의 계기로 작용한다. 이에 중심적 역할에서 밀려난 현존재는 그 자체로 부유하는 삶으로의 변형을 꾀한다. 여기서 비롯된 '탈공간화'의 시도는 바로 '무'를 통한 '자기회복'의 가능성이자 진정한 존재자로 거듭나는 과정이 된다. 강모와 강실의 이와 같은 인식의 발현은 이에 부합한 사물들과의 전이를 통해 구체화된다.

명혼冥婚[17]은 원혼을 위하여, 영혼의 배필을 찾아 혼례를 치러주고 부부 인연을 맺어주는 의식이다. 명혼굿이 진행되고 있는 동녘골댁의 마당은 강수의 넋을 달래는 해원解冤의 장소이면서 동시에 강모와 강실의 근친상간으로 이어지는 공간이 된다. 여기서 마당은 강수의 명혼이 진행되는 '안'과 강모와 강실의 상피相避가 이뤄지는 '밖'

이라는 두 지점으로 단절되어 있다. 그러나 강수의 명혼은 강모와 강실의 실제적 혼례로 옮아가면서 상황적 동일화를 이루는 하나의 공간으로 중첩된다. 이러한 일체감은 강모의 몸이 초례청에 서 있는 허수아비로 전이되면서 시작되고, 이는 육체적 동침으로 이어지면서 동일한 의미로 공간화된다.

> 마당 한가운데 펼쳐진 멍석 위에 초례청이 마련되어 있었다. 솔가지와 대나무 가지를 꽂아 놓은 흰 화병이 양쪽에 세워진 것이며 그 가지들을 청실 홍실로 드리운 모양, 그리고 붉은 보자기 푸른 보자기에 암탉 장닭을 싸놓은 일들이 산 사람의 초례청과 조금도 다름이 없었다. 사람들이 가득 모여 앉은 것도.
>
> 다만 교배상의 이쪽 저쪽에 서 있는 사람은 살아 있는 신랑과 신부가 아니라 지푸라기를 엮어 만든 허수아비라는 점만이 다를 뿐이었다.
>
> 강모는 그것을 보는 순간, 울컥, 서러운 심정이 솟구치며 어금니에 눈물이 돌았다. …(중략)…
>
> 허수아비 신랑의 몸집은 어린아이만 했다. 그저 한 발 길이나 될까. 두 팔을 내리고 선 그는 사모관대를 하고 검은 물 들인 태사혜 창호지 신발까지 신었다. 그리고 창호지를 입힌 허연 얼굴에 붓으로 그리어 둥그렇게 뜬 눈이며, 꽃잎처럼 붉은 입술이 선연하고 섬뜩하다. 신부의 모습은 뒷등만 보인다. (2권, 146~147쪽)

'지푸라기를 엮어 만든 허수아비'는 유교적 가부장제의 엄격한 틀 안에서 자유로울 수 없었던 강모의 처지와 동일하다 할 수 있다. '그것을 보는 순간, 울컥, 서러운 심정이 솟구치'게 됨으로써 강모의 심정은 대변된다. 그는 근대의식을 깨우치는 공부를 했음에도 불구하고 자신이 원하는 삶을 살아가지 못한다. 한 가문의 종손이라는 막중한 자리는 유약한 강모가 감당하기에 너무나 무거운 무게였으며, 또한 자아실현의 욕구는 좌절감을 부추기는 요인이 된다. 그럼에도 불구하고 그 중 어느 것도 선택하지 못한 채 살아가는 강모이기에 '허수아비'로의 인식은 존재감 상실이라는 맥락을 낳는다. 한편으로 이와 같은 배경에는 강실과의 상피로 말미암은 죄의식이 포함된다. 이는 결국 오유끼로 굴절되어 버린 왜곡된 사랑으로 드러나며, 만주 봉천을 떠도는 원인이 된다.

> 허수아비.
>
> 강모는 소리를 삼키며 뇌었다.
>
> 살아서 교배례交拜禮 행하여 육신이 마주서도 한낱 허수아비에 불과한 사람도 있으려니와, 죽어서 혼백으로 흩날린 넋이나마 한 자락 애오라지 맺어지고 싶은 사람도 세상에는 있으리라.
>
> …(중략)…
>
> 그 아래 신랑과 신부는 술을 마신다. 종이 바른 얼굴의 꽃잎 같은 입술을 기울여 한 모금 한 모금 술을 마시는 신랑은 강모였다. 그리고 신부는 꽃무지개 에일 듯 아련하게 두른 강실이었다. 강실이는 혼백보다 더 투명하고 선연하고 아득했다. 강모는 어질어질 취한다. …(중략)…
>
> 강모는 강실이의 어깨를 쓸어안고 무너진다. (2권, 150~152쪽)

매안 이씨 가문의 사촌지간인 강수와 진예의 비극적 사랑은 강수의 죽음으로 끝나지 않고, 강모와 강실의 상피로 이어진다. 강수의 사랑이 죽음이라는 극단적 선택으로 끝났다면, 강모와 강실은 '근친상간'이라는 멍에를 짊어진 채 살아가게 된다. 결국 상피 이후 두 사람의 삶은 근원적인 중심으로부터 뿌리 뽑힌 삶, 즉 부유하는 삶이 된다. 이와 같은 관점에서 살필 때 '허수아비'와 '액막이 연'은 이들의 삶을 형상화한 기제機制가 된다. 이는 세계를 지각하는 신체적 조건을 열악한 상황으로 변형시키는 것이며, 이를 통해 스스로의 존재성은 재구성된다.

> 사람도 그러하랴.
>
> 한 생애를 두고, 그 무엇을 못 견딜 일 당하여서, 순결한 눈발처럼 희고 깨끗한 백지의 인생을, 무참하게 달려들어 반으로 꺾은 허리, 다시 한 번 접어서 또 반으로 꺾은 종이, 이제는 도려내어 구멍 뚫는데, 죄도 없이 운명에 폭행당하며, 소중한 것을 잃어버리고, 폐장이 다 썩어 내려 텅 비어 버린 가슴. 혹은 삶의 고비 막다른 곳에서 피할 길 없는 비수를 들이댄 누구인가에 난자당한 가슴, 그 비수같이 꽂힌 어느 이름이, 밤마다 흘리는 눈물에 녹아서 이제는 흔적마저 희미한데, 그 이름이 함께 녹아 썩은 물이 되어 버린 애.
>
> 그 애 녹은 자리의 쓰라린 공동空洞. 이 상실과 상처와 상심이 버린 가슴은 오히려, 해 같고 달 같은 꼭지로 물들어서, 한숨과 눈물의 풀로 한 생애의 이마에 곱게 붙여질 것인가. (5권, 232쪽)

> 웬일인지 강실이는 그 연이 자기 자신인 것만 같아, 얼른 눈을 거두지 못하고 언제까지나 그렇게 서 있었다.
>
> 이미 그 어떤 힘으로부터 끊기어져, 살아 있는 줄 알고 가물가물 흘러가지만 사실은 죽은 연 하나가, 파리하게 여위어 사립문간에 떠 있는 것 같았다. (5권, 233쪽)

정초에 날리는 '액막이 연'을 바라보는 강실은 '웬일인지', '그 연이 자신인 것만 같'다. 허망하게 뚫린 한복판의 구멍에서 '가슴을 도려낸' 아픔을 감지한다. 바람의 저항을 이겨내고 높이 떠오르기 위한 연의 비밀을 '뚫린 가슴'으로 인식한 것이다. 이는 스스로의 처지에서 자유롭고 싶은 강실의 심정을 대변한다. 또한 '소중한 것'을 잃어버리고 '폐장이 다 썩어내려 텅 비어버린 가슴'은 바로 상피 이후 강실의 모습에 다름 아니다. 한편 '삶의 고비 막다른 곳에서 피할 길 없는 비수를 들이댄 누구인가에 난자당한 가슴'에서 춘복에 의해 들이닥칠 미래는 예견된다. 그렇기 때문에 액막이 연에 매달린 "송액영복送厄迎福"의 기원은 그 아름다운 모습으로 인해 더욱 처연하다. "저것이 나를 대신하여 멀리 허공으로 죽으러 가는가"라는 대목에서 이러한 강실의 심리는 드러난다. 여기에는 대상으로의 치환을 통해 풀어내고자 한 현실의 욕구가 내재된다. 결국 이러한 바람은 신체적 전이로 나타나며, 액막이 연을 통해 형상화되었다.

하이데거의 "존재론적으로 충분히 이해되는 '주체', 즉 현존재는 공간적이다."[18]라는 주장은 어떤 것으로 채워지는 공간성을 의미하는 것이 아니다. 그것은 인간을 둘러싼 공간과의 관계를 통해 규정된다는 것을 나타낸다.[19] 이러한 맥락에서 이해할 때 '허수아비'와 '연'을 매개로 한 신체적 전이의 의도는 공간을 재구성하기 위한 새로운 관계맺음이라 할 수 있다. 이때 허수아비와 연이 갖는 상징성은 서로 동일하다. 왜냐하면 현존재의 드러냄의 방식을 '무'로 소급할 수 있다는 점에서 그러하다. 즉 속은 텅 빈 채 허울뿐인 겉모습만을 지닌 허수아비와 "허공에 떠 있는 존재"인 연은 불안과 무를 담보하는 매개물의 역할을 한다. 여기서 대상이 갖는 '가벼운 존재감'의 이미지는 두 인물의 상황을 대변하는 조건이 되며, 이는 존재자에게 자기 선택과 표현의 자유를[20] 열어 주게 된다. 따라서 '탈공간화'의 시도는 두 사람의 주체성 획득을 위한 유일한 전략이라는 측면으로 주목해야 한다.

한편으로 이러한 구체적 수행은 당대 현실을 반영하는 측면을 지닌다. 이는 파문을 일으키고 있을 뿐 아직 도래하지 않은 근대사상과, 기존의 질서체제라는 간격을 살았던 세대의 반영이기 때문이다. 따라서 '가벼운 존재'로의 이동은 전통의식과 근대사상이 일으킨 균열 속에서 선택할 수밖에 없었던 방법적 모색이 된다. 결국 '탈공간화'의 시도는 주체적 현존재로 살아남기 위한 몸부림이자 진정한 인식의 전환점을 찾는 행위라 볼 수 있다.

공간의 변화를 욕망하는 '몸'

최명희의 『혼불』은 일제강점기라는 특정한 시대를 배경으로 하고 있으나, 서사의 중심은 매안 이씨 가문을 중심으로 한 가부장적 체계 안에서 살아가는 인물들을 재현하고 있다. 이씨 가문 양반들의 집성촌이 매안마을이라면 거멍굴은 백정, 무당, 대장장이 등이 섞여 사는 천민촌이다. 이러한 연유로 거멍굴은 반상班常의 법도를 지키는 듯한 형상으로 매안마을에서 "외따로 물러앉"아 있다. 유교적 가부장제의 틀 속에서 매안마을과 거멍굴은 상하 수직관계를 기반으로 형성되었다. 그러나 반상의 법도가 철저했던 가부장적 상황은 일본의 강압에 의해 시행된 '창씨개명' 등의 사회적 동요 속에서 차츰 균열을 일으키게 된다. 청암부인의 실섭에 직접적 원인이 창씨개명이라는 점에서도 전통의식의 위기는 드러나며, 이러한 조짐은 거멍굴에 사는 춘복과 홍술에 의해 표면화된다. 따라서 거멍굴은 "변동천하變動天下"의 욕망이 나타나는 공간으로 의미화되고, 이러한 욕망의 구체적 발현은 홍술의 투장偸葬과 춘복이의 겁간劫姦으로 나타나게 된다.

실존주의 철학자이자 현상학자인 메를로 퐁티는 관념론적인 사유를 비판적으로 받아들인 반면, 인간의 몸을 통한 체험을 세계를 인식하는 원초적 행위라고 역설했다. 이에 메를로 퐁티는 인간 존재와 세계 사이의 유대를 해체하고, 새로운 유대를 재건하는 것을 진정한 철학적 반성이자 현상학이 이뤄내야 할 과제로 여겼다. 이러한 주장의 핵심에는 기존의 관념론적 사유를 중심으로 형성된 세계 인식에 대한 비판이 포함된다. 요컨대 현상학은 신체 속에 육화된 의식, 그리고 세계 내 존재하는 의식에 대한 앎을 우리에게 일깨워 주지 않으면 안 된다. 그런 까닭에 <육화된 주관성>은 메를로 퐁티 현상학의 중심이 된다.[21] 결국 세계에 대한 앎이 체험을 통해 일어나고, 그러한 체험의 과정에서 인간의 몸은 그 자체로 세계의 일부가 된다. 인간의 몸은 지각을 통해 인식한다는 점에서 세계를 향해 열리는 원초적이고 감각적인 일차적 기능인 것이다. 이때 '몸'은 표현의 행위와 연결되어 있으며[22] 여기서 표현의 행위는 공간을 새롭게 구성하는 가장 구체적이고 직접적인 방법이 된다. 즉 표현의 행위는 세계 속에 내던져진 존재자로서 세계를 파악하고, 세계를 이루는, 가장 결정적인 제서처가 된다. 이를 통해 비소로 우리는 주체가 자신의 신체를 체험하는 방식이 주체가 세계를 파악하는 양식에 결정적이라는 것을 보게 된다.[23] 이와 같은 관점으로 이해할 때 겁간과 투장은, 구체적인 행위로 드러난다는 점에서 가장 역동적인 관계의 재구성이라 할 수 있다.

거멍굴에서 야기되는 춘복과 홍술의 음모는 공간의 변화를 꾀한 데서 비롯된다. 새로운 공간에 대한 바람은 곧 새로운 삶에 대한 욕망이다. 인간의 현존재는 대상세계에 머무는 순간부터 그 자체로 공간적인 것이 된다. 공간을 만들고 공간을 펼치는 존재로서의 인간은 필연적으로 공간의 근원일 뿐 아니라 공간의 영원한 중심이 된다.[24] 그렇기 때문에 새로운 공간에 대한 욕망은 다른 삶에 대한 욕망이며, 이는 삶의 과정 속에서 지속되는 필연적인 것이 된다. 인간의 삶과 긴밀한 연관관계 속에서 대응되는 공간은 각자에 삶에 따라 다르게 적용된다. 따라서 춘복과 홍술에게 거멍굴이라는 공간은 다름 아닌 '천민'이라는 계층적 한계를 결정짓는다. 그러나 이러한 한계는 변화의 여지로 작용하게 된다. 일제강점기 혼란의 시기에 생겨난 기존의 가치관에 대한 균열은, 그들이 새로운 범주의 공간을 펼칠 수 있는 기회로 부여된다.

> "저놈 눈썹이 칼눈썹이라, 검미劍尾, 첨도미尖刀眉라 허는 것이, 제 속은 따로 두고 남한테는 드러내지 않는데다 성질은 사납고, 포악하고, 성급허고, 또 고집이 있어놔서 제 마음에 한 번 먹은 것은, 신념이랄까, 만용이랄까, 그걸 기어이 관철하겠다고 좌충우돌 거칠게 부딪치니, 화합은 어렵고 다툼은 많아서 결국 스스로 제 몸을 극하는 상 아닙니까. 그것만 해도 흉상인데 꽁지에 가서 선모旋毛(머리의 가마)까지 있으니 설상가상이요. 선모미형旋毛尾型은 성격이 일정치 않아서 변화가 많고, 특히 반골기질이 강한 법인즉, 겉으로는 수그려도 속에서는 반발이 치밀어, 역겨운 생각에 욱성으로 무슨 엉뚱한 일을 저지를는지 알 수 없는 일이니, 저놈언동을 늘 주시에 두십시오. 근본 없고

미천한 놈이 자칫 세상 변헌 것 믿고 날뛰면 물인지 불인지 아무 분간 못허고 치닫기 쉬운 법이니까요. 빰 맞고 잘못했단 말 들으면 무엇합니까. 당헌 다음에 덕석말이 한다 해도, 한번 당해 버린 일은 물릴 수가 없는 것. 저런 놈한테 무심히 방심했다 허虛 찔리지 말고 미리 단속하셔야 헐 겁니다." (4권, 187~188쪽)

위의 인용문은 그 자체로 욕망이 꿈틀대는 춘복의 몸을 묘사하고 있다. 특히 그의 몸에 나타난 '반골기질'은 변동천하를 도모하는 것으로 드러나고, 강실의 겁간으로 현실화된다. 천민 춘복의 반란은 출생과 동시에 족쇄처럼 채워지는 신분적 한계에서 비롯된다. 이러한 한계는 양반의 피가 섞인 자식을 낳음으로써 극복될 수 있다는 의식으로 굴절되며, 이는 원초적 본능의 표출로 이어진다. 또한 이와 같은 감정의 이면에는 전통적 가치관에 대한 불만이 내재된다. 따라서 춘복의 겁간에는 천민의 신분으로는 범접하기조차 힘든 그들의 세상에 대한 '흠집내기'가 포함된다. 즉 변동천하의 꿈은 단순히 신분 상승의 욕구가 아닌 봉건의식의 파멸을 소망한 것이며, 이는 겁간이라는 극단의 방법으로 나타나게 된다. 이때 강실은 양반의 피가 섞인 자식을 얻을 수 있는 대상이면서 동시에 파멸로 이끌어야할 전통적 가치관에 다름 아니다. 그렇기 때문에 춘복의 겁간은 기존의 가치관에 '흠집내기'를 시도한 구체적 행위가 된다. 결국 춘복의 '몸'은 욕망을 실현하기 위한 도구로 쓰였으며, 여기서의 몸은 새로운 공간을 펼쳐나가는 주체로서의 '몸'이 된다.

한편으로 인간의 몸은 서로 다른 경험과 관계맺음 속에서 상이한 목적의 의미를 지니게 된다. 강실에게 몸은 허공을 떠도는 존재로서의 '연'이며, 이때의 연은 존재감 상실의 의미로 소급되었다. 그러나 춘복에게 강실의 몸은 꽉 찬 '달'이며 여기서의 '달'은 새로운 공간, 즉 새로운 삶을 펼칠 수 있는 가능성이 된다. 즉 현존재의 삶을 대변하는 주체로서의 몸은 그들이 처한 상황 속에서 서로 다른 의미의 공간적 요소로 기능한다. 바로 이러한 지점에서 경험적 수행이 가능한 신체적 특이성은 세계를 지각하는 주체로서의 자리를 점하게 한다. 이러한 측면에서 살필 때 춘복이 행한 겁간과 흉술의 투장은 동일한 맥락에서 해명이 가능하다. 결국 이들의 몸은 공간의 변화를 위한 투쟁적 역할을 했으며, 그러한 목적을 위해 전략적 수행을 거듭했다.

> 나는 상놈 껍데기를 벗고 싶다.
> 나도 사람맹이로 살고 싶다.
> 나는 절대로 상놈 자식은 안 날랑게.
> 아아, 작은아씨, 내 자식 하나 낳아 주시오.
> 달님, 작은아씨를 내 여자가 되게 해 주시오.
>
> 춘복이는 달을 향하여 뻗쳐 올린 두 팔을 모두어 내리며 그대로 바위위에 무릎을 꿇고 앉았다. 그리고 깊이 머리를 조아려 절하였다. …(중략)…
>
> 그리고 그 거대한 달의, 싯누렇게 뒤집히며 붉덕물을 일으키는 소용돌이 달빛을 깊이깊이 빨아들이기 시작했다. 목으로 빨려들어오는 달빛은 가슴을 깎으며 아프게 비집고 내려가 다시 폐장을 가득 채웠다. 이윽고 가슴이 벌어져 쪼개질 것 같은 통증에 그는 잠시 숨을 멈추었지만, 그곳에 뼈다귀처럼 걸린 달빛을 아랫배로 밀어내고, 다시 무서운 기세로 흡월을 하였다. 머리꼭지 정수리에서 어깨뼈와 가슴팍, 그리고 단전과 손가락 발가락 끝까지 터질 만큼 차 오르도록 달빛을

들이켜는 춘복이의 몸은 둥그렇게 부풀어 올랐다.

내가 너를 삼키리라. (5권, 181~185쪽)

인용문에 드러난 흡월의 과정에는 변동천하를 꿈꾸는 춘복이의 야심이 잘 드러나 있다. 팔천八賤[25]이 모여 사는 천민촌 거멍굴은 근대의식의 소용돌이가 침범할 수 있는 장으로 재현된다. 한일합병의 치욕은 국권상실을 가져왔음에도 불구하고 양반계층의 의식은 조상과 가문이라는 그림자에서 벗어나지 못하고 있었다. 그렇기 때문에 봉건적 사고로 형성된 기존의 질서에는 이에 대한 불만을 품은 세력들의 모반謀反이 잠재되어 있었다. 이에 거멍굴에서 벌어진 겁간과 투장은 억압된 계층들의 잠재된 욕망이 구체적으로 표출된 예가 된다.

빽다구 하나 잘 타고나 양반이 된 그 빽다구 옆에 내 빽다구 날란히 동좌석허고 있다가, 세월이 가고 가서 나중에는 그것도 썩고 내 것도 썩어 한자리에 한 몸으로 얼크러지면, 니 다리, 내 다리, 니 복, 내 복을 누가 앉어 따로 따로 개리겄능가. 어찌 되얐든 그 자리다가 뫼 쓴 거이 되야 부렀는디. 그런 뒤에 멩당 기운이 발복發福을 허면, 그 자손 내 자손이 똑같이 받겄지. …(중략)… "나중에 파기 좋게…… 기양 아무디나 양지 짝에 묻었다가……내 살이 다 썩그던……빽다구 대강 취레서……저 욱에……매안에……누구 초상이 나먼……그때 살째기……암도 모르게……새 산소 옆구리 파내고……거그다……거그다 묻어 도라……" (5권, 290~291쪽)

"섞어부러, 인자는 죽었는디 어쩔 거이여, 산 사램이 무섭제, 죽은 혼백 안 무섭다. 이렇게 섞어 부러야여, 진작에 이런 세상이 우리

아부님 살어 생전에 왔어얀디, 요렇게 한 살로 섞는 시상이."

백단이는 끼치는 두려움을 덜어 내려는 듯 숨소리로 말했다.

"압씨는 오늘밤이 첫날밤이네."

그러나 만동이는 무겁게 입을 다물고 오히려 그러는 백단이를 못마땅하게 흘겨보았다. 그는 아무리 애써도 와들와들 떨리는 손을 가누기 어려웠다. 드디어 구멍이 뚫리며 옆구리가 헐리는 청암부인의 무덤에 홍술의 뼈보다 검은 바람이 먼저 스며, 휘익, 들어간다. (5권, 335쪽)

홍술의 유언은 다름 아닌 투장의 염원이며, 이 또한 도저히 넘어설 수 없는 신분적 한계에서 비롯되었다. 거멍굴의 백단이 부부는 대대로 이어오는 무당의 업을 세습했으며, 무당과 백정은 팔천 중에서도 가장 천한 신분에 속했다. 홍술의 유언에 따라 그들이 행한 투장은 '멩당' 자리를 파고들 수 있는 유일한 방법에 다름 아니다. 여기서 '멩당'은 양반들이 죽음 후에 누리는 땅의 기운이며, 이는 곧 '발복發福'을 의미한다. 즉 발복의 기운은 양반의 자손들만이 누리는 특별한 것이며, 반상의 세습은 땅의 기운을 얻는 일에서도 이어지게 된다. 투장은 양반들이 누리는 기운을 공유함으로써 천민인 자손들이 척박한 환경으로부터 벗어나기를 기대하는 기원의 의미가 담긴다. 이는 운명의 굴레를 벗어나기 위한 집념의 구체적 행위이며, 신분의 한계를 극복해보려는 욕망의 실현이다. 따라서 춘복과 홍술의 계략이 거멍굴로 대표되는 천민촌에서 일어났다는 점은 주목되어야 한다. 왜냐하면 거멍굴의 반란은 개인의 측면이 아닌 계층적 의식의 분열을 의미하기 때문이다. 거멍굴은 출생부터 결정지어진 그들의 삶을 대변하며, 여기서 공간은 극복해야할 어떤 것이 된다. 이때 공간의 변화를 꾀하는 것은 바로 다른 삶을 위한 열망의 표출이며, 이는 곧 변동천하를 도모하는 것으로 나타난다. 특히 청암부인의 묘를 겨냥한 투장은 전통적 가치질서에 대한 직접적인 유린이었으며, 결국 그들이 진정으로 원한 것은 '한 살로 섞는 시상'이었다. 이는 앞서 언급한 춘복의 겁간과 동일한 맥락으로 이어지며, 이로써 그들이 드러낸 변동천하의 목적이 봉건사상의 파멸이었다는 것이 증명된 셈이다.

최명희의 소설 『혼불』이 시간의 흐름에 순응하는 구조가 아닌, 입체적 구성으로 전개된 것은 이미 알려진 사실이다. 이러한 서사적 구조는 공간적 요소가 두드러지는 효과로 작용했다. 또한 전경화된 공간은 단순한 배경이 아닌, 소설의 서사에 참여하는 암묵적 역할을 했다. 한편 이와 같은 관점은 서사구조 속의 공간을 새롭게 열어 보일 수 있는 시점으로 전환된다. 이에 이 장에서는 『혼불』에 나타난 공간의 양상을 문학적으로 변용된 의미를 통해 해명해보았다. 여기서 필자가 해명한 공간은 단순한 물리적 장소가 아닌, 인간의 생활세계와 긴밀한 관계를 맺음으로써 구현되는 공간적 범주이다. 이는 다름 아닌 인간의 신체적 경험으로 이루어지는 구체적 공간이며, 여기서의 공간은 현존재의 삶을 통해 구현된다. 이때 인간의 '몸'은 세계를 지각하는 의미에서 주체이며, 동시에 공간을 구성하는 중심적 역할을 한다.

이에 필자는 『혼불』에 형상화된 공간의 의미를, 중심인물들의 체화의 과정을 통해 해명해보았다. 이로써 주체와 객체의 구분이 소멸되는 지점에서 중심인물들의 '몸'은 세계를 경험하는 하나의 유기적 역할을 한다는 것을 파악할 수 있었다. 한편으로 이러한 변화는 특정한 상황을 대변했다. 즉 어떤 하나의 상황은 기존의 질서를 대물림하는 체제의 연속성을 나타냈으며, 혼란의 기류 속에서 부유하는 삶을 재연하기도 했다. 또한 소외되었던 물리적 장소는 새로운 삶을 펼치기 위한 욕망의 공간으로 탈바꿈되었다.

이 장에서 시도한 이와 같은 모색은 작품 속 중심인물들의 삶을 주목한 데서 비롯되었다. 왜냐하면 그들의 삶은 일제강점기라는 민족적 시련의 시기를 엿볼 수 있는 단서가 되기 때문이다. 더불어 당대의 근대의식이 일으킨 변화의 기류까지도 소급할 수 있는 가능성을 지닌다. 한편으로 이러한 해명을 통해, 공간에 대한 새로운 관점을 제시할 수 있었다. 즉 인간의 삶은 공간을 펼쳐나가는 과정이며, 현존재의 의미는 공간을 구성하는 존재자에 다름 아니다. 특히 공간을 펼치고, 공간을 이루는, 인간의 '몸'은 세계를 지각하는 한에서 주체가 된다는 사실을 주지할 수 있었다.

■ 김은정

1 『혼불』은 1981년 동아일보 창간 60주년 기념 장편소설 공모에 제 1부 「흔들리는 바람」이 당선되면서 문단으로부터 주목을 받았다. 전체 5부 10권 108장으로 구성된 『혼불』은 제1부 「흔들리는 바람」은 《동아일보》에 연재되었고, 제2부 「평토제」, 제3부 「아소 님하」, 제4부 「꽃심을 지닌 땅」, 제5부 「거기서는 사람들이」 등은 월간지 《신동아》에 연재되었다. 『혼불』은 1988년 9월부터 1995년 10월까지 만 7년 2개월간 《신동아》에 연재되면서 국내 월간지 사상 최장기 연재기록을 세웠다. 단행본은 1부(1권)이 1983년에 《동아일보》에서 출간되었으며, 1~2부가 1990년 한길사에서 4권으로 출간되었다. 이후 1~5부가 1996년에 역시 한길사에서 총 10권으로 출판되었다. 그 후 2005년에 여러 가지 사정에 의해 절판되었다가 2009년 작가의 동생 최용범 씨가 발행인으로 있는 매안출판사에서 다시 5부 10권으로 출간되었다. 작가 최명희는 1997년 《문학사상》과의 인터뷰에서 '해방공간과 한국전쟁 직후까지의 격동기를 겪게 될 주인공들의 삶을 중심으로 한 『혼불』의 후속 이야기가 남아있다고 밝힌 바 있다. 그러나 작가 최명희가 1998년 12월 11일 지병인 난소암으로 타계하면서 소설 『혼불』은 미완의 작품으로 남게 되었다. 김희진, 「최명희 『혼불』의 민속 모티프 연구」, 고려대학교 박사학위논문, 2013, 1~2쪽 참조.

2 공간은 삶에서 대립적으로 작용하면서 의미들로 채워져 있으며, 이것들은 다시 공간 속의 여러 장소와 지역에 따라 달라진다. 이 의미들은 인간이 공간과 결부하는 주관적인 느낌으로 환원되지 않는, 인간이 사는 공간 자체의 진정한 특성이다. 이를 뒤르크하임은 이렇게 강조한다. "우리는 발전한 인간이 살아가는 공간과 그 안에서 그가 체험하는 모든 의미 있는 사건들을 진지하게 생각해야 한다. 공간은 그 특성과 배열, 질서라는 고유의 성격을 고려할 때 거기서 살고 체험하고 관계를 맺는 주체의 표현 방식, 입증 방식, 실현 방식이기 때문이다." 오토 프리드리히 볼노, 이기숙 옮김, 『인간과 공간』, 에코리브르, 2011, 20쪽.

3 모니카 M. 랭어, 서우석·임양혁 옮김, 『메를로 퐁티의 지각의 현상학』, 청하, 1992, 82쪽.

4 모리스 메를로-퐁티, 류의근 옮김, 『지각의 현상학』, 문학과지성사, 2002, 571~572쪽 참조.

5 사르트르와 마찬가지로 메를로-퐁티는 훗설의 추상적인 <보편적 본질>과 선험적 자아를 거부한다. 그러나 메를로-퐁티는 훗설이 생활 세계의 중심이라고 지칭했던 것, 다시 말해 지각에 그 역점을 둔다. 메를로-퐁티에 따르면 훗설은 생활 세계에 관한 기술적descriptive 연구를 향한 길을 제시해 주긴 했으나, 그것의 의의를 제대로 감지하지 못했다고 한다. 그리하여 훗설은 의식의 지향성이 우선 그리고 무엇보다도 신체적 지향성이라는 것을 깨닫지 못했다. 메를로-퐁티는 모든 인식은 지각에 의해 개방된 지평 안에서 일어나며, 지각의 원초적 구조가 반성적, 과학적 경험의 전 영역에 침투해 있고, 모든 형태의 인간의 공존은 지각에 근거해 있다는 것을 지적한다. 이리하여 현상학의 관심사는 모든 반성의 배경background인 전반성적pre-reflective 세계에 관한 것이 되어야 한다. 인간 존재는 반성에 선행하여 이미 그 세계 속에 관여해 있는 것이다. 메를로-퐁티는 지각자는 순수한 사유자가 아니라 바로 신체-주체body-subject이며, 모든 반성 행위는 육화된 주관성에incarnate subjectivity 다름 아닌 전개인적, 익명의 의식에 기초를 두고 있음을 주장한다. 랭어, 앞의 책, 23쪽.

6 강미라, 『몸 주체 권력』, 이학사, 2011, 48~49쪽 참조.

7 볼노, 앞의 책, 23쪽.

8 최명희, 『혼불』, 한길사, 1996. 이하 인용문 뒤에 '권수, 쪽수'만 표기한다.

9 현존재는 스스로의 존재에 있어서 양해하면서 이 존재를 향해 태도를 취하고 있는 존재자인 것이다. 이 일로 해서 실존의 형식적 개념이 암시되어 있다. 현존재는 실존한다. 뿐더러 현존재는 항상 나 자신이 그것인 존재자인 것이다. 실존하면서 있는 현존재에는 본래성本來性과 비본래성非本來性의 가능성의 조건으로서 항상 나의 것이라는 성격이 속해 있다. 현존재는 이들 두 가지 상태의 하나에 있어서, 또는 이들 양자의 상태적인 무차별의 모습에 있어서 항상 실존한다. 그러나 현존재의 이러한 모든 존재규정은 우리가 '세계내존재世界內存在'라고 이름하는 존재 기구에 의거해서 아프리오리로 간주되며 양해되지 않으면 안 된다. 마르틴 하이데거, 전양범 옮김, 『존재와 시간』, 도서출판 시간과공간사, 1992, 87쪽.

10 김형효, 『메를로 뽕띠와 애매성의 철학』, 철학과현실사, 1996, 24쪽 참조.

11 이번 장에서 필자는 소설 『혼불』에 나타난 공간의 양상이 인간의 '몸'을 통해 형상화되는 지점을 살피는 것에 소기의 목적을 두었다. 특히 이 절에서

논의할 '탈공간화'는 중심인물인 강모와 강실의 현실 세계에서의 '존재감 상실'을 나타내기 위한 필자의 의도에 따른 개념이라 할 수 있다. 여기서 공간의 확보는 지각의 주체인 신체에 의해 이루어지며, 이때 공간은 물리적 조건의 장소가 아닌 삶을 펼치는 구체적 상황이 된다. 따라서 '탈공간'의 개념은 주체적 공간의 상실이자, 삶의 중심적 자리에서 밀려남을 의미한다. 결국 주체적 자리를 점할 수 있는 신체적 조건에 열악한 환경을 부여함으로써, 그들이 펼칠 수 있는 공간의 확보는 보류된다. 왜냐하면 신체적 지각의 소멸은 공간을 펼치는 주체성의 상실로 이어지기 때문이다. 그럼에도 불구하고 두 인물들의 공간 확보의 지연은 스스로의 인식에 의해서 구체적으로 발현된다. 이는 주체성 상실에 대한 능동성을 담보하는 것이며, 이로써 '탈공간화'의 의미는 해명된다고 할 수 있다.

12 서영화, 「하이데거의 존재론적 차이와 무의 관계에 대한 연구」, 서울대학교 박사학위논문, 2013, 40쪽.

13 위의 글, 같은 쪽.

14 마르틴 하이데거, 소광희 옮김, 『존재의 시간』, 경문사, 1995, 273쪽 참조.

15 볼노, 앞의 책, 24쪽.

16 하이데거에게 현존재의 존재에는 '내던져져 있음'이 속한다. 그러나 이로부터 하이데거는 현존재의 본질을 묻기 위해 그것의 존재 기원이나 존재 원인에 대한 물음으로 나아가지 않는다. 오히려 하이데거는 인간의 본질을 세계 속에 이미 던져져 있는 자라는 현사실적인 소여로부터 출발하여 세계-내-존재라는 현존재의 존재 구조를 해명하는 것으로 나아간다. 서영화, 앞의 글, 52쪽, 각주 재인용.

17 "사람마다 이승에 몸을 받아 태어날 적에 하늘이 정해준 천명天命이 있을 것인즉, 그 천명을 다하지 못하고 비명에 죽은 사람의 영혼은 그 뼈에 한 맺혀 쉽사리 이승을 떠나지 못하고, 낯설고 물설은 저승으로도 가볍게 가지 못하니, 살아 있는 사람들이 그 영혼을 위로하고 쓰다듬어 달래어서 좋은 곳으로 보내고자 하는 것이 굿이었다. 귀신 중에서도 가장 원통한 귀신은 처녀와 총각인 채로 죽은 몽달귀신이었으니, 이는 객사하거나, 전쟁터에서 살을 맞아 죽은 귀신, 혹은 물에 빠지고 불에 타 죽은 그 어느 귀신보다도 처절하게 원한이 많아, 무서운 복수심으로 이승에 남은 사람들에게 붙어 괴롭힌다고들 하였다. 그것도 가족들을." (2권, 141쪽)

18 볼노, 앞의 책, 22쪽.

19 위의 책, 23쪽.

20 하이데거, 앞의 책, 273쪽.

21 랭어, 앞의 책, 24쪽.

22 위의 책, 같은 쪽.

23 위의 책, 26쪽.

24 볼노, 앞의 책, 24쪽.

25 나라에서 정하여 구분한 팔천八賤으로는 노비·승려·백정·무당·광대·상여꾼·기생·공장工匠 등이 있었다. (3권, 256~257쪽)

서사 공간의 해체 구도

공간은 소설에서 '배경'으로 여겨진다. 그러나 공간적 배경은 인물들이 놓인 여러 사회적·문화적 정황을 드러내는 매개적 역할을 수행한다. 배경으로 제시된 공간을 분석하는 것은 소설의 의미망을 해석하는 데 있어서 중대한 작업인 셈이다. 배경으로 제시된 공간의 파악은 텍스트를 이해하는 단초가 될 수 있다. 즉, "소설의 공간은 사회적 삶의 양상을 표상한다."[1]

배경은 단순히 사건이 벌어지는 공간적인 영역만을 지칭하지 않으며 소설에서 벌어지는 사건과 주제의식 구현에 이바지하는 주요한 요소로 자리한다. 인간의 삶은 근원적으로 공간과의 관계 속에 존재한다. 때문에 인간은 언제나 자신을 둘러싼 공간과의 관계를 통해 규정될 수 있다.[2] 더불어 인물의 행동은 결코 공간 내부에서 일어나는 독립적인 행위가 아니며 공간과 함께 형성된다는 점[3]을 주지한다면, 소설 읽기에 있어서 공간 해석의 중요성은 충분히 강조되어야 마땅하다.

최명희의 『혼불』[4]은 전라북도 남원의 매안마을을 중심 배경으로 삼아 이야기가 펼쳐진다. 눈여겨 볼 것은, 소설 속 배경으로 제시된 공간의 구성 양상이다. 매안마을은 지리적인 구조를 토대로 하여 마을 구성원들의 의식 내부에 확고한 경계가 구획된 곳으로 그려진다. 이 경계는 물리적인 구획보다도 강력하고 확고하게 주민들의 의식을 지배한다. 그러나 시간의 흐름 혹은 사건의 전개에 의해 인물의 의식이 달라지기 시작하고 그에 따라 마을의 확고했던 경계 또한 무너지기 시작한다. 청암부인의 죽음과 맞물려 일어나는 공간 해체의 움직임은 『혼불』의 주제의식 구현에 유효하게 관여한다. 『혼불』은 공간 구성을 통해 견고하다고 여겨졌던 수많은 경계가 해체되었던 구한말의 시대상을 상징적으로 보여주는 것이다.

이 장에서는 『혼불』의 공간 구성에 초점을 맞추어 공간의 구조화 양상과 해체 과정을 살피고자 한다. 우선, 매안에 대한 서술자의 제시 방식을 통해 마을의 물리적 구조화 경향을 파악한 후, 인물들의 의식을 통해 매안과 거멍굴 사이의 보이지 않는 경계를 확인하는 작업이 선행될 것이다. 이후, 확고한 것처럼 보였던 공간의 경계가 어떤 과정을 통해 무너지고 있는지, 작품에 드러난 양상을 살필 것이다. 이러한 일련의 과정은 『혼불』에서 드러나는 공간의 해체 과정과 양상이 작품 전체의 맥락과 맞닿아 있는 점을 확인하는 작업이기도 하다.

이원적 공간 구성

지리적 입지는 공간 내부 구성원들의 역학관계가 반영된 결과물이다. 특히, "외부인은 거주지의 우월한 입지를 통해 그들의 지위를 명확히 인식한다'[5]는 점에서 재차 확인할 수 있듯, 독자들은 소설 속 인물들의 입지를 통해서 인물의 지위와 역학관계에 대해 분명히 인식할 수 있게 된다. 공간의 구조화를 살핌에 있어 주요한 단서 중 하나는 공간에 대한 서술이다. 공간에 대한 지각점의 위치를 파악하는 것으로 제시되는 공간의 양상을 확인할 수 있다.[6] 『혼불』의 경우 매안과 거멍굴의 공간 제시 양상을 통해 지리적인 층위, 의식적인 층위에서 구조화가 이루어진다.

우선, 지리적인 구조화에 대해 살펴보자. 『혼불』의 경우 대부분의 공간 묘사가 서술자에 의해 이루어진다. 주요 공간적 배경인 매안을 중심으로 천민들이 모여 사는 매안 언저리의 거멍굴, 그리고 민촌인 고리배미가 배치되어 있다.

> 만일 낫을 놓고 이야기를 한다면, 날카로운 날끝이 노적봉 기슭의 매안이고, 거기서 오른쪽으로 한참을 걸어와 낫의 모가지가 기역자로 구부러지는 지점이 새로 생긴 정거장이며, 그 목이 낫자루에 박히는 곳쯤이 무산 밑의 근심바우 거멍굴이다.
>
> 그리고 더 아래로 내려와 맨 꽁지 부분 손 잡는 데에 이르면, 고리봉 언저리 민촌 마을 고리배미가 된다. (3권, 269쪽)

매안마을의 지리적 조건을 보여주는 부분이다. 매안과 거멍굴, 고리배미 사이에는 일정 이상의 거리가 존재한다. 특히, 매안과 거멍굴 사이의 거리는 '한참을 걸어'야 그 중간에 있는 정거장에 이를 수 있는 정도의 거리이다. 『혼불』에서 매안과 거멍굴은 고리배미를 경계로 구획되어져 거리를 두고 있는 형국인 것이다. 이렇듯, 매안과 거멍굴의 주민들은 하나의 마을 공동체를 이루고 있지만, 마을 주민들 사이에는 자신이 속한 거주지의 입지에 의해 일차적으로 물리적 거리가 주어진다.

공간의 구별은 차이를 보여주기 위함이다. 그 중에서도 "주거 입지는 가치에 대한 유사한 위계를 보여준다."[7] 인물들은 신분에 따라 특정 공간에 배치된다는 점에서, 인물이 점유하는 공간은 인물을 드러내는 하나의 요소로 볼 수 있다. 즉, 매안과 거멍굴의 풍수적 조건과 마을 형성 과정에 의해 인물들의 위계가 설정된다.

> 예로부터, 사람이 모여 살아 마을을 이루는데 제일 좋은 명당은, 비산비야非山非野, 산중도 아니고 들도 아닌 곳에 있다고 하였다.
>
> 그런 곳이라야 인물이 나고, 마을이 번성하며, 오래오래 자손이 이어져 향화香火가 끊이지 않는다 하는데, 그것은 어쩌면 이런 곳이 피난에 가장 적지라는 말인지도 모른다.
>
> 그러고 보면 매안의 지형이 바로 비산비야였다.
>
> 노적봉의 영기靈氣가 벋어 내린 발등에 터를 잡아서 그 발 아래 논을 밟고 서 있는 형국이 매안의 지세였던 것이다.
>
> 그곳에 처음으로 입향한 현조顯祖 한 몸의 자손이, 몇 백 년 동안 나고 또 나서 온 매안에 가득 차고, 잔등이 너머 다시 작은집 마을 하나를 더 이루도록 창성한데.
>
> 이런 벌족한 동성同姓 마을의 이만큼에 외따로 멀리 물러앉은 여남은 집 산성촌散姓村 거멍굴은, 서로 생업이 달라 세 무더기로 끼리끼리 이마를 맞대고 있었다. (3권, 246~247쪽)

물리적 조건이 좋은 곳을 차지하기 위해서는 그에 상응하는 지위가 요구된다. 즉, 입지에 있어서 지리적 조건은 곧 그 곳에 거주하는 이들의 지위를 확인할 수 있는 요소이기도 하다. 특히, 매안마을

이 '노적봉의 영기가 서린 곳'이라는 점은 곧 매안마을에 사는 이들의 지위를 단적으로 보여준다. "인간에게 있어서 공간은 결코 균질적이지 않으며 그 속의 장소마다 특별한 의미가 부여되어 있다"[8]는 점에서, '노적봉의 영기'는 매안이라는 공간을 다른 공간들로부터 차별화하는 요소이다. "사람은 곧 자신이 살고 있는 장소이고, 장소는 곧 그 곳에 살고 있는 사람이다."[9] 장소는 곧 사람을 대변한다는 점에서 노적봉은 매안에 거주하는 인물들의 우월한 위치를 드러내는 상징적 사물이다. 『혼불』에서 노적봉이라는 거대한 자연물은 공간적으로 위계화된 매안마을의 위계성을 더욱 공고화시키고 매안 양반들의 우월적 위치 또한 부여한다.

반면에 거멍굴에 대해서는 마을 주민들의 천한 신분을 설명하는 방식으로 공간과 그 구성원들의 성격을 보여준다.

> 그 중에서도 가장 천한 것이 백정과 무당이다.
>
> 이 세상에서 짐승말고는 노비보다 더 심한 차별 대우를 받는 것이 백정인지라, 일반 양인들과는 같이 섞여 살지도 못하고 성문城門 바깥 멀찌감치 물러나 저희들끼리 모여 사니, 다른 사람들한테 '성 아랫것'이라는 비칭 낮춤말을 들었다.
>
> 그것은 부성府城 고을이 아니어도 마찬가지였다. 사부士夫 반촌班村의 마을에는 말을 꺼낼 것도 없고, 민촌民村이라 할지라도 그 마을 안에 버젓이 섞여 살 수는 없었다.
>
> 안에는 그만두고 언저리도 안되었다.
>
> 그래서, 매안을 바라보고 그 서슬 아래 살 것이면서도 그쪽으로는 감히 허리 들고 지나갈 엄두조차 못 내고는 산 모롱이 하나를 꺾어서 한참이나 내려와 돌아앉은 이곳에 자리를 잡은 것이리라.

> 그래도 민촌 고리배미까지는, 그보다는 좀 가까웠고, 길도 조옥 나있어 가기도 쉬웠으며, 서로 아득하게나마 바라보이기라도 하였다. (3권, 257쪽)

거멍굴을 구성하는 이들은 백정, 당골네와 점쟁이, 고인鼓人 잽이, "백정도 당골도 아니면서 머뭇머뭇 정착하게 된 이들"(3권, 265쪽)이다. 택주, 만동, 백단 등은 그들의 천한 직업으로 소개되며, 공배네, 옹구네, 평순네 등의 상황도 크게 다르지 않아, 딱히 소개될 근본이라 할 것이 주어지지 않은 이들이다. 거멍굴의 형성 과정에 대한 위의 서술은 매안의 형성 과정을 서술할 때와 사뭇 다른 방식을 통해 전달된다. "공간의 성격은 상대 공간에 의존해서 획득되는"[10] 것이기에, 두 공간에 대한 상반된 서술내용과 서술태도는 각 공간의 특성을 드러낸다. 『혼불』은 거멍굴 사람들이 소개될 근본이나 유래가 없는 사람들임을 들어 이들의 지위를 고스란히 보여준다.

공간은 주체와 무관하게 주어지지 않는다. 인물은 공간 내부에서 움직이지만 공간은 주체와 관련을 맺는 특정한 기준 체계이다.[11] 때문에 공간을 살피는 것은 공간에 머무는 인물들을 파악하는 일이기도 하다. 거멍굴은 양인들과 섞여 살지 못하는 이들이 모여 형성된 타자들의 공간이다. 자신의 의지와 무관하게 양인들과의 거리를 유지하며 살아야 한다는 규율로 인해 거멍굴 주민들은 매안의 양반들을 포함한 모든 양인들에 대해 심리적인 거리를 가지게 된다. 더욱이, 거멍굴 주민들에게 있어서 매안의 반촌은 '허리 들고 지나갈 엄두조차 못 내'는 곳이다. 또한, "'가깝다'와 '멀다'의 의미는 상호간의 친밀감과 지리적 거리의 정도가 복합된 것"[12]이라는 점을 감안한다면, 위의 예문에서 거멍굴 주민들의 입장에서 고리배미에 대해 '그보다는 좀 가까웠고'라는 서술의 의미는 좀 더 명확해진다. 위의 서술은 단순히 물리적 거리를 드러내고자 하는 문장이 아니다. 『혼불』은 매안과 거멍굴 사이에 고리배미를 배치함으로써 매안마을 속, 매안, 고리배미, 거멍굴 사람들이 지니게 되는 상대적인 심리적 거리를 효과적으로 드러낸다.

공간의 의식적인 구조화는 주어진 공간에 대한 인물들의 의식과 지각을 통해 추적해낼 수 있다. 전지적 작가 시점을 취하는 서술자에 의해 전해지는 이야기는 '사실'로 여겨진다는 점에서 막대한 영향력을 가진다. 『혼불』의 서술자는 등장인물의 입장에서 공간에 대해 서술하거나 인물들이 공간에 대해 취하는 행동을 보여줌으로써 인물들의 의식 내부에 구획된 공간의 구조화를 보여준다.

다음은 거멍굴에서 바라보는 매안에 대한 서술 대목이다.

> 매안 문중의 마을은 여기 거멍굴에서는 아득할 만큼 멀어 보인다. 아니, 멀다기보다는 보이지 않는다는 편이 옳았다. 불이 밝혀진 방문이 하나도 없어 그렇게 짐작되기도 하겠지만, 꼭 그래서만은 아닌, 물을 건너고 굽이를 돌아 엄중한 막을 치고 저만큼 있는 곳. (3권, 22쪽)

위의 서술은 '여기 거멍굴에서는'이라는 지시어를 통해 거멍굴 사람들의 지각을 보여준다. 위 서술의 초점화자는 거멍굴 사람들로, 거멍굴 사람들이 매안에 대해 가지고 있는 의식을 보여준다. 인물이 아닌 서술자의 목소리를 통함으로써 특정 개인의 지각이 아니라 '여기' 즉, '거멍굴 사람들의' 인식을 전달한다. 즉, 매안에 대해 '아득하다'고 느끼는 인식의 주체는 거멍굴 사람들이라고 할 수 있다.

또한, '아득하기만 했었다'라는 표현을 통해서 거멍굴에 사는 천민들에게 반촌은 물리적 거리와 별개로 '아득한'이라는 용어로 설명되는 거리에 위치하게 된다. "거리는 자신으로부터의 거리이다. 많은 언어들에게 공간적 지시대명사와 인칭대명사는 밀접하게 연관되어 있다."[13] 거멍굴 사람들은 매안에 수시로 드나들면서도 매안에 대해 '아득하다'고 거멍굴 사람들의 입장을 서술하는 것은 천민으로서 매안의 양반들에게서 느끼는 신분적 차이를 공간적 거리로 투영하기 때문이다. '아득하다'라는 표현을 통해 우리는 거멍굴 주민들이 양반들에 대해 체감하는 거리감은 물론 신분의 차이에서 비롯하는 경계에 대한 의식을 짐작할 수 있다. 즉, 거멍굴 주민들에게 매안 반촌까지의 거리 사이에는 현실에서 넘어설 수 없는 신분제의 경계가 존재하는 것이다.

즉, 거멍굴 사람들에게 있어서 매안은 장소로 자리하지 않는다. 그들은 매안에 수시로 드나들곤 하지만 천민이라는 신분에 의해 매안은 그들에게 완고하게 닫힌 공간이다. 매안에 거주하는 노비 신분의 인물들도 마찬가지이다. 매안에서도 중심이라 할 수 있는 종가에 거주할지언정, 그들은 결코 매안의 구성원으로서 여겨지지 않는다. 매안의 중심부에 거주한다는 사실과 별개로 매안은 천민들에게 있어서 '진정한 장소감'을 느낄 수 있는 공간이 아니다. 천민들에게 있어서 매안은 소속감을 심어줄 수 있는 공간이 아니며, 따라서 개인의 정체감의 원천이 될 수 없다.[14] 『혼불』의 등장인물들은 매안이라는 같은 공간을 점유하고 살아가지만, 이들이 감지하는 장소성은 엄연히 다른 양태를 보인다.

신분의 차이에 의한 심리적 거리는 거멍굴 사람들만 느끼는 부분이 아니다. 문중의 양반들 또한 이러한 차이를 생활에 전제하고 있음이 다음 대목에서 드러난다.

> 그러나 아무리 장날이라고 해도, 매안의 이씨 문중 사람들은 모습을 비치지 않았다. 장 길에 익숙한 머슴이나 재바른 하인을 시켜 심부름을 보내기 때문이었다.
>
> 만일 이도 저도 여의치 않은데 피치 못할 급한 일이 생긴 누가 있다 하더라도, 장에 가는 일만큼은 정거장으로 나오지 않고, 오수, 남원까지 걸어서 소롯길로 혼자, 눈에 뜨이지 않게 다녀왔다. (3권, 244~245쪽)

> 도대체 매안의 지체로 양반의 자제가 이 천민들 엎어져 사는 하촌下村에 발을 디뎌 들어선다는 것부터가 상상도 할 수 없는 일이기 때문이었다. …(중략)…
>
> 그러니 장에만 가도 큰일나는 줄 아는 매안의 이씨 그 누구라도 이 거멍굴에 발을 들여놓은 사람은 아직 없었다. 하나도. (8권, 51쪽)

위의 인용문을 통해 양반들이 일상적으로 천민들로부터 유지하려는 '차이' 혹은 '거리'를 확인할 수 있다. 거멍굴 사람들이 매안에 대해 어렵게 생각하고 거리감을 가지는 것과 마찬가지로 매안의 양반들 또한 거멍굴에 대해 거리감을 가진다. 천민들과는 섞이지 않겠다는 의식이 매안의 양반들로 하여금 불편함을 감수하게 하는 것이다. 천민들의 거주지인 거멍굴은 물론 일시적으로나마 일정 공간을 공유하게 되는 장터에까지 발을 디디지 않으려는 그들의 생활 수칙은 천민들과의 한시적인 어우러짐조차 거부하는 것이다.

『혼불』의 배경으로서 서사 공간인 매안과 거멍굴은 엄연히 다른 지리적·물리적 특성을 가진다. 그 중에서도, 매안은 유일하게 인물들이 공유하는 공간으로 그려진다. 장소는 공동체의 정체성을 강화하기 마련이지만, 『혼불』의 경우 공간 서술 방식과 태도에 의해 매안은 인물들의 삶의 저변으로 제시됨에도 불구하고 동일한 장소 의식을 부여하는 공간으로 자리하지 않는다.[15] 오히려 같은 공간에 대해 가지는 다른 장소 의식으로 인해 『혼불』의 공간 구조는 인물 간의 위계를 공고히 하는 요소로 역할 한다.

이러한 공간의 위계화는 『혼불』의 서사 전개에 있어서 전제가 된다. 매안과 거멍굴 사이의 위계는 신분질서, 즉 인물들 간의 위계를 드러낸다. 인물들이 처한 위계적 상황은 타자의 위치에 자리하는 인물들로 하여금 어떤 행동을 하도록 동기를 부여하고, 주요 갈등에 근본적인 원인을 제공한다. 강모는 위계에서 오는 중압감을 견디지 못하고 매안을 떠나며, 춘복은 강실을 범하며, 백단네 부부는 위계의 경계를 넘고자 투장을 감행한다.

공간 해체 움직임의 본격화

앞에서 살펴본 바, 매안은 위계적 공간으로 자리한다. 지리적 구조와 인물의 의식 층위에 의해 공간의 이원적 구도가 확고하게 구획된 공간이다. 그런데, 매안과 거멍굴의 이원적 구조는 서사가 진행되는 과정에서 해체가 시도된다. 확고한 경계의 구축에 서술자가 관여한 것과 달리, 경계의 해체는 인물들에 의해 시도된다.

● 위로부터의 경계 해체 움직임

위로부터의 경계 해체 움직임은 청암부인의 손자들인 강호, 강태 강모에 의해 시도된다. 먼저, 동경 유학 중인 강호는 자신의 학비를 마련하기 위해 고물을 주워다 팔고, 인력거를 끈다. 이는 양반가의 자제로서 상상하기 어려운 일이다. 딱히 경제적 여건이 어려운 것도 아니지만, 그는 몸소 학비를 벌었으며, 노동과 근로라야 "정확한 교환 방법이고, 또 정직한 소득"(7권, 257쪽)이라 말한다.

다음은 강호와 기표의 대화를 간략히 정리한 것이다.

> 강호 – "사람들이 내버리는 빈 병도 주워다 팔고, 못쓰게 된 파지나 고물도 다 주워다 팔지요."
> 기표 – "쓰레기통을 뒤지는 넝마주이"
> 강호 – "인력거도 끕니다."
> 기표 – "천하 상것들이 메는 게 가만데."
> 강호 – 노동과 근로야 말로 "정확한 교환 방법이고, 또 정직한 소득" (7권, 256~257쪽 참조)

강호는 문중의 어른들 앞에서 자신이 돈을 벌고자 한 일에 대해 당당하고 자랑스럽게 말한다. 물론, 강호는 이에 대해 문중의 어른들이 탐탁지 않게 여길 것이라는 것을 알고 있을 것이다. 그럼에도 어른들의 심기를 거스르며 위와 같은 말을 하는 것은, 세상의 변화와 신분제도의 비합리성에 대해 우회적으로 언급하고자 하는 것이다.

위의 대화에서 기표는 강호가 한 일들에 대해 '상것들의 일'이라 칭한다. 이는 문중 어른들의 의견을 대변하는 것이다. "온 마을 문중에서 맨 먼저 머리를 깎고 구두를 신은 개명 양반"(4권, 96쪽)으로, 매안에서 신문물을 가장 먼저 접하고 수용하고 있는 인물로 그려지는 기표마저도 이를 용인하지 못한다. 신문물을 적극적으로 받아들이는 수용적 태도와 달리 자신이 누리는 양반의 지위에 대해서는 이전의 기득권을 유지하고자 하는 이중적인 태도를 보이고 있음을 확인할 수 있다.

강호의 경계 해체 시도는 여기서 그치지 않는다. 덕석말이를 당한 춘복과 백단이네 부부를 만나기 위해 직접 거멍굴로 찾아 가서, 자신이 직접 일하여 번 돈을 약값으로 쓰라며 건넨다. 양반인 강호가 거멍굴에 직접 찾아온 것은 이제껏 금기시 되어 왔던 일이다. 때문에 거멍굴에서 강호와 마주친 공배네는 겁부터 먹고 긴장을 늦추지 못한다. 지금까지 일어난 적이 없었던 일이 일어난 것에 대해 '불안'을 느낀 것이다.

망설임 없이 거멍굴을 직접 찾아든 강호의 행동은 강호의 의식 내부에서 이미 신분 질서가 무너졌고, 따라서 강호에게 있어서 매안과 거멍굴의 경계 또한 붕괴되어 무의미한 것이 되어버렸음을 단적으로 보여주는 사례이다. 그는 경계 너머에 자리하는 춘복, 만동, 백단을 위로하기 위해 자발적으로 경계를 넘어선 것이다. 또, 이러한 강호의 경계 넘어서기는 공배네와 택주의 반응을 통해 어느 정도 성공적이었다고 가늠해볼 수 있다. 강호의 경계 해체 시도는 거멍굴 사람들이 양반들에 대해 가지고 있는 심리적 거리를 완화시키고 있으며, 이후 심리적인 거리까지 무화시킬 수 있는 가능성이 농후해 보인다.

강태의 경우에는 강모와의 대화에서 자신의 할머니인 청암부인에 대해 냉소적인 태도를 보임으로써 기존 신분제의 모순에 대해 자신의 의견을 피력한다. 다음은 강모와의 대화에서 강태가 청암부인에 대해 말하는 대목이다.

> "아니다. 할머니가 생전에 이루신 엄청난 재산이라는 것이, 뒤집어 말하면 소작인들에게서 가장 많은 이윤을 남기고 그악스레 긁어모았다는 증명밖에 더 되겠어? 정당한 물물 교환으로 할머니와 소작인들이 서로 평등하게 이익을 나누었다면, 도저히 그런 재산은 모을 수가 없는 일이야. 상식적으로 생각해 봐도 그렇지 않으냐? 그 양반은, 지주로서의 특권과 횡포를 최대한으로 누리신 분이라고 할 수 있지." (3권, 62쪽)

강태는 지금까지 자신이 누려왔던 기득권이기도 한 청암부인의 부富 축적에 대해 적극적으로 비판하고, 의문을 제기한다. 강호와 강태는 자신들이 누려왔던 지위나 특권에 대해 의문을 제기하고 변화에 적극적으로 대처하는 자세를 보이는 인물들이다. 매안에서 기득권을 누렸던 강태가 자신이 누려왔던 기득권에 대해 문제를 제기하고 평등을 주장하는 것은, 강태의 의식 속에서 매안과 거멍굴의 경계가 이미 해체되고 있음을 보여준다. 이러한 의식 변화는 작품의 말미에서 강모에게서도 확인된다.

강호·강태·강모 세대에서 확인할 수 있는 의식의 변화는 그동안 완고했던 매안과 거멍굴의 보이지 않는 경계 해체에도 직접 작용한다. 강호가 덕석말이를 당한 만동이와 백단 부부, 춘복을 위로하기 위해 직접 거멍굴을 방문하고, 자신이 직접 일해 번 돈을 건네는 행위는 위로부터의 경계 해체의 움직임을 상징적으로 드러내는 것이라 볼 수 있다.

● 아래로부터의 경계 해체 움직임

반면에 아래로부터의 경계 해체의 움직임은 춘복과 우례에게서 드러난다. 춘복은 일찍부터 작은아씨 강실을 탐한다. 춘복이 강실을 탐하는 목적은 양반가의 딸인 강실에게서 자신의 자식을 출산하는 것에 있다.

> (내가 이날을 이때끄장 지달렀능게비다. 그럴라고 이 거멍굴에 엎어져서 살었능게비다. 부모가 있이까. 성지간이 있이까. 아무껏도 없는 바닥을 못 떠나고, 허허벌판 추운 시상을 모진 맘 먹고 천덕꾸레기로 살었다마는, 나라고 언지끄정 상놈으로만 살겄냐. 나는 죽어도 상놈 자식은 낳기 싫었능게. 이 육시랄 노무 상놈 꺼죽 훨훨 벗어 내부리고, 사램이 사는 것맹이로 살고 자펐다. 무지헌 곰도 하눌님 아들을 만나서 인연을 지으면 곰껍닥을 벗고 사램이 되는디, 나도 언지든지 이 껍닥을 벳게 내고 사램이 되게 해 줄 여자를 만날라고, 그럴라고 지금끄장 살어왔다……)
>
> 춘복이는 어금니를 지그시 물며 다시 한번 오류골댁 쪽을 노려본다.
>
> (작은아씨. 내 자식 하나 낳아 주시요. 나는 작은아씨한테 양반 자식 하나 얻고, 작은 아씨는 나한테 상놈 자식 하나 얻으시요.) (3권, 24~25쪽)

춘복이 강실에게서 자식을 낳고자 하는 강력한 의지를 보이는 이유는 상놈으로서 자신이 겪어야 했던 설움으로 인한 것이다. 춘복은 부모, 형제 없이 상놈으로 살면서 자신의 설움을 대물림하지 않고자 자식을 낳기 싫었다고 밝히고 있는데, 이 부분은 자신의 목적을 달성하기 위해 필요한 것이 강실이라는 여인이 아니라 강실의 양반이라는 신분임을 분명히 드러낸다. 이러한 의식은 그간 양반에게 가졌던 반감의 표출이라 할 수 있는데, 춘복이 가진 반감이 양반으로부터 자신이 겪었던 설움을 복수하겠다는 목적이 아니라 양반을 통해 양반의 자식을 얻겠다는 것은 자신도 양반과 상놈의 경계를 넘어서고자 한다는 욕망을 반증한다.

청암부인이 죽은 지 얼마 지나지 않은 정월대보름, 춘복은 그간 자신이 품었던 욕망을 실행시키고자 한다. 다음 예문은 춘복이 강실을 범하기 전에 달의 기운을 받고자 산에 올라 마음을 다잡는 대목이다.

> 등성이에 가려져 매안은 보이지 않았다.
>
> 그러나 춘복이의 눈에는 그 마을이 선하게 들어왔다.
>
> 개울을 건너 아랫몰과 중뜸에 이르는 고샅이며, 돌담과 대나무 울타리들이 어우러진 굽이굽이에 붉은 비늘 돋은 적송 서너 그루씩 등천하는 기세로 검푸른 머리 드리운 정경, 그리고 검은 구름 덩어리가 위용으로 뭉쳐 있는 것 같은 골기와 지붕의 원뜸 대갓집이며, 솟을대문, 그리고 그 아래 다소곳한 머리를 아담하게 수그리고 있는 오류골댁 초가지붕과 살구나무 둥치. 그 고목의 아름드리 뒤에 소리 없이 숨어 있는 작은아씨 강실이.
>
> 강실이.
>
> 춘복이는 그네의 모습이 떠오르자 어금니를 물었다. 그리고 점점 땅거미가 내려앉고 있는 매안 쪽을 충혈된 눈으로 쏘아보았다. (5권, 173쪽)

춘복은 산등성이에 가려져 보이지 않는 매안을 그대로 떠올린다. 그리고 그 끝에는 자신의 욕망을 이루어 줄 강실이 있다. 그에게 있어서 매안마을이라는 공간은 양반이라는 신분의 표상이다. 그가 강실을 떠올리며 오류골 댁을 노려보았던 것이나 어금니를 물며 충혈된 눈으로 매안을 쏘아보았던 것은 반촌으로 진입하겠다는 의지의 표현이다. 곧, 마을을 지배하고 있는 경계 해체의 의지를 상징적으로 보여주는 행위인 것이다.

춘복은 강실을 겁간하면서도 강실이 "네 이놈, 죽고 싶으냐." 혹은 "천하의 불상놈 같으니라고. 네가 감히 이런 짓을 할 수 있느냐."와 같은 무슨 말이라도 해주었으면 싶었다고 한다(6권, 135쪽). 이는 춘복이 강실을 범하는 행위가 한 여인으로서 강실을 가지기 위한 것이 아니라 천민으로서 양반과 천민의 경계를 넘는 행위로 인식하기 때문이다. 경계를 해체하기 위해서는 어떤 저항이 동반되어야 마땅하다. 그럼에도 강실이 어떤 반응도 보이지 않으니 춘복으로서는 의아하고 오히려 불안한 것이다. 더욱이 이후 나타나는 강실의 태기는 강실의 뱃속에 춘복이의 아이, 그러니까 거멍굴의 핏줄이 자라고 있음을 드러낸다. 춘복과 강실의 합궁, 그리고 이어지는 강실의 태기는 인물들의 의식 내부에 존재하였던 확고한 경계가 무의미한 것으로 무너지고 있음을 보여준다.

다음으로 우례의 경우를 살펴보자. 우례는 이씨 집안의 침비로 오래 전에 기표와의 관계를 통해 아들인 봉출을 낳았다. 양반인 기표와 노비인 우례 사이에서 태어난 아들이 봉출이다. 그리고 이는 둘뿐만 아니라 마을의 모든 이들이 알고 있는 공공연한 사실이다. 그러나 우례는 이씨 집안의 아들을 낳았음에도 불구하고 이전과 같이 침비로 살고 있으며, 둘 사이의 아들인 봉출은 기표의 아들이라는 사실과 별개로 그저 종으로서 살아가고 있다.

다음은 봉출의 출생에 관한 사실과 봉출에 대한 우례의 소망이 드러나는 대목이다.

> 그냥 얼핏 닮은 구석이 있는 정도가 아니라, 마치 선명한 붉은 인주로 도장을 찍어 놓은 것처럼 얼굴의 모색도, 두상도, 체형도, 그리고 쉰 듯하면서도 칼칼한 음성까지도 영락없이 닮은 얼굴이었다.
>
> "봉출아, 너는 어쩌든지 꼭, 니 성을 찾어라. 내가 나중에 죽고 없드라도. 너는 추秋가가 아니고 이씨다. 잊어 부리지 말그라. 너는 이씨여. 추봉출이 아니라 이봉출이여, 이李. 어쩌든지 꼭, 너는." (4권, 87쪽)

위의 예문에서 확인할 수 있듯 우례는 봉출이 어렸을 때부터 "추秋가가 아니고 이씨"(4권, 87쪽)라며 거듭 당부하였으며, 언젠가 이씨 가문 내부로 들여보내고자 하는 욕망을 오랫동안 품어왔다. "너는 어쩌든지, 꼭."(4권, 86쪽)이라고 거듭 다짐하는 우례는, 그러나 지금껏 봉출의 신분 상승을 위해 어떤 행동을 보이지는 않았다. 이씨 집안에 대한 반감 없이 묵묵히 자신의 일을 해왔을 뿐이다. 아들에 대한 마음과 달리 우례에게 있어서 매안 양반들과 자신 사이의 경계는 선불리 넘어설 수 없었던 것이다.

아버지인 기표와의 부자관계임이 온 마을에서 공공연한 사실로 여겨져 왔음에도 불구하고 봉출은 이씨 문중의 구성원으로 인정받지 못한 채 집안의 노비로 살아왔다. 봉출의 신분을 돌려놓겠다는 우례의 바람은 어디까지나 실현 가능성이 없어 보이는 넋두리로 여겨지지만, 우례가 옹구네의 계획에 가담함으로써 경계 해체의 움직임에 동참하게 된다.

우리 봉출이, 우리 아들, 내 자석, 금쪽 같은 이씨 자석, 이 가문으로 단 하나 금싸래기 씨앗으로 요놈 한나 달랑 남을랑게비여. 하이고오.

내가 천헌 종년이라고, 자식도 따러서 그럴 거이냐. 아부지가 지신디. 내가 느그 아부지를 꼭 찾어줄 거이다. 봉출아. 조께만 지달러라.

우례는 저도 모르게 부적 꽂은 앙가슴 치마말기를 누른다.

오지 마라, 오지 말어. 느그들은 오지 말어어.

우리 봉출이 자리, 아무도 와 넘보지 말어. (10권, 313쪽)

우례는 옹구네로부터 받은 부적을 기표의 베개에 넣고자 방법을 모색함으로써, 봉출의 자리를 확보하기 위해 강태와 강모가 돌아오지 않기를 바라는 심정을 드러낸다. 그간 마음으로만 품고 있었던 바람을 이루기 위해 위험을 무릅쓰고 부적을 기표의 베개에 넣고자 기회를 노리는 것이다. 그동안 막연히 꿈만 꿨던 바람을 이루기 위해 본격적으로 움직이기 시작한 우례와 강실로 하여금 자신의 아이를 임신시킨 춘복의 시도는 적자와 서자 사이의 경계 혹은 양반과 천민 사이의 경계를 허물어내고자 하는 아래로부터의 시도이다.

이러한 적극적인 움직임 사이에서 자신의 의지와 별개로 경계 해체의 중심에 서 있는 인물이 강실과 봉출이다. 우선 강실은 사촌지간인 강모와의 상피로 집안의 명예를 더럽힌 인물이다. 이 사실은 비밀로 부쳐지는가 싶었지만, 춘복과 옹구네에 의해 소문으로 돌게 된다. 매안이씨 양반들 사이에서는 아직 알려지지 않았지만, 옹구네와 춘복이를 중심으로 거멍굴에서는 이 사실이 소문으로 돌기 시작하였으며, 우례와 봉출, 콩심이와 같은 매안이씨 집안에 거주하는 종들에게도 이 사실이 알려진다. 설사 이 일이 인물들 사이에서 비밀로 지켜진다 하여도 작품에 표면화된 이상, 매안이씨의 지체는 이전과 같지 않다.

매안 이씨 가문 안팎에서 벌어지는 일련의 사건들은 거멍굴 사람들이 매안 문중에 대해 가지는 의식의 변화를 보여준다. 문중의 위상이 떨어지기 시작함과 함께 매안의 양반들과 거멍굴의 천민들 사이에 형성되어 있었던 경계가 무너지기 시작하는 것이다. 강호가 거멍굴을 직접 방문하고, 강실이 옹구네에 거처를 마련하는 두 사건을 필두로 매안과 거멍굴의 이원적 공간 구도는 해체의 양상을 보인다. 이러한 경계 해체는 구한말 신분적 질서를 비롯한 기존의 질서가 무너지는 상황을 상징적으로 보여준다.

청암부인과 공간 위계

청암부인은 작품의 서두에서 죽음을 맞이하고 만다. 그럼에도 청암부인이라는 인물이 서사전개에 미치는 영향력은 막대하다. 사건의 전개 과정에서 청암부인의 일화가 소개되는 것은 물론이고, 인물들에 의한 대화나 회상 그리고 투장사건을 통해 청암부인은 작품의 후반부까지 지속적으로 언급된다. 청암부인이 차지하는 서사적 존재감은 주인공인 강모와 효원을 통해서도 확인된다.

강모가 뒤늦게 청암부인의 부고를 접하였을 때 강모의 심정은 십 여 쪽에 걸쳐 서술된다(10권, 92~101쪽). 또한, 그가 도망치듯 떠나왔던 매안을 그리워하게 하는 것 역시 청암부인의 부고이다. 효원 역시 강모가 떠난 매안에서 의지할 대상이라곤 오직 청암부인이라 밝히고 있다(3권, 171쪽). 효원의 경우 시어머니인 율촌댁이 있음에도 불구하고, 청암부인에게 의지한다. 이는 청암부인이 죽어서도 마찬가지이다. 이러한 청암부인의 존재감은 비단 강모와 효원뿐만 아니라 마을 전체를 지배한다. 내동댁 떡애기 손자가 밟혀 죽은 사건으로 마을이 발칵 뒤집혔을 때에도 '어른이 안 계셔서' 일어난 변고(6권, 137쪽)라는 반응을 통해 청암부인의 존재감을 확인할 수 있다.

더욱이 청암부인이라는 인물이 수행하는 서사적인 기능을 살핀다면 청암부인이 『혼불』에서 담당하는 역할을 살필 수 있다. 『혼불』의 대서사 전개에 있어서 가장 큰 전환점 역할을 하는 사건이 '청암부인의 죽음'이라는 점은 『혼불』에서 청암부인이 담당하는 서사적 역할에 대해 재고하게 한다. 청암부인의 죽음은 춘복과 우례를 중심으로 형성되어 있었던 아래로부터의 경계 해체의 욕망이 구체화되어 실질적인 움직임으로 이어질 수 있었던 데에 가장 큰 도화선 역할을 한다. 우선, 춘복의 경우부터 살펴보자. 다음은 청암부인이 죽기 전의 일로, 춘복이 강실에 대해 가진 욕망이 텍스트 상 처음 드러나는 부분이다.

> (그것도 인자 옛날 이얘기다. 청암마님 돌아가세 바라. 아직꺼장은 그래도 그 훈짐이 끊어지들 안했응게 버티고 있겄지마는 오늘 니얄 숨 떨어지면 그 집도 헛간 된다. 누가 지킬 사램이 있어야제. 되야가는 꼬라지가 손바닥 뒤집어보디끼 한눈에 훤히 뵈는디? 누가 누구를 지킬 거이냐? 배깥이서 드는 도적은 지켜도 안에서 나는 도적은 못 막는다고 안 그러등가? 내가 다 안다. 내가 다 알어. 율촌샌님 병약허고 새서방은 전주로 달어나 부리고. 거그다가 강실이는 인자 이 마당에 어디로 시집을 갈 꺼이냐. 소문이랑 거이 얼매나 무선 거인디. 허깨비맹이로 뵈이도 안헝 거이 생사람 목심도 잡는 거인디 말이여. 거그

다가 그거이 보통 일도 아니고 들통나면 즈그 집안 낯바닥에 똥칠허는 거인디. 벙어리 냉가심이나 앓겄지. 쥑이도 살리도 못헐 사램잉게. 강실이는 오도가도 못허고 앉은 자리서 말러 죽게 생겼을 거 아닝가?)
(3권, 23~24쪽)

춘복은 청암부인이 죽기도 전부터 청암부인이 죽기만 하면 매안이씨 가문의 위세가 달라질 것이라 여기고, 그 때를 노려 강실이를 아내로 삼고자 벼른다. 춘복은 실제로 청암부인이 죽은 지 얼마 되지 않아 오랫동안 품어왔던 자신의 욕망을 실행에 옮긴다.

그렇다면 춘복이 청암부인이 죽기 이전에 강실을 범하지 못한 이유는 무엇일지 생각해 볼 필요가 있다. 춘복이 자신의 욕망을 이루는 데 있어서 청암부인의 죽음을 전제하는 것은 문중의 중심에 청암부인을 상정하기 때문이다. 이는 춘복이 청암부인을 매안이씨의 가문과 반촌을 둘러싼 경계와도 같은 인물로 인식하고 있음을 드러낸다. 매안 이씨 가문을 둘러싸고 있는 넘을 수 없는 경계는 청암부인이라는 인물과 동일시되고 있는 것이다.

청암부인이 인물로서 점유하는 위치는 아들인 이기채와의 비교를 통해 명확하게 드러난다. 『혼불』의 시대적 배경인 전통사회에서 남성은 여성에 비해 절대적으로 우월한 위치에 선다고 할 수 있다. 게다가 청암부인은 나이 또한 연로한 노인에 불과하다. 이기채가 중년의 남성이라는 점을 감안하면 이기채야 말로 이씨 집안을 대표하는 인물로 꼽혀야 마땅하다. 그러나 몸이 쇠약하고 기세가 청암부인에 미치지 못한다는 점 등으로 인해 이기채는 독자에게는 물론 아랫것들인 종들과 거멍굴 주민들에게 매안 이씨 집안의 대표로서 신뢰

받지 못한다. 이기채의 건강상태에 대하여 안서방과 효원이 걱정하는 장면 또한 같은 맥락으로 볼 수 있다.

> "고봉밥 뒤꽁치로 꽁꽁 눌러서 수북허니 고깔맹이로 먹어도 돌아스먼 배고픈 거인디, 우리 샌님께서는 허구헌 날 저렇게 죽 미음만 잡수시니, 무신 기운으로 이 큰 살림을 관장허실 거잉고오."
>
> 저러다가 여차 한번 씨러지시먼 참말로 어쩔 거잉고오잉. (7권, 77쪽)

> "아버님께서 점심 진지도 안 자셨는데, 저리 노여우시니 혹 현기증으로 어지러우실까 걱정이 되는데요."
>
> 효원은 안채 대청마루에 나와 선 율촌댁한테 근심스럽게 말한다. (7권, 98쪽)

집안의 종에 불과한 안서방네가 이기채를 걱정하는 위의 서술은 이기채가 매안 이씨 집안의 살림을 관장하기에 쇠약하다는 점, 심지어 종인 안서방네까지 이를 걱정하고 있음을 드러낸다. 이후 투장사건이 발각되어 기채가 만동, 백단 부부를 문초하는 과정에 있어서도 그는 보는 이들로 하여금 쓰러지지는 않을까 하는 걱정의 대상이 되고 있음을 알 수 있다.

이기채가 허약한 것과 별개로, 그간 청암부인이 매안 이씨 집안을 일구며 보여준 행적은 범상치 않다. 여성이라는 제약 조건을 가진 인물임에도 불구하고 그가 평생에 걸쳐 해왔던 일들은 이씨 집안은 물론 매안마을을 일으켜낸 업적으로 기릴 만한 일이다.

청암부인은 자신이 신행 왔을 당시의 시댁을 이미 신랑도 죽고 없는 이씨 집안에는 '의지하고 살 사람 하나도 없는 집'이라 칭한다.

"그야말로 텅 비어버린 듯한 집채를 향하여 열아홉의 나이로 신행을"(1권, 90쪽) 왔던 청암부인은 삼천 수백 석을 평년작으로 해내게끔 집안을 채워냈다. 그가 채운 것은 집안의 곳간만이 아니었다. 마을에서 이씨 집안의 위치와 늘어난 농사의 규모로 인해 마을은 물론 마을 언저리에 사는 거멍굴 사람들의 생계까지도 부양한 것이다.

또한, 청암부인은 매안의 지세에 서운함을 가지고 이를 인력으로 극복한다.

> 그러나 청암부인으로서는 항상, 이 매안의 지세가 서운하였다.
>
> 토질이 척박하고 평야가 없었으며 물이 모자라는 점, 그리고 들이 더 넘쳐갈 수 없도록 사방을 에워싸고 있는 산이 흙덩어리와 잔솔밭 이외에 크게 쓸모가 없는 것들이 마음에 차지 않았던 것이다. (1권, 88쪽)

> 그 뒤로 사람들은 그 저수지에 존중하는 뜻으로 호수 호湖자를 붙이고, 청암부인의 택호 첫머리를 따서, 청호磧湖라고 부르기 시작하였다. 과연 조개바위 음덕을 입어서 그런지, 웬만한 가뭄이 들어도 푸른 물 찰랑이는 청호는 바닥을 드러내지 않게 되었다. (1권, 166쪽)

청암부인은 늘 물이 모자랐던 마을을 위해 사재를 털어 저수지 축조에 들어간다. 저수지 축조는 일개 개인이 감당할 수 있는 규모의 일이 아니다. 이기채 역시 "저수지를 파고 넓히는 것은 일개 백성의 뜻이나 힘으로 하기에 벅차고도 분에 넘치는 일 아니겠습니까? 나라에 조정이 있고 고을에 원이 있으며 관官이 있는데, 함부로 나설 일도 아니거니와 허락을 얻기도 쉬운 일은 아닐 것입니다."(1권, 156쪽)라며 청암부인을 만류한다. 그럼에도 불구하고 청암부인은 저수지를 축조하겠다는 의지를 꺾지 않는다.

더욱이 저수지 축조에 소요되는 시간과 품삯을 포함한 모든 비용을 감당하였다는 사실은 청암부인의 인물됨을 드러낸다. 저수지를 축조하려는 청암부인에 대해 "누가 감히 청암부인을 '아녀자'라고 할 수 있단 말인가."(1권, 155쪽)라고 덧붙인 서술자의 논평으로 인해, 청암부인의 위치는 더욱 격상된다. 그 결과물인 청호는 매안 이씨 집안은 물론 온 마을의 사람들이 농사를 짓는데 유용한 시설로 사용되고, 전통 사회에서 한낱 여성에 지나지 않는 청암부인의 택호를 따서 저수지에 이름을 붙였다는 사실은 청암부인의 위세를 보여준다.

청암부인에 대한 마을 사람들의 인식은 청암부인의 부고를 접한 마을 사람들의 반응을 통해 유추할 수 있다. "나 죽은 다음에는 동네 사람들을 후히 먹이라."(4권, 247쪽)는 청암부인의 유언에 대해 매안의 마을 사람들은 다음과 같은 반응을 보인다.

> 문중의 사람들은 그 말을 듣고
> "과연 종부는 다르시다."
> 고 하였고, 거멍굴 사람들은 입이 벌어지면서도 한편으로는 비죽였다.
> "아이고, 살아 생전에 엥간히 모질게 했어야 말이제. 소복 입고 시집 와서 저 큰 재산을 다 모우드락 오직이나 넘 못헐 일 많이 시켰겄능가잉. 그렇게 죽어서라도 인심을 조께 써야겄지. 그리야 누구한테 척을 안지고 존 디로 갈팅게." (3권, 130쪽)

문중 사람들은 마을 사람들을 먹이라는 청암부인의 아량에 감탄을 보내지만, 정작 거멍굴의 사람들은 그간 청암부인이 재산을 모으는 동안의 일들을 떠올리며 비죽인다. 이는 거멍굴 사람들의 비죽임은 청암부인이라는 한 인물에 대한 감정의 표현이라고 보기 어렵다. 천민으로 살면서 양반가에게 당했던 설움을 투사하는 대상일 뿐이다. 청암부인은 그 자체로 양반가를 대표하는 상징으로 여겨졌던 것이다.

그러나 거멍굴 사람들의 반응은 부정적인 감정에서 그치지 않는다. 다음은 청암부인의 죽음에 대해 거멍굴 사람들이 느끼는 바를 전달하는 서술이다.

> 어차피 매안의 언저리에 버섯처럼 피어나 그곳에 의지하여 살 수밖에 없는 거멍굴이지만, 그 중에서도 원뜸의 대갓집이라면 어서 서둘러서 허드렛일을 하러 올라가야 한다. 원망은 원망대로 없는 것이 아니었으나, 또 그 댁의 부스러기로 은덕을 입은 것은 입은 것이었고, 말로는 무엇이라고 하건, 누구라도, 부인의 초상이 허퉁하고 슬프게 느껴지는 것은 사실이었다.
>
> 웬일인지 의지할 곳이 없어진 것 같았다.
>
> "대실서방님은 임종도 못 보고, 시방 어디 가 지시능고."
>
> 평순네가 혼자말처럼 중얼거린다. (3권, 131~132쪽)

거멍굴 사람들은 표면적으로 청암부인의 유언에 비죽였지만, 그 속내에는 허망함과 슬픔이 자리한다. 청암부인은 매안의 어른으로서 정신적으로 의지할 수 있는 대상이었던 것이다. 때문에 거멍굴 사람들은 청암부인의 죽음에 대해 비죽이면서도 허퉁하고 슬프게 느끼는 것이며, 그들의 부모나 친지가 아님에도 의지할 곳이 없어진 것 같다는 일종의 '상실감'을 느끼는 것이다. 마지막 대목 평순네의 말은 청암부인의 임종을 지키지 못한 강모에 대한 원망임과 동시에, 손자를 보지 못하고 눈 감았을 청암부인에 대한 걱정이기도 하다.

청암부인의 자장은 매안 전체에 작용한다. 특히 거멍굴 주민들에게 있어서 청암부인의 존재는 매안 문중과 연결되어 가문의 위세를 확인시켜주는 역할을 한다는 점에서, 청암부인이 양반과 천민 사이를 구분하는 신분적 질서를 상징한다고 볼 수 있다. 청암부인의 존재 자체가 거멍굴의 천민들에게는 넘어설 수 없는 경계로 작용하는 것이다. 곧, 청암부인은 한 인물로 존재한다기보다 자체로서 매안 문중을 상징하며, 매안과 거멍굴, 양반과 천민의 경계를 설정하는 서사적 역할을 담당한다.

『혼불』에 드러나는 공간 해체 양상은 인물들의 의식 내부에서부터 서서히 진행되고 있다. 주요 배경인 매안마을의 공간 해체가 제도를 통해서가 아니라 청암부인의 죽음이라는 사건을 전후하여 인물들의 의식 내부에서부터 시작된다는 점과, 그 양상이 일방적이지 않고 쌍방향적이라는 점은 많은 것들을 시사한다. 더욱이 이들 가문의 종손인 강모를 비롯하여 강태와 강호까지 집안을 비우고 있으며, 강실 역시 집안에서 그 행방을 알 수 없는 상황이다. 강모의 아들 철재는 아직 어린 아이에 불과하다. 봉출 역시 기표의 아들임은 분명하나 그는 아직 매안 이씨 가문 안에 들지 못하였다. 봉출이 강태의 자리를 대신하게 되면 어쩌나 하는 수천댁의 우려는 어느 정도의 가능성을 보여주지만, 혹여 봉출이 경계를 넘어 가문 내부로 진입을 성공한다 할지라도, 이는 문중의 위세가 예전과 같지 않음을 증명하는 길일 뿐이다.

결국 문중의 예후가 그리 좋지 않다는 것은 자명한 사실이다. 문중의 가세가 기울어가는 상황에서 매안의 위계 해체는 필연적 수순으로 보인다. 더욱이, 경계 해체의 움직임이 어느 한쪽의 일방적인 요구나 무력에 의한 것이 아니라는 점은 매안을 둘러싼 경계의 해체가 이미 진행되는 과정 중에 있거나 혹은 이미 해체된 것으로 보아도 무방해 보인다.

『혼불』에서 드러나는 이러한 공간 해체 양상은 『혼불』의 주제의식과도 연결된다. 국운이 쇠퇴하는 시대적 상황을 매안 문중의 저변이 흔들리는 서사적 상황을 설정하여 사회적 혼란과 신분 위계의 와해를 그리고 있는 『혼불』의 주제의식과도 맞닿는다. 청암부인의 죽음과 문중의 종손들의 부재로 인해 매안은 이전의 위계를 더 이상 유지할 수 없으며, 이는 파국의 상황을 예견한다. 『혼불』의 서사 공간 구조화와 해체 양상은 작품의 '변동천하'라는 주제 의식을 상징적으로 드러내는 요소인 것이다.

■ 김수연

1 김인경, 「1970년대 연작소설에 나타난 서사 전략의 '양가성' 연구」, 『인문연구』 59호, 영남대학교 인문과학연구소, 2010, 50쪽.

2 오토 프리드리히 볼노, 이기숙 옮김, 『인간과 공간』, 에코리브르, 2011, 22~23쪽 참조.

3 미케 발, 한용환·강덕화 옮김, 『서사란 무엇인가』, 문예출판사, 1999, 179쪽 참조.

4 최명희, 『혼불』, 한길사, 1996. 이하 인용문 뒤에 '권수, 쪽수'만 표기한다.

5 이-푸 투안, 구동회·심승희 옮김, 『공간과 장소』, 대윤, 2007, 69쪽.

6 발, 앞의 책, 170쪽.

7 투안, 앞의 책, 같은 쪽.

8 볼노, 앞의 책, 86쪽.

9 에드워드 렐프, 김덕현·김현주·심승희 옮김, 『장소와 장소상실』, 논형, 2005, 88쪽.

10 조명기, 「중심/주변 공간 위계의 내면화 기제」, 『로컬리티 인문학』 2집, 부산대학교 한국민족문화연구소, 2009, 228쪽.

11 볼노, 앞의 책, 70쪽 참조.

12 투안, 앞의 책, 86쪽.

13 위의 책, 82~83쪽.

14 렐프, 앞의 책, 150쪽 참조.

15 위의 책, 86쪽 참조.

유동적 공간 경험과 인간의 욕망

공간 속의 주체

인간은 공간을 통해서 자신을 정립해 나가는 존재이다. 태어난 순간부터 인간은 항상 일정한 공간에 속해 있으며, 그 안에서 자신만의 삶을 펼쳐나간다. 그러는 가운데 인간은 자연스럽게 자신이 속해 있는 공간의 질서를 체득하게 되고, 그 결과 그 공간이 허용하는 수준의 욕망을 지니며 살아간다. 이런 식이 대다수의 인간들이 자신이 속해 있는 공간 속에서 별 탈 없이 살아가는 방식이다. 하지만 이와는 반대로 자신이 속해 있는 공간과 끊임없이 불화를 경험하는 이들도 있다. 불화의 원인은 공간의 질서일 수도, 불편한 환경일 수도 있다. 어찌되었든 인간은 불화를 겪으며 자신과 맞지 않는 공간 속에서 지속적으로 살아가기는 힘들다. 그럴 때 인간은 자신의 불편한 욕망을 조절하거나 공간을 벗어나는 방식을 택하게 된다. 욕망을 조절한다는 것은 공간에 자신을 맞춘다는 것이고, 공간을 벗어난다는 것은 자신의 욕망을 자유롭게 펼칠 다른 곳으로 이동한다는 것이다. 이런 식으로 인간은 자신이 거주하는 공간이 자신에게 적합하지 않을 때 끊임없이 편안한 정주공간을 찾으며 이동하는 존재이다. 그 공간이 인간의 욕망을 채워줄 수 없는 불화의 공간일 때 인간은 공간의 이동을 꿈꾸게 되는 것이다. 더군다나 자신의 욕망을 억압하기까지 할 때의 그 공간은 주체에게 폭력적 공간이 되기 쉽다. 인간은 본능적으로 자신에게 폭력적이고 억압적인 공간에서의 탈주를 꿈꾸는 존재이다.

『혼불』 속 인물들에서도 비슷한 양상이 보인다. 그들의 거주지인 매안에서 숙명처럼 살아가는 이들이 있는가 하면 그곳과 불화를 겪고 있는 이들이 있다. 매안에 거주하는 종가의 구성원들 그리고 다른 거주민들 대부분은 매안 공간과 별다른 갈등 없이 그 공간 속에서 거주하고 있다. 매안의 질서 안에서 행동하고 자신들의 욕망을 조절해 가며 살아간다. 기득권층은 기득권층대로 피지배층은 피지배층대로 정교하게 코드화된 지배의 질서가 만든 공간 속에서 부여된 역할을 수행하며 살아가고 있다. 반대로 매안 공간의 질서를 거부하며 저항하는 이들도 나타난다. 기득권층에서도 매안의 지배적 질서를 거부하는 이들이 출현하고 피지배층에서도 불평등한 공간의 모순 속에서 위반을 꿈꾸는 이들이 출현한다. 그렇게 『혼불』 속에서는 공간과 불화를 겪고 있는 이들이 자신들의 불편한 욕망을 표출하며 주체적으로 삶을 펼쳐나가는 모습이 보인다. 이에 더해 『혼불』에서는 공간과 불화를 겪고 있는 이들이 적극적으로 자신들이 살기에 적합한 정주공간을 찾아 공간을 이동해가는 모습 또한 목격된다.

여기서 주목할 점은 『혼불』은 공간의 이동을 겪으면서 분화되어 가는 인간의 욕망을 세세하게 보여준다는 점이다. 이는 『혼불』이 독백체를 빈번히 사용하며 인물들의 내면묘사에 주력하고 있기 때문에 가능한 것이기도 하다. 『혼불』에서는 인물의 내면을 보여주는 독백체의 문장이 많은 비중을 차지하며 빈번하게 사용된다. 인물들의 갈등을 야기하는 상황에서 『혼불』은 친절하게도 그들의 내면을 조명하는 독백체를 사용한다. 그래서 인물들이 겪고 있는 갈등의 양상이 독백체 속에서 구체적으로 드러난다. 그런 식으로 『혼불』은 공간의 이동을 경험하면서 인물들의 욕망이 분화되어 가는 모습을 인물들의 내면을 통해서 더 효과적으로 드러낸다.

그럴 때 『혼불』에서 공간과 불화를 겪고 있는 이들이 다수 목격된다. 기득권층에서는 매안 종가의 자제들인 강모와 강호, 강태 등이 표면적으로 공간의 질서를 거부하며 변화를 도모해 나간다. 그리고 이들과 유사하게 불화를 겪는 양상을 보이면서도 실질적으로 서사공간 내에서는 갈등이 표면화되지 않는 인물로 효원을 들 수 있다. 한편으로 매안의 기층민중들 사이에서는 쇠여울네와 만동, 백단 그리고 춘복, 옹구네, 우례 등이 모순적인 매안의 질서와 불화를 겪고 있는 것으로 나타난다. 이에 덧붙여, 강모가 유학을 한 전주에서 만난 오유끼 또한 불화의 공간인 전주를 벗어나 적극적으로 강모를 따라 만주행을 택한다는 점에서 주목할 만한 인물이다. 『혼불』의 문제적 인물들이 이러할 때, 이 장에서는 공간의 이동을 경험하며 자신이 거주하게 된 공간에서 불화를 겪게 된 인물, 그리고 거주 공간과의 불화로 공간의 확장을 꾀하고 있는 이들을 중심으로 공간 속에서의 그들의 갈등 양상과 욕망의 분화 양상을 살펴보고자 한다.

불화의 공간과 주체의 소외/분리

● 강모의 경우

『혼불』[1]의 주 배경인 매안은 가부장적 질서 아래서 유지돼온 사회다. 매안의 공간 구성 또한 종가를 중심으로 민촌 사람들이 모여 사는 식으로, 가부장적으로 위계화 되어 있는 구조다. 그런 공간에서 매안 종가는 단연 매안의 중심에 있다. 매안의 실질적인 공간 내에서든, 상징성에서든, 그 권위에서든 매안 종가는 매안의 중심이다. 강모는 그런 종가의 종손이다. 따라서 강모는 문중의 어른들도 함부로 대하지 못할뿐더러 매안 종가와 공생 관계에 있는 매안의 기층민들에게도 범접하기 어려운 인물이다. 그렇다는 것은 다른 식으로 말하면 그만큼 강모의 역할 비중이 크다는 것이다. 강모가 감당해야 할 일도 그만큼 많을 것이며, 또 그만큼 스스로도 그 역할을 감당할 역량을 지녀야 한다는 말이기도 하다. 이는 또 다른 식으로 말하면 강모는 자신보다는 종가를, 자신의 사적인 욕망보다는 공적인 욕망을 더 우선시해야 하는 숙명적인 위치에 처해있는 인물이라는 것이다.

> "생각허면……네가 여느 손자하고 어디 같은 손자냐. 그게 이렇다. 이름이 같다고 뭀이 다 똑같은 것이 아니지. 너는 이 집안의 대종손이란 말이다. 너도 알다시피 청암할머니가 그 어떤 분이시냐. 비단 이씨 문중에서만 어른이신 것이 아니지 않느냐. 이 남원 군내에서는 그 이름이 울리지 않은 데가 없으니, 일찍이 소년의 나이에 청상으로 홀로 되셔서 오늘날을 이루기까지 그 양반의 고초가 어떠했는가는 더 말할 것도 없고. 그 어른의 의지는 누가 감히 흉내를 못 내게 대단한 것이지. 그런 양반의 손자로서 너도 남달리 처신을 해야 할 것이

다.” (1권, 78쪽)

이는 강모의 숙부이자 강실의 아버지인 기응이 연초에 강모에게 덕담으로 하는 말이다. 이런 식으로 강모는 끊임없이 문중의 어른들로부터 종손으로서의 자질을 강요받으며 살아왔으리라는 것이 짐작된다. 그렇게 종손의 역할을 강요받아온 강모는 어느 날 아예 매안을 떠나겠다고 선포한다.

> 이곳을 떠나고 싶어서입니다. 제발 그럴 수만 있다면 굳이 음악이 아니라도 상관없어요. 측량 기사가 되어도 좋습니다. 구실이야 무엇이 되었든 저는 이곳을 떠나고 싶습니다. 도주하고 싶어요. 저는 이 집안이 무겁고 무섭습니다. 아무도 저를 때리려는 사람 없고, 아무도 저를 해치려는 사람 없건만 저는 마치 가위눌린 것처럼 답답하고, 쫓기는 사람처럼 초조합니다. 왜 그러할까요. 집채덩이 같은 불안을 속에다 삼키고 있으니 무엇에도 마음을 붙일 수가 없습니다. 아버지, 벗어나게 해 주십시오. 아무것에도 매이지 않고, 속하지 않고, 훨훨 좀 돌아다니고 싶습니다. 할머니로부터도, 아버지로부터도, 아아, 그리고……. (1권, 304쪽)

강모가 아버지 기채에게 일본으로 가겠다고 한 뒤 드러낸 속내이다. 이는 무슨 특별한 목적이 있어서가 아니라 강모는 그저 집안이 무겁고 무섭기까지 하다며 그곳에서 ‘도주’하고 싶어 한다. ‘집채덩이 같은 불안을 속에다 삼키고 있’는 것처럼 강모는 아무것에도 마음 붙이지 못하고 부유하는 삶을 살고 있다고 생각한다. 할머니나 아버지로부터, 매안으로부터, 그런 종가로부터 벗어나 ‘훨훨 좀 돌아다니고 싶'다고 속으로 절규한다. 이런 한탄은 계속 이어진다.

(한없이 무기력한 사람……나는 왜 이렇게 되어 버리고 말았을까. 그저 나는 키우는 대로 자라났다. 그리고 만드는 대로 만들어지고 말았다……나는 없다.) …(중략)…

(살아 보기도 전에 왜 나는 이다지도 미리 지치는 것일까…….)

(처음부터 이렇게 굴레를 쓰고 태어난 것을 어찌하랴. 나는 나로 태어난 것이 아니라, 이 무서운 집념의 조직 속에 한 수단으로 세상에 난 것을.) (2권, 91~92쪽)

(그물, 저 그물에 걸려 꼼짝없이 나포拿捕되어 버린 불쌍한 사람. 내가 저 치밀한 그물코를 어떻게 벗어날 수 있단 말인가. 속절없는 몸부림일 뿐이다. 날마다 저 그물을 머리에 쓰고, 자고, 깨고, 먹고……저 속에서 숨진다.) …(중략)…

(차라리 내 저 하늘을 떠도는 바람 같은 구름이나 되었더라면 얼마나 좋았으리.) …(중략)…

(어디든지 낯선 곳으로 떠나고 싶다. 이 질긴 그물의 코를 물어뜯고, 저 한 조각의 구름처럼 나는 방랑하고 싶다.) (2권, 92~94쪽)

강모는 자신의 삶에 '굴레'가 씌워져 있다고 생각한다. 자신은 없고 '키우는 대로', '만드는 대로' 만들어진 사람이 자기라고 여긴다. 그렇게 만든 매안이라는 곳은 '치밀한 그물코'로 만들어진 '무서운 집념의 조직'이다. 그 안에서 벗어나는 일은 불가능하다. 강모는 자신이 그 안에서 살다 숨질 수밖에 없는, 그런 숙명에 처해 있다는 것을 강하게 인식한다. 그러면서 강모는 '하늘을 떠도는 바람 같은 구름'이 되고 싶어 한다.

그렇게 매안이라는 공간은 강모에게 감옥 같은 곳이다. 모든 이들이 자신만을 보고 있고, 기대치가 있고, 자신의 욕망은 드러낼 수도 없는 곳이다. 철저히 자신이 소외된 곳이 매안이다. 그런 곳에서 강모는 결정적으로 금기를 위반하며 상징적 질서를 깨트린다. 강모와 강실의 상피 사건은 개인의 일탈임과 동시에 드러나서는 안 되는 공동체의 금기를 깨트리는 일이다. 공동체를 유지하는 상징적 질서를 깨트리는 행위이다. 그렇게 금기를 위반하는 도발적인 행위를 하면서 강모는 상징적 질서 밖으로 스스로 밀려난다. 이때 강모가 금기를 위반하는 행위는 주체가 상징적 질서의 세계에서 주체적으로 벗어나는 분리의 행위이기도 하다.

매안에서 금기를 위반한 강모의 일탈 행동은 유학을 하고 있는 전주에서도 이어진다. '오유끼'라는 기생을 첩으로 들여 살림을 차린 것이다.

> (손목을 잡는 것만으로도 죄가 되는 사람이 있었다. 바라보아도 안 되는 사람이었지. 그래서였던가. 나는 그 사람의 얼굴을 바로 본 일이 없고, 그 사람도 나를 바로 본 일 없었다. 언제나 돌아설 듯 빗기어 그 자취마저도 아련했던 사람. 그런데 나는, 손목보다 더한 것을 부러뜨리고 말았었다. 그러고도 그 사람을 버리고……짓밟은 그 자리에 말 한 마디 남겨 놓지 않은 채 도망치고 말았느니, 그다지도 애절하던 이름이 이제는 이대도록 두려워 꿈길에서조차 들릴까 무섭기만 하다. 그뿐이냐. 알 수 없는 손아귀에 덜미를 잡힐까 봐 어둥지둥 기껏 숨어든 곳은 또 어디였던가. 허울은 아내였으되 마음은 가지 않던 여인에게 내 허망함을 버려 버리려 했었다. 나는 비겁한 사람. 허깨비. 어느 것 한 가지도 떳떳하게 행하지 못하고 누리지도 못한다. 나는 왜 살고

있는가. 누군가는 한 사람이 능히 열 가지 일을 하건만, 나는 한 가지도 제대로 하는 일이 없다. 그런데도 사람들이 나에게 바라는 바는, 백 가지 천 가지가 넘는다. 이 무슨 고달픈 운명인가. 그저 나 하나 소리 없이, 내 생긴 대로, 막힌 데 없이, 걸린 데 없이 살 수 있으면 얼마나 좋을까. 허나, 오유끼. 너의 이름이 오유끼라고 했느냐? 내가 네 손목을 잡는 것쯤이야 죄 될 리도 없으려니와, 너 역시 내 모가지를 조이지는 않을 테지? 너는 계산하면 그만이니까.) (2권, 185쪽)

오유끼를 만나고 난 강모의 생각이다. 자신을 강하게 옭아매고 있는 매안, 이와는 반대로 자신이 무섭게 집착하고 있는 강실이에 대한 생각을 거쳐 오유끼를 떠올린다. 적어도 오유끼는 강모의 '모가지'를 조이지 않았으면 하는 여인이다. 애정도 어떤 질긴 인연도 아닌, 계산관계에 있는 오유끼. 이제 강모는 매안이나 강실이처럼 자신이 끊으려고 해도 끊을 수 없는 질긴 인연을 만들지 않으려고 한다. 그 와중에 오유끼 때문에 공금을 횡령하면서도 강모는 문제의식을 느끼지 못한다.

무슨 일이야 있을라고. 그까짓 삼백 원.

물론 삼백 원이 어찌 적은 돈이랴.

그러나 그로서는 얼마든지 다시 채워 넣을 수 있었다.

자기가 관리하고 회계하는 금액의 일부를 우선 잠시 꺼내 쓰는 것에 불과하다. 공금을 사사로이 쓴다는 불안이나 죄의식은 없었다.

바다처럼 질펀한 논과 밭이 등뒤에 드리워져 있는 강모가 입을 벌리기만 하면, 돌아서지도 않아서 주머니 돈을 빌려 줄 전주錢主만 해도 한두 사람이 아니었다.

그들은 이자마저도 재촉하지 않는다. 장부에 적어 두는 것만으로도 받은 것이나 다름없다고 여기는 때문이었다. 누구의 손자인데 오죽할까. 그 말 한 마디면 더 이상 덧붙일 말이 필요 없었다. …(중략)…

그는 남의 것과 내 것을 칼로 자른 듯 반듯하게 셈하면서 살아오지 않은 사람이었다. 그럴 필요가 없었던 것이다. 원하는 것은 언제나 그의 곁에 있었다. 말만 하면 되었다. (2권, 194~195쪽)

이렇게 강모가 공금을 횡령한 사실이 매안에 알려지게 되고 매안에서 그 일을 해결하게 된다. 강모가 유학하고 있는 전주 또한 매안의 자장 안에 있는 공간일 뿐이다. 전주에서의 강모도 본인의 의도와는 달리 그냥 강모 자신으로서 존재하는 것이 아닌 남원 어느 가문의 종손으로서 존재하는 강모이다. 그래서 전주 또한 자신이 그토록 벗어나고자 한 '매안 이씨 종가의 강모'라는 굴레를 떨쳐버릴 수 없는 공간이다. 그래서 전주나 매안이나 강모에게는 똑같은 감옥 같은 공간이다. 감히 매안 내에서는 행할 수 없는 오유끼라는 첩을 얻을 정도로 조금의 자유가 허락된 곳이기는 하지만 이번 일로 강모는 전주가 매안이나 다를 바 없는 곳임을 인식하게 된다.

이야기한들 무엇 하리……부질없는 일. 내 한 몸의 인생에 왜 이다지도 여러 사람이 노심초사를 하는 것일까. 나로 인하여 집안에 소동이 멎을 날 없으니 어찌하여 그런가. 나는, 내 가지고 싶은 것 가지지도 못하고, 내 하고 싶은 일 하지도 못했는데, 아무것도 되는 일 없이 시끄럽기만 하다. …(중략)…

그저 누구든지 나를 보면 입을 열어, 무슨 말이 되었든 자기 말을 하려 하고, 또 내 말을 기어이 들으려 한다. 그리고 곁에 두려 한다.

그럴수록 나의 머리 속은 실꾸러미 얽힌 것처럼 어수선하고, 철사를 이빨로 물어뜯으려는 사람처럼 괴롭다.

아아, 끊어 버리고 싶다. 이 질긴 줄. 철사의 올가미. (2권, 213쪽)

공금횡령 사건이 있은 후 강모의 갈등은 한층 심화된다. 분란만 일으키는 자신에 대한 자책이 이어지고 비관과 낙담이 커진다. '철사의 올가미'가 둘러 씌어져 있다고 생각한 강모는 그 일이 있은 후 결국 만주 봉천행을 결심한다. 그러면서 오유끼에게 이별을 고한다.

내가 울게 한 사람이 너 하나만이 아니로다. 너는 차라리 내 보는 앞에서 마음 놓고 울고나 있다마는, 돌아앉아 눈물로 세월을 메우는 이, 하나 둘이 아니다. 그 각기 손톱 티끌만치도 그릇되지 않았는데도 까닭없이 서러운 나날을 보내고 있다. 내가 어찌 그것을 모르리. 오로지 못난 이 몸뚱이 하나로 인하여 부챗살 모양으로 뻗친 설움이리라. 나와 관련된 사람이면 누구라도 한 많다. 그것은 어인 연고일까. 서슬이 퍼런 할머니도, 대쪽 같은 아버지도, 그늘에 가려 사는 어머니도, 태산 같은 안사람도……나를 아비라 부르는 어린 자식도……이제 너는 또 다른 주인을 만나 떠나가겠지만, 울고 있는 너 오유끼도……. 그리고……그리고……강실아.

내 어쩌다 이승의 길목에서 너를 만났던고. 어찌하여 너를 바라보기만 하지 않았던고. 진실의 허망함이 연기만도 못한 것을 왜 진작 깨닫지 못했던고.

나도 내가 누구인지 모르겠으며, 내가 있는지 없는지조차 알 길 없는데, 하물며 나를 에워싼 사람들이야 말하여 무엇하리. 안개를 잡으려고 허공을 움켜쥐는 것과 무엇이 다르겠는가. 나는 나를 살지 못하였으므로, 그 어느 누구에게 그 무엇도 되어 주지 못하는 것이다. 차라리 이름 없는 가문에 산지기 아들로 났더라면, 나뭇짐이나 등에 지고 새소리 벗하면서 다정하게 살았으련만. …(중략)…

나는, 한 아낙의 자식이 아니라 할머니의 응어리가 낳은 헛된 이

름에 불과했다. 애초부터 뼈 있고 살 있는 육신으로 태어난 것은 아니었느니. (3권, 77~78쪽)

공금횡령 사건이 있은 후 강모는 봉천행을 결심하고 오유끼에게 이별을 고한다. 그러면서 자신을 '살 있는 육신'도 아닌 '헛된 이름'일 뿐인 허명虛名으로 살고 있는 헛개비같은 존재로 인식한다. 오유끼를 향해서도 자신은 '허공'에 불과한 존재라고 되뇌인다.

> 오유끼. 나를 붙잡으려 하지 마라. 나는 그저 허공에 불과하다. 내 처음부터 그러지 않더냐. 너는 희롱의 죄를 묻지 않는 여자. 너를 위한 계산은 족할 만큼 해 주었건만, 너는 아직도 무엇이 모자라느냐. (3권, 88쪽)
>
> 나는 떠나리라. 비록 연이 하늘 높이 날더라도, 실 달린 연자새의 손아귀를 벗어나지는 못하는 것이지만, 그러나 날아가리라. 이 줄을 어찌 하든 끊어 버리고 말리라. 광활하고 외로운 저 불안한 하늘로, 나는 다만 벗어나리라. (3권, 90쪽)

강모에게 울고 있는 오유끼는 자신을 잡으려는 집착 덩어리 이상이 아니다. 자신이 가는 곳이 비록 '불안한 하늘'이라도 강모는 결연히 지금의 인연들을 끊고 만주로 떠날 것을 결심한다. 이처럼 『혼불』에서 종가와 강실이, 오유끼를 생각하며 드러내는 강모의 속내는 강모가 매안 공간에서 겪고 있는 불화의 강도를 고스란히 보여준다. 강모에게 매안의 질서는 굴레일 뿐이며, 그렇기에 강모는 그런 집착을 연상시키는 모든 것으로부터 본능적으로 거부감을 표현한다. 오유끼에 대한 것도 마찬가지다. 자신을 붙잡으려는 오유끼는 매안의 불편한 집착과 다름없다. 그래서 강모는 종가든 인연이든 모든 집착의 고리를 끊고 만주로 향한다. 자신이 소외될 수밖에 없는 공간에서 금기를 위반하고 스스로 추방되면서 강모는 자신만 받아들이면 모든 게 다 해결되는 안락한 공간에서 결연히 주체의 분리를 시도하는 것이다.

『혼불』에서 강모가 공간 속에서 겪고 있는 불화는 단순히 매안 이씨 종가의 종손자리에 대한 부담 때문만은 아닐 것으로 추정해 볼 수 있다. 작중에서는 강호와 강태와 달리 강모의 시대인식 등이 구체적으로 드러나 있지는 않지만, 강모가 전주에서 유학을 하면서 접했을 교육과 변화된 시대상은 여리고 섬세한 강모의 감성을 자극하고 강모가 예민하게 시대의 변화를 경험했을 것으로 짐작된다.[2] 개인의 욕망을 철저하게 제어하도록 코드화된 봉건적 전통사회에서 다양한 욕망의 표출이 가능한 근대사회로의 변화처럼, 새로운 패러다임으로 전환하는 사회는 이전에는 억압된 새로운 욕망의 분출을 가능하게 만든다. 강모의 주변과의 갈등이 증폭되고 불화가 끊일 수 없는 것은 이런 시대 변화와 관련되어 있다. 전반적으로 사회가 탈코드화되는 가운데 시대의 모순을 가장 극명하게 드러내 보여주는 종손이라는 자리와 그 안에서의 자신의 정체성을 고민할 수밖에 없는 강모에게는 주변의 모든 것이 갈등을 유발하는 것일 수밖에 없다. 자연스럽게 억제되었던 욕망과 새로운 사회 변화를 체감하면서 분출하게 된 욕망들을 조절할 수 있는 수준의 환경이 제공되지 않는 상황에서 강모의 금기 위반과 일탈행위는 자연스러운 수순으로까지 보인다. 억압적인 공간에서 자연스러운 욕망의 흐름을 경험하지 못한 인간의 왜곡된 욕망 표출의 양태를 강모가 보여준다. 그럴 때 강모의 만주로의 탈주 또한 자연스러운 행위로 귀결된다. 강모의 불화의 공간과의 결연한 결별은 변화를 체감하고 자유로운 자신의 욕망에 자신을 내맡기는 주체적 인간으로서의 첫발을 보여주기까지 한다.

● 효원의 경우

대실의 '효원'은 매안의 강모와 결혼하여 매안으로 거주지를 옮긴다. 결혼과 동시에 자신이 살던 집은 가고 싶어도 마음대로 갈 수 없는 친정이 되고 만다. 결혼을 하고 매안에서 몇 년을 살고도 친정 한 번 가지 못할 정도로 효원과 친정의 거리는 아득해진다. 그만큼 그녀는 이젠 예전의 효원도 아니다.

> 효원이 본디 침선을 즐기는 편은 아니었다. 그러나 한번 바늘을 잡으면 올곧은 성미 그대로, 일을 길게 끌지는 않았다. 또 그 솜씨도 대범했다. 그래서 정씨부인은
>
> "너는 남자로 났을면 좋을 뻔하였다."고 말하곤 했다.
>
> 자수刺繡에 있어서도 마찬가지였다. …(중략)…
>
> 용원처럼 요모조모로 알뜰하게 모양을 꾸며가며 빛깔을 곱게 써서 정교하게 수를 놓는 것은 효원의 성품에 맞지 않았다. 그런 일들이 자잘하게 느껴지는 것이었다. 그렇게 수를 놓느니, 차라리 홀로 서책을 대하거나, 부친 허담과 마주앉아 담론을 하는 쪽이 보다 좋았다. 허담도 그러한 효원을 상대로 고기古記를 들려 주고, 조상의 학문과 내력, 그분들의 업적에 대하여 이야기하는 것을 즐겼다.
>
> 그리고 혼행에 상객으로 온 이기채에게
>
> "내가 운수가 비색否塞하여 저 아이를 여아로 두었소이다."
>
> 하고 솔직하게 털어 놓을 정도로 효원을 애중히 여기었다.

> 효원은, 용원이 수를 놓고 있을 때 막내 아우 남욱과 더불어 사군자를 치기도 하고, 혹은 여사서女四書를 베껴 쓰기도 하였다. 필사본筆寫本을 만드는 것이었다. 효원의 필재는 호방하였다. 그러나 그 서체에는 고집스러운 금속성이 모가 나게 서려 있는 것을 숨길 수 없었다. (1권, 180~181쪽)

결혼을 하기 전 효원은 여성들이 주로 하는 침선보다는 부친 허담과 학문을 얘기하는 것을 좋아했던 여인이었다. 또 같은 자매인 용원과 달리 사군자를 치거나 여사서를 베껴 필사본을 만드는 걸 즐기는 여인이었다. 그리고 중요한 건 그런 효원을 친정아버지인 허담이 애중히 여겼다는 점이다. 따라서 친정에서 효원의 호방한 기질은 허담의 자애로 꺾이지 않고 자유롭게 드러낼 수 있었다. 비록 대실의 명문가이지만 효원은 그 안에서 다른 여성들과는 달리 최대한 자신의 기질을 발휘하며 살 수 있었던 행운의 여인이었던 것이다.

하지만 이런 행운은 결혼 전까지로 끝을 맺는다. 효원은 매안의 종가로 시집을 오면서 한 집안의 애지중지하는 맏딸에서 한 종가의 종부로 화한다. 그러면서 효원의 갈등은 시작된다. 매안 종가에서 효원은 강모의 외면으로 독수공방의 처지가 된다. 홀로 된 시간에 효원은 좋아하지도 않은 바느질을 하게 되면서 반짇고리와 같이 하는 시간이 많아진다. 그런 시간 속에서 효원은 점점 강모가 벗어버리고 간 종가에 대한 책임감으로 마음이 무거워진다.

그렇게 효원은 갈등을 겪으며 매안 종가의 종부로 태어나면서 매안을 지배하고 있는 상징 질서의 세계로 빠져든다. 이제 효원은 절대로 자신의 욕망을 드러내서는 안 되는 세계에 속하게 된 것이다. 한 남자의 아내로서도 그렇고, 한 종가의 종부로서도 그렇고 효원은 이제 자신의 모습을 자연스럽게 드러낼 수 있는 여성이 아닌 것이다. 하지만 『혼불』에서는 표면적으로는 그런 순종적인 여인의 모습을 보여주고 있는 효원의 내면이 끊임없이 갈등을 야기하고 있는 것으로 그려진다.

> 효원은 어금니를 지그시 물었다. 하인 비복들 앞에서 당하는 수모로 인하여 그 기를 참지 못하고 얼굴이 벌겋게 달아오른다.
>
> 내 이대로 이 자리에서 고꾸라져 죽으리라.
>
> 낚싯바늘 같은 갈퀴 고리가 효원의 가슴을 찍어 할퀸다.
>
> 칵 고꾸라져 죽으리라. (1권, 249쪽)

효원은 율촌댁이 자신이 지어온 저고리를 잘못 만들었다고 마당에 내동댕이치자 '그 기를 참지 못하고 얼굴이 벌겋게 달아오'르고 만다. 그럴 때 『혼불』은 효원의 내면을 조명한다. 그 자리에서 '고꾸라져 죽으리라'고 분을 삼키는 효원의 심정을 고스란히 내비친다. 어떤 상황에서든 다소곳하게 모든 걸 감내해야 하는 게 당시 여인들의 미덕임을 효원도 알겠지만 효원이 보여주는 모습은 그와는 거리가 멀다. 그러면서 효원과 매안의 관계는 불편해 보인다. 매안의 종가라는 공간은 한 인간으로서의 효원이 아닌 종가의 종부로서의 효원의 모습만 드러내야 하는 공간이기 때문이다. 따라서 자신의 불편한 감정들을 드러내선 안 되고 자신의 욕망 또한 자유롭게 표출할 수 없는 매안이라는 공간은 강모에게와 마찬가지로 효원에게도 또 다른 의미에서 감옥과 같은 공간이 된다.

(할머님의 심경을 제 어찌 모르겠습니까……. 하오나, 다만 헤아려드리올 뿐 더 어쩌지도 못하고, 제 몸으로 남의 인생 사는 것이 무슨 희롱인지 알 수 없습니다. 어인 운명이, 제가 바라는 대로 살지 못하고, 살라고 주어지는 것을 살아야 하는지요. 여인이라 그러한가, 남들도 나 같은가. 만들고 고치고 소망하는 것이 모두 다 홀로 달을 바라봄과 같으니 손발이 있으면 무엇하고, 뜻이 있으면 무엇하겠습니까.) (1권, 274쪽)

청암부인이 손주를 기다린다는 말에 효원은 답답한 속내를 속으로 되뇐다. 어찌하여 '제 몸으로 남의 인생'을 살아야 하는지 모르겠다는 참담한 심정이다. '바라는 대로 살지 못하고, 살라고 주어지는 것을 살아야 하는 것이 여인의 삶인 것인지도 자문하다. 그렇게 효원은 시집온 매안에서 점점 자신으로부터 소외되어 간다.

잘 있지 못합니다. 아버지.

어머니께 차마 여쭙지는 못하옵지요만, 이 불효여식은 아직까지 음양을 모르고, 부부의 도리를 다하지 못했습니다. 처음에는 신랑이 어리어 초립동이 소년이라 그러한가 하옵고, 다음에는 학업이 중하여 객지 타관 전주로 유학遊學을 하느라고, 집을 떠나 멀리 있어 그러하옵고, 혹 어쩌다 집에 들러도 시어르신 뫼시고 사랑에 머무온즉, 여식은 빈방에 청등靑燈을 홀로 지키고 있사오니, 병자丙子년에 혼인하여 정축丁丑에 신행 오고, 무인戊寅·기묘己卯 다 지나서 경진庚辰년에 이르도록 아직 공규空閨를 면치 못, 하릴없는 세월만 축내고 있습니다.

아무 생산 없는 세월은 쌓여서 무엇에 쓰오리까.

손孫이 귀한 남의 집 대종가에 종손부로 들어와서, 책임이 막중한 무릎에 좀이 슬고 먼지만 가득하니, 슬하의 근심을 어디에 하소하

올지. 시조모님 뵈옵기 민망하고 면구스러워 삿갓을 쓰고 싶은 심정입니다.

어머니. 한 여인으로서 이 수모를 어찌 당하며, 어찌 갚으리잇가.

눈물이 굳어서 돌덩이 되었단 말 들은 일은 없으나, 이 마음은 돌보다 더 굳어 풀리기가 어려우니. 이 돌로는 또 인생에 무엇을 하오리요. 성벽을 쌓으리잇가. (2권, 56~57쪽)

매안에 왔다가는 아버지가 친정어머니에게 잘 있더라고 전한다는 말에 효원은 또 다시 한 번 자신의 처지를 떠올린다. 아직 부부의 도리도 다하지 못하고 수모를 당하고 사는 이 한을 어찌 갚아야 할지 분해한다. 효원은 돌보다 더 굳어 풀리기가 어려운 '눈물'을 지으며 한탄한다.

하오나, 아버지. 이 일은 다릅니다.

단순히 첩을 본 일이 아닙니다.

저는 몸에 몹쓸 병이 있는 것도 아니고, 친히 집안일에 힘쓰지 못할 그 무슨 까닭도 없으며, 봉제사奉祭祀할 아들을 두지 못한 것도 아니었습니다. 그런데도 이 사람은 오유끼라는 기생첩을 두었삽고, 그 일에 저는 단 한 마디 언급은 그만두고라도 낯빛조차 바꾼 일 없어, 전혀 내색하지 않았습니다. …(중략)…

속은 상하여도 하치않아서, 어이없고 우스운 마음이 앞선 것도 사실입니다. 또한 희첩이란 사내들이 항용 두는 것인지라 한편으로는 그러려니 여기려고 마음을 누르기도 하였습니다.

하온데 이 사람은, 이제, 단순히 여색을 탐내어 음란에 빠지거나 열첩을 들인 것이 아니라, 사람으로서 차마 압 밖에 내어 말하기 참람한 일을 저지른 채, 부모를 돌보지 아니하고, 종손으로서 선영을 버리고, 처자 명색 또한 다 팽개치고, 간 곳을 모르게 되었으니.

이 사람이 과연 무엇 때문에 본성을 잃고 이대도록 미혹에 빠졌으리이까. 아니면 이것이 바로 이 사람의 본성이겠습니까. (6권, 196~197쪽)

한편 효원은 강모가 첩을 두었다는 것을 알고 아버지 허담이 항상 마음을 넉넉히 먹으라던 얘기를 떠올린다. 비록 아버지의 말대로 첩을 들인 남편의 행실에 대해서도 의연한 척하지만 효원이 속이 상한 것은 어쩔 수 없다. 또한 강모와 강실의 엄청난 사건을 알면서도 모른 척 해야 할 만큼 매안의 질서를 깨트려서는 안 된다는 강박 또한 강하다. 매안에서 자신의 뜻대로 되는 일은 하나도 없다. 남편도 종가도 모든 것이 효원을 불편하고 힘들게 하는 것뿐이다.

그대도 참 가련한 사람이요. 백옥 같은 인생에 모자랄 것 없을 터이언만, 못 만날 사람 만난 죄로 베갯속이 썩도록 울고 울다가, 몹쓸 병 깊어지고, 종당에는 상놈의 아이까지 배었으니, 하늘을 우러러 떳떳치 못하고, 부모를 우러러 얼굴 들 수 없으며, 집안 친척 일가붙이 동네사람 오가는 행인한테조차 하소연할 길 꿈에도 없는 그대. 나를 보기 얼마나 민망하였으리.

허나, 그대의 불우가 곧 나의 아들 우리 철재한테도 큰 어둠 될 것이어서, 나는 그대를 숨기려 했던 것뿐이요. 그대 흉이 가문에 먹칠을 하면, 이 가문의 종손인 우리 철재, 무슨 낯으로 종손 노릇을 하겠소.

그렇게 죄 많아서 이제는 영영 쫓겨나다시피 뒷모습 보이며, 물설고 산 설은 객지 타향 골짜기로 숨어 들어가 버렸으나, 그대를 그리하도록 만든 사람은 대륙으로 떠나서 어여쁜 계집과 더불어 아들도

> 낳고 딸도 낳으며, 그대로 나도 잊고 살아갈 것인가 보오.
>
> 그대는 죄 많은 아이를 배어 황량한 세상의 덤불에 걸리고 찍기며 속병 드는데, 오유끼는 님 곁에서 몸 부닐고 수발도 받게 생겼소.
>
> 가련한 그대. (7권, 289~290쪽)

만주에서 강모와 오유끼가 같이 살고 있다는 얘기를 강호에게 전해들은 효원이 참담해하며 그 순간 강실이를 떠올리는 장면이다. 여인으로서는 감당하기 힘든 남편의 부정을 제쳐 두고 효원은 그 대상인 강실이 또한 가련하게 생각한다. 그러면서 이제 효원은 강실과 같은 처지가 되어 강모 곁에 있는 오유끼를 질투한다. 속병이 들면서도 말 못하는 강실이나 효원과 달리 강모 곁에서 '몸 부닐고 수발도 받'을 수 있는 오유끼는 효원에게는 여인으로서 부러운 대상이다. 매안으로 시집온 효원에게 이제 매안은 아들 철재말고는 맘 붙일 곳 없는 불행의 공간일 뿐이다.

> 죽으라고 보낸 것은 아니었어요. 살리려고 해 보았던 짓이었습니다. 하지만, 안 보고 싶었던 것도 사실입니다. 작은어머님은 모르시겠지만……저만 아는 세상이 있어서, 저, 그 사람, 안 보이는 데로 보내 버리고 싶었던 것도 사실입니다. 마주치고 살기에는 너무 괴로워……짊어지고 가기에는 너무 무거워……용서하고 덮기에는 너무 아파서……명분을 내세우고 본심을 숨겨, 내쫓아 버린 것도 사실입니다. 하지만……죽으라고 내몬 것은 아니었어요.
>
> 이제……부디……그대가 살아서, 나를 용서해 주오. (10권, 326쪽)

이렇듯 효원은 친정인 대실에서 매안으로 옮겨온 이후 자신이 아닌 다른 사람의 삶을 살게 된다. 자신의 욕망은 제쳐 두고 가문을 위해 살아야 하는 여인으로 거듭난다. 자신으로서는 용서하고 덮기에도 너무 벅찬 일들을 감당하면서도 가문을 위해서 자신의 감정을 눌러야 하는 가문의 여인으로 화한 것이다. 그렇게 효원은 강모의 몫까지 가문을 지켜내야 하는 입장이 되어 아들 철재가 살아갈 미래를 위해 자신을 던진다. 그래서 자신의 욕망은 소거되고 오직 종부로서의 효원만 남는다. 강모가 효원에게 종손의 몫까지 감당케 하고 불화의 공간인 매안을 자유롭게 떠나버렸지만 효원은 강모와 달리 그곳을 벗어날 수 없다. 효원의 비극은 효원이 그 공간을 벗어날 수 없다는 점이다. 불화의 공간에서 홀연히 떠나버릴 수 있는 남성(강모)과 달리 여성(효원)의 이동은 극도로 제한된 사회가 문제가 된다. 그렇게 효원은 불화의 공간과 분리되지 못하고 소외된 채로 남게 된다. 매안이라는 공간에 있는 한 효원의 갈등은 해결될 수 없는 일이다.

● 오유끼의 경우

『혼불』에서 강모의 여인으로 등장하는 오유끼는 일본식 이름으로 일본인이 하는 유곽에서 몸을 팔고 있는 유녀遊女이다. 오유끼는 연이은 흉년과 가뭄으로 사람들이 굶어죽어 나갈 때 보리쌀 서말에 유곽遊廓인 모찌즈끼에 팔려왔다. 그곳에서 오유끼는 앳된 얼굴이지만 측은할 정도로 어른스러운 표정을 지닌 채 불행한 삶을 살고 있는 여인이다. 가난한 집에서 태어나 굶어죽지 않기 위해 유녀로나마 살겠다고 유곽에 팔려온 여인, 오유끼. 그런 그녀는 강모에게 '한 마리의 계집'으로 인식되기까지 한다. '막막하고 사무치는' 사람 같은 존재存在가 아니라, '뭉클 손 안에 잡히는 실물實物'일 뿐인 여인이다.

조금 전에 야마시따가 마음대로 만지며 노닥거렸으나, 어디에도 흔적이 남지 않은 오유끼, 바로 그 전에는 또 누군가가, 또 이 다음에 어느 이름 모를 사람이 어루만지고 희롱하고 떠나간다. 아무나 찾아올 수 있고, 아무에게도 죄를 묻지 않는 여자. 희롱의 죄를 묻지 않는 오유끼. 짓밟은 값을 돈으로 치를 수 있는 계집. 밟히려고 작정하고 이렇게 나와 앉은 사람. 서러운가, 오유끼. (2권, 183쪽)

오유끼의 처지를 단적으로 보여주는 부분이다. 『혼불』의 양반가의 여인들이자 강모의 여인들인 '효원', '강실'과는 달리 강모의 여인이면서도 계산만 하면 그만인, 강모의 모가지를 조이지 않을 여인이 오유끼다. 『혼불』에 등장한 오유끼의 첫인상은 이런 식이다. 유곽에 팔려와 사람대접 받지 못하고 살고 있는 여인. 그런 부조리한 시간과 공간 속에서 철저히 사물화되어 자신의 욕망이 소거된 채, 소외되어 살고 있는 여인이 오유끼다. 그런 오유끼가 소극적으로나마 소외를 극복하고자 하는 방법으로 택한 것이 강모이다. 표면적으로는 강모에게 선택받은 여인처럼 그려지지만 처음 강모와 대면할 때 강모에게 먼저 눈길을 주고, 떠밀어 넘겨질 때 강모에게 감겨 안긴 건 오유끼였다. 그처럼 오유끼는 직감적으로 강모를 자신과 인연이 될 인물로 감지하고 적극적으로 행동하고 강모의 마음을 얻는 데까지 이른다. 강모와의 첫날밤에 강모가 몽중에 행한 폭력, 강실과 효원, 매안의 굴레를 향해 가한 폭력을 오유끼가 감내하면서 오유끼는 단번에 이 세상에서 강모를 받아준 단 한 사람이 된다. 그렇게 오유끼는 강모의 첩이라는 자리로 옮겨 앉으면서 철저히 소외된 공간에서 일단 벗어나는 데 성공한다.

오유끼는 강모와 살림을 차리기 전까진 자신의 고유한 욕망을 확인하고 그것을 좇아 살아볼 기회가 없었던 여성이다. 가난 때문에 굶어 죽기 직전에 유곽에 팔려와 철저히 타자의 욕망에 자신을 내맡기며 살아왔던 여성이다. 그럼으로써 자신의 존재 이유를 찾았던 여성이었다. 주인이 있는 몸, 팔린 몸, 올가미에 갇힌 몸, 더러운 물에 물든 몸, 썩어버릴 몸이 오유끼가 생각하는 자신이다. '체념과 포기에 길든' 여성의 몸이 오유끼의 몸이다. 그렇게 오유끼는 자신을 '이리도 저리도 갈 수 없는 자리에서 서서히 뭉그러지고 있는 살과 뼈를' 바라보며 살아야 하는 숙명을 지닌 것으로 인식하고 사는 여성이었다. 그러던 오유끼가 처음으로 자신의 욕망을 드러내고 강모를 좇아 유곽을 나오고 살림을 차린 것이다.

유곽을 나온 오유끼는 강모와 살림을 차린다. 이후 오유끼를 빼내기 위해 공금을 횡령한 것이 밝혀지고, 매안에서 그 일을 해결하게 된다. 이런 일들이 벌어지자 오유끼는 불안해한다. 불안하고 외로운 두 사람이 만든 공간은 채워지지 않고 더 불안하고 외롭다. 강모는 오유끼를 보면서 더 외로워하고 오유끼는 그런 강모를 보면서 더 불안하고 외롭다. 그러면서 점점 오유끼는 강모에게 집착한다.

> "나는 알고 있었어요. 언제고 당신이 나를 버릴 것이라고요……나는……아무것도 아닌 여자거든요……당신을 만났을 때는 몸도 깨끗하지 못했어요……나는 늘 그것이 부끄러웠어요……지울 수 없어서 더 그랬어요……이제는, 이제는……정말로 버리실 거지요?" (2권, 199쪽)

불안을 느낀 오유끼가 강모에게 심정을 내비치는 장면이다. 모든 걸 체념하고 될 대로 살았던 오유끼가 이젠 욕심을 부리며 강모의 마음을 얻는 데 주력한다. 울면서 계속 '나를 버리실 거'냐고 불안을 드러내며 강모의 다짐을 받고 싶어 한다. 하지만 그렇게 애처롭게 울고 있는 오유끼의 모습이 강모에게는 차디찬 수갑의 감촉처럼 느껴진다. 강모에게 오유끼는 '철창을 잠그던 자물쇠 소리'처럼 무겁고 싸늘하게만 와 닿는다.

> 어느 날부터인가 오유끼는 정신 없이 가구를 사들이기 시작했던 것이다. 오유끼는 여염집 안반의 가구 집기를, 텅 빈 방의 한쪽에서부터 채워 넣었다. 그리고 어떻게 하든지 살림의 손때가 묻은 집안의 흉내를 내보려고 애를 썼다. 그리고, 늘 반짇고리를 가까이 두었다. …(중략)… 오유끼는 점점 살림과 가구 속으로 빠져들어갔다. 방안의 세간이 하나씩 늘어날 때마다 강모의 마음은 점점 죄어들었다. 그리고 발목을 잡힌 자신의 모습에서 자기가 쳐놓은 덫에 스스로 걸려든 짐승을 보고, 그 어리석은 후회에 진저리가 났다.
>
> 방안은 날이 갈수록 효원의 건넌방을 닮아갔고, 청암부인의 큰방 흉내를 내고 있었다. …(중략)… 이 가구와 집기들로만 보면 어느 한다 하는 대갓집의 안방과 견주어 조금도 뒤질 바가 없다. 오히려 턱없이 으리으리한 편이었다. 그것들은 등잔불 아닌 전등의 주황빛을 받아 더욱 휘황하게 어우러져 있다. 다만 눈여겨 살펴본다면 사방탁자 아래 칸에 놓여 있어야 할 함函이 빠져 있을 뿐이다. 그러나 이 함이란, 혼인 때 신랑 집에서 예물을 넣어 보내는 것으로, 새각시가 신행 올 때 그대로 가지고 오는 소중한 물건이었다. 그리고 이 함 속에는 반드시 혼서지가 곱게 들어 있어 일생 동안 소중하게 간직되다가, 훗날, 부인된 여인이 죽어 명부로 떠날 때, 저승의 강물을 건너서 낯선 길 아득히 홀로 가는 발에, 종이 신발로 만들어 신고 가는 것이다. 그래서 안방의

세간에 이것이 빠져 버리면, 가구 집기가 아무리 호화로워도 첩이라 할 수밖에 없었다. (3권, 87~90쪽)

오유끼의 집착은 그녀가 방을 꾸민 가구들에서도 보인다. 오유끼가 양반집 규방을 본 따가며 방을 꾸민 것은 그만큼 오유끼가 강모를 이해하고 있지 못하다는 것을 반증한다. 강모가 규방으로 변해가는 오유끼의 방을 보며 탄식하며 한숨을 짓는 것도 오유끼는 느끼지 못한다. 강모의 환심을 사기 위해, 그리고 자신의 불안한 욕망을 채우기 위해 만들어가던 방이 강모에게는 오히려 굴레가 되고 있다는 것을 눈치 채지 못하고 있는 것이다. 오유끼는 강모를 알지 못한다. 자신의 왜곡된 욕망을 좇는 데도 벅차다. 그래서 더 그의 내면을 읽어내지 못한다. 팔려다니는 몸, 누군가에 의해 구원되었다고는 하지만 팔렸다고 생각하는 몸, 그러면서도 인간인지라 언제 버려질지 몰라 불안해하는 여성이 오유끼다. 그녀의 불안은 강모에 대한 강한 집착으로 표출된다.

오유끼가 주도적으로 자신만의 공간으로 만든 공간 또한 온전한 자신의 고유한 욕망을 표출하는 것이 아닌 강모의 욕망을 좇은 곳이었기에 그곳에서 오유끼는 또 한 번 소외된다. 이런 식으로 오유끼의 공간은 일차적으로 소외를 극복한 공간이자 다시 한 번 철저하게 강모에 의해 소외를 경험하게 되는 공간이기도 하다. 그래서 그 공간은 또한 철저히 불화의 공간이 된다. 또한 강모와 오유끼가 한 공간에 있으면서도 오유끼는 강모를, 강모는 오유끼를 제대로 이해하지 못한다는 점에서 이 공간은 비극적인 소통불능의 공간이 된다. 모든 애착을 끊고 달아나려는 이와 그것도 모르고 질기게 그를 붙잡으려는 여인이 속해 있는 공간. 그런 공간에서 오유끼가 경험하는 소외는 강모와 효원과는 조금 양상이 다르다. 강모와 효원이 자신들의 욕망과는 별개로 상징적 구조가 만든 강제성에 포획되어 소외된 인물들이라면 오유끼는 그들에 비해 능동적으로 자신의 욕망을 좇아가면서 소외를 경험했다는 점이다. 그리고 오유끼와 강모가 살림을 차린 공간이 불화의 공간이 된 것도 숙명적이라기보다는 그 둘의 의지와 관계 사이에서 만들어진 결과라는 점도 강모와 효원이 인식하는 불화와 성격이 다르다. 물론 이는 기본적으로는 인물들의 행위를 강제하는 구조의 질서가 인물들의 삶에 어느 정도 영향을 미친다는 점을 전제로 한 이해이다.

그렇게 볼 때, 종가로 시집간 양반의 딸이라는 점에서 불화의 공간을 탈피하는 게 불가능해 보이는 효원과는 달리, 강모가 그랬듯 오유끼 또한 행동의 자유가 있는 여성이라는 점에서 또한 효원과 확연히 구분된다. 그래서 오유끼는 소외에서 벗어나려는 분리의 의지를 강하게 내비칠 수 있는 인물이 된다. 오유끼가 처해 있는 상황이나 공간은 이제 숙명적인 공간이 아니다. 더 이상 팔린 몸도 아니고, 그래서 어디든 자유롭게 움직일 수 있는 여성이다. 표면적으로는 오유끼가 봉천으로 간다는 강모를 따라가겠다고 맘을 먹는 것으로 비치지만 사실상 그녀가 봉천행을 택한 것은 자신이 거주할 안정적인 거주지를 찾아 떠나는 여행의 시작인 셈이다. 봉천은 강모가 가는 곳이기도 하지만 엄연히 말해서 오유끼의 이동이 강제성이 없다고 했을 때, 그녀가 봉천행을 선택한 것은 그곳이 지금 이곳보다는 더 안정을 찾을 수 있는 곳일 거라는 기대에서 오유끼가 봉천행을 선택하게 된 것이다. 실상 봉천에서의 현실은 그렇지 않을 지라도 오유끼가 자신을 떼어놓고 가려는 강모를 따라 적극적으로 봉천행 기차에 몸을 실은 것은 그런 그녀의 적극적인 분리의 노력이라고 할 수 있다. 이제는 강모의 욕망이 아니라 자신의 욕망을 좇아 오유끼는 첫발을 내딛는 것이다.

공간의 확장과 욕망의 분화

인간의 행동은 대체로 공간이 허락하는 범주에서 영위되고 있다. 공간이 모든 것을 결정한다는 것은 지나친 것일지도 모르지만 인간은 공간이 허락하는 행위를 하면서 일상을 살아간다.[3] 이는 달리 말하면 인간은 주어진 공간에서 그냥 삶을 사는 것이 아니라 그 공간이 요구하는 역할을 수행하면서 그 공간에 맞춰 사는 존재라는 말도 된다. 그래서 공간은 인간이 자신이 누구며 어디에 있는지를 확인해 주는 곳이며, 존재의 근거가 되는 곳이다. 따라서 인간이 그런 공간을 잃는다는 것은 존재의 근거를 잃는다는 것이나 마찬가지다. 그런 인간은 그 공간에서 존재의 이유를 찾지 못하고 부유한다. 그러면서 공간의 확장을 꾀한다. 이는 안정적인 주거지를 향한 인간의 자연스러운 욕망의 표출인 것이다. 공간의 확장을 꾀하면서 인간은 변화된 환경 속에서 자신들을 새롭게 대면하게 되고, 그 안에서 새롭게 분기되는 욕망을 목격하게 된다.

『혼불』에서도 기존 공간을 벗어나 적극적으로 공간의 확장을 꾀하는 인물들이 등장한다. 강모와 강태, 오유끼, 부서방이 적극적으로 공간의 확장을 꾀하고 있다. 『혼불』에서 효원의 경우도 공간의 확장을 보여주며 갈등 양상을 드러내고는 있지만 효원이 이동한 공간이 이전과 이후의 세계가 동일한 질서로 움직이는 공간이라는 점에서, 그리고 불화의 공간에서 적극적으로 탈피하고자 하는 욕망을 드러내지 않는다는 점에서 이 장에서는 논외로 한다. 이와는 달리 강모, 강태, 오유끼, 부서방은 물리적이고 상징적인 공간의 확장을 보여준다는 점에서 주목한 인물들이다. 하지만 여기에서도 공간의 이동을 경험하면서 욕망이 분화되는 양상을 보여주는 인물에 주목한다는 점에서 강태와 부서방은 논외로 한다. 『혼불』에서 강태는 확고한 소신 아래 결단력 있게 행동하는 인물로 갈등 양상을 거의 드러내지 않는 인물이다. 매안 종가의 사람이면서도 그 안에서 다시 종손과 종손이 아닌 손자들로 위계가 세워지고 그러면서 강태는 자연 비주류의 성향을 키워온 인물로 그려진다. 이런 강태는 강모를 봉천으로 데려가는 중요한 사건을 촉발하는 인물이기는 하지만 강태의 면모가 주목을 끌 정도로 문제적이지 않고 인식의 변화 또한 거의 보여주지 않는다는 점에서 논외로 한다. 부서방도 마찬가지다. 그들은 경제적인 이유로 만주로 이동한 것으로 나타난다. 춘복이나 옹구네처럼 사회에 대한 불만이 누적돼 매안을 떠난 것도 아니고 단지 만주가 좀 더 먹고 살기에 용이할 거라는 생각에서 만주행을 한 인물이다. 그래서 만주에서의 부서방네의 삶은 새로운 공간에서 조선족으로서의 삶의 터전을 마련해나갈 것임이 예견되기는 하지만 현재로서는 부서방이 공간의 변화 속에서 특별한 갈등 양상을 보이는 것이 아니기에 논외로 한다.

그럴 때 남는 것은 강모와 오유끼다. 두 인물은 조선의 매안과 전주를 벗어나 만주의 서탑거리에까지 이른다. 강모가 적극적으로 굴레를 벗어나는 심정으로 조선을 떠난 것이라고 할 때 그 뒤를 따라온 오유끼의 행동이 수동적으로 비춰질 수도 있지만 이는 앞에서도 얘기했듯이 오유끼의 안주할 공간을 찾는 적극적인 행위라 할 수 있다. 따라서 이 장에서는 강모와 오유끼를 중심으로 이들이 공간의 확장을 경험하면서 새로운 곳에서 욕망이 분화되는 양상을 살필 것이다.

● 강모의 경우

> 이제 강모는 강태를 따라 낯선 곳으로 떠나갈 수 있게 된 것이다. 강태가 무슨 목적으로, 무슨 사상을 가지고, 무슨 일을 하러 가는지는, 물을 것도 없고 알 바도 아니었다.
>
> 다만 그는 강태가 가는 길목만 따라가면 그뿐이라고 생각했다. 그래서 국경을 넘으면 거기서는 어떻게든 또 다른 일을 할 수 있으리라.
>
> 어쨌든 떠나기만 하면 된다.
>
> 매안으로부터 멀어지면 멀어질수록 좋은 것이다. 어디든지 더 먼 곳으로, 세상의 막바지까지라도.
>
> 그렇게 달아나 버리면 그가 두려워하는 모든 것으로부터도 멀어질 수 있을 것만 같았다. (3권, 85쪽)

『혼불』에서 강모가 만주행을 결심하게 된 계기가 강태로 나타나고는 있지만 중요한 것은 강모는 그 누구보다도 강하게 매안이든지, 자신을 옥죄고 있는 것들로부터 벗어나고 싶다는 의지를 지니고 있었던 인물이라는 점이다.

> 너는 나를 입김으로 불어 내어 그 어떤 노래를 부르려느냐.

> 비가悲歌.
>
> 어쩌면 나는 지금 여지껏 살아오던 모든 것과 함께, 이 기차의 울음 속에 증기로 기화氣化되어 버리고 있는 것인지도 몰라.
>
> 형체도, 시간도, 관계도. (3권, 220쪽)

지금까지 자신이 있던 공간과 결연히 단절하겠다는 강모의 의지를 보여주는 부분이다. 봉천으로 가는 기차에서 강모는 '여지껏 살아오던 모든 것'을 버리고 간다고 생각한다. '형체', '시간', '관계', 이 모든 것을 버린다는 것은 모든 것을 부정하고 떠나겠다는 것이다.

> 아, 나는 지금 모든 것을 다 버리고 새로운 땅 만주로 가고 있는데, 왜 지나간 날 들었던 멸망의 옛이야기만을 이다지도 끝없이 떠올리고 있는 것일까.
>
> 한번도 실체로서 오늘을 살지 못한 채, 오늘이 어제가 되면 그제서야 비로소 그 어제에 발목이 묶여, 헤어날 길 없는 어제를 오늘 사는 어리석음.
>
> 그것이 싫다. (4권, 46~47쪽)

그렇게 확고하게 단절할 결심으로 봉천행 기차에 올랐으면서도 앞날에 대한 두려움은 가시지 않는다. 멸망의 역사를 계속 반추하는 것도 자신 없고 불안한 강모의 심경이 반영된 것이다. 그때 강모는 자신이 끊고 왔다고 생각하는 오유끼를 기차에서 보게 된다.

> 저 애가 혹시나 경성에라도 가는 건 아닐까? 어차피 떠도는 몸인데 새 일자리를 찾아서 기왕에 큰 물로 나가 보는 것일지도 몰라. 그렇지 않다면 여기까지 오도록 저렇게 딴전만 피울 리는 없지. …(중략)…

아아, 내가, 너보다 더한 것을 다 버리고 지금, 나조차도 버리고 떠나가는데, 네가 감히 무엇이라고 나를 따라오는 것이냐. 절대로 그럴 리 없겠지마는, 만일에 그렇다손 치더라도 나는 결코 너를 데리고 살지는 않으리라.

네 인생과 나는 별개다. (4권, 54~55쪽)

다짐과는 달리 오유끼를 절대 데려가지 않겠다던 강모는 결국 오유끼와 함께 만주 봉천역에서 내린다. 이렇게 강모는 불화의 공간에서 탈주했지만 오유끼가 여전히 강모의 삶에 계속 끼어들어 있는 형국이 된 것이다. 강모의 개인적인 욕망이 발현될 수 없는 곳, 더구나 모든 것이 금기와 규제와 당위로 제재되는 곳, 그리고 그 질서가 견고해서 그것을 파괴하지 않는 한 자유로울 수 없는 곳, 그런 곳에서 강모는 자유의 공간에 첫발을 내딛는다. 불화의 공간에서 정신적으로든 신체적으로든 스스로를 분리하고 자유의 공간에 몸을 맡긴 것이다.

하지만 이처럼 자유로운 공간에서 강모는 예상치 못한 자신을 발견하게 된다. 결연히 매안을 벗어났지만 몸에 기입된 매안 공간의 흔적들로 강모는 끊임없이 갈등한다. 공간을 벗어났지만 자유롭지는 못하다. 의식적으로도 현실적으로도 그는 이국에서도 매안과 연결되어 있다. 그렇지만 한편으로는 자유로움도 현실적으로 즐긴다. 실질적으로 매안이라는 공간을 휘감고 있던 억압적인 질서로부터 강모는 벗어나 있는 상태이기 때문이다. 실질적으로 그를 옥죄거나 그가 의식해야 하는 질서가 존재하지 않는 곳이기 때문이다. 그래서 강모는 봉천에서 숨통이 트인다.

"너 변죽이 많이 늘었다."

"어차피 역사나 증명할 미친 짓이 겁도 없이 눈앞에 벌어지고 있는 난세 아닙니까. 살아 남는 길이란 한 가지뿐이에요."

"무언데?"

"마약이거나 농담."

"너는 정말 영원한 부르조아야. 쁘띠 도련님."

"한심하시겠지만, 그것이 내 방법입니다."

"마약보다 농담을 택해 줘서 고맙다. 힘들거든, 계속 그렇게 까불면서 넘어가거라." (5권, 62~63쪽)

강모가 변죽이 많이 늘고 까불면서 활달하게 얘기하는 것은 『혼불』 전권을 통틀어서 봉천 서탑거리에서 처음 목격되는 장면이다. 항상 무언가에 짓눌려 있어 입밖에 말을 내뱉는 적도 많지 않았을 뿐더러 작중에서도 항상 독백으로 일관하고 말수도 거의 없었던 강모다. 그런 강모가 생기를 찾은 모습이다. '미친 짓이 겁도 없이 눈앞에 벌어지고 있는 난세'에 살아갈 방법은 농담뿐이라는 말도 한다. 역사를 제쳐두고라도 지금 현재가 강모에게는 미친 세상이다. 자신이 원하는 대로 살 수 없는 불합리로 가득 찬 세상이 강모가 살았던 세상이다. 그런 곳을 벗어난 강모의 심경은 이전과는 달리 가벼워 보인다.

"나는 봉천으로 오면 무엇인가 달라질 것만 같았습니다. 지금까지는 맛볼 수 없었던 장쾌함, 자유, 그리고 넘치는 새로움이 이 미지의 땅에서 나를 기다리고 있는 줄 알았어요." …(중략)…

"나는 지금까지 살아오면서 내가 원했든지 원하지 않았든지 간에, 운명적으로 아니면 불운하게도 짊어지게 되었던, 온갖 짐들을 다 초개같이 버릴 수 있기 바랐습니다." (5권, 108쪽)

봉천의 서탑거리에서 어느 정도 자리를 잡고 생활하고 있던 강모의 입에서 나온 말이다. 기껏 만주까지 왔지만 달라진 게 별게 없다는 푸념이다. 하지만 강모의 말과는 달리 강모는 만주에서 달라진 모습을 보여준다. 이전의 자신과 거리를 두고 자신이 무엇을 원했고, 지금 그것을 왜 느끼지 못하는지를 달라진 공간에서 체험하며 경험하고 있는 시간이다. 즉 이전엔 관념 속에서만 있던 것들을 이젠 직접적으로 경험하면서 자신의 생각을 확인하는 시간인 것이다. 그래서 강모는 비록 확연하게 변화된 모습을 보여주지는 않지만 조금씩 달라진 모습을 보인다. 자신의 정리된 생각들을 이제는 직접 대화를 통해서 드러내는 식으로 조금씩 자신을 내비치며 표현해가고 있다.

> 그 부유와 부랑의 물살에 실려, 만주 봉천, 이제는 조선 왕조의 발상지가 아니라 청나라 왕조의 발상지. 강모는 삭풍 속에서, 맨 처음 향리를 떠나서 전주로 입성入城할 때 아버지가 들려주시던 말씀과, 그 전주를 버리고 떠나 오던 정회를 되돌이키며,
>
> "머무는 곳을 소중하게 알아야 한다."
>
> 하셨으나, 이 낯설고 먼 세상의 어디에도 도무지 마음을 내릴 수 없는 자신이 춥고 쓸쓸하여 서성거린다.
>
> 그는 전주가 그리웠다. (8권, 109쪽)

자신의 현재 위치에서 강모는 이전 자신이 거쳐 온 곳들을 떠올린다. 여기에서도 강모의 변화가 감지된다. '머무는 곳을 소중하게 알아야 한다'는 역사 선생님의 말을 떠올리며 강모는 자신이 그토록 벗어나고자 했던 전주를 그리워한다. 그렇게 미세한 심경의 변화를 느끼며 서탑거리에서 자리를 잡아가고 있던 강모는 매안에서 살았던

부서방네를 만나게 된다.

> 마님이, 청암마님이 손 잡어서 여그다 데다 주신 거이여. 사셔서도, 생전에 나를 살게 해 주시고, 돌아가겨서도 나를 요렇게 당신 손지 지신 디로 데다 주신 거이여. 마님은 안 돌아가겼어. 살어 지시여. 시방 나를 똑 보고 지시능 거여.
>
> 안 그러고서야 여그가 어디라고 옆집도 아니고, 누가 주소 적어 갈쳐 준 것도 아닌디, 기차 타고 가도 가도 보름 밤낮 간다는디, 중국 천지 넓은 디서, 어뜨케 요러케 만날 거이냐.
>
> 내가. 질도 모르고, 글도 모르고, 말도 모른디.
>
> 넘도 아니고 꼭 우리 마님 손지 양반을, 내가 어뜨케.
>
> 저 많고 많은 점방 중에 나는 왜 똑 이 집이로 들오고 싶었으며, 우리 서방님은 어디 갔다가 똑 그때 외겼으꼬. 내가 만약 아까 이 집을 놔 두고 딴 집으로 들으갔거나, 이 집으로 들왔어도 쥔이 모질어서 쬐께났거나 했이면, 서방님을 못 만났제. 난 쬐께난 담에 서방님이 외겼어도 나는 못 만났제. (10권, 85~86쪽)

낯선 이국에서 강모를 만나 반가운 부서방과는 달리 강모는 처음에 부서방을 만나고 경계부터 한다. 혹시 매안에서 보낸 걸로 착각을 한 것이다. 하지만 이후 상황을 파악하고 강모는 경계를 풀고 부서방네를 대한다. 부서방은 매안의 수많은 아랫사람 중에서도 청암부인에게 특별한 은혜를 입은 사람이다. 그 은혜 입은 사연을 강모는 만주 봉천에서 듣게 된다. 부서방에게 강모는 자연스럽게 청암부인의 대신이 된다. 강모 또한 자연스럽게 청암부인의 역할을 도맡는다. 부서방네에게 거처할 곳을 마련해 주고 그가 정착할 수 있도록 도움을 준다. 만주에서의 강모의 행동은 이국에서 만난 딱한 처지에 있는 고향 사람에 대한 자연스러운 마음씀이라고 할 수도 있지만 매안의 강모 역할을 행한 것이기도 하다. 이 또한 스스로 강요한 역할이다. 그토록 매안의 굴레에서 벗어나고자 했지만 강모는 그 영향이 미치지 않는 곳에서도 자연스럽게 매안의 강모 역할을 행한다. 하지만 이는 다른 시각으로 접근해야 할 부분이다. 매안과 전주에서의 강모의 매안에 대한 인식이 직접 자신을 옥죄고 있는 굴레로 다가온 것이라면 봉천에서 생각하는 매안은 분명 이전과는 다른 곳이다. 강모에게 직접적으로 손을 닿을 수 없는 곳이 매안이다. 매안에서는 강모가 봉천 어디에 있는지도 알지 못하는 상황이다. 이처럼 봉천에서의 강모의 행동이 표면적으로는 매안의 강모의 모습을 보여주기는 하지만 근본적으로 여기서 보여주는 강모의 모습은 자신의 자유로운 의식의 발현에서 나온 것이라 할 수 있다. 자유의 공간에서 강모가 자유로운 의식의 결과 행한 행위가 중요하다는 것이다. 결과는 같지만 그 행위의 동기가 강요가 아닌 오롯이 자신에게서 나온 것이라고 할 때 그것은 속박이 아니게 된다. 다시 한 번 자신을 들여다보는 계기를 주는 자신의 변화상인 것이다.

한편으로 강모는 그런 변화를 보이면서도 여전히 매안의 자장 안에 있는 모습 또한 보인다. 강모는 부서방에게 매안의 소식을 묻고 싶으면서도 아랫사람에게는 부모 소식을 묻지 말라는 가르침을 떠올리며 입을 다문다. 이런 의식 또한 매안의 질서에 여전히 묶여 있는 강모를 보여준다.

> (그렇게도 그 굴레가 싫어서 벗지 못해 안간힘을 썼건만. 결국 나도 관습의 하잘것없는 거미줄에 매달린 한 마리 거미에 불과한 것일

까. 이 세상 어디로 도망쳐도 결국 매안에서 발효된 가치관을 이 몸뚱이에 끈끈이 실날으로 달고 다니는, 나는 아마 끝내 혁명가는 못될 모양이다.) (10권, 91쪽)

만주 서탑거리에 있으면서도 강모는 여전히 자신을 거미에 비유한다. 자신을 벗어나려고 했지만 벗어나지 못하고 불안하게 매달려 있는 거미와 같은 처지로 생각한다. 그러면서 '끊어질 듯 아슬아슬한 거미줄 한 가닥에 저를 맡기어 명색이 새로움을 찾아서 떠나왔으나' 아직 착지하지 못한 상태라며 자신의 불안한 상태를 한탄한다.

할머니가 돌아가시다니

내가 설령 천하에 다시 없는 불한당이요, 오사리 잡놈이며, 불효막심한 자식이라 할지라도, 마지막에, 할머니 임종을 할 수만 있었더라면.

생의 한 자락을 용서받을 수가 있었을 것만 같은데.

이제는 할머니가 돌아가셨다.

이 세상 어디에도 계시지 않는다.

불러도 대답하실 수가 없다.

그 사실이 이렇게도 허전하고 애통할 수가 있을까. (10권, 92~93쪽)

아무리 하늘이 서로 다르고 국경이 달라서 남의 나라 남의 땅에 멀리 있다 하더라도, 혈육 지친은 핏줄이 땡기어서 예감이 있다 하고, 떠나시는 이는 자손의 꿈길에 작별의 현몽을 한다고 하건만. 마지막 헤어짐에 이처럼 아무런 징조도 징표도 없이, 안 만났던 것이나 다를 것 없는 공空이 되어, 다만 저 잡히지도 않는 허공에 걸린, 존재.

……할머니. 꿈이라도 하나 주고 가시지……. …(중략)…

살아서 그 육신이 그대도록 이 몸을 욕심 내어 가까이 있어 다라원할 때는, 어디 가서 무엇을 하고 있다가, 이제 그 육신이 흔적 없이 자취를 거두어 버린 지금에 와서야, 되짚어 거꾸로 목메이어 부르며 우는 것은, 몰라서, 몰라서였다. 알았다면 이러할 리 있겠느냐. 다시는 그 모습을 볼 수 없는 날이 이렇게 급히 올 줄 알았다면, 그러할 리 있겠느냐. 오래 오래 영원히 계실 것만 같아서 마음 놓고 방자하게 떠나왔지만, 언제라도 돌아가면 거기에서 맞이해 주실 듯이 그렇게 믿도록 굳건히 계셔 놓고는, 믿게 해 놓고는, 소리도 소문도 없이, 남 버리듯 무정히 이렇게 버리고 가실 줄을 나는 몰랐다. 나를 사랑하신다면서, 나한테 한 마디 말씀도 없이, 기척도 없이. (10권, 95~96쪽)

돌아가리라.

내, 가서 덕석말이 몰매를 맞아 죽는 한이 있더라도 매안으로 돌아가리라. 가서, 우리 할머니, 단 한 번이라도 그 모습을 뵈오리라. 이 세상에 아직 육신이 머물고 계실 때. 혈손도 없이, 빈 세상, 이런 소용도 없는 종손 하나 빌려다가 가문에 끼워 넣으신 것으로 다시없는 보람을 삼으셨던, 내 할머니……임종을 못했으면 시신이라도 뵈오리라. 그도 만일 늦었으면 입관入棺이라도……만일 그도 늦었으면 발인發靷이라도……아니, 그도 늦었으면 다만 하관下棺이라도……나는 뵈어야겠다. 우리 할머니 몸 담으신 관이나마 손대서 만져 보면 내 덜 서러울까……관 실으신 상여나마 손대 보면 내 덜 서러울까……몸 덮으신 흙이라도 내 가서. (10권, 100~101쪽)

그러면서 부서방에게 할머니의 임종을 전해들은 강모는 애통해한다. 그렇게 끊어버리고 싶었던 매안과는 달리 강모에게 청암부인은 특별한 존재이다. 매안의 상징이면서도 매안과는 다른 의미로 강모에게 다가오는 이가 청암부인이다. 격한 감정이 된 강모는 '덕석말이'를 당하더라도 할머니의 마지막을 보러 돌아가리라 되뇌인다. 청암부인의 자랑스런 손자가 되지 못한 강모에게 무한한 사랑을 보여준 청암부인은 매안을 떠나온 강모에게 가장 큰 심적 부담을 준 이였을 것으로 짐작할 수 있다. 매안을 벗어나려고만 하는 손자를 자애로 붙잡아두려 했던 청암부인의 기대치를 강모가 몰랐을 리가 없다. 그러면서도 강모는 종손의 자리를 내놓고, 금기를 위반하며 돌아갈 수 없는 선을 넘고 매안을 떠났다. 그렇게 힘들게 온 봉천에서 청암부인의 임종 소식을 전해들은 강모는 만감이 교차하면서 애통해한다. 이런 식으로 만주에서 만난 부서방은 강모에게 매안을 환기시키고 청암부인을 생각하게 한다. 감옥 같았던 매안이지만 그래도 편하게 그리워할 대상이었던 청암부인은 매안 종가의 상징으로서의 청암부인이 아닌 손주에게 한없는 자애를 주는 할머니로서의 청암부인이었다. 그러면서도 그 누구보다도 강모가 경외심을 가지고 대했던 이 또한 청암부인이었다. 부서방에게서 그런 할머니의 임종 소식을 전해듣게 되어서기도 하지만 이후 강모는 부서방을 옆에 붙들어 두고 매안의 얘기를 들으려 한다. 그럴 때 매안은 강모에게 벗어나고 싶기만 했던 곳이 아닌 많은 기억을 환기시키며 그리움의 장소, 추억의 장소가 될 것이 예견된다. 그렇게 봉천에서 강모는 의도치 않게 떠나온 곳을 추억하면서 그리워하게 된다.

한편 강모의 강실에 대한 생각도 훨씬 구체화된다. 이전에 속내에서도 감히 드러내놓지 못하는 심정들을 만주에서는 어느 정도 스스로도 구체화시켜 생각한다.

> 나도 한 사람을 버리고 왔다. 나는 너를 모른다, 하고, 압록강 물

에다 마음의 손 씻으며, 이 일과 나는 무관하다,고, 다른 세상으로 몸 바꾸듯 강을 건넜다. 그러고 싶어서는 아니었지만, 참으로 이리할 줄 나도 몰랐었지만. (10권, 196쪽)

나도 아마 죽겠지.

죽게 되겠지.

너에게 못박고, 모른다, 떠나온 나.

그 대못이 오장을 꿰뚫어 피멍 들며 녹슬어도, 네 손으로는 뽑지 못해, 너는 썩고 말리라.

대못을 붙잡는다 기둥이 되어 주랴.

상한 녹내 자욱한 너를, 사람들은 매안의 언덕에서 못박겠지.

너의 죄명은 상했다는 것. (10권, 199쪽)

매안을 떠나 강실이를 생각하는 강모는 여전히 죄책감에서 헤어나오지 못하고 있다. '다른 세상으로 몸 바꾸듯 강을 건'넜지만 달라진 건 없다. 강실이를 버리고 온 자신을 용서하지 못하고 괴로워하지만 그러면서도 강모는 서서히 강실과 거리를 둔다. 그리고 강실의 운명을 직시한다. 강실이는 강모가 박은 대못을 빼지 못하고 결국 오명을 뒤집어쓰고 죽어갈 운명이라고 예견한다. 매안에서는 감정이 뒤엉켜 강실이가 죽어버리기만을 소원한 적도 있었던 강모는 이제 자신이 강실의 운명을 얼마나 비극적인 것으로 만들었는지도 냉정하게 인식한다.

내 너를 데리고 온 것도 아니고, 너한테 계산을 안 한 채 내버리고 왔던 것도 아니다. 그런데 왜 너는 끝나지 않는 것이냐. 이 혼몽의 먼지.

> 나는 이제 더 이상 너를 견디지 않겠다. 굳이 갈 곳이 없다면 들어와 자든지. 어디로 가겠으면 나가 자든지, 옆에 와 있든지, 멀리 가 없어지든지, 나는 모른다. 너는 있어도 없는 것이다. (10권, 226쪽)

강모를 따라온 오유끼도 이전처럼 끔찍하지만은 않다. 어느 면에선 자포자기 심정으로 오유끼를 대한다. 냉정하게 오유끼를 대하면서도 그녀가 가까이에 있는 것 또한 거부하지 않는다. 짓눌려 있는 강모가 아니기에 이젠 강모의 감정은 조금의 여유를 찾은 것이다. 만주 봉천은 이제 강모에게 오유끼도 강실도 조금은 여유롭게 생각할 수 있는 공간이 된다. 오유끼가 있어도 없는 것이나 마찬가지로 생각할 수 있다는 것은 오유끼의 집착도 이젠 못 견딜 만큼 강모에게 힘들지 않다는 것이다. 이는 또한 강모가 그 공간을 벗어남으로써 그토록 답답해했던, 자신을 짓눌렸던 것들에게서 조금 자유로워졌다는 것을 보여주기도 한다.

> 강모는 이역 만리 국경 너머 만주 삭방 봉천에도 쑥버무리가 있다는 사실이 이상하게 감회롭고 서글퍼, 매안의 봄 밭둑머리나 언덕바지에 지천으로 돋아나던 쑥을 잠시 떠올리다, 구들에 걸터앉는다.
>
> 그때 나는 어린 소년이었지.
>
> 버들에 물오르는 양지녘, 아지랑이 나른히 취하여 꿈같이 흔들리고, 나물 캐는.
>
> 아아, 안된다.
>
> 더 이상은 떠오르지 말아라.
>
> 강모는 황급히 기억을 지운다.
>
> 그렇지만 그것은 부질없는 일이었다.
>
> 마치 김이 자욱한 방의 거울에 서린 김을 손바닥으로 닦아 내도,

이읔고 다시 그 자리를 검은 부옇게 덮어 버리고 마는 것처럼, 강모가 지운 기억 위로 또 다른 기억은 덮치며 저며들었다. 한번 꼬투리 잡히면, 그 꼬리를 물고 끝없이 이어져 결국은 꼼짝 못하게 포박해 버리는 기억들이, 봉천의 도처에서 돋아나고 있었던 것이다.

(다시는 돌아보지 않으리라.)

부스러지도록 맹세하며 모질게 버리고 온 기억들은, 강모보다 먼저 이곳으로 와 강모를 기다리고 있었던 것일까. (10권, 242~243쪽)

만주에서의 강모는 몸은 매안을 떠나왔지만 여전히 매안의 자장 안에 있는 자신을 확인하게 되는 시간을 지속적으로 경험한다. 봉천 거리 도처에서 만나게 되는 매안은 강모를 놔두지 않는다. 자신이 떠나온 곳이지만 이미 먼저 봉천에서 강모를 기다리고 있다고 여길 만큼 매안의 인연은 질기다. 그것이 당연한 것임을 강모는 매안을 떠나서야 확인한다. 하지만 떠나봤기에 강모는 매안과 거리를 두는 시간을 가질 수 있게 되었다. 전과 같은 이유로 고민을 하더라도 강모의 의식은 달라졌을 것이고 그 안에서 새롭게 분기되는 강모의 본연의 욕망들은 이제 이전의 강모가 보여줬던 것들과는 다를 것으로 예감된다. 공간이 존재의 근거라고 할 때 자연적으로 강모는 달라진 공간의 영향을 받으며 그 공간 속에서 변모된 모습을 보이게 될 것이다. 그러면서 강모는 이전의 소극적이고 유약한 종손이 아닌 변화된 공간에서 자신의 자유로운 의식과 대면하며 갈등을 하나씩 해결해나가는 강모로 변화할 것이 예견된다.

『혼불』 전권을 통해서 강모는 내면을 통해 끊임없이 우유부단함을 보여주는 인물이기는 하지만 결과적으로 봤을 때는 가장 끈질기고 지속적으로 자신의 의지를 보여주며 결국 자신의 의사대로 모든 일을 관철시키는 인물이다. 앞서도 얘기했듯이 『혼불』에서 강모는 그 이름만으로도 많은 것을 가능하게 해주는 종손의 자리를 버릴 만큼 확고한 의지를 보여주는 인물이다. 하지만 그럼에도 불구하고 작중에서 갈등하는 내면의 모습이 자주 부각되면서 우유부단하고 나약한 강모라는 인상을 강하게 남긴다. 하지만 강모는 일찍부터 가부장적 질서에 반하여 행동했던 강호와 강태보다도 더 힘든 결정 끝에 매안에 반기를 든 인물이라고 할 수 있다. 강호와 강태가 같은 매안 가문의 사람이면서도 종손인 강모에 비해 그 위치가 달랐고 그래서 그런 환경 속에서 구조의 문제를 좀 더 예민하게 받아들이고 행동한 인물이었다고 한다면 이들에 비해 강모는 구조의 수혜자이면서도 그것에 반기를 든 결단력 있는 인물이라 할 수 있다. 작중에서는 그런 강모의 반감이 의식의 각성까지 보여주는 것은 아니지만 강모가 강호, 강태와 정신적으로 유대감을 가져보려고 하면서 매안에서 벗어나려고 하는 점은 주목할 지점이다. 따라서 『혼불』에서 권위와 당위에 짓눌려 있던 강모가 그것에 반감을 가진 것부터가 실은 종손이라는 강모의 위치에 있어서는 춘복이 변동천하를 꿈꾸는 것과 맞먹을 정도의 용기가 필요한 행위였음을 인식할 필요가 있다.

강모가 매안을 벗어난 이유는 그곳이 가부장적 권위로 유지되는 공간이어서가 아니었다. 그런 사회가 강모와 맞지 않았기 때문이다. 즉 강모는 자신이 속한 공간과 불화의 관계에 있어 그곳을 벗어났고, 자신이 안정을 취할 곳을 찾아 만주로 이동한 것이다. 그렇다고 할 때 강모의 만주 봉천으로의 이동은 도피의 성격을 지니면서도 한편으로는 자신이 안주할 곳을 찾아 나선, 자신의 의지에 따라 행동하는 주체적인 모습으로도 비친다. 그렇게 강모의 봉천행은 단순한 도피가 아니다. 이는 만주에서의 강모의 자유롭게 분기되는 욕망들을 통해서도 확인된다. 비록 만주라는 공간에서 확인되는 강모의 욕망들이 이전과는 확연히 다른 차원의 욕망들은 아니지만 강모는 공간의 이동을 경험하고, 새로운 세계에 속하면서 자신의 순수한 내면의 욕망이 무엇이었는지를 확인하는 시간을 갖게 된다. 다른 공간에서 매안을 경험하면서 거리를 두고 매안을 바라보게 된 강모에게 매안은 이제 이전의 매안이 아니게 된다. 강모에게 강실이와 오유끼 또한 이전의 강실이와 오유끼가 아니다. 인간에 대한 이해가 그가 지금 어디에 위치해 있느냐의 문제와 직결된다는 것은 인간은 그가 위치해 있는 공간과 밀접한 관련을 맺으며 존재한다는 것이다. 이상의 변화를 통해서도 확인되듯이 강모가 굳이 매안을 벗어날 수밖에 없었던 이유도 거기에 있다.

● 오유끼의 경우

『혼불』에서 강모의 여인으로 등장하는 오유끼도 만주 봉천으로 이동하면서 감정의 변화를 보인다. 유곽인 모지즈끼에서는 남성들의 처분대로 몸을 맡길 수밖에 없었던 여성이었던 오유끼는 강모에 의해 자유의 몸이 되어서도 자신에게 찾아온 자유를 제대로 만끽하지 못하는 여성이었다. 자유의 몸이 되었지만 오유끼는 스스로 강모에게 자신을 내맡기는 여성이 되고 만다. 그런 오유끼가 자신을 버리고 떠나는 강모를 좇아 만주로 이동한다. 『혼불』에서 오유끼가 직접적으로 자신의 의사를 강모에게 드러내는 부분은 거의 없다. 다른 주요 인물들과는 달리 오유끼의 내면도 거의 드러나지 않는다. 강모의 오유끼에 대한 감정을 통해서 오유끼의 행동과 심정들이 그나마 간접적으로 조금 설명되는 식이다. 오유끼가 유일하게 드러낸 자신의 속마음은 자신을 두고 떠나려느냐는 것이었다. 강모는 그런 오유끼에게 이젠 자유의 몸이라며 잔인한 위로를 한다. 이런 상황에서 오유끼는 살던 집의 가구들도 다 처분하지 못하고 급하게 강모를 따라 만주행을 결심한 것이다.

오유끼의 만주행이 의미하는 바는 단순하지 않다. 오유끼가 만주행을 선택한 것은 강모에 대한 집착을 의미하면서도 한편으로는 자신을 버리고 간 강모를 통해 자신을 찾는 시간이기도 하다. 자신이 진정 원하는 것을 제대로 들여다보지 못하고 살던 오유끼가 이제부터는 자신의 의지가 시키는 대로 행동하기 시작한 것이다. 그래서 만주에서의 오유끼는 전주에서의 오유끼와 다르다. 만주에서 오유끼는 이제 자신의 감정을 직접적으로 표출한다.

> 나는, 기생인가, 소실인가.
> 아니면 아무것도 아닌가.
> 아아, 그저 한낱 창부에 불과한가. (5권, 118쪽)

만주 서탑거리에서 오유끼는 전에 요릿집에서 가야금을 가르쳐주던 늙은 기생이 하던 말을 떠올리며 자신의 처지를 한탄한다. 기생이 소실을 보며 비록 소실이라 수모를 받기는 하지만 한 식구 대접받으며 살 수 있지 않느냐며 부러워하는 말에 소실이 정실부인 같이 당당하지도 못하면서 불쌍하게 한 평생 그 굴레를 쓰고 살아야 하는 설움이 감옥 같다며 탄식을 하더라는 이야기다. 봉천에서 이 얘기를 떠올리며 자신의 신세를 한탄하는 오유끼는 이제 강모의 처분대로만 따르겠다는 이전의 오유끼가 아니다. 자신의 처지를 객관화 시키면서 오유끼는 나름대로 강모와의 새로운 관계를 설정해 나가려고 한다.

> 안 그래도 쫓겨난 것만 같은 심정이 들어 추레한데, 비록 농조로 던진 것이지만 김씨 아낙 말에 정곡을 찔린 것 같은 무안함을 감추려고, 오유끼는 기껏 둘러댄다는 핑계가 '거상居喪'이었다. 그래서. 상중이라 여자와 한자리에 자지 않는다는 식으로 면피를 하려던 것이, 오히려 무엇인가 덜미를 잡힌 꼴이 되어 버려, 오유끼는 속이 상했다. …(중략)…
>
> 약점을 하나 건진 김씨 아낙은 까닭 모를 비소誹笑를 실쭉 씰그리더니, 무엇인가 궁리를 아주 많이 한 사람 같은 표정으로 짐짓
>
> "손주며느리면 상복을 입어야 할텐데, 베 가주온 것 있수?" …(중략)…
>
> 오유끼는 까닭을 알 수 없는 모욕감에 시달리며 강모에게인지 김씨 아낙에게인지 아니면 난데없이 들이닥친 부서방한테인지 모를 역증이 나서, 잠을 이루지 못하고 뒤척이었다. (10권, 108~109쪽)

오유끼의 변화는 부서방이 나타나면서 두드러지게 드러난다. 부서방을 봉천에서 만난 강모가 부서방과 얘길 하기 위해 오유끼를 방에서 내보내자 오유끼는 불만을 드러낸다. 세들어 사는 주인 여자가 오유끼를 의심하며 넌지시 손주며느리 어쩌고 하는 말들을 꺼내자 그에 예민해하며 오유끼는 '역증'을 낸다. 오유끼가 강모가 하는 일에

직접적으로 짜증을 드러내고 자신이 제대로 된 손주며느리가 아닌 것에 불만스러움을 표출하는 것은 오유끼가 이제는 자신의 위상을 다르게 생각하고 있다는 것을 보여준다. 이전의 하라는 대로 했던 오유끼가 아닌 서서히 자신의 자연스런 욕망을 드러내며 그에 따라 행동하는 여성이 되어가는 것이다. 이는 강모가 부서방과 밤을 새며 얘길 하려고 오유끼에게 연일 다른 방에서 자라고 하자 오유끼가 보인 행동에서도 드러난다.

> 오유끼는 정말 얼어 죽어 버릴까, 하고 아래채 문간에 쪼그리고 앉는다. 어느 새 쌓인 눈이 소복하여 앉는 자리가 차다.
>
> 죽는다면 죽지, 내가 못 죽을까 봐.
>
> 우욱, 설움이 북받친다.
>
> 네가, 내가 마누라래도 이렇게 막 대하리. (10권, 212쪽)

강모의 나가 자라는 말에 오유끼는 불만을 표출하며 추운 바깥에서 그냥 자겠다고 경고를 하지만 알아서 하라는 강모의 말에 오유끼는 속이 상한다. 이처럼 격하게 감정적일 필요까지는 없는 일인데도 불구하고 오유끼는 그동안 쌓였던 서운한 감정들을 한꺼번에 쏟아놓으며 설워한다. 그러면서 하는 생각이 자신이 '마누라'래도 이리 할까 하는 것이다. 봉천에서의 오유끼는 이제 본격적으로 강모의 여인이 되고자 하는 것이다. 하지만 이런 모습은 강모의 반감을 더 사고 만다.

> 질긴 것이 천한 것인가. 천한 것은 본디 질긴 것인가.
>
> 사람의 기척을 깡그리 무시하면서 머리카락 끝까지 뻗친 오기로

> 돌덩어리처럼 굳은 주리를 틀고 앉아, 제 오장을 으긋으긋 파먹을 듯 엉버틴 채, 죽이라, 하는 저 천연덕스러움의 비천함. …(중략)… 사지를 딱 벌리고 덤비는 염치 불구와, 쇠심줄 넝쿨같이 창창 감고 저한테 필요한 부분으로 악, 소리 나게 벋어가 버리는 막바지 근성이 강모를 질리게 했던 것이다.
>
> 그럴 생각은 아니었는데, 이상하게도 오유끼를 짓찧어 바수어 놓고 싶은 미움이 화염의 혓바닥 검은 연기처럼 일렁이며 꾸역꾸역 목을 밀고 올라와, 강모는 긴 숨을 토해 낸다.
>
> 숨이 뜨겁고 매워 터질 것 같아서였다.
>
> 다 버리고 온 내가 너 따위한테 걸려서 감겨 자빠지다니. 이게 무슨 꼴이냐. 저년이 필경 저 구덩이 아가리로 나를 잡아먹고 말지. (10권, 225~226쪽)

엄동설한에 끝끝내 추운 곳에서 강모에게 시위를 하고 있는 오유끼를 보고 강모는 질려한다. 추위에 아랑곳 하지 않고 버티고 있는 오유끼의 끈질긴 행동을 본 강모는 오유끼를 질기고 천한 것이라 생각한다. 그러면서도 강모는 오유끼에게서 자신이 완전히 벗어나지 못할 것 같은 예감도 같이 느낀다. 오유끼는 이렇게 서서히 강모에게 자신과 강모가 분리될 수 없는 존재로 각인시켜 나간다.

이렇게 봉천에서 오유끼는 전주에서와는 달리 자신의 의사를 과감하게 표현한다. 그렇다고 할 때 강모를 둘러싼 여인들인 효원과 강실에 비해서 비록 첩이지만 오유끼는 가장 행복한 여성이기도 하다. 강실이에게 강모는 생각해서도 안 될 인물이고, 효원에게는 있어도 없는 것이나 마찬가지인 강모에 비하면 오유끼는 불만을 드러내고 투정도 부리면서 강모의 옆 자리를 지킬 수 있는 유일한 여성인 것이다. 강실이와 효원이 강모로 인해 비극적인 숙명을 지니게 된 여성이라면 오유끼는 이들과는 조금 다르게 앞으로의 얘기에서는 직접적으로 강모를 변화시킬 가능성이 많은, 강모에게 직접적인 영향력을 끼칠 여성이 될 가능성이 높다. 반대로 강모에게 오유끼라는 여성 또한 낯설게 다가갔을 것으로 짐작된다. 강모가 애초에 오유끼를 선택한 것은 오유끼는 자신이 책임지지 않아도 될 여인이었기 때문이다. 효원, 강실과 같은 쉽게 대할 수 없는 여성도 아니고 언제든 자기 맘대로 편하게 대할 수 있는 여성이라는 점이 끌렸을 것이다. 하지만 강모가 미처 인식하지 못한 것은 오유끼가 효원과 강실과는 달리 자신의 의사를 자유롭게 표출할 수 있는 여성이라는 점이다. 처음부터 오유끼가 적극적으로 자신을 드러내지는 않았지만 오유끼는 서서히 자신의 감정을 드러내면서 효원과 강실과는 다른 여인으로 강모에게 다가간다. 그래서 강모에게 오유끼는 어떤 의미에서는 강모의 잠재된 욕망을 부추기는 여성이 될 수도 있는 인물이다. 그런 점에서 오유끼가 선택한 만주 봉천은 이전의 수동적로만 삶을 살 수밖에 없었던 그녀가 아닌 주체적으로 자신의 욕망을 좇아 행동할 수 있는 공간이 된다.

공간이 인간의 상관물로서 그 안에서 사는 사람과 얼마나 긴밀하게 연계돼 있는지는 공간이 사람에 따라 다르게 작용할 뿐 아니라 한 개인에게도 당시의 상황이나 기분에 따라 다르게 느껴진다는 사실에서 드러난다.[4] 이는 같은 구체적인 공간이라도 개별 존재가 체험하는 양상에 따라 다른 공간이 된다는 것이다. 그 공간 속에서 존재가 체험하는 양상이 다 다르기 때문이다. 그래서 공간의 성격은 다층적이게 되고, 그 공간 속 인물들의 공간 인식 또한 다르게 된다. 『혼불』에서 효원이 매안 종가를 숙명으로 받아들이며 역할을 감내하는가 하면 종손인 강모가 매안을 타협의 여지없는 불화의 공간으로 인식한 것도 그런 맥락에서 이해가 된다. 같은 공간이지만 인물이 그 공간에서 체험하는 양상에 따라 그리고 그들의 위치와 역할에 따라 공간의 의미는 달라지는 것이다. 오유끼가 처해 있는 공간 또한 같은 맥락에서 이해된다. 팔려 다니는 기녀의 몸에서 풀려나 강모에게로 옮겨 갔지만 오유끼가 있는 공간은 전에도 그러했지만 현재도 이후로도 자신의 욕망을 제대로 표출할 수 없는 불화의 공간이다. 첩이라는 불안한 위치에서 증폭되는 오유끼의 불안은 강모에 대한 집착으로 화하고, 그들이 거주하는 공간은 집이 아닌 소통 불능의 공간으로까지 화한다.

이렇듯 불화의 공간 속에서 소외된 채 살아가는 인물들은 안주할 곳을 찾아 그 공간을 벗어난다. 공간의 변화를 겪으면서 인간의 경험은 확장된다. 인간에게 익숙한 세계는 이해할 수 있는 세계이다. 그래서 인간은 익숙한 환경에 지속적으로 거주하고 싶어 한다. 하지만 문제는 익숙한 곳이 이해할 수 없는 공간이었을 때가 문제다. 익숙한 공간에서 불화를 겪는 인간은 그래서 의도적으로 낯선 공간으로 이동한다. 비록 그 공간이 낯설고 불안하더라도 이해할 수 없는 공간이 주는 심적부담보다는 덜 괴로운 공간이다. 그래서 인간은 자신의 포부를 실현시키고자 공간의 확장을 꾀하기도 하지만 이해할 수 없는 그 상태를 벗어나기 위해서 힘들게 공간의 확장을 꾀하기도 한다. 이런 의미에서 『혼불』에서 강모와 오유끼의 공간 이동도 불화의 공간에서 정주의 공간을 찾아 떠난 것이라 할 수 있다.

인간이 굳이 편안한 집, 익숙한 곳을 떠나 낯선 곳으로 뛰어드는 것은 분명 어떤 목적이 있기 때문이다. 익숙한 곳을 떠나 도착한 곳이 정주할 수 있는 공간인지는 차후의 문제이다. 그곳에서의 경험이 그 공간의 의미를 생산하기 때문에 미지의 시간으로 인간은 뛰어드는 것이다. 그래서 이전 공간의 굴레에서 벗어나 새로운 공간에서 새롭게 발현되는 자신을 확인해 가며 인간은 그 공간의 의미를 만들어 가는 존재가 되는 것이다. 『혼불』 속 인물들의 삶이 그런 인간의 숙명을 보여주고 있다. 정주할 곳을 찾아 끊임없이 이주하며, 갈등하고 고민하는 인간. 그러면서 그 안에서 분기되는 자신들의 욕망을 발견하며 주체를 정립해 가는 인간의 모습이 『혼불』에서 목격된다.

■ 엄숙희

1 최명희, 『혼불』, 한길사, 1996. 이하 인용문 뒤에 '권수, 쪽수'만 표기한다.

2 실질적으로 『혼불』의 시대적 배경인 1930년대 중반은 신교육 세대들이 사회에 등장한 시기이다. 신교육 세대들은 의식적 자각을 통해 기존과 다른 인식을 하게 된 주체들로, 『혼불』에서 강호와 강태, 강모 등이 이에 해당한다고 할 수 있다. 따라서 작중에서 이들의 의식은 이런 시대적인 정황 속에서 가늠되어질 수 있다. 그렇다고 할 때 『혼불』의 신교육 세대들이 의미하는 것은 특정 시기의 문제가 아닌 이행기의 사회나 변화가 극심한 사회에서의 변화를 주도해 나갈 세대들의 고민과 갈등을 보여준다고 할 수 있다. 강모도 같은 연장선에 속한 인물로 평가된다.

3 박승규, 『일상의 지리학』, 책세상, 2009, 17쪽.

4 오토 프리드리히 볼노, 이기숙 옮김, 『인간과 공간』, 에코리브르, 2011, 20쪽.

『혼불』, 언어·문화·공간을 읽다

인쇄 | 2015년 8월 10일
발행 | 2015년 8월 15일

저자 | 김수연·김연화·김은정·엄숙희·장일구
정도미·정미선·조아름·진 주·최옥정

발행인 | 지병문
발행처 | 전남대학교출판부

등록 | 1981. 5. 21. 제53호
주소 | 61186 광주광역시 북구 용봉로 77
전화 | (062) 530-0571~2 **마케팅** 530-0573
팩스 | (062) 530-0579
홈페이지 | http://www.cnup.co.kr
이메일 | cnup0571@hanmail.net

값 23,000원

ISBN 978-89-6849-236-5 (93800)

이 도서의 국립중앙도서관 출판예정도서목록(CIP)은 서지정보유통지원시스템 홈페이지(http://seoji.nl.go.kr)와 국가자료공동목록시스템(http://www.nl.go.kr/kolisnet)에서 이용하실 수 있습니다.
(CIP제어번호 : CIP2015022216)